Reihe Q / Neue Folge
Quellentexte zur Literatur- und
Kulturgeschichte

Herausgegeben von Helmut Kreuzer

Rudolf Brunngraber

OPIUMKRIEG

Roman

Mit einem Nachwort von
Thomas Lange

Publiziert bei
Edition Nautilus

Editorische Notiz: Der Österreicher Rudolf Brunngraber, Schriftsteller und Maler (geb. am 20.9.1901 als Sohn eines Maurers in Wien), war einer der wenigen deutschsprachigen Meister des belletristischen Sachbuchs und des modernen 'Tatsachenromans' in der ersten Hälfte des 20. Jahrhunderts. Sein „Opiumkrieg" – ein Bestseller der frühen 40er Jahre – ist ein bewegendes Romandokument der literarischen Auseinandersetzung mit der imperialistisch-kolonialistischen Tradition Europas und mit dem Kulturgegensatz zwischen dem abendländischen 'Westen' und dem fernen 'Osten', eine Darstellung der individuellen und kollektiven Tragödien, die die Expansion des 'Westens' im 19. Jahrhundert im abgeschlossenen „Reich der Mitte" hervorrufen mußte.

Brunngraber war bereits 1932 mit dem Arbeitslosenroman „Karl und das XX. Jahrhundert" hervorgetreten, einem der charakteristischsten Romanwerke der Neuen Sachlichkeit, das 1933 in Deutschland verboten (und 1978 in der ersten Folge der *Reihe Q*, bei Scriptor/Kronberg Ts.,neugedruckt) wurde. Danach war Brunngraber international (in fünfzehn Sprachen) erfolgreich als Verfasser gut recherchierter 'Tatsachenromane' mit politisch-ökonomischer und szientifisch-technischer Thematik (wie „Radium. Roman eines Elements", 1936; „Zucker aus Cuba", 1941).

1947 wurde Brunngraber Obmann im Zentralausschuß der sozialistischen Journalisten und Schriftsteller Österreichs. Am 6.4.1960 starb er in seiner Heimatstadt Wien.

Der Verfasser des Nachworts, Thomas Lange (Darmstadt), gehört zu den wenigen literaturwissenschaftlichen Kennern Brunngrabers und der Geschichte der *Faktographie romancée*. Er lehrte als Lektor in Peking und vermag Brunngrabers Roman mit der historischen chinesischen Realität zu vergleichen wie auch in die Geschichte der deutsch-chinesischen Literaturbeziehungen einzuordnen. H.K.

Edition Nautilus
Verlag Lutz Schulenburg
Hassestr. 22 – 2050 Hamburg 80

1. Auflage 1986
ISBN: 3-921523-82-6
Printed in Germany

Erster Teil

TSCHUN-LIN UND DIE SEINEN

Tschun-lin geht auf die Präfektur

Kein Mensch kommt adelig zur Welt, sagt ein chinesisches Sprichwort; und ein anderes: *Minister und Generale werden nicht im Amt geboren.* Diese Sinnsprüche beziehen sich auf die Tatsache, daß in China der Weg zu hohen Stellen, und zwar mit wenigen Ausnahmen für jedermann, über drei Prüfungen führte.

Als Tschun-lin, der Name bedeutet *Lenzlicher Wald*, die erste ablegte, in der Examenhalle seiner Vaterstadt Kanton, zählte er sechzehn und man schrieb 1816, das zwanzigste Regierungsjahr des Kaisers Kia-king.

Einige Wochen vor der Prüfung, es war im Frühling, im zweiten oder *Knospenmonat*, ging Tschun-lin auf die Präfektur. Er machte diesen Weg, obzwar das seinen eitlen Vater ein wenig kränkte, allein, weil er alles, was mit Lernen und Strebsamkeit zusammenhing, als seine ureigenste Sache betrachtete. Auf dem Yamen mußte er dem Literaturkanzler sein Zulassungsgesuch und den schriftlichen Nachweis überreichen, daß seine Vorfahren bis ins dritte Glied weder Fußnägelbeschneider noch Barbiere gewesen waren, weder Schuster noch Schneider noch Musikanten, Schauspieler, Schergen, Bettler oder Henker.

Und es schenkte Tschun-lin, wie er durch die morgendlichen Straßen schritt, ein Gefühl der Geborgenheit, daß seine Vorfahren all jenes nicht gewesen waren.

Denn sein Urgroßvater hatte als Großexporteur den Portugiesen und Parsen Cassia verkauft, sein Großvater war Direktor des Salzmonopols und mithin in kaiserlichen Diensten gewesen, und sein Vater besaß, als Haupt einer Kommanditgesellschaft, das angesehenste Pfandleihhaus Kantons, das neben der Blumenpagode am höchsten die Stadt überragte. Noch mehr freilich schmeichelte es, an die Ahnen zu denken, die schon zum Ende der Mingdynastie, da die tungusischen Mandschu ins Land einbrachen, als gepflegte Leute mit Büchern und Bildern über den Yang-tse gewandert waren. Diesen Ahnen aus dem gebirgigen Schan-tung verdankte man es offenbar auch, daß man nun hoch aufgeschlossen und schlank durch das Gewimmel der kleinwüchsigen Südleute ging.

Indessen, nicht diese Abstammung befriedigte Tschun-lin vor allem; wenn er glückerregt durch die Straßen ging, in seinem langen Seidengewand von Büffellederfarbe, in rot überzogenem Palmriedhut und roten Filzschuhen, dann geschah das in der Vorfreude auf die Prüfung. In der Begeisterung, daß sein Fleiß sich erweisen würde, daß sein vieles Sinnen nun einen Sinn in der Welt gewinnen und sein junger Lebensernst mit einem öffentlichen Rang geschmückt werden sollte. Denn es war für Tschun-lin keine Frage, daß er das Examen bestehn würde. Er hatte, seit er mit sechs Jahren zu seinem ersten Lehrer gekommen war, nicht bloß in den täglichen neun Schulstunden, sondern auch der übrigen Zeit nur dem Lernen gelebt, dem Wissenaufnehmen und Welterkennen, und dieses immerwährende In-den-Gedanken-Wohnen, diese Verliebtheit in das Denken, die aus seiner Wirklichkeitslüsternheit kam, konnte ihn keiner Enttäuschung entgegenführen. Seine Wißbegierde, sein Hang zum Grübeln und seine dauernde Lust zur Geistigkeit schienen vielmehr anzudeuten, daß ihm das Leben eines aus dem Denkerischen wirksamen Menschen vorherbestimmt war. Tschun-lin wollte auch weder Gelehrter werden noch Literat; es verlangte ihn, sich unter jene einzureihen, die kraft ihrer besseren Einsicht berufen sind, für ihr Volk zu leben. Und daß ihm ein solches Dasein zugedacht sein mochte, darauf wies auch das Mond-Tierkreiszeichen des Pferdes hin, in dem er geboren war. Dieses Zeichen bedeutete für die Frauen Übles, und – Tschun-lin dachte es nicht ohne Schaudern – seine Mutter war auch bei seiner Geburt gestorben; aber es stellte zugleich das Geburtszeichen Kong-fu-tses dar, des *Lehrers der Kaiser* und *Zehntausend Generationen*, und das verlieh ein Gefühl wie eine Adelung.

Nein, die Prüfung machte Tschun-lin keine Sorge; wahrscheinlich wußte und konnte er bereits mehr, als man von ihm fordern würde. Hatte er doch sogar, was wohl für keinen seiner Rivalen zutraf, die Anfangsgründe der englischen Sprache erlernt, bei einem Geschäftsfreund seines Vaters, der als Dolmetsch der *Seehandelsgesellschaft* von Kanton seines Amtes waltete. Um die Sprache der Barbaren würde er nicht gefragt werden, aber es hatte ihn dennoch zu ihr hingezogen, weil er, zum Unterschied von seinen Landsleuten, auch durch die Welt der Fremden angeregt wurde. Zwar hielt er, gleich allen Menschen um ihn, an der Meinung fest, daß die Welt der *rotborstigen Teufel* der chinesischen unterlegen sei, aber er hatte zu der Erkenntnis Gelegenheit gehabt, daß das nicht immer stimmte, und das war auch nicht ohne Einfluß darauf, wenn er manches an den eigenen Dingen fragwürdig empfand. Dies und der Umstand, daß ihn jeder Eindruck mit einer Frische traf, als empfinge er ihn zum erstenmal oder als könnte er durch ihn einen geheimnisvollen Aufschluß erhalten, bewegte ihn jetzt auch, trotz aller glücklichen Erregung und obgleich er alles seit den Kindertagen kannte, mit der Aufmerksamkeit durch die Straßen zu gehn, die sein ganzes Lebensgefühl kennzeichnete.

Tschun-lins Weg führte eben durch die Straße *Frisch wehende Lüfte*, deren Benamsung wie Hohn berührte. Die einstöckigen, im Obergeschoß überhängenden, fensterlosen Lehm- und Backsteingebäude standen sich in der gleichen Enge gegenüber wie in allen Straßen, und die zwischen ihnen ausgespannten Segeltücher und Strohmatten warfen zwar Schatten, aber sie ließen auch den Gestank der Kehrichthaufen, der Sammelrohre unterm Pflaster und der Hauskübel vor den Türen nicht aufsteigen. Zudem waren an der einen Seite der Straße vornehmlich Schlächterläden eingerichtet und an der anderen, zwischen Fisch- und Gemüseständen, Pastetenbäckereien, Garküchen und Speisehäuser. An den Fischständen kaufte man auch Seegras, Algen und Miesmuscheln, Seeschnecken, Quallen und Krabben; die Fleischer stellten unter anderem Ratten aus, getrocknet und fein auf Stäbchen gespannt; und in den Kau-juk-pu, den Speisehäusern, wurde Hunde- und Katzenfleisch mit Wasserkastanien und Knoblauch langsam in Öl gebraten. Das prenzelte und moderte in der Wärme, faulte und wogte mit dem Seegeruch zusammen, so daß es stellenweise geradezu betäubte, und das wimmelnde Geschiebe der Menschen durch alles hin machte die Luft nicht erquicklicher.

Auch in der Straße *Angehäufte Güte* war vor übergelegten Brettern, vorragenden Schiebefenstern aus Muschelschalen und Wäschegestellen über den Dächern der Himmel nur streckenweise zu sehen. Überdies hemmten Schirme und Markisen, Laternen und Fahnen und die vielen, senkrecht aufgehängten, roten Ladenschilder den Einfall der Sonne. Zwar überwog hier, wo die Messingarbeiter, die Ziseleure und das Kunstgewerbe ihre Läden aufgeschlagen hatten, der Lärm den Gestank, der Lärm der metallbeklopfenden Hämmer und Bildstein zerschneidenden Räder, und das Auge traf auf erfreuliche Dinge, auf die aus dem Dämmer der Werkstätten und Geschäfte funkelnden Ahnenschreine, Seidenstickereien und Porzellanvasen, auf die Schnitzereien aus Elfenbein, Rotlack, Bambus, Seifenstein und Jade, die Reisbilder, den Jaspisschmuck und die Statuetten aus Nephrit; blieb der Sinn aber an den herumhockenden und vorüberhastenden Menschen haften, dann wurde auch hier offenbar, daß die schwärmerische chinesische Seele mit vielem Elend beisammenwohnte.

Da gab es auf Schritt und Tritt ausgemergelte und bresthafte Gestalten, darunter die vielen aussätzigen Bettler, nur mit einem Hundefell bekleidet. Was an Frauen die Straße herabkam, waren Sklavinnen, einstmals verschacherte Kinder und vertriebene Nebenfrauen, und zwischen ihnen keuchten die halbverhungerten Lastträger hin. Das Geschick dieser Männer war hoffnungslos wie das der Kulis, die auf dem Perlstrom die großen Räderschiffe trieben. Aber dort, vor den Toren der Stadt, waren auch die Hunderttausende, die auf Kähnen hausten, die darauf geboren wurden und starben. Diese Menschen auf dem Wasser bekamen ihr Leben lang keine Dattelpflaume und keinen Zuckerapfel in die Hand, dennoch hatten sie es noch besser als manche in den Weißen Wolkenbergen, den kahlen Gipfeln, die in die Mandschustadt herabblickten. In den Bergen, wo auch die Kindertotentürme standen, die Beinhäuser der kleinen gemordeten Mädchen, gab es Leute, die so arm waren, daß sie Erde, daß sie Kieselgur aßen, bis sie daran hinsiechten. Mußte das alles so sein? Die fremden Missionäre, mit denen Tschun-lin ungeachtet ihres unverständlichen Gottes gern Gespräche suchte, verneinten diese Frage.

Aber nun weckten ihn Trommelschläge aus seiner Versonnenheit, und bald nachher tauchten im Gewühl vier gefangene Diebe auf, die über den Schultern die schweren, quadratmetergroßen, hölzernen *Halskragen* schleppten. Sie wurden von dem Trommler und zwei Bütteln, die Bambusstäbe trugen, durch die Straßen geführt, damit sie sich ihre Nahrung zusammenbetteln konnten. Tschun-lin wich dem Zug aus und gelangte auf den Platz *Zehntausendfacher Friede*, der zwischen dem Kong-fu-tse-Tempel und einem Ehrenbogen in voller Sonne dalag. Um den Ehrenbogen, der einer tugendhaften Witwe errichtet worden war, stand noch eine Menschenmenge, in ihr nun viele Müßiggänger, die soeben der öffentlichen Auspeitschung einer Ehebrecherin zugeschaut hatten. Die Menge war gerade im Begriff gewesen, sich aufzulösen, als ein rotjackiger Tatar auf einem Pony abermals ihre Aufmerksamkeit anzog. Tschun-lin mutmaßte, der Rotjackige werde einen Steckbrief ausschreien, und wandte sich der anderen Platzseite zu.

Da bemerkte er seine Brüder Hau-qua und A-tung, die mit anderen jungen Männern um den Brunnen *Große Friedenszisterne* herumgingen.

Tschun-lin erstaunte, die beiden, die im Leihhaus des Vaters beschäftigt waren, hier anzutreffen. Und seine Überraschung wurde noch größer, als er sie auf den Kong-fu-tse-Tempel zuhalten sah, den auch er im Vorübergehn besuchen wollte. Zwar hatte der taoistische Wahrsager, den sein Vater rufen ließ, den heutigen Tag als sehr günstig für die Vorsprache auf dem Yamen bezeichnet, dennoch war Tschun-lin gesonnen, vor dem Altar Kong-fu-tses, des *Thronlosen Königs und höchsten Lehrers aller Regierungen*, ein paar Räucherstäbe abzubrennen. Dergleichen jedoch war von seinen Brüdern, die nur ein Botengang hier vorbeigeführt haben konnte, unter keinen Umständen anzunehmen.

Indessen verschwanden die beiden mit ihren Begleitern bereits in den Vorhof, und Tschun-lin mußte ihnen folgen, wenngleich es ihm fernlag, sie auszuspähen.

Er trat durch das Tor in den weiten, nach oben offenen Vorraum, dessen eine Seite ein Magazin begrenzte, in dem die Gilde der Korbflechter ihre Feuerwehrgeräte untergebracht hatte. Davor waren einige Verkaufsstände eingerichtet, an denen man Obst, Pfandscheine und Bücher erstehn konnte; bei einem Apotheker, der auch Zähne zog, überdies Kampfer, Weihrauch, geraspeltes Sandelholz, Hirschhorn, Ginseng, Akazienextrakt, *Tigerklauen* und *Drachenzähne*. Und man konnte sich hier den Kopf rasieren lassen, einem durchgefallenen Studenten zuhören, wie er Geschichten erzählte, und es war auch ein Priester da, der die Räucherstäbe und Papiergeldnachahmungen verkaufte, die im Tempel geopfert wurden.

An der gegenüberliegenden Seite dehnte der Vorhof sich geräumiger, weil ihn dort nur die Umfassungsmauer und die Seitenwand eines außerhalb liegenden Gebäudes abschlossen. Auf diesem Platz schlugen die durchziehenden Theatertruppen gern ihr Gerüst auf, und Tschun-lins Gedanken bewegten sich sogleich in dieser Richtung, als er ein Zeltdach wahrnahm, das schattenspendend auf vier Pfählen ruhte. Nun konnte er sich auch denken, was seine Brüder hier suchten, obgleich das, um diese Vormittagsstunde, eine Unregelmäßigkeit von ihnen sein mußte. Dennoch wäre es ihm lieber gewesen, würde nun A-tung, der ihn bemerkt hatte, nicht auf ihn zugetreten sein.

Der um ein Jahr Ältere, in schwarzer Zerevismütze, grauem Seidengewand und blauer Jacke dastehend, galt allgemein für einfältig und geistesarm. Zweifellos war er dem wieder um ein Jahr älteren Hau-qua auf den Botengang, um den es sich wahrscheinlich handelte, nur mitgegeben worden, damit er etwas lerne.

Wir sind, sagte er, Tschun-lins Erwägung bestätigend, auf dem Weg zu Herrn Fung Kamsan, die Auktion der Sänften einzuleiten. Es muß wieder manches an ihnen ausgebessert werden. Aber dann kamen wir gerade über den Platz, als das Weib ausgepeischt wurde, und da wir noch Zeit haben, wie Hau-qua meint, will er sich hier die Grillenkämpfe ansehen.

Tschun-lins Blick traf in den Hau-quas, der, mit gedrehtem Kopf, aus dem Gedränge unter dem Zeltdach herüberschaute. Dabei war dem Älteren vom Gesicht zu lesen, wie wenig ihn diese Begegnung freute. Denn trug Tschun-lin auch nichts dazu bei, den Gegensatz, der zwischen ihm und den Brüdern herrschte, zu verschärfen, so bestand dieser Gegensatz doch, und die Art des augenblicklichen Zusammentreffens war dafür wieder bezeichnend. Die Lage wurde denn auch noch schlechter, als Tschun-lin jetzt, um die Brüder nicht zu verletzen, gleichfalls unter das Zeltdach trat.

Hau-qua nämlich, großtuerisch und von heftiger Natur, hatte bereits einen ansehnlichen Geldbetrag gewettet, und das konnte er nicht mehr zurücknehmen. Er trug wie A-tung die Zerevismütze, mit der sie in ihrer Arbeitsstube saßen, im übrigen aber die Gewandung eines Stutzers, die der gutmütige Vater bei ihm hingehn ließ, hellviolette, geblümte Beinkleider und eine weinrote Seidenjacke. Am Gürtel hing ihm jederzeit ein gesticktes Doppeltäschchen für Eßstäbe, Fächer, Tabak und Zündhölzer, und auf der Straße pflegte Hau-qua gern eine Riesenbrille aus braunem Kristall aufzusetzen.

Ach so, begrüßte er den jüngeren Tschun-lin, der ihn aber um die Stirn überragte, du bist auf dem Weg ins Yamen. Nun kommt ja bald die Prüfung und du wirst, fügte er neidisch-verlegen hinzu, den Titel *Elegante Schulung* haben.

Er konnte sich nicht weiter auslassen, denn in einer runden Wanne, die, von wettenden Zuschauern umdrängt, unter dem Zeltdach stand, begannen die Grillenkämpfe. Von Burschen mit einer Rattenborste auf dem Rücken gekitzelt, begannen sich zwei gemästete Exemplare aufeinander zuzubewegen. Solch eine gezüchtete Kampfgrille kostete viele Silbertaels, sie konnte teurer sein als ein Rennpferd, und errang sie Erfolge, was ihrem Besitzer den Gewinst von Preisen brachte, dann erhielt sie den Ehrennamen *Siegreiche Grille* und wurde schließlich, verblieb sie eines Tages auf der Walstatt oder im Zuchtgehäuse, in einem Silbersarg begraben.

Die Äußerungen des Publikums sanken zum leidenschaftlichen Flüstern herab, und Hau-qua raunte Tschunlin selbstvergessen zu: Die bräunere, das ist der Matador *Bart aus Bambusknoten;* die hat schon ein Schwein, eine Bahn Seide und ein vergoldetes Bukett errungen. Dennoch bin ich für die hellere; sie heißt *Pflaumenblütenflügel* und stammt aus der Zucht meines Freundes Kuo-fan. Mit einem Wort, sie ist heute der riskante Favorit. Aber sieh dir nur an, wie sie losgeht.

Die Spannung der Zuschauer, die sich immer mehr

vorneigten, wuchs. Tschun-lin indessen, der halb hinter Hau-qua stand, mußte denken, daß dessen Kenntnisse den Schluß auf eine schon weitergehende Bekanntschaft mit diesen Grillenkämpfen nahelegten. Dann schweiften seine Gedanken ab. Er erinnerte sich, gelesen zu haben, daß vornehmlich im Bezirk Hsi Ling, wo die westlichen Kaisergräber lagen, eine Grille vorkam, die den Namen *Kleine Goldglocke* hatte. Diese Grille wurde von beschaulichen Naturen, alten Menschen und Gelehrten, gern in einer kleinen Zelle aus Bambus oder Schilf auf dem Schreibtisch gehalten oder selbst im Gewand mitgetragen. Denn die herbstliche Musik ihres Klanges regte diese Menschen an. So hatte auch schon ein Dichter, indem er auf diesen Klang Bezug nahm, Vergänglichkeits-Meditationen geschrieben. Es fiel Tschun-lin nur nicht ein, wie der Dichter geheißen hatte. Aber er verlor sich gern in die Vorstellung der klingenden *Kleinen Goldglocke* und beschloß, den Namen des Dichters zu suchen...

Darüber war der Grillenkampf, der sich unerwartet schnell entschieden hatte, tatsächlich zugunsten der *Pflaumenblütenflügel* Genannten zu Ende gekommen und Hau-qua erhielt, während rundum großer Lärm aufschwoll, seine Wette ausbezahlt. Er hatte einen Tael gesetzt, eine verhältnismäßig beachtliche Menge Geld, und erhielt dafür zwei. Freudig erging er sich in großen Gesten, während ihm der greinende Buchmacher die Silberstücke aushändigte. In der Gewinnerlaune vergaß er auch die Peinlichkeit des ganzen Vorfalls gegenüber Tschun-lin, den er zum weiteren Bleiben zu überreden suchte.

Der jedoch entfernte sich nun rasch. Er besaß für den Geldbesitz des Bruders keine gute Erklärung und strebte wegzukommen und die Begegnung aus seinen Gedanken zu bannen. Nachdem er von dem Priester an der Tempelpforte die Räucherstäbchen und Papiergeldnachahmungen erstanden hatte, trat er in die Halle, die dem *Vater der Bildung und Gesittung* geweiht war. Diese Halle, deren es zweieinhalbtausend im *Reich der Mitte* gab, hieß *Halle der Vollkommenheit*, aber sie enthielt kein Bild des Vergöttlichten, sondern nur eine Erinnerungstafel, um die die 161 Erinnerungstafeln der Weisen, Würdigen und großen Schüler Kong-fu-tses angeordnet waren.

Tschun-lin warf seine Geldnachahmungen und Räucherstäbchen in das eiserne Opferbecken, das, auf aufgebäumten Drachen ruhend, in der unteren Hälfte einem Kessel glich, in der oberen einem Miniaturtempel, und hatte die Begegnung mit seinen Brüdern bald aus dem Sinn. Er sah, auf den Knien daliegend und aus dem Kotau aufblickend, dem Rauch nach, wie er an den vielen Erinnerungstafeln im Dämmer der Halle aufwärtsstieg, und dabei zog ein Gefühl in ihn ein, als hielte er sich in einem Wald der Erhabenheit auf. Der Duft seiner Räucherstäbchen nährte die Geister der dahingeschiedenen Weisen und seine Geldnachahmungen machten sie im Schattenreich wohlhabender; noch mehr aber mußte ihnen die Verehrung gefallen und wohltun, mit der er ihnen aus irdischer Staubferne nachzufolgen suchte. Also durfte er auch auf ihren Beistand hoffen.

Wieder im Sonnenlicht draußen, das ihn nun blendend überfiel, vermied Tschun-lin es, nach dem Grillenzelt zu schauen. Er verließ rasch den Vorhof, ging zielstrebig die Straße *Aufsteigender Drache* hinauf und gelangte alsbald vor das Yamen des Präfekten.

Das Amtsgebäude, aus gekalktem Lehm errichtet, glühte mit seiner fensterlosen Vorderfront in der Sonne.

Vor seinem Tor waren zwei Maste eingerammt, von denen Drachenfahnen wehten, und die Torflügel selbst zeigten in leuchtenden Farben zwei rote und gelbe Drachen auf grünem Grund. Zu beiden Seiten des Tores konnte man von grellen Holztafeln die Namen und Titel des Präfekten und der übrigen in dem Yamen amtierenden Mandarine lesen. Auch standen da zwei große Holzkäfige, in denen Räuber, die schweren *Halskragen* über den Schultern, auf dem Boden hockten und stöhnend in der Sonne brieten.

Die Aufmerksamkeit eines Menschenschwarms aber, der sich angesammelt hatte, wurde von einem roten Maueranschlag angezogen, den keineswegs alle, die davor stehngeblieben waren, lesen konnten. Da Tschun-lin ihn lesen konnte, trat er auch hinzu.

Da stand:

Kaiser Kia-king, der Sohn des Himmels, hat vom Drachensitz herab an den Generalgouverneur der Provinzen Kuang-tung und Kuang-si die nachstehende Weisung erlassen:

Wir haben schon einmal, im vierten Jahr Unserer Regierung, den Handel mit Opium verboten. Dieses Verbot erneuerte nur das Unseres erhabenen Vaters, des Kaisers Khien-long, und jenes des großen Kaisers Yong-tschi, das nun bald hundert Jahre zurückliegt. Dennoch und strikte entgegen den erleuchteten Grundsätzen der Dynastie ist das Gift weiterhin ins Land geschmuggelt worden. Wir stellen das voll Gram und Bitterkeit fest, um so mehr, als Wir durch größere Sorgen davon abgehalten waren, hier Wandel zu schaffen. Wir mußten die mißleiteten Gebirgsvölker von Kuei-tschou und Yün-nan zur himmlischen Vernunft zurückführen. Wir mußten der Geheimgesellschaft der *Weißen Wasserlilie,* die vier Provinzen mit einem achtjährigen Bürgerkrieg überzog, beweisen, daß nicht ihr schwindelhafter *Dreifacher Kaiser* eine Anwartschaft auf den Drachenthron besitzt, sondern nur das vom Himmel eingesetzte Herrscherhaus des *Goldenen Gioro.* Und Wir mußten die Seeräuber von Fu-kien, die mit achthundert Dschunken die Meere zu knechten versuchten, zerschmettern und zur Hölle schicken. Überdies machten Mißwachs, Überschwemmungen und Hungersnöte Unsere Sorge um die *Blume der Mitte* groß. Nun aber, da alle schweren Zeiten überwunden sind und die *Hundert Familien* in Wohlstand, Frieden und neuer Blüte ihr Leben genießen, sind Wir heftig entschlossen, auch nicht mehr zu dulden, daß das von den fremden Barbaren ins Land gebrachte Gift am Mark unseres Volkes zehre. Die Provinzialregierungen und insonderheit die Statthalterschaft von Kanton, dieser Stadt, die das Einfallstor für alles Üble ist, werden angewiesen, jeden weiteren Versuch, das Gift ins Land zu bringen oder ein darauf bezügliches Vorhaben zu unterstützen, mit dem sofortigen Tod zu ahnden.

Tschun-lin kam in die Lage, den Text des Anschlags einigen Leuten erklären zu müssen, was er mit großem Stolz tat. Nun war ihm auch klar, daß der Tatar auf dem Pony nicht einen Steckbrief, sondern die Proklamation ausgerufen hatte.

Er trat zwischen den beiden Türhütern in das Innere des Yamens. Hier gelangte er durch einige Höfe und an ebenerdigen Bauten vorüber in das Empfangszimmer des Literaturkanzlers, bei dem er eine Gebühr erlegte und sein Gesuch überreichte. An den Wänden des Raumes hingen, in Gold auf rote Seide gestickt, Sentenzen. Eine davon lautete:

Unsere Regierung ist voll Erleuchtung,
Und unsere Literatur ist groß und glänzend.

Am Vortag der Prüfung, es war nun im dritten oder *schläfrigen* Monat, und zwar am Tag Hon-shik, zogen alle männlichen Mitglieder der Familie Tschun-lins an den Fuß der Weißen Wolkenberge hinaus, um mit einem Besuch der Familiengräber das Ch'ing Ming, das erste Totenfest des Jahres, zu begehn.

Herr Jau-mün, der Vater, und die älteren der vier Oheime ließen sich in Sänften durch den heißen Frühlingstag tragen, während alle übrigen, darunter die Söhne, die nun sämtliche beisammen waren, Tschun-lin, Hau-qua, A-tung und der älteste, Tuan, der einen Fischhandel betrieb, mit den Musikanten und Dienern zu Fuß folgten. Die Diener trugen Hühner, Enten, Gänse, gekochtes Schweinefleisch, Tee, Wein und papierene Nachahmungen von Geld, Kleidern, Dienern und Sklavinnen, was alles dargebracht werden sollte, damit die Geister der Dahingeschiedenen keinen Mangel litten.

Die Grabplätze, durch ihre Ausdehnung einen eigenen Friedhof bildend, lagen zwischen zwei Maulbeerpflanzungen und waren, was ein Vorrecht bedeutete, mit einer Mauer umgeben. Am meisten zog Tschun-lin die auch im allgemeinen wichtigste Ruhestätte an, jene des Großvaters, der als Inhaber des fünften Ranges in kaiserlichen Diensten gestanden hatte. Zu diesem Grab, das noch von einer besonderen, hufeisenförmigen Mauer umfangen war, führte ein gepflasterter Weg, an dessen Beginn zwei Granitsäulen standen. Jede der Säulen trug eine plastische Darstellung des Fabeltiers Kilün, das immer anwesend ist, wenn ein Weiser geboren wird. Aber auch zu seiten des

Pflasterwegs erhoben sich Steinfiguren, zwei Pferde, zwei Widder und zwei Tiger. Diese, damit sie das sagenhafte Raubtier Mong-tsaong abhielten, das sich von Leichengehirnen nährt. Der Gedenkstein über dem runden Grabhügel ruhte auf einer Steinschildkröte, und auch auf ihm war neben den vielen Daten, die den verehrungswürdigen Toten betrafen, der Kopf des Tieres Kilün eingraviert.

Zu Beginn der Totenfeier hängte Herr Jau-mün, der älteste Sohn des ehemaligen Monopoldirektors, an einem eingerammten Stock die Rangzeichen des Verstorbenen auf: die Mandarinenrobe mit dem gestickten Silberfasanschild und die Kristallknopfmütze. Sodann huldigten alle Anwesenden den Erdgeistern, denen das Grab überantwortet war, indem sie Räucherstäbe abbrannten und mit der Stirn oftmals die Erde berührten. Erst nachher betete man zu den Vorfahren. Alle Handlungen aber wurden von den Musikanten mit schrillem Getön und lautem Tamtam begleitet, und während der Opferung der Gaben schossen die Diener Raketensalven ab, um die habgierigen bösen Geister fortzuschrecken. Allerdings wurde die Opferung, soweit es nicht um die Papiernachahmungen ging, nur andeutungsweise vorgenommen.

Damit schloß die Feierlichkeit an den Gräbern. Sie sollte erst zu Hause und mit der Aufzehrung der Opfergaben, die nun als Geschenk der Ahnen zu betrachten waren, ihr Ende finden. Man trat den Rückweg an, wobei Herr Jau-mün, an einem Bach in der benachbarten Maulbeerpflanzung, noch einmal seine Sänfte verließ, um zwei Weidenruten abzureißen. Eine davon brachte er dann in der Stadt überm Tor seines Wohnhauses an, in das nun alle zur Aufzehrung der Ahnengaben geladen waren, und die andere im Ahnensaal. Die von draußen hereingebrachten Weidenruten sollten die Vorfahren veranlassen, gleichfalls auf Besuch ins Haus zu kommen, und man erwartete sie auch, mit Wasserpfeifen und in Erinnerungsgesprächen dasitzend.

Als man, im hohen Mittag, die herbeigewünschten Seelen anwesend glaubte, nahm Herr Jau-mün die Weidenruten wieder ab, damit sie in der Küche gekocht würden. Den Absud hoben die Frauen des Hauses sorgfältig auf, weil er ein gutes Mittel gegen die Kinderschlaflosigkeit abgab. Und jetzt begann auch das Gastmahl im Ahnensaal, genannt *Beendigung der Huldigung*. Die Männer, und zwar nur sie, genossen die Hühner-, Gänse- und Entenbraten mit Coca und gebackenem Reis und das Schweinefleisch mit Kohl und Krebsen. Aber auch jetzt wurde jede Speise zuerst den Ahnen angeboten, denen man vor den Schreinen abermals Papiernachahmungen verbrannt hatte.

Natürlich bildete bei dem Gastmahl, das sich bis in den späteren Nachmittag hinzog, die bevorstehende Prüfung Tschun-lins einen Hauptgesprächsstoff. Als die Sonne schon schräg und rot durch die Muschelschalenfenster fiel, verabschiedeten sich die Oheime, und die Söhne Herrn Jau-müns hatten Gelegenheit, den Abend irgend welchen Belustigungen zu widmen. Tuan, der Fischhändler, ging mit Hau-qua in einen Kartenklub, und A-tung suchte den Garten auf, wo er seit Tagen nach Grillen lauerte. Nur Tschun-lin blieb, weil er noch allein vor den Ahnenschreinen verweilen wollte. Doch wurde er von seinem Vater, als der seine Besucher hinausbegleitet hatte, in ein schwerwiegendes Gespräch gezogen.

Herr Jau-mün, ein wohlbeleibter Mann Mitte der Vierzig mit dünn herabhängendem Schnurrbart, gab zwischen der Tür die Weisung, für sich und den Sohn noch Tee zu bringen, dann begann er, angeregt und mit glänzendem Gesicht:

Du wirst also morgen, Tschun-lin, in das Examen eintreten, und da ich um den erleuchteten Saal deiner Stirne weiß, darf ich heute schon sagen, die Ahnen werden entzückt sein und die Ehre unserer Familie groß. Wahrhaftig, mein Vaterherz steht im Wind des Glücks hoch und geschwellt wie ein Papierdrache über Tien-tsin.

Er unterbrach sich, denn die rotgekleidete, junge Sklavin Ho-shi, das Kind von Tschun-lins Amme, brachte den Tee. Sie wagte, während sie die Schalen niederstellte, Tschun-lin nicht anzuschauen, und er errötete. Er hatte am Morgen eine kleine, rote Seidenstickerei auf seinem Arbeitstisch gefunden, die einen Opferbecher darstellte, über dem eine Fledermaus und eine Elster schwebten. Der Opferbecher war das Sinnzeichen für amtliche Titel, die Fledermaus für Glück und die Elster für Freude. Und in einer unteren Ecke war eine kleine Lilie gestickt gewesen, die ihm verraten hatte, daß das Geschenk von Hoshi stammte.

Herr Jau-mün wartete nicht, bis das Mädchen hinausgegangen war; er setzte seine Ansprache fort:

Es wird also viel Festlichkeit in unserem Haus geben und die Zahl der Neider wird, wie die der sich Mitfreuenden, groß sein. Dennoch soll es noch einmal an dir liegen, das Glück deines Vaters ins Unendliche zu vermehren. Kurz: ich kann noch keinen Enkeln von dir entgegenschauen.

Herr Jau-mün verstummte unterm Andrang der Gefühle, und sein fleischiges Gesicht war voll Geglänz wie über eine beseligende Erwartung.

Tschun-lin hingegen schwieg, und er wußte nicht, warum er bestürzt war. Das Mädchen Ho-shi in ihrem roten Pyjama sah währenddessen die Räucherpfanne nach und ging still hinaus. Aber es war, als hätte sie die Röte des Lichts mitgenommen, denn es dunkelte nun merklich, und Tschun-lin konnte es nicht vermeiden, daß ihm das Mädchen Ho-shi in vielen Erinnerungsbildern erschien. Er sah sie im Sonnenaufgang auf der Veranda stehn, sah ihr Gesicht in einer Umrahmung von Pfirsichblüten oder wie sie am Bassin im Garten die Goldfische fütterte. Er hörte mit einemmal ihr Spiel auf dem Ch'in, das Saitengetön der Mondlaute, das in viele seiner Studierstunden hineingeklungen hatte, und er erinnerte sich auch, wie es ihn einmal erregt hatte, bloß ihre kleinen roten Schuhe unter einer Zwischenwand zu erblicken. Vor allem aber trat nun die Freude, die er über ihre Gratulationsstickerei am Morgen empfunden hatte, in einer neuen, blühenderen Gestalt vor ihn hin.

Ich werde Licht machen lassen, meinte Herr Jau-mün, beirrt, weil er ohne Antwort blieb. Nein, entgegnete Tschun-lin rasch, in der Dämmerung ist es so, als wären wir noch mehr beisammen, mein Vater.

Dieser Ausspruch gefiel Herrn Jau-mün wieder sehr, und er begann erfrischt von neuem:

Da dachte ich nunmehr, es würde sich schön fügen, könnten wir mit deinem neuen Rang zugleich Verlobung feiern. Die Wahrsager und Astrologen haben die Zeit als äußerst günstig bezeichnet, und es ist auch schon eine Braut für dich bestimmt, die tugendhafteste Tochter meines großen Gönners, Seiner Exzellenz des Provinzialschatzmeisters Lue Yüanming; sie ist dir auch namensverwandt, denn sie heißt Tschun-tao.

Frühlingspfirsich, wiederholte Tschun-lin abwesend, ich habe sie nie gesehen.

Aber sie ist herrlich, verfiel Herr Jau-mün ins Preisen. Ich sah sie bei Besuchen, auf dem letzten Laternenfest, im Tempel und in Prozessionen. Noch mehr aber wiegt, daß man ihre Tugend lobt und daß der hohe Mandarin dich als Schwiegersohn begrüßt. Freust du dich denn nicht?

Ich bin ein wenig überrascht, mein Vater, sagte Tschun-lin.

Aber mein lieber, lichtvoller Sohn, begütigte ihn der Alte, du bist nun schon zwei Jahre über das Alter hinaus, bis zu dem du hättest verlobt werden sollen, und wir warteten doch nur, weil es dein Wunsch war, vorher das Erste Examen zu machen. Nun ist es so weit. Und vergiß nicht, wie sehr ich unglücklich sein muß. Dir ist doch bekannt, daß ich nach dem Tod deiner Mutter von den anderen Frauen nur mehr Mädchen erhielt, acht Mädchen. Nie mehr hatte ich Gelegenheit, im *Tempel der Langlebigkeit* für ein neues, künftiges Großväterchen zu danken, und die Göttin Kumfa kennt meinen Schmerz über die vielen Mädchen, der so groß war, daß ich jedes bis zum zehnten Jahr Knabenkleider tragen ließ. Dir ist auch nicht neu, daß Tuans Frau bisher gleichfalls nur ein Mädchen zur Welt gebracht hat und daß Hau-qua vorläufig bloß einer Toten vermählt ist, weil seine Verlobte starb und wir der Familie den Gefallen nicht vorenthalten wollten. Du verstehst doch meinen Wunsch, dereinst im Reich der Seelen von möglichst vielen Enkeln betreut zu werden.

Der Himmel wird es geben, flüsterte Tschun-lin, daß diese Zeit noch fern ist; aber es bedarf auch keines Wortes, mein Vater, über meinen Gehorsam. Ich betrachte ja auch die Freundlichkeit, in der Sie mit mir über alles reden, als große Huld. Ich dachte nur, ob es nicht auch eine andere Jungfrau sein könnte.

Ja, welche denn, klagte Herr Jau-mün auf, welche denn?

Ich hatte noch keine Gelegenheit, entgegnete Tschun-lin leise, darüber nachzudenken. Aber vielleicht Ho-shi.

Ho-shi!? Herr Jau-mün war wie vor den Kopf geschlagen. Ho-shi? fragte er wiederholt.

Sie heißt die *Liliengleiche*, sagte Tschun-lin erregt und langsam, und ähnelt sie nicht einer Lilie? Aber Sie müssen nicht besorgen, mein Vater, daß es zwischen ihr und mir irgend ein Einverständnis gäbe. Ich dachte bis zur Stunde selbst an nichts. Allein, sie hat mir morgens eine Stickerei mit schönen Wünschen neben meine Bücher und Skripten gelegt, und als ich sie nun den Tee bringen sah, ahnte ich, daß mich ihre dauernde Nähe sehr beglücken würde. Vielleicht rührt mich auch, daß sie meine Milchschwester ist.

Aber mein hoffnungsvoller, zu den höchsten Ehrenrängen bestimmter Sohn, kam nun Herr Jau-mün gefaßt und mit Argumenten geladen wieder über ihn herab, das wäre doch undenkbar! Ich kaufte ihre Mutter, als die deine starb, um fünfzig Taels, und ich kaufte sie in einem dunklen Raum, in dem der Sensal ein blaues Licht entzünden mußte, damit ich an dem Umstand, ob ihr Gesicht grünlich oder rötlich würde, erkennen könnte, ob sie leprös sei oder nicht. Ihr Gesicht wurde grünlich, und so wußte ich, daß sie nicht infiziert sei; aber wie kann ich wissen, ob unter ihren Vorfahren nicht Büttel und Bootsleute, Irrsinnige und Verbrecher gewesen sind? Und Hoshi ist doch eine Sklavin. Ausgerechnet ein solches Kleinod, wie du es bist, soll unter üble Geister geraten?

Auf der anderen Seite bringt es, wenn du die Tochter des Provinzialschatzmeisters heiratest, nicht nur großen Glanz über unsere Familie, sondern auch großen Gewinn. Du weißt, wie ich mit meiner Konzession, mit dem Zinsendienst und allem, was das Leihhaus betrifft, vom Provinzialschatzamt abhänge. Das alles wiegt doch weit schwerer als deine Ahnung, wie du sagst.

Aber der lebensnahe, gutlaunige und im Grund immer unangefochtene Herr Jau-mün wußte noch einen Hinweis. Mit leichter Verschmitztheit bedeutete er dem Sohn:

Und schließlich kannst du Ho-shi, später einmal und wenn es nicht mehr anstößt, noch immer zur Nebenfrau nehmen.

Nein, entfuhr es Tschun-lin unbedacht, ich würde sie nicht noch einmal zur Magd machen wollen.

Ach, was sind das für Übertreibungen, wandte Herr Jau-mün gepeinigt ein. Du hast, mein Sohn, durch deinen Verkehr mit den barbarischen Priestern in manchen Dingen eine angekränkelte Einschätzung –

Glauben Sie das nicht, mein Vater, unterbrach ihn der Sohn rasch. Ich sagte es schon, daß ich Ihre Freundlichkeit, sich mit mir über die Verlobung zu unterhalten, als außerordentliche Huld betrachte, und ich bin mir auch bewußt, daß die Tradition der *Hundert Familien*, nach der die Verlobungen immer durch die Eltern geschlossen worden sind, weiser ist, als es ein angehender Bakkalaureus je zu sein vermöchte. Ich beuge mich Ihrem Rat und werde mich nach Ihrem Willen verhalten.

Wußte ich's doch! sang Herr Jau-mün nun freudig in den finsteren Raum hinein, den der Gluthauch der Räucherpfanne dumpf und unbestimmt erhellte. Es bestätigt sich damit nur mein Traum. Denk, Tschun-lin, mir träumte in der Nacht vor meinem Gespräch mit dem Provinzialschatzmeister, denn das habe ich vor vierzehn Tagen schon gehabt, und er war sehr geneigt, – also mir träumte, ich wäre ausnehmend gut gekleidet, und das bedeutet doch Glück. Dann kletterte ich, wie ich war, auf einen Baum, und das ist Ehre und Ruhm, und vom Baum aus sah ich dich auf einem Drachen gegen Himmel reiten, womit wieder bestätigt war, daß dir ein Beamtenrang übertragen werden wird. Aber ich sah dann auch die Himmelspforten sich öffnen, und nun war es gewiß, daß nur Glück und Segen vor uns sind. Aber ich erzählte den Traum auch einem Wahrsager, der einen Dompfaffen auf seinem Tisch hatte, und sieh dir an: der Wahrsager schrieb den Traum auf eine von hundert Karten, und der Vogel holte just diese Karte mit seinem Schnabel aus allen heraus. Allein, nicht genug damit: der Astrologe, den Exzellenz Lue Yüanming wegen des Zeitpunkts der Verlobung befragte, erklärte, daß bald nach deinem Examen der Tag wäre, den das drachenförmige Siebengestirn Kok-sing regiert, und dieses besonders bringt Glück bei Verlobungen.

Herr Jau-mün schwelgte noch lange darin, die Festlichkeiten auszumalen, die abgehalten werden sollten, und er beredete all das Gute, das bis in die fernste Zukunft zu erwarten sei. Tschun-lin aber, dem der erzählte Traum neuerlich den Erfolg gewiß machte, gedachte zum erstenmal nicht ohne Trübung seines geistigen Lebens. Das Geburtszeichen des Pferdes, das er mit Kong-fu-tse gemein hatte, schien nicht nur für die Frauen Übles zu bedeuten, sondern es schien auch auf die Liebe zu den Frauen einen Schatten zu werfen. Und als er an diesem Abend auf sein gemauertes Bett zur Ruhe ging, hatte er zum erstenmal das Gefühl, er würde seine Freude an der geistigen Entfaltung auch mit Lebensgütern bezahlen müssen.

Er schlief unruhig in dieser Nacht und träumte viel. Wenn er sich recht erinnerte, sogar, daß er der pardelköpfige Gott Kuai Hsing sei, der in vielen Pagoden stand. Kuai Hsing war, ehe er zum Gott erhoben wurde, so häßlich gewesen, daß der Kaiser, als er ihn zum Vorsitzenden der Pekinger Akademie ernennen sollte, zu schreien und zu weinen anfing. Aber Kuai Hsing hatte als erster das Große Examen in der Purpurstadt bestanden, und deshalb erbarmte der Himmel sich seiner. Er hob ihn in die Sterne hinauf und schenkte ihm einen Mondpalast zur Residenz, von dem aus Kuai Hsing nun als Schutzpatron der Examen seines Amtes waltete. So weit jedoch ging die Traumidentität Tschun-lins mit Kuai Hsing wieder nicht. Irgendwann trat er heraus aus der Figur des Gottes und war nur der arme Tschun-lin, der mit seinem herben Jünglingsgesicht durch die Straßen irrte und jedesmal, wenn er Ho-shi endlich begegnete, von riesenhaften Mönchen in eine Pagode geführt und dort eingeschlossen wurde.

In diesem Traum erschien Ho-shi köstlicher als der Rang *Elegante Schulung*; dennoch erhob sich Tschun-lin, wenn auch viel zu früh, am nächsten Morgen tapfer und entschlossen, nicht nur das Bittere zu tragen, sondern dabei auch den höheren Pflichten gerecht zu werden. Er legte, während die Frühe draußen über dem Garten erst dämmerte, sein bestes Kleid an, ein purpurrotes, bis zu den Knöcheln herabreichendes Seidengewand, zu dem eine mit roter Gaze überzogene Mütze gehörte. Die Mütze krönte ein roter Tuchknopf, von dem eine Quaste aus roter Florettseide herabhing, und an der aufgebogenen Krempe blinkte über der Stirn eine große Perle. Tschun-lin sammelte auch sein Werkzeug zurecht, das Körbchen mit den *vier Pretiosen*: Papier, Tusche, Pinsel und Reibstein. Dann setzte er sich an das fächerförmige Fenster und las in den Erläuterungen zu den *Sechzehn guten Regeln des weisen Kaisers Kang-hi.*

Als die Sonne heraufkam, schollen drei Kanonenschüsse, die Tschun-lin das Herz aufrührten, über die Stadt hin. Sie waren das Zeichen, daß einige tausend Studenten zum Ersten Examen sich einfinden würden. Um diese Zeit war es auch im Hause bereits lebendig geworden. Die Frauen richteten mit viel Liebe und Aufregung für Tschun-lin ein zweites Körbchen zurecht, diesmal ein größeres, mit einem Krug Limonade und Eßvorrat. Denn die erste Sitzung bei der Prüfung dauerte zwei Tage, während welcher Zeit der Examinand seine Zelle nicht verlassen durfte.

Die Zeit lief hin, und bald fand sich auch Herr Jau-mün bei seinem wichtigen Sohn ein. Gleichfalls in rotes Gewand gehüllt, war er in aller Beleibtheit wie Quecksilber, weil er sich nicht fassen konnte vor Freude und Stolz über diesen Tag. Er hatte zwei grüne Palankine bereitstellen lassen, in denen er, für jedermann sichtbar, seinen Sohn bis vor die Prüfungshalle begleiten wollte. Doch war vor dem Aufbruch noch ein feiertägliches und ausgiebiges Frühstück einzunehmen.

Der Imbiß, im großen Salon von Herrn Jau-mün und Tschun-lin allein genossen, bestand aus Tee und Süßigkeiten, die mit Zucker, Mehl, Melonenkernen, Rosenblättern, Nüssen, Süßholz und verschiedenen Gewürzen zubereitet waren, dann folgten Braten von weißen Hühnern mit Reis, gefüllte Früchte der Eierpflanze und Orangen. Während des Essens kamen alle Hausinsassen, um Tschun-lin Erfolg zu wünschen, zuerst die Brüder, dann die Frauen, dann die acht jüngeren Schwestern und schließlich das Gesinde und die Sklaven, der Türsteher, die Diener, die Sänftenträger, die Köche, die Hausreiniger, der Gärtner und die Zofen. Aber schon als die blütenbunten Schwestern hereingetrippelt waren, deren jede einen anderen Talisman brachte, hatte Tschun-lin die Bangnis um Ho-shi befallen. Und die Beklemmung wurde nicht von ihm genommen, denn Ho-shi blieb aus. Offenbar hatte man sie unter dem Vorwand irgend einer Besorgung weggeschickt.

Tschun-lin senkte, als der letzte Gratulant hinaus war, den Kopf. Er strengte sich an, seine Kraft gerade in seiner Bitterkeit neue Wurzeln schlagen zu lassen. Um so aufgeräumter war Herr Jau-mün. Seine Phantasie schwelgte in den hohen Würden, die seinem Sohn bevorstünden, in den Reichtümern, die sich ansammeln müßten, und wie sehr damit auch sein, Jau-müns, Dasein zur ungetrübten Helligkeit sich aufkläre. Der Vertrauensvolle ahnte nichts von dem Ungemach, dessen erster Bote bereits auf das Haus zueilte.

Eben als sie vors Tor traten, um die Palankine zu besteigen, kam der Kassier des Pfandleihhauses angestürzt. Er kam barhaupt, mit fliegendem Zopf und fliegender Pelerine, mit gesträubtem Bart und gespreizten Fingern, – er kam, nicht links und nicht rechts schauend und mit fest aufschlagenden Fersen die Straße herabgerast. Als Herr Jau-mün seiner ansichtig wurde, warf der Kassier die Arme in die Luft.

Verehrungswürdiger Großvater, schrie er schon von

weitem, den Ausdruck als höfliche Anrede gebrauchend, die Kassa im Tai-tong ist erbrochen worden!

Herr Jau-mün, hinter dem alle Hausinsassen aus der Tür drängten, stand entgeistert da. Das ist, das ist, stotterte er, nicht möglich. Mein Sohn Hau-qua selbst verwahrt die Schlüssel –

Auch die Lade, schrie der atemlose Kassier, indem er wieder die Arme hochwarf, – die Lade, in der Herr Hau-qua die Schlüssel aufbewahrt, ist erbrochen; und Herr Hau-qua rast fassungslos durch das ganze Tai-tong.

Aber bei Herrn Jau-mün überwog das Nichterfassen noch immer den Schrecken. Wie, wie, erging er sich in wilden Gesten, soll der Einbrecher denn hineingekommen sein? Die Mauern sind aus Granit, die Fensterläden aus Eisen, und vor dem Palisadentor stehn zwei Wächter.

Es bleibt, entgegnete der Kassier, wobei er die Achseln hob und blödsinnig ins Leere starrte, nur die eine Erklärung, daß der Dieb sich am Tag eingeschlichen und in einem Magazin versteckt hat. Nach der Tat muß er sich wieder verkrochen haben, um erst am Morgen, nach der Betriebsaufnahme, aus dem Tai-tong zu entkommen. Aber ich bin, begann der Kassier nun zu jammern, unschuldig, ich bin unschuldig, verehrungswürdiger Großvater, denn meine Obliegenheit –

Deine Obliegenheit! unterbrach ihn Herr Jau-mün wütend. Wie groß ist der Schaden? Was ist gestohlen worden?

Dreihundert Silbertaels, nur dreihundert Silbertaels, beeilte sich der Kassier zu antworten. Denn so schwer diese Summe wog, der Schaden hätte um vieles größer sein können. Tatsächlich war auch Herr Jau-mün erleichtert und nur die Art des Kassiers, sich gleichfalls an die Erträglichkeit des Verlustes zu klammern, machte ihn rasend.

Nur, höhnte er, nur dreihundert Silbertaels! Soll ich euch alle stäupen lassen? Sofort ist der Betrieb im Tai-tong einzustellen und keiner der Angestellten darf das Haus verlassen. Aber es muß auch sogleich die Anzeige auf der Präfektur erstattet werden. Ach, mein Sohn, wandte er sich weinerlich nach Tschun-lin herum, was bin ich für ein geschlagener Mann!

Allein, die Zeit drängte und sie mußten nun die Sänften besteigen.

Der Himmel war voll Sonne, so daß die Helligkeit selbst die schattigen Strecken der Straßen glänzend durchschummerte, und es gab, wie an jedem Tag, das Gewimmel an allen Ecken und Enden, von dem Herr Jau-mün hatte gesehen werden wollen. Allerdings war ihm die Freude nun verdorben. Zwar besaß sein Charakter nicht die Züge eines Wucherers oder Geizhalses, nicht einmal die eigentlich eines Kaufmanns, und er wäre auch, ohne das hinterlassene Vermögen seiner Väter, nie zu der Stellung gelangt, die er innehatte, dafür aber war er um so mehr der Rührseligkeit aufgeschlossen. Ihn regte weniger der Verlust auf als der schreckliche Eindruck, von Feinden bedroht und vom Unrecht verfolgt zu sein; und so seufzte und jammerte er, während die Sänften nebeneinander hingetragen wurden, immer wieder auf, wenngleich er dabei zartfühlend genug war, Tschun-lin dafür Abbitte zu leisten, daß sein großer Tag ihm dermaßen verunschönt werde.

Tschun-lin hatte bei der Nachricht von dem Diebstahl sofort an Hau-qua denken müssen. Aber er war darüber erschrocken und bemühte sich nun, sein Recht zu der Voreingenommenheit, aus der er die Verdächtigung sprießen wußte, in Frage zu stellen. Da ihm dies nicht gelang, suchte er in der Pein, die es ihm verursachte, gewaltsam auf andere Gedanken zu kommen. Aber auch die Erinnerung an Ho-shi war nicht ohne Schmerz; so sammelte er sein ganzes Wesen für die bevorstehende Prüfung. Und bezeichnenderweise half ihm das.

Er konnte es plötzlich denken und das Gefühl dafür gewinnen, daß sein Leben weit über diese Brüder und das Elternhaus hinausführen werde. Mit der Klugheit und dem Wissen wuchs der ganze Daseinsraum, und die Welt mit ihren Möglichkeiten stand dem Wissenden offen. Tschun-lin war sich bewußt, daß er mit diesen Erwägungen nicht der Sitte seines Volkes gemäß dachte, von dem die Familie über alles geschätzt wurde; aber da es ihm festzustehn schien, daß er als der kaiserliche Beamte, der er werden wollte, ohnehin seine Heimat würde verlassen müssen, fand er sich entschuldigt und, was er dachte, seiner Person angemessen. So sah er, während man ihn durch die Straßen trug, fremde Städte verheißungsvoll heraufkommen, und er wurde auch seines Wunsches nach großen Reisen eingedenk, denen seine Landsleute im allgemeinen abhold waren. All das aber, die neuen Landschaften, die Meerfahrten und fremden Pagoden, die Durchquerung immer fernerer Horizonte und alle Entfaltung, schließlich Peking und der Kaiser, all das würde aus dem Denken kommen, aus der Beschäftigung mit dem Wissen, aus dem kleinen Lernen.

Nun erkannte Tschun-lin auch den Trost, der im geistigen Leben lag. Im Geist leben, bedeutete auch eine Zuflucht und Geborgenheit; mit der Zeit half der Geist wohl über alles hinweg, über die Einsamkeit, über Ho-shi und die Unglücksfälle des Daseins. Nur mußte man dem

Geist treu bleiben, und Tschun-lin schwor sich, diese Treue zu halten. Zugleich dachte er mit Ergriffenheit an seine bisherigen Jahre, aus denen ihm also eine Stütze erwuchs, und damit versank er in die besten Erinnerungen, die ihm auf diesem Weg einfallen konnten.

Ihm hatte das Lernen und Finden von Lösungen nie Mühe bereitet. Schon in der frühen Zeit, da er noch seinen Milchnamen trug und auf einem Schaukeltiger ritt, hatte er jedes Rätsel, das seinem Sinn zugänglich gewesen war, aufgelöst. Hieß eines etwa: Außen ist eine Steinmauer, innen eine andere, und darin sitzt eine goldene Dame; dann war das ein Ei. Und hieß ein anderes: Ein rotgesichtiger Mandarin streckt seine feurige Zunge heraus, aber er darf nicht im Wind stehn; dann war es ein Talglicht. Und schon mit sechs Jahren, da man ihm die vielen kleinen Zöpfchen abrasierte, in denen bis dahin sein Haar um die Wangen gehangen war, hatte er über die *Acht Unsterblichen* nachgedacht, deren vergoldete Miniaturbilder, von einem Stirnband mit schwarzen Seidenfransen herabhängend, an Feiertagen sein kleines Gesicht umrahmten. In der Schule dann war es ihm ein leichtes gewesen, den *Hausschatz des kindlichen Wohlverhaltens* auswendig zu lernen und viele der 305 Poeme des Schi King, des *Buches der Poesie*. Niemals bedurfte er beim Rechnen des Suan Pans, des Zählbretts, und als er später in das Schu King eingeführt wurde, die Landesgeschichte, und das Li King, die Sprüche und Konversationen des Kong-fu-tse, kamen seine Phantasie und sein Herz nicht mehr zur Ruhe. Wissen sammeln bedeutete für ihn: am Leben teilhaben, hinter die Rätsel des Daseins kommen, ein dauerndes Vom-Leben-Ergriffensein; und die Kunde, es wären Gelehrte gewesen, die noch beim Schein der Leuchtwürmer studiert hätten, erfüllte ihn mit Ehrfurcht und Neigung für diese Sagenhaften wie für Heilige. So war er auch dazugekommen, bis zu seinem sechzehnten Jahr jene viertausend Schriftcharaktere einzuüben, in denen sowohl das große Buch Taotehking niedergeschrieben war wie auch die von den Missionären ins Land gebrachte Bibel der fremden Völker. Nein, die Prüfung machte Tschun-lin keine Sorge. Er zitterte nur darum, das Examen nicht mit Auszeichnung zu bestehn, nicht als Bester, das will sagen, nicht als Erster unter einigen tausend.

Damit waren die Sänften vor das Südtor der Prüfungshalle gekommen, das den Namen *Tor der Gerechtigkeit* trug und von einer wahren Völkerschaft umdrängt war. Herr Jau-mün verabschiedete sich in möglichst großartiger und inniger Weise von seinem Sohn, dann trat Tschun-lin unter die Wölbung. In einer Kammer wurde er einer Leibesvisitation unterzogen, damit er nicht etwa unerlaubte Behelfe einschmuggle; hier empfing er auch ein Schreibheft mit dem Präfektensiegel. So beglaubigt und ausgerüstet, wies ihm dann, gleich dem endlosen Schwarm der mit ihm Gekommenen, ein Wärter seine Zelle an.

Denn die Prüfungshalle war in Wahrheit keine Halle, sondern ein riesiger Hof, der an die zehntausend gemauerte Zellen umfaßte. Diese Zellen, an flachgedeckte Schilderhäuser erinnernd und nur wenig größer als solche, erstreckten sich in mehreren Reihen von Norden nach Süden, und ihre Einrichtung bestand in einem Sitz- und einem Schreibpult. Da während den Prüfungszeiten der Examinand auch nachts und zur Stillung der Notdurft – wofür eine primitive Vorkehrung getroffen war – die Zelle nicht verlassen durfte, stellten diese Gehäuse auch eine körperliche Anforderung. Das um so mehr, als nach

Beginn alle Türen versiegelt wurden. Diesen Vorsichtsmaßnahmen entsprach auch der zentrale Wachtturm, in dessen Nischen die Statuen der Literaturgötter standen, und die militärische Besetzung des ganzen Grundstücks. Wie überhaupt eine Armee von Wärtern, Revisoren, Abschreibern, Meldegängern und Beamten aufgeboten war, die Massenprüfung durchzuführen.

Die Aufgabe der Bewerber während dieser ersten zwei Tage bestand in der Abfassung dreier Aufsätze und eines Gedichts. Die Themen dafür konnten sie an den fahnenartigen, roten Papierstreifen ablesen, die zwischen den Zellenreihen von hohen Masten hingen.

Und Tschun-lin erstes Thema lautete:

Lernen, ohne nachzudenken, nützt nichts; nachdenken, ohne zu lernen, macht aufgeregt und unglücklich.

Damit war ihm gleich zu Anfang die Gelegenheit gegeben, das Hohelied des Geistes anzustimmen, wie er ihn in diesen Tagen erlebt hatte, als die vollendende Verheißung des klugen, kleinen Lernens, als die klärende Gewalt, als Trost und Zuflucht und Lebensmacht. Und es wäre Tschun-lin wahrhaft unverständlich gewesen, würde man ihm von den vielen unter seinen Rivalen erzählt haben, die nun hilflos auf ein Mauseloch in ihrer Zelle starrten und darauf warteten, daß ihnen, durch bestochene Wärter und Soldaten, die fertige Ausarbeitung des Themas aus der Hand eines Lehrers von jenseits der Mauer zugesteckt würde. Tschun-lin hingegen schrieb mit heißen Wangen, denn er schrieb die Lust und den Schmerz seiner Sechzehnjährigkeit, er schrieb sein junges Leben auf und das Edelste, das er darüber zu denken vermochte; aber er vergaß dabei nicht, die verbotenen kaiserlichen Ausdrücke zu meiden und die Charaktere wie die Perlen an einer Schnur zu setzen.

Unterdessen schickte sich auch Herr Jau-mün an, einen Brief abzufassen.

In der Pfandleihanstalt war er nur erschienen, um einmal seinen Jammer durch alle Räume zu tragen. Er haßte nichts so sehr wie Scherereien, und da er trotz aller augenscheinlichen Energieausbrüche daran verzweifelte, jemals wieder in den Besitz der dreihundert Silbertaels zu gelangen, war ihm der Brief sogar ein willkommener Vorwand, sich wieder nach Hause zu begeben.

Doch nahm Herr Jau-mün sogleich einen Kalligraphen mit, denn seine Schreibekunst war nicht groß und der Brief an Seine Exzellenz, den Provinzialschatzmeister Lue Yüanming, sollte von der gepflegtesten Art sein. Der Inhalt des Briefes verursachte Herrn Jau-mün kein Kopfzerbrechen. Auf der einen Seite war, worum es sich handelte, bereits durchbesprochen, wenn auch nur andeutungsweise, und Schreiber und Adressat wußten über einander Bescheid, und auf der anderen Seite kannte sich Herr Jau-mün als einen Meister der höflichen Phrase. Es bereitete ihm ein urwüchsiges Behagen, in Bildern und schönen Wendungen zu reden, und er hatte nicht selten bei sich gedacht, er würde, hätten ihm die Götter nicht ein Leihhaus beschert, auch als Dichter seinen Mann gestellt haben. Demnach kam der Brief, der eine Verlobung anregte und daher den Namen *Drachenphönix-Papier* führte, wie folgt ins Gelingen:

Der Winter ist vorüber und die heiße Frühlingssonne steht täglich groß über Kanton. Ich schreibe diesen Brief, um Eurer Exzellenz einen Beweis meiner Bewunderung und tiefsten Ergebenheit zu liefern. Gestatten Sie mir daher, mein hoher Verwandter, Ihnen ergebenst Glück zu wünschen. Ihre erhabene Familie hat einst in der Provinz Tschi-li gelebt, sie war dort berühmt, und die Gelehrten haben ihre zahlreichen Tugenden hoch gepriesen. Dann ist sie, durch die kaiserliche Huld ausgestattet und abermals emporgehoben, in die Stadt Kanton übergesiedelt, deren Glanz dadurch immens vermehrt worden ist. Auf diese Weise wurde auch ich Zeuge Ihrer unvergleichlichen literarischen Bildung, Exzellenz, Ihres unnachahmlich feinen Betragens und der erlesenen Gepflegtheit Ihrer Sitten, was alles Sie so hoch über Ihre Mitmenschen stellt, wie der Kranich sich über die Erde erhebt. Unter diesen Umständen erscheint es geradezu als frevelhaft, daß ich Ihre einzigartige Tochter Tschun-tao für meinen Sohn zur Frau erbitte. Denn was mich betrifft, so bin ich von Jugend auf träge und arm gewesen, ich besitze keinen Rang und meine gesellschaftliche Stellung ist, trotz aller Bescheidenheit, noch um Unermeßliches besser, als ich es verdienen würde. Auch mein Sohn ist schwachgeistig und unwürdig, und seine literarischen Versuche sind in einem so hilflosen Stil geschrieben, daß er zu gar keiner Hoffnung berechtigt. Da Sie jedoch nach dem Anhören meiner Worte neulich keine Einwände gegen ihn erhoben, sondern sofort Ihre Zustimmung gegeben haben, ist es nur recht und billig, daß die Verbindung zwischen Ihrer Tochter und meinem Sohn zustande komme. Nach der Vereinigung unserer Kinder wird die Freundschaft zwischen Eurer Exzellenz und mir unlöslich sein. Da die Zeit drängt, erlaube ich mir, Ihnen schon heute die üblichen Geschenke zu übersenden. Freilich sind sie sehr gewöhnlicher Art und wertlos. Außer einigen wenigen, einfachen Sachen schicke ich Ihnen bloß eine hölzerne Haarnadel für Tschun-tao, und ich schäme mich wahrlich, Ihnen keine Schätze anbieten zu können. Sie werden mir, ich bin dessen sicher, verzeihen. Sobald die vorgeschriebenen Förmlichkeiten vorbei sind, werden wir dem Hochzeitstag mit Spannung entgegensehen.

Natürlich schickte Herr Jau-mün nicht bloß die erwähnte hölzerne Haarnadel. Die war nur ein Zeichen der Bescheidenheit und des Bewußtseins, daß den Geschenken gewissermaßen kein bestechlicher Charakter anhaften sollte. Außerdem sandte Herr Jau-mün mit dem Brief ein

Galakleid für die Braut, sechzehn Stück Seidenstoff, ebenso viele goldene Armbänder, Ohrgehängpaare und Haarnadeln, zwei Teeservice, ein silbernes Waschbecken und hundert Schachteln voll Backwerk. Mit diesen Mengen, die nur Leute von höchstem Rang schenken durften, verstieß Herr Jau-mün gegen die Luxusgesetze, aber er nahm das, verschmitzt und abenteuerlich angeregt und gerade, weil die Präsente an einen hohen Staatsbeamten gingen, gern auf sich. Die Exzellenz sollte erkennen, wozu Herr Jau-mün um der wahren Freundschaft willen fähig sei. Damit aber nicht genug. Zu den Gaben kamen noch ein Geldbetrag, der nicht unansehnlich war, ein lebendes Ferkel und ein paar Wildgänse, die als Muster ehelicher Treue galten. Und auf jeden Deckel der hundert roten Backwerkschachteln mußte ein Papier geklebt werden mit der Aufschrift: *Doppelte Fröhlichkeit.*

Herr Jau-mün, das Gesinde und die Frauen um ihn hatten somit viel zu tun; dessenungeachtet blieb noch die Frage zu lösen, wer den Brief überbringen und die rotgekleideten Diener, die die Geschenke trugen, anführen sollte. Denn das durfte nur ein Freund Tschun-lins sein, und Tschun-lin, der ewige Student und einsam Umherwandelnde, hatte keinen. Aber Herr Jau-mün fand auch da einen Ausweg. Tseng Fu, sein junger Teilhaber am Tai-tong, der bei der Kantoner *Seehandelsgesellschaft* Dolmetsch war, mußte den Botschafter machen. Tschunlin lernte bei ihm die Barbarensprache, und war damit auch nicht das innigste Band gegeben, so doch eines, das in Anbetracht von Tschun-lins Eigenart noch am ehesten entsprach.

Ach, Herr Jau-mün glühte vor Geschäftigkeit, und er richtete einen wahren Wirbelsturm im Haus an, den die anderen sich aber, im Hinblick auf den Zweck, gern gefallen ließen. Jedenfalls marschierte die Abordnung, festlich gekleidet, mit dem Brief versehen und mit allen Geschenken beladen, noch am gleichen Tag ab.

Sie wurde vor dem Yamen des Provinzialschatzmeisters, das in der *Straße der hundert Enkel* lag, von einem Vertreter des Hausherrn empfangen. Herr Lue Yüanming selbst, ein Mann vom hohen Wuchs der Nordchinesen, Mitte der Fünfzig und mit dem Kopf eines Inquisitors, trat dem Botschafter erst im Ahnensaal entgegen. Nach tiefen Verbeugungen und mehrfachem zeremoniellem Platzwechsel übernahm er den Brief, den er uneröffnet auf einen Ahnenschrein legte. Sodann lud er den Überbringer zu einem Glas Wein ins Eßzimmer, damit die Ahnen beginnen könnten, sich mit dem Verlobungsantrag zu beschäftigen.

Tseng Fu, dem Dolmetsch, war es nicht sonderlich geheuer gegenüber der Exzellenz, was zum Teil auf seine, wenngleich lockere Verbindung mit der *Seehandelsgesellschaft* zurückging. Dieser *Seehandelsgesellschaft* oder Hansa von Kanton, der Jang-hong-schang, war aller Handel mit den Fremden, vornehmlich den Briten, übertragen, und es gab keinen Staatsbeamten, der auf die Gesellschaft gut zu sprechen gewesen wäre. Zum einen, weil die chinesischen Familien, die etwas auf sich hielten, nur ihre Mißratenen und Schwachköpfe in die Gesellschaft schickten, und zum anderen, weil durch das profitgierige Wesen der Fremden die Gesellschaft zur Einfallspforte für alles Üble ins Land wurde. Und besonders seit der neuen Proklamation des Kaisers, die auf den Opiumhandel die Todesstrafe setzte, stand die *Seehandelsgesellschaft* wieder als *schlechtes Konsortium* in aller Bewußtsein.

Jedoch Tseng Fu erfuhr eine angenehme Überraschung. Der Hausherr und Brautvater mit dem strengen, schwarzbärtigen Kopf ließ ihn seine Mitgliedschaft auch mit keiner leisen Anspielung entgelten. Er erkundigte sich vielmehr freundlich, ob das Verbot des Opiumhandels die Fremden sehr verstimmt hätte, was Tseng Fu allerdings bejahen mußte. Und schließlich ging die Exzellenz sogar so weit, es Tseng Fu freizustellen, wenn er sich einmal in irgend einer Angelegenheit der *Seehandelsgesellschaft* an sie würde wenden wollen.

Tseng Fu dachte, eine Verlobung ist eben eine Verlobung, und verabschiedete sich mit einem Gefühl, bei dem er nicht genau wußte, wie ihm war. Die Antwort auf den Brief Herrn Jau-müns und die Geschenke für diesen konnte er erst am nächsten Tag abholen, weil der Provinzialschatzmeister erst dann zu einem Eindruck gekommen sein konnte, wie sich seine Ahnen zu der Verlobung stellten. Doch nahmen sie, empfand Herr Lue Yüanming, eine zustimmende Haltung ein; demnach erhielt Herr Jau-mün auf sein *Drachenphönix-Papier* die folgende Entgegnung:

Groß ist die Erleuchtung der überaus reinen Dynastie und damit das Wohlbefinden der *Hundert Familien.* So hat mir die Gnade, dem himmlischen Herrscherhaus dienen zu dürfen, auch Ihr Wohlwollen geschenkt, mein verehrungswürdiger Verwandter, und ich nehme daher Ihre Geschenke mit warmem Dank an. Erlauben Sie mir, daß ich Ihnen achtungsvoll gratuliere. Ihre ehrenwerte Familie stammt aus den Bergen Schan-tungs und dem Land am Kaiserkanal, das dem *Reich der Mitte* viele ruhmreiche Herrscher geschenkt hat, und schon Ihre Ahnen waren ob des nahezu unvergleichlichen Stils berühmt, in dem sie ihre literarischen Abhandlungen geschrieben haben. Ihr erhabener Vater trug den Kristallknopf, und das wundersame Fabelwesen Kilün hat sich für ewige Zeiten auf seine Grabsäule niedergelassen. Über Sie selbst,

Ihre glanzvolle Rechtschaffenheit, Ihren Ruhm als Kaufmann und Ihre dichterische Begabung etwas zu sagen, reicht meine armselige Ausdrucksfähigkeit nicht aus, geschweige denn, dem Ingenium Ihres Sohnes gerecht zu werden. Daß der unerschöpflich Talentvolle sich bereit gefunden hat, meiner unscheinbaren, an Tugenden armen und häßlichen Tochter die Hand zu bieten, kann ich kaum fassen. Denn auch ich bin mittellos, mein Rang ist wie aus Versehen auf mich gekommen, ich wandere ziellos durch die Welt und bin außerstande, den vielen Leiden, mit denen ich behaftet bin, zu widerstehn. Allein, Ihr Sohn neigt zum Wohlwollen und sein hochgebildeter Geist ist so erhaben wie der Himmel über die Erde. So hat denn meine Tochter, die in ärmlicher Hütte geboren wurde und keinen Unterricht genoß, mit hoher Freude von Ihrem Wunsch erfahren, ich möge mein Einverständnis erklären, daß sie mit Ihrem Sohn sich verbinde. Deshalb sei es auch. Die Geschenke, die Sie mir sandten, wetteifern mit dem Glanz eines Frühlingstages über Pu-to-schan und den Seen des Westlichen Paradieses; aber es entspricht meiner Armseligkeit, Ihnen keine entsprechenden schicken zu können. Nehmen Sie also, was meine Diener Ihnen überbringen, wie eine Formalität hin, eine Formalität freilich, die der Himmel zum Vorzeichen künftiger Generationen erheben möge. Wenn Ihr Sohn und meine Tochter durch die Hochzeit vereint sein werden, wird zwischen ihnen grenzenlose Zärtlichkeit herrschen.

Die Geschenke, die Herr Jau-mün nur als Formalität hinnehmen sollte, bestanden aus ebenfalls hundert roten Schachteln voll Backwerk, einem Schwein, einem weißen Hahn, der silbernen Nachahmung zweier Wildgänse, aus Herrenschmuck, Büchern und Bildern und einem Bakkalaureusgewand für Tschun-lin.

Diese Ehrengewandung war zusammengestellt aus einem Paar lichtblauer Atlasschuhe, einer lichtblauen langen Seidentunika mit purpurrotem Besatz, einer lichtblauen Seidenjacke mit fünf goldenen Knöpfen und einem purpurroten Hut mit dem Knopf der Inhaber des Ranges *Elegante Schulung*.

Tschun-lin sah das Kleid, als er am Abend dieses Tages von der ersten Sitzung des Examens heimkehrte. Die Fragen nach den Erfolgsaussichten, mit denen man ihn bestürmte, konnte er ruhigen Gemüts beantworten, und im Anblick des Ehrengewandes empfand er Freude.

Das werde ich dir schicken, ereiferte sich Herr Jaumün, am letzten Tag, wenn du den Rang erhältst, damit du schon in der Gelehrtenkleidung die Halle verläßt. Da sollen doch auch die Kanonen wieder abgeschossen werden, und es wird Musik geben und Böllerschüsse. Aber wir wollen dich mit einer eigenen Musik erwarten und mit einem Pferd, auf dem du nach Hause reiten sollst. Ich will auch, sobald mir ein Bote die Nachricht von deiner Auszeichnung bringt, große rote Plakate drucken lassen, die an alle Bekannten und Verwandten geschickt werden sollen. Ach du, und gleich hinterher werden wir Verlobungsbankett halten und verschwägert sein mit dem Provinzialschatzmeister. In einem übertragenen Sinn, meinst du nicht, treten wir damit zum Kaiser selbst in Beziehung?

Das verstand Tschun-lin freilich anders, und er nahm auch nur den Anteil an den Verlobungsvorbereitungen, den man ihm abzwang. Zu seiner Zufriedenheit war diese Feierlichkeit eine Sache der Elternhäuser und im Augenblick nichts weiter als eine große Esserei. Aber er wartete in den sieben Tagen, die er nun zu Hause war, auf eine Gelegenheit, Ho-shi zu sprechen.

Die Gelegenheit ergab sich an einem Abend im Garten, als Ho-shi die Narzissen goß. Tschun-lin trat, um einen Strauch herum, der in Tierform geschnitten war, auf sie zu, und da er die Empfindung hatte, es sei zum ersten- und letztenmal, daß er zu ihr sprechen könnte, schnürte es ihm die Kehle zusammen und sein Herz klopfte bis in den Hals hinauf.

Ho-shi, sagte er, auf ihr Gesicht schauend, das wie eine blasse Blüte in der Dämmerung schimmerte, mein Vater und der Provinzialschatzmeister verloben mich an ein Mädchen Tschun-tao, eine Tochter des Beamten, die mir so fremd sein wird wie die Rattendame der Sage.

Da schlug Ho-shi die sehr schwarzen Augen auf, die so groß anmuteten, als gäbe es kein Weiß neben ihnen, und indem sie den Arm mit der Gießkanne lässig herabhängen ließ, fragt sie: Was war mit der Rattendame?

Ich danke dir, sagte Tschun-lin mit durchblutetem Gesicht, für das Zartgefühl, mit dem du nach der Rattendame und nicht nach der Verlobung fragst. Mit der Rattendame war das so, daß sie freundlich in die Hütte eines Mannes kam. Aber als sie einen Teig anmachte, um für ihn daraus Brot zu backen, sah er die Rattenkrallen an ihren Händen und entsetzte sich.

Und so fremd, lispelte Ho-shi, den Kopf zärtlich schief legend, wird dir die Tochter des Schatzmeisters sein?

So fremd, entgegnete Tschun-lin.

Hernach standen sie eine Weile stumm da und Ho-shi war so selig versunken im Anschauen seines Gesichts, daß sie leise schwankte. Sein Kopf auf dem hohen und schlanken Körper besaß den Adel einer mächtigen und breiten Stirn, seine Augen, mit dem gesammelten Blick, wirkten wie aus Eisen, und sein fast kleiner Mund war von gemeißelter Herbheit.

Ach, seufzte Ho-shi selbstvergessen, du würdest noch der Göttin Kuan-yin gefallen. Wie hätte ich auch deiner wert sein sollen?

Da nahm Tschun-lin zitternd ihre Hand. Glaub mir,

sagte er innig, daß ich es als das Versäumnis meines Lebens betrachte, nicht mit dir sein zu können.

Aber du bist ja, hauchte Ho-shi, noch nicht in deiner Sterbestunde; den Göttern sei Dank. Ich will tapfer bleiben und immer für dich bereit. Es macht mich ja schon glücklich, zu wissen, daß du lebst.

Die Tage nachher besuchte Tschun-lin die Tempel der Literaturgötter. Den obersten Gott, Wen Chiang, der im Sternbild des Großen Bären residiert und in den Tempeln, blau gekleidet und mit einem Zepter in der Hand, auf einem weißen Pferd reitet. Seine zwei Diener sind taub wie der Himmel und stumm wie die Erde, so daß sie kein Geheimnis verraten. Darum ist auch das Eindringen in die Sphäre des Geistes für alle nicht Auserkorenen so schwer. Tschun-lin opferte Schreibpinsel, Tuscheplatten und Papier und versenkte sich in die Bedeutung der göttlichen Insignien. Sodann besuchte er den pardelköpfigen Kuai Shing in den Pagoden, dem er in seinem Traum so nahe gekommen war, aber auch den Herrn *Rotmantel* und den Herrn *Goldküraß*, Herrn Fu Hsi, den Entdecker der Acht Triagramme und Obersten im *Himmlischen Ministerium der Medizin*, und schließlich auch Jen Hui, den Lieblingsschüler des Kong-fu-tse, dessen Erinnerungstafel in allen Tempeln zur Linken der Tafel des großen Meisters steht.

Voll Befangenheit trat Tschun-lin vor die Statue des Lü Tung-pin, des ersten der *Acht Unsterblichen*. Denn dieser war nicht nur der Verfasser berühmter Verse gewesen, sondern auch ein Heerführer von Rang, ein feuriger Frauenliebhaber, ein fester Trinker, ein Schalk und Spaßmacher und Unfugstifter und Abenteurer, kurz ein gewaltiger Mann, der so fest mit seinen Reiterbeinen auf der Erde stand, wie seine Stirn erleuchtet war. Und vor diesem

Gott beugte Tschun-lin die Sorge, er könnte nur ein klarer Denker, aber kein wahrhaft Lebendiger sein. In der Tat richtete ihn hier nur das Gelübde auf, er wolle nicht bloß im Geiste, sondern auch als ein Ritter des Geistes leben.

So gestärkt, ging Tschun-lin dann zur zweiten Sitzung in die Prüfungshalle, die drei Tage dauerte, weil nun die Abfassung von vier Aufsätzen und einigen Oden gefordert wurde; und nach einer eintägigen Pause kam es zur dritten und kürzesten Sitzung, deren Gegenstand eine Abhandlung über die *Sechzehn guten Regeln des weisen Kaisers Kang-hi* war.

Tschun-lin hatte es auch damit wieder leicht. Er kannte die *Regeln* und ihre Erläuterungen seit langem, und da er sich auch erinnerte, wie er sich nach seiner traumwirren Nacht an ihnen aufgerichtet hatte, kam er voll Lebenswärme an ihre Bearbeitung heran. Er schrieb und schrieb bis in die Nacht hinein. Um diese Zeit brannte in seiner Zelle ein Docht aus Binsenmark, der in einer irdenen Schale in Bohnenöl schwamm, und es gefiel Tschun-lin sehr, zu denken, daß bei ebensolchem Licht der Weise Lao-tse das Buch der Jahrtausende, das Buch Taotehking, diktiert hatte. Das war in einer Wachtbastei der Großen Mauer gewesen, und Lao-tse, das *alte Kind*, der Verehrungswürdige, der mit weißen Haaren zur Welt gekommen war, hatte sein Buch einem dumpfen Soldaten diktiert. Dennoch war es von der Kraft gewesen, über alle Zeiten hin und für alle Menschen, für die Kaiser und die Bettler, wirksam zu bleiben.

Und Tschun-lin war noch immer im Schreiben, als ferner Lärm in seine Zelle scholl.

Der Lärm kam nicht aus dem umliegenden Bereich der

Prüfungshalle, er kam von ferner her, aber da er trotzdem vernehmbar war, mußte er sehr groß sein. Dann unterschied Tschun-lin in dem fernen Rauschen auch die Schellen und Pfeifen, die Tam-tams und Gong-gongs der Feuerwehren, weshalb er vermutete, daß ein Brand, ein großer Brand ausgebrochen sei. Das konnte ein Unglück für die Stadt sein, und Tschun-lin, dessen Sammlung nun gestört war, schätzte sich froh, mit seiner Arbeit gerade zu Ende zu kommen. Da seine Zelle weiterhin versiegelt blieb, bis zum Morgen, mußte er bleiben, aber er saß nun da, mit allen Sinnen lauschend und mit den Gedanken bei den Seinen daheim.

Hätte er die Zusammenhänge um den Brand ahnen können, würde er noch mehr Grund dazu gehabt haben. Denn das Feuer, das mit der Zeit einen ganzen Stadtteil niederlegte, war durch seinen Bruder A-tung verursacht worden. Nicht böswillig, denn so wäre der Hilflose keinesfalls zu nennen gewesen, sondern gerade durch dessen Einfältigkeit.

Wie schon angedeutet, war A-tung seit dem großen Eindruck, den die geldumklirrten Grillenkämpfe auf ihn gemacht hatten, darauf aus, solch gewinnbringende Tiere auch selbst zu besitzen und zu züchten. Der große Garten seines Vaterhauses gab ihm auch Gelegenheit, ohne viel Umstände auf die Pirsch zu gehn. So wenig ihn diese zärtliche Landschaft mit ihren Zwergföhren und Chrysanthemenbüschen, ihren Hecken aus Pflaumenbäumchen und ihrem Bambusbestand sonst angeregt hatte, nun bildete sie einen abenteuerlichen Bereich für ihn, der ihn anzog wie ein Schatzgräberrevier. Die Tigerlilien und die Rosen, die Magnolien und das Hirschhornfarn und Seidelbast und Jasmin, alles war für ihn jetzt nur in der Erwägung vorhanden, ob es eine Heimstätte der Grillen abgeben könnte. Und er suchte auch den Felsengarten ab, in dessen Tümpel die rote Cuscuta blühte, die Säume der schmalen Kanäle, die kleinen Ufer des Teiches mit der weißen Entengrütze und sogar die efeuüberrankte Mauer, deren Steinplatten Inschriften trugen wie etwa: *Hier schneit die Blüte und das Wasser strömt.*

Endlich hatte er, ganz am Ende des Gartens, wo dieser an das Nachbargrundstück grenzte, Heimchen entdeckt. Ihr lautes Zirpen, das auf kräftige Tiere schließen ließ, erscholl hinter dem buntbemalten Pavillon, der hier aus Fichten- und Bambusholz errichtet war. Die kleine Rasenecke, in der nur ein Zwergbirnbaum stand, erschien auch deshalb für A-tungs Vorhaben begrüßenswert, weil man ihn hier vom Haus aus nicht sehen konnte. Der Fang mußte in der Nacht geschehen, aber die notwendigen Behelfe stellte A-tung schon am Abend bereit; einen kleinen Eimer mit Wasser, das unter Umständen in die Heimchenlöcher zu gießen war, eine Handvoll jener Früchte, die *Drachenaugen* heißen und von den Grillen gern genossen werden, also als Lockmittel verwendet werden konnten, und einen Feuerkorb, aus dünnen Eisenstäben geflochten, in dem ein Zedernholzfeuer zu unterhalten war.

Die Brandlegung selbst gestaltete sich dann sehr einfach.

Während A-tung auf dem Bauch lag, in die vermutlichen Heimchenlöcher Wasser gießend und *Drachenaugen* vor sie hinlegend, schlug der fächelnde Nachtwind, der aufgestanden war, die Zedernholzflammen an den Pavillon hinauf, und A-tung, vor Spannung atemlos, merkte erst spät an der übermäßigen Helligkeit um ihn, daß der Pavillon lichterloh brannte. Nun stieß er ein Geschrei aus und rannte fassungslos ins Haus, um alles, was da im tiefen Schlaf lag, zur Hilfe auf die Beine zu bringen.

Das Haus, das mit seinem Mitteltrakt und den beiden Seitenflügeln den Garten weitreichend umfing, beherbergte zwar eine Menge Menschen, aber es wäre für A-tung wohl ratsamer gewesen, an den Brunnen in der Gartenmitte zu stürzen und mit zwei Eimern wiederzukommen; am Schreien hätte ihn das nicht verhindert. Wie er es nun aber anstellte, verging eine kostbare Weile, und da gleichzeitig der Nachtwind stärker wurde und eine bestimmte Richtung beibehielt, griff das Feuer schnell auf das Nachbargrundstück über. Es erweckte den Anschein, als hätten sich alle bösen Dämonen und alle schlechten Geister der Lüfte, seit langem ausgehungert, in A-tungs Flamme geworfen, und damit sollte es so bald kein Ende haben.

Der Nachbargarten gehörte einem alten, schon etwas kindischen Herrn, dessen letzte Leidenschaft die Blumenzucht war. Er züchtete vor allem die Blütenkönigin und Zierde des Kaiserreichs, die Päonie, und er besaß in einem langgestreckten Glashaus davon weinrote Exemplare, rosafarbene, pflaumenblaue, goldgelbe, weiße und sogar hellgrüne. Die geteerten Holzplatten aber, die er zum Schutz gegen die allzu starke Sonnenstrahlung auf das Dach des Glashauses gelegt hatte, brannten wie Zunder, und die Glaswände platzten. Außerdem griff das Feuer auf das Gerüst einer Laube aus Kürbisranken über und, in einem dritten Grundstück, auf einen Geflügelhof. Hier brannte auch bald ein Schuppen, und als die Flammen dann auch die Anwesen von ärmeren Leuten erfaßten, die ihre Häuser aus Lehm bauten und mit Sorghumstengeln, Weizenstroh, Schilfrohr und Gras deckten, war die Feuersbrunst fertig. Die ganze *Straße der Langlebigkeit* brannte, und die Stadt erwachte im Glutschein zu Tumult, Geschrei und Schrecken.

Wohl standen auf allen Plätzen die *Friedenszisternen*, die Fässer mit Löschwasser, und auch in allen Häusern gab es auf den Dachboden bereitgestellte Eimer und Zuber; auch hatte jede Handwerkerzunft und jede Kaufmannsgilde ihre eigene Feuerwehr, und der Kwong-hip, der Befehlshaber der Tatarengarnison, sowie die verschiedenen Behörden stellten eigene Mannschaften, die sowohl für den Löschdienst als auch für die Verhütung von Plünderungen ausgebildet waren; Kanton zählte schließlich über dreißig Feuerwehrstationen; dennoch herrschte sofort Verzweiflung, weil man die Wechselbeziehung zwischen der Fülle der Einrichtungen und ihrer Notdürftigkeit kannte und jedermann wußte, was ein Brand in dieser Stadt bedeutete, deren Häuser zu vier Fünftel mit Stroh gedeckt waren und die auch sonst eine erschrekkende Anhäufung von brennbarem Material darstellte.

Es war auch, nachdem alles, was ausrücken konnte, ausgerückt war, noch Stunden hindurch kein Abflauen des Brennens zu erkennen. Über dem Stadtteil glühte der Nachthimmel rot und in seinen flammenden Straßen raste die schreiende Verwirrung. Dabei konnte den Feuerwehrleuten, die, je nach ihrer Zunft, bestimmte Uniformen trugen und einen Hut, auf dem das Wort *Feuerwehrmann* prangte, kein Vorwurf gemacht werden. Sie stürzten sich mutig in die Flammen und arbeiteten unermüdlich, aber die Eimer und Schläuche und Wassermaschinen, die ihnen zu Gebote standen, erwiesen sich wieder einmal als unzulänglich, und auch die Plünderungen konnten in der Panik nicht verhindert werden.

Zudem fanden die aus ihren brennenden Häusern Fliehenden weder selbst, noch mit ihren Tieren oder ihrem geretteten Hausrat bei heilen Nachbarn Unterkunft, weil dem der Glaube entgegenstand, das Feuer sei eine Heimsuchung und die Fliehenden würden die erzürnten Geister auch in die bislang verschonten Behausungen ziehen. Das bewirkte, daß die unglücklichen Betroffenen sofort in Scharen nach dem Tempel des Feuergottes Huo Sheng stürzten. Dieser, gleichfalls ein *Sternbeherrscher*, aber auch ein Riese mit drei Köpfen, sechs Armen und einem dritten Auge in jeder Stirn, mit roten Haaren, rotem Bart und rotem Mantel, reitet jähzornig auf einem roten Renner durch seine Tempel, und es ist besonders schwer, den Erzürnten dazu zu bewegen, von den Häusern, in die er seine Dämonen einmal gejagt hat, wieder abzulassen.

Natürlich war auch bei Herrn Jau-mün, obzwar sein Haus selbst verschont blieb, die Aufregung groß; das will sagen, es ging da wie in der Hölle zu.

Denn hier handelte es sich weniger um den Brandschaden als um das Unglück hinterher und drumherum. Brannten nur zehn Häuser in der Stadt ab, mußte das schon nach Peking gemeldet werden; brannten aber achtzig ab, welche Zahl bei den engen Hütten der Armen leicht erreicht werden konnte, dann erlitten alle Beamten Kantons eine Degradierung um einen Rang, und dies bedeutete eine gesellschaftliche Katastrophe. Auf jeden Fall aber mußte der Bestrafung A-tungs entgegengesehen werden, die darin bestand, daß er mit dem hölzernen *Halskragen* viele Tage lang vor einem Tempel oder Yamen zur Schau gestellt werden würde, und das brachte die ganze Familie in Schande. Unter diesen Umständen war es eine Frage, ob Tschun-lin das Bakkalaureat zuerkannt werden konnte und ob die Verlobung zustande kommen würde. Aber auch dieser Schlag war noch nicht der entsetzlichste und auch nicht, daß Herr Jau-mün nun ein Vermögen ausschütten mußte, um die Löschmannschaften mit Wein und gebratenen Ferkeln zu bewirten und die Verwundeten mit Geld zu entschädigen.

Was schwerer als all dieses wog, – was das Herz zerriß und am Leben verzweifeln machte, war die mit dem Brand verbundene Entdeckung, daß Hau-qua die dreihundert Silbertaels gestohlen hatte, und auch die Untat, die er nach der Entdeckung an Ho-shi beging, mußte als schrecklich bezeichnet werden.

Von Ho-shi nämlich, die in dem Flügel schlief, der der Feuerstelle zunächst lag, und die offenbar wach gelegen hatte, war der Brand des Bambuspavillons zuerst entdeckt worden. Sie hatte schon, ohne um A-tungs Anwesenheit zu wissen, nach dem Glutschein ausgeschaut, der von dessen Feuerkorb ausgegangen war. Und während sie noch rätselte, was das Leuchten in der Gartenecke bedeuten könnte, hatten die Flammen den Pavillon erfaßt. Nun war sie, eben als A-tung zu schreien anfing, aus dem Zimmer gestürzt, um zu helfen. Ihr Gelaß aber, das sie mit einer anderen Magd teilte, hatte, so wie einige andere, mit dem Hau-quas einen gemeinsamen Dachboden, und dadurch kam es, daß Ho-shi von dort, also aus der Nähe von Hau-quas Wohnraum, einen Löscheimer holte. Sie humpelte damit, während das Haus polternd erwachte, durch den überglühten und schattenzerrissenen Garten auf den Feuerpavillon zu. Als sie aber den Eimer gegen die Flammen hin ausschwenkte, flogen in dem Strahl auch harte, klappernde Gegenstände mit, und in der Wölbung klirrte es wie von zurückfallenden Geldstücken.

Ho-shi griff in den Wasserrest des Eimers, für einen Augenblick den Brand vergessend, und zog Silberstücke heraus. Dann sah sie, im Schein des Feuers, die großen Münzen auch zu ihren Füßen blinken. Auf diese Weise erfuhr Herr Jau-mün, als er im Nachtgewand und mit fuchtelnden Armen heranruderte, nicht nur von seinem brennenden Bambuspavillon und dem um sich greifenden Brand, sondern auch, wo seine Silbertaels geblieben waren und wer der unzweifelhafte Dieb sein mußte.

Im gleichen Augenblick drohte er den Verstand zu verlieren, denn seine gutgläubige und wohlmeinende Natur war im verwundbarsten Punkt getroffen. Er zerriß sein Kleid, warf sich auf den Boden und weinte. Das Weibsvolk um ihn schrie und raste wie ein aufgeschreckter Hühnerschwarm durcheinander. Hau-qua aber, heranstürzend und der Sachlage innewerdend, hob den Bambusstock auf, mit dem A-tung in die Heimchenlöcher gebohrt hatte, und hieb ihn in blinder Wut der Sklavin Ho-shi übers Gesicht. Sie sank blutüberströmt und schreiend nieder, und weil ihr Jammer nicht aufhörte, nahm man sich schließlich ihrer an. Dabei glaubte man zu erkennen, daß Hau-qua ihr ein Auge ausgeschlagen hatte.

Nun war Herr Jau-mün, da ihm neue Ahnungen aufstiegen, völlig trostlos.

Das Zeichen des Pferdes erfüllt sich

Am anderen Morgen verließen die Studenten die Prüfungshalle, unter ihnen auch Tschun-lin. Das Examen, das Chien-ko, war beendet, und sie sollten am folgenden Tag das Ergebnis erfahren.

Doch gab es diesmal, als die jungen Leute durch das *Tor der Gerechtigkeit* strömten, keine Musik, keine Böller und Knallfrösche. Nur die drei Kanonenschüsse schollen dumpf auf, die den Schluß der Prüfungen anzeigten. Diesem Mangel an Festlichkeit schien auch der Himmel entsprechen zu wollen. Er war bewölkt, als wäre der Qualm an ihm haftengeblieben, und in der lauen Luft lag eine Bangigkeit wie vom Grauen der Brandstätten. Auch fanden sich viele der Studenten nicht erwartet, wie es sonst üblich gewesen wäre, und das galt auch für Tschun-lin. Die Verheerungen des Brandes, die sich rasch herumsprachen, überschatteten den Auszug, und da jeder sich fragen mußte, ob das Unglück der Stadt nicht auch das Prüfungsgeschick beeinflussen würde, war es eine Atmosphäre der Verzagtheit um die Ausziehenden.

Tschun-lin konnte zwar noch nichts über die Ursache des Brandes hören, aber da ihn niemand abholte, mußte er befürchten, daß seine Familie in Mitleidenschaft gezogen sei; auch lag das Haus seines Vaters, in der Straße *Neunfacher Glanz*, am Rande des betroffenen Stadtteils. Er beeilte sich also, heimzukommen, wobei die Eindrücke, die er aufnahm, seine Befürchtungen nur nährten. Über dem Feuerbezirk, in dem das meiste bis zum Boden abgebrannt war, lag eine dicke Rauchdecke; es schwelte da und dort noch aus verkohltem Sparrenwerk, und das aufgeregte und jammernde Menschengewimmel wurde immer dichter, je mehr er sich den Zeilen der Verwüstung näherte.

Endlich erblickte er, durch Gedränge, Lärm und Brandgeruch hinhastend, sein Vaterhaus, das gänzlich unversehrt in der Straße stand. Nun war es wohl aus Backsteinen errichtet, und sein hohes, geschwungenes Dach deckten schöne, rote Ziegel, aber daß es ungeschwärzt dastand und nicht einmal die hölzernen Firstverzierungen Schaden gelitten hatten, das schien seine Verschontheit unter allen Umständen darzutun. Tschunlins Herz ging hoch, die Seinen bewahrt zu wissen; im gleichen Augenblick jedoch wandelte ihn eine unerklärliche Bangnis an, die so beklemmend war, daß er die letzten Schritte zunehmend langsamer machte.

Er trat bedrückt und zwiespältig ins Haus. Hier erkannte er schon am ausweichenden Wesen der Diener und Sklaven, die ihm begegneten, daß Unheilvolles vorgefallen war. Die Frauen erschienen alle verweint, und sie begannen bei seinem Anblick neuerlich zu wehklagen. Auf die Frage nach seinem Vater bedeutete man ihm, Herr Jau-mün läge in seinem Zimmer. Nun wurde Tschun-lin von der Befürchtung befallen, die allgemeine Niedergeschlagenheit ginge auf einen Unglücksfall seines Vaters zurück, und er eilte zu ihm. Als er aber den Vorhang aus Holzperlen, durch den man in Herrn Jau-müns Schlafraum eintrat, auseinanderschlug, schrie dieser auf seinem Lager, er wolle niemand bei sich haben. Er hatte nicht nach Tschun-lin hergeblickt und wurde sich der Gegenwart des Sohnes erst bewußt, als der an das große, gemauerte Bett herantrat. Damit freilich war Herr Jau-mün erst der bitterste Kelch gereicht. Er jammerte auf, und da er keine

Möglichkeit sah, den Sachverhalt zu verhehlen, legte er seine Trostlosigkeit dar, soweit er es sich abringen konnte.

Er berichtete von der Brandstiftung A-tungs und wie beim Löschen der Diebstahl Hau-quas aufgedeckt worden sei. Ho-shi umschrieb er mit *eine Zofe*, und die brutale Szene nachher verschwieg er. Er konnte es um so leichter, als schon das bisher Eingestandene dazu hinreichte, daß Tschun-lin erschüttert und verstummt dastand.

Und was ist, fragte er erst nach einer Weile, mit den Brüdern jetzt?

Hierzu erklärte Herr Jau-mün, immer wieder wehklagend und die Götter beschwörend, daß er A-tung, um ihn aus den Augen zu bekommen, fürs nächste einmal angewiesen habe, in einem Raum des Leihhauses seine Wohnstätte aufzuschlagen; das entsprach auch der Wahrheit. Von Hau-qua aber, den er in seiner Unentschlossenheit gleichfalls hingeschickt hatte, log Herr Jau-mün, er hätte ihn, ebenfalls fürs Vorläufige, auf eine Geschäftsreise kommandiert, zu einem Geldmann nach Whampoa. Tuan schließlich, dessen Verkaufsstand abgebrannt sei, wäre auf Fischfang im Westfluß.

Und dabei, sinnierte Tschun-lin, der die Verfassung seines Vaters durchschaute, wird zwar der dumme A-tung seiner Strafe nicht entgehn, während es für Hau-qua wieder glimpflich ablaufen wird.

Nie und nimmer! begehrte der liegende Herr Jau-mün auf, indem er mit den Fäusten in die Luft fuhr, der Verbrecher wird mir seine Untat sühnen... Aber Tschun-lin hörte schon nicht mehr hin, denn bei dem Wort Untat war ihm seltsamerweise Ho-shi eingefallen.

Es hat sich doch, fragte er versteckt, niemand verletzt bei der Löscharbeit am Pavillon?

Niemand, beteuerte ihm Herr Jau-mün verlegen, niemand. Aber dann begriff er, daß ihm hier eine Gelegenheit zur Ausrede geboten war, und er eilte sich, sie zu nützen. Deshalb schloß er fast überstürzt an: Das will sagen, Ho-shi hat sich verletzt. Ja, Ho-shi. Er wand sich hin und her. Denk, ein brennendes Scheit ist ihr auf die Wange gefallen und hat sie verbrannt.

Aber es ist doch nicht arg, forschte Tschun-lin aufgeregt. Im gleichen Augenblick empfand er, daß er der Darstellung seines Vaters nicht ganz glaubte, obzwar er keinen Grund dafür hätte angeben können. Jedenfalls hielt es ihn nun nicht mehr an der Stelle, zumal da er auch gegen den Zustand des Vaters nichts tun konnte. Der seinerseits schlug, als der Sohn hinausstürzte, abermals die Hände überm Kopf zusammen.

Im Zimmer Ho-schis saß eine Magd, und sie selbst lag, das Gesicht fast zur Gänze eingebunden, stumm auf ihrem Bett. Als sie – sie hatte beide Augen verdeckt – erkannte, wer eingetreten war, begann sie zu weinen. Sie überließ Tschun-lin ihre Hand, aber es durchschütterte ihren Rücken, wie sie schluchzte, und das Weinen kam wimmernd und in Tränenbächen unter den Verbänden hervor.

Tschun-lin, von einer ungeheuren Beklemmung überkommen, versuchte sie zu trösten, zugleich fragte er sie aus. Aber sie konnte vor Schluchzen lange nicht reden. Dann klagte sie sich an, Unglück über das Haus gebracht zu haben; daß es jedoch nicht ihre Absicht gewesen sei, Herrn Hau-qua zu überführen; aber er hätte ihr ohnehin Schreckliches angetan, denn vielleicht würde ihr auch das zweite Auge ausfließen, und dann müßte sie blind leben und blind ins Jenseits gehn. Aber schon so, wie sie jetzt sei, könne er, Tschun-lin, sie nicht mehr lieben.

Tschun-lin stürzte die Welt zusammen, darüber aber stand ihm eine andere, eine leidvolle und inbrünstige, auf. Er lernte jetzt, im Schmerz und in der Angst um Ho-shi, sein Gefühl für sie in solcher Größe kennen, daß es ihm das Herz zu erdrücken drohte. Er schickte die Magd, die dann freilich vor der Tür lauschte, hinaus und warf sich an dem Steinbett nieder. Niemals, schwor er, werde ich dich verlassen, Ho-shi. Dann bestürmte er sie mit Fragen, wegen Hau-qua und um den wahren Hergang ihrer Verletzung, und als er ihn kannte, wurde er von der Wut nicht weniger als vom Schmerz geschüttelt. Er würde Hau-qua, hätte er ihn dagehabt, erwürgt haben, und auf diese Weise lernte Tschun-lin sich in dieser Stunde auch neu kennen. Ein unbarmherziger, unbeirrbar entschlossener Grimm stieg in seinem Blut hoch, der ihn auf eine Härte seines Wesens wies, die bisher geschlummert hatte. Über alle Regungen hinaus aber erfüllte ihn die Neigung für Ho-shi, und in dieser namenlosen Rührung wurde ihm alles übrige, auch was er bisher von der Zukunft gedacht hatte, gleichgültig.

Du wirst nicht erblinden, beteuerte er der Kranken, fiebrig ihre Hände streichelnd, bei Kuan-yin, glaub mir. Das hat nur der große Schmerz verursacht, daß es dir so erschien, als hättest du das Auge verloren. Es ist bestimmt nicht so, und du wirst wieder genesen, bald. Aber auch, wenn es anders wäre, wenn du das Licht ganz verlörest, nie, nie, Ho-shi, würde ich dich verlassen. So verstümmelt könntest du gar nicht sein. Denn es ist, ob du nun so oder so bist, meine Seligkeit, bei dir zu bleiben. Und ich betrachte nun auch als null und nichtig, was da abgemacht war, die Verlobung mit der Schatzmeisterstochter. Der Himmel weiß, daß ich gehorsam sein wollte, aber nun ist meine Pflicht gegen dich größer als jede andere. Das sollst du wissen, Ho-shi, es soll dich freuen, und die Freude soll dir beim Gesundwerden helfen.

Er küßte oftmals ihre Hände und bat sie, nicht mehr zu weinen. Das nächste sei jetzt, daß er einen Arzt holen wolle; aber sie müsse stilliegen in der Zwischenzeit und voll Vertrauen sein.

Tschun-lin eilte weg, wobei er nicht erkannte, daß die Magd, die er vor der Tür fast umwarf, gelauscht hatte. Er war entschlossen, die Erklärungen, die er der Kranken gegeben hatte, auch seinem Vater zu wiederholen. Dann gewann jedoch die Sorge, Ho-shi nicht abermals zu schaden, in seinen Wallungen die Oberhand. Er besann sich, ehe er eintrat, nicht seiner Empörung die Zügel schießen zu lassen, sondern vordenklich zu sein. Also erklärte er dem Vater, der stumpfsinnig in seiner Stube auf und ab marschierte, bloß, daß er wahrlich gut daran getan hätte, Hau-qua aus dem Haus zu schaffen; und nun ginge er um einen Arzt.

Das mit dem Arzt allerdings war an diesem Tag, da ein ganzer Stadtteil voll wimmernder Verletzter lag, nicht einfach. Es dauerte zwei Stunden, bis Tschun-lin mit einem Gelehrten aus der Mandschustadt wiederkam. Aber am Haustor des Alten hatten viele Belobungstafeln gehangen, und auch sein langer, weißer Kinnbart, der von viel Erfahrung zeugte, ließ ihn als einen leistungsfähigen Mann erscheinen. Bei Ho-shi eingetreten, entfernte der Arzt sogleich die Verbände, und damit erblickte auch Tschun-lin die Verletzung. Sie erwies sich als gräßlich, denn an Stelle des rechten Auges gähnte eine blutige Höhle. Überdies klaffte ein Riß mit hoch angelaufenen Rändern durch die ganze Wange, der eine Narbe hinterlassen mußte. Offenbar war der Stock, mit dem A-tung in die Heimchenlöcher gestochert hatte, von ihm vorher zugespitzt worden, und Hau-qua hatte eben in unmenschlicher Weise zugeschlagen.

Das Auge, mußte Tschun-lin sich eingestehn, war verloren. Aber er sah das zweite, wenngleich es in Tränen schwamm, unversehrt, und die Wunden, hoffte er, mußten bald heilen. Der Arzt legte nach behutsamem Abwaschen einen neuen Verband an, der das eine Auge freiließ, dann schrieb er, zur Unterstützung der Heilung, eine Reihe von Rezepten. Da sein Ringfinger, mit dem er den Puls befühlte, auch Fieber feststellte, ordnete er an, daß Ho-shi an jedes Handgelenk ein lebendiger, kühler Frosch gebunden werden solle. Die Rezepte betrafen einen schweißtreibenden Tee aus rotem Zucker, Ingwer und Zwiebeln; einen lebensverlängernden Absud von Tigerknochen, vermischt mit dem Blut aus jungen Rehhörnern, sodann, zur Anregung des Organismus, ein Glas voll halbtoter Kaulquappen und schließlich die kostbarste Arznei, mandschurische Haferwurzeln. Um böswillige Geister abzuhalten und wohlwollende anzulocken, schrieb er mit einem roten Stift magische Charaktere an die Papierfenster, und als Wichtigstes empfahl er Tschun-lin, ein Kleid Ho-shis zu nehmen und damit, in Begleitung eines taoistischen Priesters, in einen Tempel der Göttin Kuan-yin zu gehn, *unserer lieben Frau der guten Augen.*

Tschun-lin wäre zu Fuß bis Tibet gewandert; fraglicher blieb, ob es einen Apotheker gab, der Tigerknochen, Blut aus jungen Rehhörnern und mandschurische Haferwurzeln zum Verkauf hatte. Jedenfalls pilgerte Tschun-lin um die seltenen Arzneien durch die Stadt. Schließlich erstand er schwindelhaftes Zeug, das die Leute ihm für das Gesuchte ausgaben, und er bemühte sich auch, die Medikamente zuzubereiten. Als Ho-shi sie aber ablehnte, drang er nicht weiter in sie. Nicht zuletzt deshalb, weil er im medizinischen Denken am meisten durch den Verkehr mit den Fremden angekränkelt war. Doch wollte er um alles in der Welt nichts unversucht lassen, und in den Tempel der süßesten und barmherzigsten Göttin, von der sein Land betreut wurde, in den Tempel der vielarmigen Kuan-yin, ging er voll tiefer Ehrfurcht und wahrer Hoffnung.

Das geschah noch am Abend dieses mörderischen Tages, und Tschun-lin kniete müd vor dem Altar, in jeder Hand eine Weihrauchkerze, während der taoistische Priester, der das Kleid Ho-shis auf den Altar gelegt hatte, den Segen der Göttin darauf herabflehte. Die Nacht dann saß Tschun-lin neben dem Bett der endlich Eingeschlafenen, bis ihm im Morgengrauen auch selbst die schweren Lider zufielen. In diesem Schlaf träumte er nichts, aber als er im neuen Tag erwachte und sich erinnerte, daß ihm nun bevorstand, das Ergebnis des Examens zu erfahren, berührte ihn das wie eine Angelegenheit aus einem fernen, fremden Leben.

Er verließ voll Sorge, nur widerwillig und ohne jedes Gefühl, für den Tag Ho-shis Lager, und die purpurrote Feiertagskleidung, die er anlegen mußte, berührte ihn als frivol. In dieser Verfassung, und mit Rücksicht auf die Geschehnisse im Haus, fand er es auch verständlich, daß ihn nicht einmal sein Vater begleitete. Allerdings fand er Herrn Jau-mün, als er sich von ihm verabschiedete, in einer auffälligen Verdüsterung. Während es sonst die Art seines Vaters war, geradezu unangebracht früh über Schicksalsschläge hinwegzukommen, erschien er heute noch verstörter als am Vortag, was sich auch darin äußerte, daß er in Schweigen verharrte. Doch war Tschun-lin nicht in der Lage, sich dazu anders als in finsterer Ergebenheit zu verhalten.

Als er dann in der Prüfungshalle, der Tag war wieder voll Sonne, in den Schwärmen der Examinierten untertauchte, glaubte er sogar den Grund von seines Vaters Verstörtheit zu entdecken. Seine Familie war durch das Leihhaus sehr bekannt, besonders in der wohlhabenderen Schicht, die auch die meisten Studenten stellte, und Tschun-lin merkte am Verhalten verschiedener Gruppen, daß A-tungs Schuld sich herumgesprochen hatte. Man zeigte, während man unter dem weiten Himmel und in der Sonne wartend dastand, mit Fingern auf ihn und steckte die Köpfe zusammen. Doch machte das in seiner Seele, die von Abgründigerem zerrissen war, keinen Eindruck. Er hätte auch den Rang *Elegante Schulung* hingegeben, würde dadurch Ho-shis Unglück aufgehoben worden sein.

Aber nun ertönten Trompeten; die zu einer Ehrenfront aufgestellten Soldaten standen stramm, ein Offizierssäbel blinkte in der Sonne, und aus dem *Drachentor* kamen in feierlichem Sänftenzug und mit viel voranschreitendem Personal die hohen Mandarine auf die Wiese, der Gouverneur von Kuang-tung und der Tatarengeneral, der Statthalter, der Oberrichter, der Literaturkanzler und der Bezirkspräfekt, und auch der Provinzialschatzmeister war im Zug. An der Spitze gingen Herolde mit Trommeln und Posaunen, ihnen folgte ein großer Schwarm Rotgekleideter, die die Ehrenzeichen trugen, Fahnen mit geflügelten Tigern, rote Tafeln mit Inschriften, Amtszepter und Amtsstäbe, Schwerter und

Speere, Ketten und Folterwerkzeuge, Drachenbanner, riesige, schaufelförmige Fächer und, knapp vor den grün überzogenen Sänften, rote Seidenschirme. Als der Zug vor dem Wachtturm angelangt war, verließen die Mandarine in ihren langen Prunkroben die Palankine, und die Studenten warfen sich zu Boden, mit der Stirn dreimal die Erde berührend. Eine Weile wogte es von den vielen hundert auf und nieder gehenden Rücken über den weiten Platz wie ein Ährenfeld im Wind. Und der Kotau wurde wiederholt, als ihn die Mandarine nun ihrerseits vor den Statuen der Literaturgötter machten.

Die Verkündung des Prüfungsergebnisses leitete der Gouverneur mit einer Rede ein, von der die meisten unter den Tausenden kein Wort verstanden. Den Nächststehenden aber wurde noch einmal die Bedeutung und Schönheit dieser Sitte vor Augen geführt, zufolge deren es im *Reich der Mitte* auch den Ärmsten möglich war, durch Erfolg bei den Prüfungen zu den höchsten Stellen aufzusteigen. Der Gouverneur ließ sich auch darüber aus, daß China dadurch die intelligenteste Verwaltung der Welt besitze; und da es mithin nur einen Adel des Geistes gebe, müßten die Prüfungen auch streng sein. Hierin lag schon eine Andeutung, daß von den Tausenden nur einige hundert durchgekommen waren. Gegen den Schluß zu bedauerte der Gouverneur den Brand, der die Abhaltung der üblichen Festlichkeiten ausschlösse; nur der Dankgottesdienst im großen Kong-fu-tse-Tempel würde von den Graduierten und den Prüfungsleitern am Abend gemeinsam begangen werden.

Nun aber kam die Erklärung, die mit größter Spannung erwartet wurde, die Nennung desjenigen, der unter allen das Examen Chien-ko mit bestem Erfolg bestanden hatte, und der Gouverneur rief mit erhobener Stimme den Namen Tschun-lins.

In diesem Augenblick war es doch für ihn, als breitete sich unter dem Himmel selbst eine Feierlichkeit aus. Hunderte Augenpaare kehrten sich ihm zu, und er erlebte, während er, aus der riesigen Menge sich lösend, auf die Mandarine zuschritt, die bisher ehrenvollste Minute seines Daseins.

Dann empfing er, auf dem Rasen kniend, aus der Hand des Gouverneurs eine Blume aus Goldpapier. Dabei sprach ihn die Exzellenz, auf deren veilchenblauem Gewand das gestickte Schild des Goldfasans, das Zeichen des zweiten Ranges, prangte, mit folgenden Worten an:

Es hätte die Erwägung bestehn können, Ihnen, Herr Tschun-lin, in Anbetracht des Unglücks, das durch Ihre Familie über die Stadt gekommen ist, den Rang Siu-tse, der mit der Ablegung des Ersten Examens verbunden ist, vorzuenthalten. Aber nicht nur die Fürsprache seiner Exzellenz, des Herrn Provinzialschatzmeisters, bewog uns, eine Ausnahme zu machen, sondern noch mehr und vor allem Ihre Leistung. Ihre Leistung hat die Prüfungsleiter in Erstaunen versetzt. Die chinesische Schrift wird aus Ihrer Hand zum goldenen Gewebe, und die Fülle Ihrer Kenntnisse sowie der Reichtum, die Folgerichtigkeit und Reife Ihrer Gedanken sind eminent. Ihre Poeme und Oden haben uns gerührt. Ja, ich verrate es gern und die Examinatoren haben mich ausdrücklich gebeten, es zu sagen: Ihre Arbeiten waren ein Ereignis für das Prüfungskollegium und man erblickt in Ihnen, wenn Sie sich die Weite des Geistes und Ihren Fleiß bewahren, eine Hoffnung für das Reich. In Anbetracht alles dessen wird Ihnen nicht nur der Rang Siu-tse, *Elegante Schulung*, verliehen, sondern auch den Ehrentitel *Großbefähigter*, den Sie als einziger in dieser Prüfung erhalten. Tragen Sie nun also das blaue Ehrenkleid in dem Bewußtsein, es wahrlich verdient zu haben. Sie werden es, nach den nächsten Prüfungen, ganz gewiß gegen noch ehrenvollere austauschen. Schon heute aber gehören Sie zur noblen Welt der Gelehrten, und Sie sind nicht mehr den Mandarinen, sondern nur noch dem Kaiser selbst unterstellt, dessen Erhabenheit Sie sich, wie wir alle erwarten, noch um mehrere Schritte nähern werden.

Der Gouverneur hob Tschun-lin auf und drückte ihm beide Hände. Das gleiche taten die anderen Würdenträger und der Tatarengeneral, und erst als der Provinzialschatzmeister herzutrat und Tschun-lin dabei mit *mein Sohn* anredete, fühlte sich dieser, nach einer himmlisch durchstrahlten Minute, wieder auf die Erde herabgeholt.

Doch hielten die großen Eindrücke seine Seele noch gefangen. Er durfte in der Gruppe der Mandarine stehnbleiben, während der Literaturkanzler die Namen der übrigen Graduierten verlas. Damit teilte sich die Armee der Prüflinge in eine kleinere und eine sehr große Gruppe, und während es in der kleineren von verhaltenen Freudebewegungen zuckte und flatterte, stand man in der großen wie in einer Lähmung und mit gesenkten Häuptern da. Für Tschun-lin war es am Ende der Veranstaltung das Wichtigste, daß ihn der Provinzialschatzmeister, der mit den anderen abzog, nicht in ein Gespräch verwickelte. Sofern nun für ihn, trotz allem Hochgang des Herzens, die Sorge um Ho-shi wieder vor allem stand, erleichterte es ihn beträchtlich, Herrn Lue Yüanming nicht mehr sprechen zu müssen.

Und auf dem Heimweg faßte Tschun-lin sogar einen

Entschluß, der sich gegen seine neue Würde richtete und gegen das blaue Ehrenkleid, das jetzt sein war. Als müßte er der Geliebten dafür Abbitte leisten, daß er dieses Kleid in den Tagen ihrer Not empfangen hatte, bestimmte er sich, den Pakkahmi, den *Reis der hundert Häuser* für sie zu sammeln. Diese Demütigung vor den Göttern bestand in einem Bettelgang vor die Türen von hundert Häusern, an denen man jedoch immer nur um eine Sapeke bat. Sobald man die hundert Sapeken, die im schlichten Gewand erbeten werden mußten, beisammen hatte, kaufte man dafür Reis, der dem Kranken zubereitet wurde.

Als Herr Jau-mün, der nun doch wieder dazu neigte, sich an dem Ruhm des Sohnes aufzurichten, von diesem Vorsatz erfuhr, überkam ihn ein Tobsuchtsanfall. Aber er konnte Tschun-lin um so weniger davon abbringen, als dieser, voll Bestürzung, Ho-shi neuerlich in verschlechtertem Zustand fand. Sie weinte dauernd und war nicht zu beruhigen, aber es fruchtete auch nichts, mit Fragen in sie zu dringen. Tschun-lin konnte sich, wenn nicht doch von den Verwundungen her eine unerkannte Gefahr im Verzug war, die Wandlung nicht erklären, aber sie bestärkte ihn in seiner Absicht. Er legte die Kleider eines Sklaven an und begab sich in die Mittagssonne hinaus auf seinen Bettelgang.

Die Nachbarn, an deren Tür er klopfte, verstanden seine Demütigung nicht, aber da sie ihn achteten, dauerte er sie und sie gaben ihm, zumal wenn es sich um Frauenspersonen handelte, nicht ohne Rührung die Sapeke. Er indessen ging in einer zehrenden Glut hin, als hätte er ein zweites, stärkeres Sonnenlicht im Leib. Die Verschlechterung in Ho-shis Zustand war ihm rätselhaft und er konnte es nicht fassen, daß auch die Göttin Kuan-yin ihm die

Hilfe versagen sollte; je tiefer ihn aber die Verzweiflung beugte, um so hartnäckiger und frömmer stemmte er sich gegen sie. Auf diesem Weg faßte Tschun-lin auch den Entschluß, einen der verhaßten Missionäre ins Haus zu bitten.

Er kam mit dem Jesuitenpater, den niemand begrüßte, am Nachmittag, aber auch dieser, obzwar er des Chinesischen hinreichend mächtig war, vermochte mit seinem Zureden und seinen Fragen nichts auszurichten. Tschunlin, der in der Zwischenzeit den Reis zubereitet hatte, begleitete den Pater wieder vors Tor.

Junger Freund, sagte ihm dieser hier, das Mädchen hat mir wiederholt bestätigt, keine Schmerzen zu haben. Dennoch weinte sie unablässig. Das deutet auf einen Zustand, von dem wir bei einem Menschen sagen, er sei gemütskrank. Das ist eine Trauer des Herzens, durch seelische Einflüsse verursacht, die bis zur völligen Lebensunlust führen kann. Nun wissen Sie, daß ich nicht an Ihre bösen Geister glaube. Nach allem, was Sie mir auf dem Herweg erzählt haben, muß ich vermuten, daß die junge Ho-shi entweder trotz aller Versprechungen, die Sie ihr machten, keine Hoffnung zu fassen vermag, oder daß ihr durch jemand aus der Umgebung die Hoffnung wieder genommen worden ist.

Durch meinen Vater, stieß Tschun-lin hervor, wenngleich er sich den Hergang nicht ganz erklären konnte.

Der Jesuitenpater hob die Achseln. Jedenfalls, sagte er, soweit ich Ihre Welt zu kennen glaube, erscheint es mir schwierig, das junge Mädchen, wenn sie wieder genesen sein sollte, weiterhin im Hause zu belassen.

Das wird auch nicht sein, beteuerte Tschun-lin sofort.

Der Pater reichte ihm die Hand. Das sind, sagte er,

Fragen, in denen ich Ihnen nicht raten kann. Das muß Ihr Gewissen mit sich selbst ausmachen. Gott helfe Ihnen.

Er ging weg, und Tschun-lin trat wieder ins Haus, in dem alle Luft verflucht und vom Übermaß der Zerwürfnisse krank anmutete. Die umherschleichenden Sklaven, die entfernten Brüder, die jammernden Frauen, der rasende Herr Jau-mün, die leidende Ho-shi, die Schande, der ruinierte Glanz von Tschun-lins Ruhmestag und die drohende Zukunft, das alles machte die Inwohner zu gepeinigten Vereinsamten und das Haus zu einem randvollen Gefäß der Bitternis, von dem niemand sagen konnte, wie es wieder erlöst werden sollte.

Dennoch blieb Tschun-lin angestrengt dabei, sich ein aufrechtes Herz zu bewahren. Sein Geist, der die klassische Weisheit Kong-fu-tses in sich aufgenommen hatte, wollte sich von den Mächten der Verwirrung nicht verschlingen lassen. Und diesen Geist wünschte Tschun-lin auch Ho-shi mitzuteilen.

Er setzte sich die Zeit, die ihm bis zu dem Abendgottesdienst noch blieb, wieder an ihr Lager. Da er dabei den Eindruck gewann, daß alles Fragen sie nur immer mehr zerrüttete, unterließ er es, in sie zu dringen. Aber er redete ihr lang und ruhig zu, um ihr etwas von den sänftigenden Kräften der Zukunft, die er ihr vor Augen führte, mitzuteilen.

Ho-shi, sagte er, denk, ich war der Erste unter all den tausenden Studenten von Kanton. Ich erhielt als einziger den Ehrentitel *Großbefähigter* und der Gouverneur sagte, als er mir die goldene Blume überreichte – da hast du sie, ich leg' sie in deine Hände –, der Gouverneur sagte: Sie sind, Herr Tschun-lin, eine Hoffnung für das Reich. Und er fügte hinzu, nun sei ich nicht mehr den Mandarinen, sondern nur noch dem Kaiser selbst unterstellt, dessen Erhabenheit ich mich, wie man allgemein erwarte, noch um mehrere Schritte nähern werde. Verstehst du, was das heißt, Ho-shi? Ich werde vielleicht einmal Minister am Hof in der Purpurstadt sein. Damit aber will ich dir nicht nur erklären, daß ich einmal wohl mehr Macht haben werde als ein Provinzialschatzmeister, sondern daß es von den Göttern unwahrscheinlich wäre, mich mit soviel Kenntnissen bloß darum ausgestattet zu haben, damit es mein Vater leichter habe, eine Geschäftsheirat mit mir zu vollziehen. Auch ist nicht alles richtig, was unser Volk denkt. Dich regt vielleicht die Überlegung auf, daß ich mich, wenn ich zu dir stehe, gegen meinen Vater kehre. Das ist aber nicht wahr. Kong-fu-tse sagt wohl, daß der Gehorsam gegen den Vater über alles gehe, allein doch nicht seiner Geschäfte wegen, sondern um der Enkel willen. Warum nun sollen die Enkel, die du meinem Vater schenken kannst, weniger würdig sein als die einer Schatzmeisterstochter Tschun-tao? Da glaube ich schon mehr an die Barbaren, die sagen, das Kostbarste in der Ehe und vor allem für die Kinder sei die Liebe der Eheleute zueinander. Damit muß dir klar sein, daß ich dich, wenn ich bei dir bleibe, in kein Unrecht führe und daß du keins begehst. Unrecht, und sogar ein schreckliches, hat man dir angetan, und es wird den Göttern nur gefallen, wenn ich ein kleines daran gutzumachen versuche. So ist also alles voll schöner Bestimmung, und ich will nun auch, wenn ich gehe, in meine Gebete zu Kong-fu-tse dieses um dein Glück einschließen.

Er küßte ihr wieder die Hände, und Ho-shi führte, als er hinaus war, die goldene Blume an ihren Mund. Dabei aber weinte sie wieder, und sie hatte um so mehr Anlaß dazu, als Herr Jau-mün nun zum zweitenmal an diesem Tag bei ihr eintrat. Er sagte ihr alles, womit er ihr schon am Vormittag das Herz zerrissen hatte, noch einmal.

Daß er, sollte sie mit seinem Sohn das Haus verlassen, steckbrieflich nach ihr fahnden und sie öffentlich peitschen lassen wolle, würde sein Gram ihn nicht zu Ärgerem hinreißen. Des weiteren malte Herr Jau-mün ihr die Strafen aus, die sie in den zehn Höllen des Jenseits zu gewärtigen hätte. Sie solle sich, schrie er, den zehnstöckigen Hölleneingang in der grausigen Schlucht Feng Tu in Sze-tschuan nur vorstellen. Den Hof dort, in dem sie der entsetzliche Fürst der Unterwelt hinter dem *Buch des Lebens* erwarten würde, und die krokodilshäßlichen Teufel, deren Aufgabe es sein werde, sie mit Zwicken und Zwacken auf die *Plattform des Grauens* zu zerren. Von dort würde sie, in den im Himmel aufgehängten Spiegeln, ihre schimpfliche Vergangenheit schauen, um dann zu dem fürchterlichen König Sung Ti geschleppt zu werden, in die Hölle der schwarzen Seile, wo die Undankbaren ihrer Art in alle Ewigkeit zwischen zackigen Felsen hin und her geschleudert werden ...

Ho-shi schrie auf bei diesen Schilderungen, und es war auch Herrn Jau-mün, der kein hartes Herz hatte, nicht behaglich dabei. Aber er war verzweifelt und zerrüttet und wußte sich keinen Ausweg, und deshalb ging er schließlich wieder ins Weinerliche über, in die Klagen um das zerstörte Leben seines herrlichen Sohnes, womit er Ho-shi, deren Herz voll Bescheidenheit war, in die letzte und ratlose Verzweiflung brachte.

Als die Nacht hereinbrach, ließ er sie allein.

Da hörte sie auf zu weinen. Sie stand auf und zog das Kleid an, mit dem Tschun-lin im Tempel gewesen war.

Dabei dachte sie an ihren Vater, den sie nicht gekannt hatte, und an die früh verlorene Mutter. Hernach begann sie zu Kuan-yin zu beten, der Göttin, *die herabblickt und auf die Schreie der Erde hört.* Immerfort betend und die strahlende, weißgewandete Göttin vor sich sehend, verließ Ho-shi dann ihr Zimmer. Einer Zofe, die ihr begegnete, sagte sie, sie fühle sich schon gebessert und wolle eine Weile im Garten sitzen.

Dort aber ließ sie sich, die goldene Blume in den Händen, in den Brunnen fallen, wo Tschun-lin ihren Leichnam erst nachts, im Licht der hinabgesenkten Fackeln, auffand.

Er verließ noch vor der Morgendämmerung, wobei er einen Brief zurückließ, und in Trauer, das heißt in graues Sackleinen gekleidet, das Haus und die Stadt.

Der Brief auf Tschun-lins Zimmer, wo alle Bilder gegen die Wand gedreht waren, lautete:

Mein verehrter Vater,

obgleich ich mich auch jetzt, in der traurigsten Wirrnis meines bisherigen Lebens, bemühe, nicht nach meinen Gefühlen, sondern in reiflicher Überlegung zu handeln, sehe ich keinen anderen Ausweg, als das Haus zu verlassen. Ich würde in ihm heute oder morgen auf Hau-qua treffen, und das wäre unvorstellbar, denn mein Herz kennt wider ihn nur den einen Wunsch: er möge bei lebendigem Leib werden wie der Kalk an der Wand –, aber ich hätte in diesem Hause auch keine Möglichkeit, um die geliebte Tote zu trauern. Auf der anderen Seite käme es über meine Weigerung, die Tochter des Provinzialschatzmeisters zu heiraten, zu neuen, unabsehbaren Zerwürfnissen. Ich wende mich daher, meiner Bestimmung getreu, die sich neuerlich für ein weibliches Menschenkind unheilvoll ausgewirkt hat, nach Peking, um diesen Teil meines Weges weiter zu beschreiten, der mir auch fürderhin offensteht. Haben Sie um mich keine Sorge. Ich vermag von einer Handvoll Reis zu leben, aber ich kann mir als Dolmetsch, als Lehrer, als Kalligraph und in anderen Eigenschaften auch einen besseren Lebensunterhalt sichern. Mich schrecken auch nicht die Ferne und die Fremde, denn sie erscheinen mir verheißungsvoll, und ich habe es mir unter den Augen Lü Tung-pins, des gewaltigen Unsterblichen, geschworen, nicht bloß als ein Denkender, sondern auch als ein Lebendiger über die Erde zu gehn. Ich werde nun auch, nach der klassischen Philologie und Geschichte, das Verwaltungswesen studieren, die öffentlichen Rechtsfächer und die Militärwissenschaft, und ich glaube nicht anmaßend zu sein, wenn ich Ihnen versichere, daß Sie keine Schande durch mich erleiden werden. Ich scheide auch voll unverminderter Verehrung für Sie und keineswegs ungehorsam, sondern nur unter dem Zwang der Umstände von Ihnen. Vielleicht werde ich Ihnen, das muß ich wohl besorgen, keine Enkel bringen, denn der Schauder vor dem Unheil, das mein Leben über die Geschicke der Frauen bringt, ist nun groß; allein, Sie besitzen ja noch drei gesunde Söhne, und vielleicht wird auch, was ich im Geiste zu vollbringen hoffe, vor den Ahnen sein Gewicht haben. Glauben Sie, bitte, nicht, daß mir nicht bewußt wäre, was ich auf mich nehme, indem ich mich von den Göttern des Vaterhauses und der Heimat löse; aber diese gewaltige Melancholie gehört offenbar zu meinem Schicksal. Eines jedoch könnten Sie für mich tun, und ich ersuche Sie darum inständig: Begraben Sie die tote Ho-shi in Ehren. Ihr Geist möge mir verzeihen, daß ich es nicht mehr selbst tun kann. Ich grüße Tuan, Ihre Frauen und die Schwestern und flehe den Segen der Götter auf Ihr Haus herab.

Und als hätte Tschun-lin damit auf die Mächte hinweisen wollen, denen er sein Geschick nun ganz überantwortete, waren hinter seine Unterschrift die Titel *Elegante Schulung* und *Großbefähigter* gesetzt.

Herr Jau-mün, dem das die Größe des Verlusts erst ganz vor Augen führte, brach in die Knie. Er klagte bitter über den Einfluß der Fremden, durch den sein Sohn verdorben worden sei, und die Frauen hatten wieder zwei Tage damit zu tun, ihn aus der weinerlichsten Verzweiflung herauszupäppeln. Nach dieser Zeit bat er nicht nur Tuan, sondern auch Hau-qua zu sich. A-tung saß bereits mit dem *Halskragen* vor dem Yamen des Präfekten. Aber was wog das nun alles, und dreihundert Silbertaels dazu?

Der Haß Hau-quas, der die tote Ho-shi verscharren wollte, bewog Herr Jau-mün, ihren Leichnam der honorigen *Bestattungsgesellschaft der verlassenen Knochen* zu übergeben. Das entsprach der Bitte Tschun-lins nur halb, doch hatten ein Wahrsager und ein Geomant die Beerdigung für bald angesetzt, und in der kurzen Frist fand Herr Jau-mün zu mehr sich nicht fähig. Aber er entschloß sich, auf Drängen Hau-quas, zu der nach Selbstmorden üblichen Reinigung des Hauses.

Da es auch für ihn feststand, daß Ho-shi nur deshalb in den Brunnen gegangen war, weil ihr ein böser Geist für das Jenseits ein goldenes Halsband geschenkt hatte, rief er einen taoistischen Priester ins Haus, für dessen Zwecke er einen schwarzen Hund kaufte. Der Priester, rotgewandet, mit blauen Strümpfen, schwarzer Mütze und ein Schwert aus Pfirsichholz tragend, hieb dem Hund mit einem Hackmesser den Schwanz ab und schleifte das blutende Tier in alle Ecken, damit sein Geheul den verführerischen Geist vertreibe. Nachdem der Priester die wunde Kreatur auf die Straße gestoßen hatte, ging er noch mit einer Räucherpfanne, auf der er Schwefel und Salpeter verbrannte, durch alle Räume. Er schrieb auch Abwehrformeln auf rotes Papier, das über den Zimmertüren angebracht wurde.

Nach dieser Säuberung und dem Versiegen der ersten Tränenströme um Tschun-lin tauchte Herr Jau-mün wieder ins Leben herauf. Hier galt es vor allem, die Lage gegenüber Seiner Exzellenz, dem Provinzialschatzmeister, zu klären. Herr Jau-mün schickte also einen Diener, der im Futteral eine meterlange Visitenkarte trug, in das Yamen und stattete am Nachmittag den Besuch ab.

Im Empfangssalon, wo Herr Jau-mün eine Weile warten mußte, las er unter den goldgestickten Wandsprüchen auch diesen: *Die glücklichen Wolken ziehen von der Nördlichen Hauptstadt her.* Ihr Götter, dachte Herr Jau-mün, so sieht es aus! Dann warf er sich nieder, mit der Stirn den Boden berührend, denn der Provinzialschatzmeister war eingetreten. Der bat ihn aufzustehn, indem er den Kotau mit dem üblichen Gruß erwiderte, nämlich durch das Abwärtsschwenken der vor der Brust gefalteten Hände.

Man nahm beiderseits Platz, und Herr Jau-mün sagte, um es kurz zu machen: Die Weisheit des Herrscherhauses ist groß und das Wetter wundervoll, dennoch sehen Eure Exzellenz einen gebrochenen Mann vor sich.

Allein, er sollte nun die gleiche, nicht ganz verständliche Erleichterung erfahren, wie vor Wochen schon der Dolmetsch Tseng Fu. Herr Lue Yüanming neigte verständig das Inquisitorengesicht, das ein schwarzer Hängebart auf der Oberlippe und eine längliche Fliege am Kinn zeichneten. Es ist begreiflich, sagte er, daß Sie der Gram beugt. Doch müssen Sie sich wieder aufrichten, denn das Leben geht weiter.

Herr Jau-mün hob verdutzt den Kopf. Und damit Sie sich, setzte der Provinzialschatzmeister fort, nicht allein und ohne Hilfe dabei glauben, teile ich Ihnen mit, daß ich mich für die Abkürzung der Strafe Ihres Sohnes A-tung verwenden will. Sie müßten sich lediglich bereit finden, eine Summe für die Verschönerung der kaiserlichen Gärten zu spenden.

O gern, gern! Welche Huld, Exzellenz! rief Herr Jau-mün mit gemischten Gefühlen. Denn da die Schande nun einmal stadtbekannt war, dünkte es ihn eigentlich keines Aufhebens wert, wie lange der Tropf A-tung seinen *Halskragen* noch schleppen mochte. Doch hatte die Sache auch eine andere Seite, und nach der erkundigte er sich nun. Aber wie, forschte er, wollen Eure Exzellenz das möglich machen, da – es kommt mir nur schwer über die Lippen – jeder Beamte der Stadt die Degradierung um einen Rang zu gewärtigen hat?

Sie besitzen, sagte Herr Lue Yüanming, indem er die rechte Hand an die Kette der 108 Steine legte, die ihm bis über die Knie herabhing, – Sie besitzen, Herr Jau-mün, mein Vertrauen. Deshalb beruhige ich Sie mit der Nachricht, daß wir nach Peking nicht von 83, sondern nur 68 verbrannten Häusern berichten werden. Es waren viele Elendskeuschen darunter, und die Abwesenheit des Generalgouverneurs, der sich in Kuang-si aufhält, wird diese Behandlung der ganzen Angelegenheit erleichtern.

Nun war es wahrlich an Herrn Jau-mün, nicht mehr zu wissen, wo er saß. Ein derartiges Entgegenkommen der staatlichen Macht ward nie erhört, und daß bei seinem blauseidenen Gegenüber, dem das Wildentenschild des vierten Ranges auf der Brust schimmerte, persönliche Beweggründe dahinterstecken könnten, das zu vermuten reichte Herrn Jau-müns Gutmütigkeit nicht aus. Aber er hatte auch noch so viel des Entsetzlichen, ja des kaum Aussprechbaren, zur Sprache zu bringen, daß er wieder zusammenknickte. Um einen Aufschub zu gewinnen und weil er, bei der Größe des beiderseitigen Personals und seiner Tratschsüchtigkeit, auch die Kenntnis von Hau-quas Diebstahl voraussetzen mußte, stöhnte er:

Ach, Exzellenz, ich hänge zu rettungslos in den Fängen der bösen Geister. Sie entschuldigen A-tung und bewahren meine Familie davor, mit Schimpf und Schande aus der Stadt getrieben zu werden, aber des Unheils im Schoß dieser Familie ist so viel, daß ich mich nicht damit trösten kann und vermuten muß, auch Sie würden Ihre Hand von uns ziehen, wüßten Sie um alles.

Sie meinen Hau-qua, warf der Provinzialschatzmeister ein, indem er, was auch der Sitte entsprach, auf die Weitläufigkeit einging. Jowohl! rief Herr Jau-mün, und dabei bedeckte er sein Gesicht mit den Händen.

Was, Exzellenz, sagen Sie mir, was soll ich mit diesen häßlichen Tieren anfangen, die wie die Vampire an meinem Vaterherzen fressen!? Der Himmel weiß, daß ich es ihnen an nichts habe fehlen lassen, daß sie mit Vogelnestersuppe und Lotossamen und in wattierten Seidenhosen aufgezogen worden sind. Keine Ehrfurcht habe ich sie zu lehren versäumt und keine Frömmigkeit, sie genossen jeden Unterricht, den sie aufzunehmen in der Lage waren, und ich hielt sie auch nicht kurz, sie konnten wie die Kavaliere leben! Aber das ist nun der Dank, so daß ich kaum zu ergründen vermag, wie ich mich weiterhin verhalten soll.

Herr Lue Yüanming war aufgestanden. Er ging in seinen blauen Filzstiefeln einmal durchs Zimmer, wobei ihm der Zopf, der durch eingeflochtene Seide künstlich verlängert war, bis an die Kniekehlen herabhing. Nun blieb er stehn, Herrn Jau-mün sich zuwendend.

Das ist klar, stellte er fest, daß Sie Ihre bisherige Langmütigkeit aufgeben müssen. Die Burschen sitzen in einem zu gepolsterten Nest und sollen den Wind des Lebens einmal um die Nase kriegen. Eine Veränderung wird auch notwendig sein, weil sie sich sonst straffrei fühlen und das ein Anreiz für sie wäre, auf der schiefen Bahn weiterzutrudeln.

Das klang alles sehr folgerichtig, aber Herrn Jau-mün krampfte sich das Vaterherz dabei zusammen. Auf welch schreckliche Entschlüsse mochten ihn diese Erwägungen, die er zu seinem Leidwesen nun mit dem hohen Beamten gemeinsam anstellte, am Ende festlegen? Deshalb wimmerte er zwiespältig: Sehr wohl, Exzellenz, sehr wohl. Aber was soll ein Mann in meiner Stellung mit solch Unverbesserlichen beginnen? Oder ist es vielleicht nicht nur menschlicher, sondern auch gerechter, sie nicht als unverbesserlich zu betrachten?

Gerade, erklärte Herr Lue Yüanming, weil ich sie nicht

als unverbesserlich betrachte, halte ich dafür, sie nicht ohne weiteres ihren üblen Trieben zu überlassen. Sie müssen einmal aus der wohligen Umgebung heraus, die sie träg, genußsüchtig und verbrecherisch macht, und zu schwerer erfüllbaren Pflichten herangezogen werden.

Und das könnte, nach Ihrer Weisheit, Exzellenz, wie geschehen? fragte Herr Jau-mün ängstlich.

Der Provinzialschatzmeister schien zu überlegen. Er schob den Mund vor, dann sagte er, sein Gegenüber ins Auge fassend: Jenun, geben Sie die beiden zur *Seehandelsgesellschaft*.

Zur *Seehandelsgesellschaft?* erstaunte Herr Jau-mün, und es hob ihn halb aus dem Sitz. Zur Jang hong schang, die bei jedermann als ein Konsortium von Gaunern oder Vaterlandsverrätern oder Trotteln im Verruf steht? Aber Exzellenz, seien Eure Exzellenz, bitte, nachsichtig mit meinem langsamen Verstand, doch will mich bedünken, daß diese Gesellschaft, und gälte sie schon nicht als eine von Dummköpfen, zumindest den gefährlichsten Umgang gerade für junge Menschen abgeben müßte, die an den Rand der schiefen Ebene geraten sind.

Herr Jau-mün vergaß seinen Mund zu schließen, und seine aufgerissenen Augen hingen an denen des Provinzialschatzmeisters.

Was Sie vorbringen, begann der nun langsam, mag für die bisherige oder die vergangene Hansa gegolten haben. Seit dem kaiserlichen Edikt aber, das dem fluchwürdigen Opiumschmuggel ein Ende bereitete und die Agenden der Kaufleute auf den für das Land nützlichen auswärtigen Handel beschränkte, ist der Charakter der Gesellschaft ein anderer. Sie erscheint nun als eine Gruppe von Vorkämpfern und Bahnbrechern, die, unter Hintansetzung vieler persönlicher Annehmlichkeiten, dem *Reich der Mitte* zusätzliche Werte schaffen. Und wenn das noch nicht ins allgemeine Bewußtsein übergegangen ist, dann wird gerade die Aufgabe derer, die der Hansa angehören oder neu zu ihr stoßen, darin bestehn, durch Tüchtigkeit und einen fleckenlosen Lebenswandel für die Richtigstellung des Leumunds der Hansa zu sorgen. Ist für Sie aber, Herr Jau-mün, der umstrittene Ruf der Gesellschaft noch das Vordergründige, dann mögen Sie, wenn Sie Ihre Söhne zum Beitritt veranlassen, darin auch ein Mittel erblicken, sich vor der Stadtöffentlichkeit von diesen Söhnen zu distanzieren. Damit glaube ich, Ihnen die Sache von allen Seiten beleuchtet zu haben.

Unweigerlich, unweigerlich, beeilte sich Herr Jau-mün beizupflichten, und obzwar er noch sehr zwiespältig dasaß, fügte er erwärmt hinzu: Ich danke Eurer Exzellenz für die freundliche Erweiterung meines Gesichtskreises.

Um jeden Ihrer Zweifel zu zerstreuen, nahm Herr Lue Yüanming die Darlegung noch einmal auf, will ich Ihnen auch sagen, daß ich die große Sitzung der Jang hong schang, die in einigen Tagen stattfinden soll, selbst präsidieren werde. Damit soll zum Ausdruck kommen, daß die Regierung, die lange Zeiten hindurch Anlaß hatte, die Existenz der Hansa zu beklagen, nun nicht nur ihre besondere Achtsamkeit, sondern auch ihr unterstützendes Wohlwollen auf die Gesellschaft richten wird. Und meines persönlichen Erscheinens wegen würde ich es begrüßen, könnte bis dahin der Beitritt Ihrer Söhne, denen ich den Weg ebnen will, vollzogen sein.

Eure Exzellenz verpflichten mich zu namenlosem Dank! rief Herr Jau-mün, wenngleich er noch immer das Gefühl hatte wie einer, dem der Stuhl vor die Tür gestellt worden ist; und da war ja auch noch die entsetzliche Sache mit Tschun-lin und der Verlobung, die bisher nicht einmal berührt worden war.

Indessen erhob sich nun die Exzellenz, Herrn Jau-mün die Hand hinhaltend:

Ich weiß, kam es aus dem strengen Gesicht, daß wir das Bedauerlichste, das zwischen uns schwebt, noch nicht angetastet haben, die Flucht Ihres Sohnes und meine verschmähte Tochter.

An dieser Stelle wollte Herr Jau-mün wieder in den Kotau fallen, doch der Provinzialschatzmeister hinderte ihn daran.

Nicht doch, sagte er, ihn festhaltend, auch dieses Problem werden wir anders als in Verzweiflung lösen, die Männern nicht geziemt. Ich denke daran, meine Tochter Ihrem Sohn Hau-qua zu geben, vorausgesetzt, daß er die Erwartungen, die ich in ihn setze, nicht enttäuscht. Sonach, nicht wahr, mein verehrungswürdiger Verwandter, dürfte auch der letzte Rest eines Zweifels, den Sie in bezug auf meine Ratschläge noch hegen mochten, hinweggetilgt sein?

Und ob er es war! Herr Jau-mün fühlte sich angeregt, in die Luft zu hüpfen und mit den Händen zu klatschen. Ihm fehlten die Worte, seiner Entbürdung Ausdruck zu verleihen. Er stammelte voll Überschwenglichkeit nur immer wieder: Exzellenz, Exzellenz ..., dabei schwang er die Arme wie ein Hampelmann. Das war ja die nahezu hundertprozentige Verwandlung der Hölle in den Himmel. Denn im Hinblick auf seine Konzession und den Zinsendienst des Leihhauses an das Provinzialschatzamt war eine Ehe zwischen Hau-qua und Tschun-tao ebensoviel wert wie eine Tschun-lins. Schade nur, daß es das Kleinod nach Peking entrückt hatte. Jedoch Herr Jau-mün tat in dieser Minute auch den ersten Anlauf, den Schmerz um den Entfernten zu überwinden. Er faßte, inbrünstig verstummt, mit beiden Händen die Rechte des Provinzialschatzmeisters.

Dieser aber, als ob er der Ergriffenheit des Augenblicks Rechnung tragen wollte, tat ein übriges. Er ging von der förmlichen Auseinandersetzung zu einer persönlichen Aussprache über. Leiden Sie nicht, fragte er leutselig, an Einsamkeit und einem Mangel an Zerstreuung, mein verehrungswürdiger Verwandter?

Herr Jau-mün sah verständnislos in die Luft. Er stand einem großen Betrieb vor, der ihn nicht sehr anstrengte, hatte vielen Verkehr mit Geschäftsfreunden, dazu drei Frauen zu Hause, einem sehr wohlhabenden Haus, acht Töchter und – noch immer – drei Söhne; überdies litt er nicht an anspruchsvollen Passionen. Er liebte seine Papageien und Topfpflanzen, las gern sentimentale Romane und erblickte in einem guten Tropfen und großen Gastmählern die Wonne des Daseins. Seiner Eitelkeit freilich hätte noch manche Gnade erwiesen werden können.

Ich überblicke schon, sagte Herr Lue Yüanming, der die Miene seines Gastes verstand, daß Sie kein armseliges Leben führen. Darauf zielte ich auch nicht ab. Doch ergeht es Ihnen nicht ebenso, daß Sie den Beruf und die Familie und den ganzen Alltag drumherum, so heilig das alles ist, gewissermaßen nur noch als die Voraussetzungen des Daseins empfinden und, auf der Seite der Lebensfreude, nicht mehr als die frischeste Erfüllung? Ich meine, begehrt es Sie nicht, mein verehrungswürdiger Verwandter, nach öffentlichem Glanz, nach schmeichelndem Umgang, nach dem Behagen, das den reifen Mann erfüllt, wenn er sich in der Achtung der Großen sonnt, nach ein wenig Außerordentlichkeit, ja, vielleicht darf ich sogar sagen: ein wenig schöner Abenteuerlichkeit?

Das allerdings war nun alles sehr nach Herrn Jau-müns Geschmack. Ihm wässerte der Mund und er bekam heiße Schläfen, aber er konnte nicht ergründen, wohinaus sein erhabener Gönner wollte. Also drückte er verlegen herum. Ach, Exzellenz, sagte er aufgeregt und süß-säuerlich, Ihr huldvolles Wort malt die Tagträume meiner Seele vor mich hin, aber ich bin ein einfacher und bescheidener Mann und wüßte nicht, wie ich der köstlichen Lebensgüter, an die Eure Exzellenz erinnern, sollte teilhaftig werden können.

Vor allem einmal, erklärte der Provinzialschatzmeister nun bestimmt, in einem erweiterten gesellschaftlichen Umgang. Sind Sie Mitglied eines Klubs, mein verehrungswürdiger Verwandter? Eines, der Drachen steigen läßt oder Zierfische und Kampfwachteln züchtet?

Nein, stammelte Herr Jau-mün, das bin ich nicht. Er hatte auch an dem genannten Zeitvertreib nie etwas gefunden, wenngleich er sich im Vorübergehn, wie auch angesichts anderer Kurzweiligkeiten, gern dabei aufhielt; jetzt aber erschien ihm sein Einbekenntnis wie das einer bedenklichen persönlichen Unzulänglichkeit.

Herr Lue Yüanming indessen erleichterte ihn. Nun sind das ja, sagte er obenhin, mehr oder minder kindliche Beschäftigungen; aber – ging er kurz auf sein Ziel los – Sie könnten Mitglied der *Wohlmeinenden Gesellschaft des roten Drachen* werden.

Herr Jau-mün erschrak fast. Er wußte von der Gesellschaft nichts Bestimmtes, um so verklärter aber erschien sie ihm in der Fama. Nur die Vornehmsten sollten der erlauchten Vereinigung angehören, und wollte man in sie aufgenommen werden, mußte man eingeführt sein und eine Ballotage bestehn. Natürlich wäre er sich wie mit einer Gloriole vorgekommen, würde er zum Mitglied erhoben worden sein, doch mutete ihn das in seinem Herzen voll Unterordnung ganz und gar undenkbar an.

Exzellenz, rief er, wie sollte das –?

Die Exzellenz unterbrach ihn. Mein verehrungswürdiger Verwandter, ich verstehe Sie nicht. Sie zählen zu den reichsten Kaufleuten Kantons und, sehen wir von der vorübergehenden Verirrung Ihrer Söhne ab, Ihr Ruf ist prächtig wie der helle Tag! Ihr erhabener Vater gehörte zu den hohen Beamten der Stadt, Ihre Familie ist berühmt und Ihr eigenes Benehmen ganz untadelig. Die Bescheidenheit ehrt Ihr Herz, doch treiben Sie sie zu weit. Gerade, weil Sie sich nicht vordrängen, soll Ihr schöner Sinn für die Lebenswerte und die Rangordnung unter den Menschen belohnt werden. Und ich will auch hier das Meine tun. Sie werden eine Einladung erhalten und hernach die festlichen Nächte auf dem Perlstrom mitmachen.

Herr Jau-mün erstarrte vor Entzücken. Ein Gefühl wie die Kollegialität mit Göttern überschwemmte seine Leiblichkeit. Das benommene Lächeln strahlte ihm aus dem ganzen Gesicht, und er stand mit glühenden Ohren da.

Und ich werde dort, preßte er heraus, teils voll Erhobenheit, teils Halt suchend, auch Eure Exzellenz antreffen?

Das nicht, antwortete da der Provinzialschatzmeister umhängt, ich kann als kaiserlicher Beamter der Gesellschaft nicht angehören, das ist solch eine Konvention, aber ich unterhalte herzliche Beziehungen zu vielen ihrer Mitglieder und – Sie werden mich dort nicht vermissen.

Das setzte die Begeisterung Herrn Jau-müns im Augenblick herab, aber das Ereignis blieb auch in seiner begrenzteren Gestalt noch so groß, daß es ihn bald wieder in seinen Lichtmantel hüllte. Als er sich schließlich, am Kotau verhindert, mit endlosen Verbeugungen und endlosem Händeschwenken verabschiedete, verließ er das Yamen wie einen Jungbrunnen.

In der Sänfte konnte er kaum stillhalten. Er fühlte sich im ganzen Körper sozusagen raumvoller geworden und empfand eine Beziehung zwischen der Helligkeit in seinem Innern und dem sonndurchblendeten Nachmittag. In seinem Mund quirlte es gleichsam von Gesang, den er nicht herauslassen konnte, und da ihm vor Aufregung die Lippen trocken wurden, fuhr er immer wieder mit der Zunge drüber hin. Die Ungeduld, nach Hause zu kommen, verzehrte ihn. Zugleich befielen ihn Minderwertigkeitsgefühle, daß er trotz der hohen Gönnerschaft des Provinzialschatzmeisters für die Gesellschaft vielleicht nicht genügen könnte, für die *Wohlmeinende Gesellschaft des roten Drachen.* Was für ein großartiger und anheimelnder Name! Und Herr Jau-mün versank in tiefes und weit ausgespanntes Sinnen, wie er sich, während er durch die Straßen hingetragen wurde, den Sinn des Namens vergegenwärtige.

Der Drache war das oberste der vier geistig begnadeten Wesen. Er stand noch über dem Einhorn, dem Phönix und der Schildkröte. Und das ganze *Reich der Mitte,* die Erde, alle Meere und die Jahreszeiten lagen in der Hut der Drachen. Die östlichen Meere und den Frühling regierte der blaue Drache, die westliche Erde und den Herbst der weiße, den kaiserlichen Norden und den Winter der schwarze, und den Süden und Sommer regierte der rote

Drache. In einem Palast unter dem östlichen Meer lebte Lung Wang, der Drachenkönig, der das befruchtende Prinzip in der Natur und die Wesenheit des männlichen Weltprinzips Yang verkörperte; aber die erhabenen Drachenherden weideten und wirkten im Himmel, in den Sümpfen und überall. Vier Drachen schützten Peking: der des Sees im Sommerpalast, der schwarze von Hei Lung T'an in den Westlichen Bergen, der des Jadebrunnens und der weiße des Sees im Bezirk Mi Yün. Und nur die kaiserlichen Prinzen durften dem Kult der Drachen obliegen...

Herrn Jau-müns Zunge feuchtete wieder die trockenen Lippen. Nach diesen Vergegenwärtigungen schwebte ihm die *Wohlmeinende Gesellschaft des roten Drachen* nicht mehr als ein Klub vor, der auf dem Perlstrom ein festlich illuminiertes, schwimmendes Restaurant unterhielt, sondern als eine Geheimloge erlauchter und überragender Geister, die mit der Herrlichkeit und Macht der Weltgewalten in Beziehung standen.

Die Frauen daheim fielen in Ekstase, besonders da das heimgekehrte Oberhaupt eine Menge außerordentlicher Geschenke versprach. Herr Jau-mün aber schrieb an diesem Abend auch einen Brief nach Peking, an die dortige Gilde der Leihhausbesitzer, die er anwies, seinem berühmten Sohn Tschun-lin, *Großbefähigter* und *Elegante Schulung*, im Pekinger Gildenhaus, dem auch der Charakter eines Hotels zukam, gegen Bezahlung ein standesgemäßes Quartier einzuräumen. Denn sein berühmter Sohn käme hin, um in den Hofbibliotheken, nach der klassischen Philologie und Geschichte, nun auch das Verwaltungswesen, die öffentlichen Rechtsfächer und die Militärwissenschaften zu studieren. Des ferneren wandte Herr Jau-mün sich an einen Pekinger Vertrauensmann, seinen

Sohn in den Hofbibliotheken zu suchen. Dies war ein schmerzlicher Nachsatz, allein, da nun der Himmel voller Geigen hing, war auch die Flucht Tschun-lins ruhiger zu beurteilen. Tatsächlich entstand in Herrn Jau-mün bereits das Gefühl, alles in allem genommen lägen die Dinge jetzt fast schon so, als ob er seinen Sohn in die Nördliche Hauptstadt geschickt hätte, und solcherart betrachtet, war das eine glorreiche Sache.

Dieser Umschwung teilte sich dem ganzen Haus mit. Lediglich Hau-qua, dem die Verbannung in die Kantoner Hansa fürs erste auf die Magennerven drückte, mußte aus diesem Mißbehagen erst heraus. Er konnte der Abkommandierung schwer Widerstand leisten, weil die Berufung auf die dreihundert Silbertaels zu entwaffnend wirkte. Mit der Zeit aber faßte sein geschmeidiges Wesen zu der Neuheit sogar Vertrauen. Die Mitgliedschaft bei der Hansa dauerte nach den Satzungen zwar das ganze Leben, aber wer konnte wissen, wie sich die Umstände noch ändern mochten, und eines drängte sich jedenfalls auf: diese *Seehandelsgesellschaft* schien ein zwielichtiges Feld unbegrenzter Möglichkeiten zu sein. Auf diese Art entstand in Hau-qua, zumal da er sich des väterlichen Rückhalts auch weiterhin gewiß sein konnte, am Ende fast ein Gefühl der Befreiung, und die Ersatzverlobung mit der Tochter des Provinzialschatzmeisters fand er famos.

Im Lauf der nächsten Tage kehrte auch A-tung heim, dessen Korpus man einigermaßen geschunden hatte. Dieser Rückkunft war die Spende für die kaiserlichen Gärten vorangegangen, die, in Herrn Lue Yüanmings Taschen hängenbleibend, allerdings nie nach Peking gelangte. Dafür traf alsbald ein Brief des hohen Gönners ein, der Hau-quas und A-tungs nächste Zukunft regelte. Der erste sollte fürs nächste bei Herrn Cha Gar Tai praktizieren, der zweite bei Herrn Sing Wuti, die beide zu den Honoratioren der *Seehandelsgesellschaft* gehörten und sich in der entgegenkommendsten Weise bereit erklärt hatten, die strebsamen Jünglinge aufzunehmen. Im übrigen riet Herr Lue Yüanming, daß sie noch vor der großen, demnächst stattfindenden Tagung die Beitrittsformalitäten erledigen sollten. Sie bestünden in nicht mehr als der Erlegung einer Kaution und der Einschreibung in das Handelsregister der Jang hong schang.

Doch stand damit auch im Zusammenhang, daß die Namen der Brüder in die große Bronzeglocke eingraviert wurden, die im Kongso, der *Halle*, einer Art Börse der Hansa, in einer Wölbung hing. Diese Glocke war vor etwas mehr als hundert Jahren, zur Gründung der *Seehandelsgesellschaft*, vom Kaiser selbst gespendet worden, und es waren in sie nicht nur die Namen sämtlicher Mitglieder eingraviert, sondern auch die dreißig moralischen Sprüche des Heros Kuan, des Schutzpatrons der herrschenden Dynastie.

In der *Halle* fand auch die Tagung der etwa vierzig Hanseaten statt, die die nunmehrige Einmütigkeit zwischen der Gesellschaft und der Regierung bekräftigen sollte. Als leuchtendster und gewährvollster Ausdruck dieses Einvernehmens wurde die Anwesenheit Herrn Lue Yüanmings gewertet, des Provinzialschatzmeisters, obersten Mautbeamten und Vertreters des Kaisers, und auf der Tagesordnung standen außer seiner Rede nur eine Huldigungs- und Dankadresse an die Regierung und die Beschließung einiger Spenden. Man war in Feiertagskleidung, in Purpurrot, Tiefblau und Schwarz, und das galt auch für Hau-qua und A-tung, die Herr Jau-mün begleitete; von der Saaldecke hingen Drachenfahnen, und die Empore des Präsidiums glänzte in feierlich rotseidener Umkleidung.

Nach einer kurzen Ehrung des in einer Nische aufgestellten göttlichen Knaben Liu Hsi, der einen Frosch in der Hand trägt und den günstigen Handelsverbindungen vorsteht, eröffnete Herr Cha Gar Tai, der Taipan oder Vorsitzende, mit einer Begrüßung des *Erhabenen alten Großvaters,* des Provinzialschatzmeisters, die Tagung. Er führte dabei in etwas langatmiger Weise aus, daß die Gesellschaft sich nun erst zum richtigen Leben erwacht fühle.

Der *Erhabene alte Großvater* antwortete ihm in groß angelegter Rede.

Meine verehrungswürdigen Herren, begann er, gestatten Sie mir, daß ich auf die Gefahr hin, zum Teil vielleicht Bekanntes zu wiederholen, einen erschöpfenden Überblick anstelle. Nur aus der vollständigen Erfassung der Dinge kommen wir zu einem klaren Urteil über sie.

Nun denn.

Unser Land, die Erde der *Hundert Familien,* das *Reich der Mitte,* der gewaltigste Staat der Erde, gedieh seit urdenklichen Zeiten, seit den grauen Vorzeittagen der *Vollkommenen Kaiser* Jao und Shun, vornehmlich dadurch zu Wohlstand und Weisheit, daß es sich gegen alle fremden Einflüsse, die naturnotwendig minderwertig sein mußten, abschloß. Tatsächlich sog die *Blume der Mitte* auch alle mit asiatischen Invasionen kommenden fremden Kulturen in die eigene auf, weil diese die stärkere war.

Fast auf den Tag vor zweihundert Jahren jedoch, nach der Zeitrechnung der Barbaren im Jahr 1615, berührten zum erstenmal europäische Schiffe China. Sie wurden von den Angehörigen eines Volkes gelenkt, das sich Portugiesen nennt, und sie waren vor allem aus Neugierde auf unsere überlegene Zivilisation hergekommen. Doch liefen nun immer mehr Schiffe unsere Küste an, und da die Portugiesen sahen, daß unser Land köstliche Produkte hervorbringt, die ihnen fehlten und ohne die sie nicht mehr hätten weiterleben wollen, gestattete ihnen der damalige Sohn des Himmels in seinem zärtlichen Wohlwollen, sich niederzulassen und Handel zu treiben. Als diese Portugiesen dann, weil sie bessere Schiffe hatten als das schwarzhaarige Volk der Tang, einen berüchtigten Piraten namens Li Ma Hon fingen und auslieferten, schenkte ihnen der damalige große Mingkaiser jene Insel im Ästuar des Perlstroms, die wir Ao Men, das *Geheimnisvolle Wassertor* oder auch *Wohlriechender Hügel* nennen. Die Barbaren tauften sie auf Macao um, was dem Namen eines ihrer vielen Halbgötter entspricht.

Von diesen Portugiesen wissen wir nun, meine verehrungswürdigen Herren, daß sie ein dahergelaufenes Pack von Großsprechern und Betrügern sind, daß sie sich täglich betrinken und schlechte Manieren haben, aber im übrigen harmlos und der reinen Dynastie untertänig erscheinen. Allein, bald nach ihnen kamen auch britische Schiffe nach unserem Hafen Whampoa, und im Jahr 1683, nach der Zeitrechnung der Barbaren, richtete sich die *Ostindiengesellschaft* mit einer Faktorei dort ein. Mit dieser Gesellschaft nun, bei den Briten *East India Company*, die sich schon ganz Indien botmäßig gemacht hatte, war die Pest ins Land gekommen. Denn die Engländer sind nicht nur ebenso verwahrloste Gesellen wie die Portugiesen, sie sind auch bösartiger. Sie stellen eine gesetzlose, habgierige Rotte vor, bar jeder wahren Zivilisation, und unser Volk hat sie nicht zu Unrecht sofort die *rotborstigen Teufel* genannt. Unglücklicherweise lernten unsere Landsleute in dem gleichen Jahr, da die Briten ihre Faktorei einrichteten, bei der Eroberung Formosas das Opiumrauchen kennen. Diese Insel der Sumpffiebergeister hatte die dortigen holländischen Kolonisten veranlaßt, im Opium, das sie vom Malaiischen Archipel her kannten, eine Zuflucht zu suchen. Allerdings vermischten sie es, um seine Giftigkeit zu mildern, mit Tabak und Arsen. Vielleicht ließ dieser Umstand den weisen Kaiser Kang-hi es versäumen, die entsprechenden Maßnahmen zu ergreifen. Jedenfalls führten nun einmal die Portugiesen, von ihren indischen Besitzungen Goa und Daman, auch Opium bei uns ein.

Aber vorläufig überwog der geistige Schaden, den die Fremden anrichteten, noch den volksgesundheitlichen. Der Verkehr mit den Barbaren zog eine solche Verschlechterung der Sitten nach sich, daß Kaiser Kang-hi sich veranlaßt sah, dagegen Vorkehrungen zu treffen. Er untersagte den Fremden, von Macao abgesehen, die Erwerbung von Grund und Baulichkeiten – mithin anders als in Mietobjekten sich aufzuhalten; er veranlaßte die genaue Umschreibung der Örtlichkeit, die der Bewegung der Fremden offenstehn sollte; er ließ ferner die Art und Menge der Erzeugnisse bestimmen, die die Fremden kaufen und verkaufen durften; und er bestand darauf, daß die Staatsverwaltung auch die Personen ernannte, die allein allen Verkehr mit den Fremden abwickeln sollten. Zu diesem Zweck nun ward, und zwar vor hundertundfünf Jahren, die Jang hong schang ins Leben gerufen, meine verehrungswürdigen Herren, die *Seehandelsgesellschaft* von Kanton.

Es möchten sich, hieß es in einem Aufruf, angesehene, reiche und treffliche Männer melden, denen der Handel mit den Fremden übertragen werden könne. Dabei verstand sich, daß diese Männer nicht nur alles, was den Handel betraf – bis zur Entrichtung der Abgaben und Zölle –, zu verantworten haben würden, sondern auch das persönliche Benehmen der Fremden. Überdies sollte jedem barbarischen Schiff ein solcher Gewährsmann, ein solcher *Sicherheitskaufmann*, zugeordnet werden, der unter anderem für das Betragen der Mannschaft bürgte. Nun leuchtet es ein, meine Sehrverehrten, daß in Anbetracht der verbrecherischen und rohen Artung der Fremden die unangenehmen Aufgaben hiebei die angenehmen bei weitem überwogen, und es erscheint auch verständlich, so bedauernswert der Vorgang gewesen ist, daß die angesehenen Kaufmannsfamilien Kantons nur jene ihrer Angehörigen in die Jang hong schang delegierten, an die sie keine besonderen Ansprüche mehr stellten. Dieses Verhalten wurde auch dadurch nahegelegt, daß es sich bei der *Seehandelsgesellschaft*, nach kaiserlicher Bestimmung, um eine Mitgliedschaft auf Lebensdauer handelte. Aber die Gesellschaft trat ins Leben, und nun ging, gleich allen anderen Gütern, auch das Opium durch ihre Hände. Damit komme ich, mein geehrtes Publikum – und ich mahne Sie nun zu besonderer Aufmerksamkeit – auf den grauenhaften Kerngegenstand unserer Betrachtung zu reden, der, dem Jade-Kaiser sei's geklagt, in jeder Hinsicht die Entwicklung der Dinge nun bestimmte.

Wie man nachher, bei dem ersten Opiumverbot durch Kaiser Yong-tschi, feststellen konnte, stieg die Gifteinfuhr im ersten Drittel des vorigen Jahrhunderts bis auf 200 Kisten jährlich, die Kiste zu 140 Pfund, also auf etwa

30.000 Pfund. Und das Verbot blieb, schmerzlich zu sagen, meine Sehrverehrten, ohne Wirkung. Ja, die Gifteinfuhr nahm dauernd zu, und sie betrug wahrscheinlich in der zweiten Hälfte des vorigen Jahrhunderts schon 60.000 bis 70.000 Pfund im Jahr. Aber jetzt erst nahmen die Briten, nahm sich die *East India Company* dieses Handels an. Sie hatte durch den Krieg von 1731 die Sunda-Inseln als Absatzmarkt verloren, und dies war zu der gleichen Zeit geschehen, da sie die indischen Mohnpflanzungen, die mit dem Mohammedanismus vor tausend Jahren dorthin gekommen waren, beträchtlich vergrößert hatte. Hiebei ist zu bedenken, daß in dem fruchtbaren Boden Indiens Mohnkapseln von einer solchen Größe reifen, daß sie ein Unzenmaß Wasser fassen können, und daß der hindostanische Bauer, der bei achtmaligem Ritzen der Kapseln von jeder Pflanze fünf Gramm gewinnt, schon von hundert Quadratmetern Feld ein Pfund erntet. Wohin also mit all dem Gift aus Ghazipur und Patna? Und die Briten antworteten sich, ins *Reich der Mitte*, wo die einfältigen Chinesen bereits danach süchtig sind.

In der Tat, meine sehr ehrenwerten Herren, nun begann, von den Engländern großzügig betrieben, die ausgesprochene Giftüberschwemmung der Südprovinzen. Wir wissen aus einer Äußerung, die einer der Barbaren in jener Zeit höhnisch tat, daß schon um 1786 die jährliche Opiumeinfuhr über Kanton 140.000 Pfund betrug. Schaudert es Sie, meine Sehrverehrten? Sie haben allen Anlaß dazu, denn man muß sich die Wirkung vorstellen. Das schlaff und siech machende Gift zog als bunter Schwaden durch die Lehmhütten und Backsteinhäuser, durch die Bauerngehöfte und schwimmenden Sampanenstädte, durch die Kasernen und die Tempel; über ganzen Straßenzügen und Dörfern lag schon die betörende Lähmung; sie griff um sich wie die Schlafkrankheit. Und als, bei Unruhen, von tausend Mann einer militärischen Truppe zweihundert wegen des Genusses der Droge sich als unbrauchbar erwiesen, schickte der Gouverneur von Kuang-tung abermals ein Memorandum nach Peking. Nun verbot auch Kaiser Khien-long den Opiumhandel.

Aber ach, ein patriotischer Jammer faßt einen an, wenn man's überdenkt. Der damals 75jährige, gewaltige Himmelssohn hatte der *Blume der Mitte* bereits die 24 Bücher seiner Poesien geschenkt, seine Geschichte der Mingdynastie und ein hundertbändiges Werk über die Monumente und Kunstdenkmäler des Landes der *Hundert Familien;* er hatte eine Bibliothek von 180.000 Werken zusammenstellen lassen, und Ostturkestan, die Dsungarei und den Rest von Tibet erobert, aber mit der Rauschsucht und dem britischen Profitfanatismus wurde auch er nicht fertig. Im Gegenteil: der betäubende Unrat strömte in immer uferloseren Ergüssen ins Land, und um 1800, in den ersten Regierungsjahren unseres erhabenen Kaisers Kia-king, mag nach Schätzungen von Beamten, die in Indien reisten, die jährliche Gifteinfuhr durch die *East India Company* gewiß schon 300.000 Pfund betragen haben. 300.000 Pfund, meine geehrten Zuhörer, 300.000 Pfund! Welche Pyramide von pestilenzialischem, tödlichem Dreck! Und all dieser Dreck ging über in die Lungen, in die Herzen und die Gehirne, in die zugrunde gerichteten Seelen unserer Landsleute.

Natürlich verbot auch Kaiser Kia-king den Opiumhandel. Aber Sie wissen ja, was für Wirren durch die achtzehn Provinzen brausten, welche Nöte das Reich in Atem hielten! Noch schrecklicher aber, und das muß ich nun mit allem Nachdruck aussprechen, als die Leiden des Landes, die die Ausrottung des Opiumhandels hintanhielten, erwiesen sich die Eigenschaften der Menschen, die nicht davon abstanden, Nutznießer des allgemeinen Unglücks zu bleiben! Was sage ich Nutznießer; Verbrecher, entmenschte Kreaturen, Scheusale, Reptilien, Werwölfe, Vampire, Höllenhunde, Dämonen waren diese Menschen! Und das ist der Wermutstropfen in unserer heutigen Feier, daß die Mitglieder der *Seehandelsgesellschaft,* die *Sicherheitskaufleute,* daran nicht unbeteiligt erschienen, daß sie die Hände mit im Spiel hatten, daß sie eigentlich die Hauptschuldigen waren, ja daß sie und nur sie das ganze, fluchwürdige Übel möglich machten, und darum verdient hätten, mit dem *Halskragen* vor den Toren zu sitzen, gestäupt durch die Straßen zu rennen, gehängt, gevierteilt, vor die Kanonen gebunden zu werden! Jawohl, meine Geehrten, auch das muß berührt, auch das kann nicht ganz verschwiegen werden.

Indessen, in der vollendeten Kraft wohnt auch das Vermögen zur Güte, und die ist immer voll Weisheit. Vor Wochen nun, als das Land befriedet war und wieder voll Gedeihen bis an alle Horizonte, konnte der erhabene Himmelssohn sich endlich der Ausrottung des Gifthandels mit ganzer Gewalt zuwenden. Nicht nur eine Proklamation kam heraus und die Polizei wurde an ihre Pflichten gemahnt, sondern alle Vorräte des Kleinhandels verfielen der Beschlagnahme, die Barbaren mußten den Ernst der gewendeten Lage erkennen und der Küstenbevölkerung ist eingebläut, daß auf Opiumschmuggel die Todesstrafe steht. Damit kam es auch in Ihrem hohen Konsortium, meine sehr Verehrungswürdigen, zur Einkehr. Sie wissen nun, was Ihnen bei einem Rückfall bevorsteht, aber Sie kennen auch die Huld der Regierung, die geneigt ist, alles Beklagenswerte der Vergangenheit mit dem Schleier des Vergessens zu bedecken, und Sie sind des weiteren von der unumgänglichen Notwendigkeit bereits durchdrungen, in alle Zukunft nur noch für das Wohl des Landes und nicht mehr für die Hölle zu wirken. So stehn wir denn auch in dem wahrhaften Anlaß, diesen Schritt des von den höchsten sittlichen Grundsätzen getragenen Marsches in die Zukunft mit einer Feier zu begehn. Nicht mehr eine Bande von Wegelagerern und Piraten, von Verbrechern und reißenden Krokodilen sitzt dabei über ihrer Beute, sondern eine Versammlung von rechtschaffenen Männern schaut leuchtenden Auges und in dem Bewußtsein auf ihre kommenden Taten, daß sie mit der Pflege des auswärtigen Handels Pioniere des Reiches sind und wenn nicht schon heute, so doch in Bälde die allgemeine Achtung dafür genießen werden. Ich gratuliere Ihnen, meine Sehrverehrungswürdigen, und lobe die Erleuchtung der reinen Dynastie!

Der Provinzialschatzmeister setzte sich. In der Stille nach seinen Worten, die beklemmend war, wischte sich der und jener im Auditorium den kalten Schweiß von der Stirn. Herr Cha Gar Tai aber brachte alles wieder in Fluß. Er erhob sich und verkündete mit großen Gebärden, die er bald gegen den Regierungsvertreter, bald gegen die Versammlung ausschwingen ließ, daß der Beamte des Kaisers allen aus dem Herzen gesprochen habe. Groß sei der Schmerz aller Anwesenden über die Mißratenen, die im Verlauf des mehr als hundertjährigen Bestandes im Schoß der Gesellschaft aufgetaucht wären, und sie schätzten sich samt und sonders unaussprechlich glücklich, an der endlichen Ordnung und dem nun immerwährenden

Aufstieg teilzuhaben. Als Beweis dieser Hochgestimmtheit, schlug Cha Gar Tai vor, möchte man denn auch die entsprechenden Spenden beschließen.

Und die Versammlung beschloß die Spenden mit Stimmeneinhelligkeit: eine für die Kabinettskassa des Himmelssohns, eine für die Armee, eine für die Ausbesserung der Ufer des Gelben Flusses, eine für ein Geburtstagsgeschenk an den Provinzialschatzmeister, eine für ein Geburtstagsgeschenk an seine Frau, eine für ein Geburtstagsgeschenk an seine Mutter und eine für den Agenten der *Seehandelsgesellschaft* in Peking.

Zweiter Teil

DIE BRITEN UND DAS GIFTGESCHÄFT

Am anderen Morgen verfügte sich Hau-qua, mehr abenteuerlich gestimmt und neugierig als bedrückt oder gehemmt, zu seinem neuen Chef, dem Teehändler Cha Gar Tai.

Das Haus, in dem der Taipan der *Seehandelsgesellschaft* sein Geschäft betrieb, en gros et détail, lag in der *Straße der Fünf beständigen Tugenden*, und da er, im hinteren Trakt des Gebäudes, auch ein Spiellokal unterhielt, hing neben dem Ladeneingang ein Plakat, das *Seine Exzellenz, den münzenhaschenden Tiger*, darstellte, die Reklamefigur aller Glücksunternehmen. Des ferneren waren da, in schwarzen, senkrecht herablaufenden Lettern auf Rot, Aufschriften zu lesen: *10.000 Vorteile dem Eintretenden;* und: *Weder das unerfahrene Kind noch der hilflose Greis wird hier übervorteilt.*

Hau-qua, der auch mit einem Gefühl der Geringschätzigkeit anmarschierte, las noch eine dritte Sentenz: *Bei deinem Ein- und Ausgang möge dein Gemüt heiter sein.* Gebe es der Jade-Kaiser, dachte er feindselig und trat ein.

Hinter der Ladentür fiel sein Blick auf einen bunten Altar des Gottes Tsai Shen, der mit einem Silberzepter auf einem schwarzen Tiger reitet und die Reichtümer verwaltet, und aus der Tiefe des überraschend weiten, dämmerigen Raumes funkelte das vergoldete Schnitzwerk eines Ahnenschreins. In seiner Nähe gruppierten sich Hocker um ein niederes Tischchen, an den Wänden liefen päckchenbeladene Regale hin und in einer Ecke lagen ein paar Säcke. Die Waage stand in einem Glaskasten, an dem zu lesen war: *Waage, sei geschäftig, wiege täglich Waren, wert viele tausend Taels.*

Tschin-tschin, grüßte Hau-qua den kleinen Burschen, der am Kassapult lungerte, dann stellte er sich vor. Aber der andere, einer der Söhne des Teehändlers, wußte bereits um ihn. Er bat Hau-qua, zu warten, und verschwand hinter einem Teppich, von wo er bald mit Herrn Cha Gar Tai wiederkehrte. Dem entbot Hau-qua nicht *Alles Gute*, sondern er redete ihn *Verehrungswürdiger Großvater* an, mit der Formel grüßend: Haben Sie schon Reis gegessen? Dabei schwenkte er die gefalteten Hände vor der Brust abwärts. Herr Cha Gar Tai dankte obenhin und forderte ihn auf, mitzukommen. Nach dem Gang durch einen magazinartigen Raum saßen sie sich dann in einer Stube gegenüber, deren Papierfenster auf den Garten gingen.

Aber Hau-quas Überlegenheitsgefühl litt nun doch ein wenig unter der Wirkung, die von seinem neuen Brotherrn ausging. Der Mann, ein feister Fünfziger mit einem scharfkantigen, breiten Froschgesicht, hatte auf der Tagung der *Seehandelsgesellschaft* umgänglicher angemutet. Nun und so aus der Nähe besehen, lag um seinen verkniffenen Mund, von dessen linkem Winkel neun Barthaare herabhingen, vom rechten sieben, ein Ausdruck der Verachtung und Härte, und seine kalten, schwarzen Knopfaugen offenbarten ein Wesen, das lediglich aus Energie und Gift gemischt erschien. Zudem war es voll Beleidigung, wie er die Brauen hochzog, die Stirn in Winkelfalten legte und herstarrte, als ob man ein zum Kauf angebotenes, zu mageres Schwein wäre. Dementsprechend begann auch die Unterhaltung.

Sie haben, junger Mann, malmte der Taipan pappig heraus, Ihren Herrn Vater um dreihundert Taels bestohlen. Sollten Sie auch bei mir lange Finger haben, haue ich Sie Ihnen ab.

Hau-qua versuchte beteuernd in die Höhe zu wachsen.

Herr Cha Gar Tai jedoch erwehrte sich seiner entschieden. Das wollte ich bloß vorausgeschickt haben. Im übrigen, setzte er bedächtiger werdend fort, kann ich nicht sagen, daß mir jedes Verständnis für Ihre Art abginge. Deshalb habe ich mich auch entschlossen, Sie in meine Dienste zu nehmen. Vorausgesetzt natürlich, daß Sie meine Ansicht, es hätte sich in jener kriminellen Tat Ihr Wesen nur falsch geäußert, durch Ihr ferneres Verhalten bestätigen. Ich meine: daß ein junger Mann erwerbsgierig ist, erscheint durchaus löblich. Nur darf er es sich nicht so bequem machen wollen, einfach in die väterliche Kasse zu greifen, sondern er muß seine Ansätze zur Verwegenheit, das Verschlagene in ihm und die Unerschrockenheit zu einem eigenwilligen Weg, in der Richtung gegen die feindliche Welt entwickeln, die das gegebene Feld dafür ist. Das gilt besonders für uns Hongs, für uns *Sicherheitskaufleute*, denen man das schwierigste, gefährlichste und undankbarste Geschäft aufgehalst hat, das überhaupt denkbar ist. Denn man hat uns in diesem Handel mit den Fremden etwas zur Aufgabe gesetzt, das man eigentlich nicht wünscht, aber nicht mehr vermeiden kann, und so hat man diesen Handel unter Bedingungen gestellt, unter denen wir vogelfrei sind und dauernd mit einem Fuß im Zuchthaus stehn. Wir sind für die eigene Regierung die Prügelknaben, und für die fremden Teufel sind wir das Ausplünderungsobjekt – sofern wir es nicht verstehn, uns wider beide Gewalten zu behaupten. Wir nehmen im Bewußtsein unserer Märtyrerrolle alle Drangsalierung auf uns, aber da wir Kaufleute sind, von einem

Beruf also, der eine eigene, unausweichliche Technik und Realistik besitzt, müssen wir unser Recht auf gewisse Entlohnungen und Garantien auch dort wahrnehmen, wo man sie uns nicht immer zubilligen will. Glauben Sie daher ja nicht, junger Hau-qua, daß unser Beruf eine Sache ist, bei der Sie Ihre Verschlagenheit und Ihren Mut nicht werden gebrauchen können...

Der Teehändler mit dem scharfkantigen Froschgesicht ereiferte sich noch lange, und es erweckte, wie er heuchelte und klagte, augenblicksweise den Eindruck, als hätte er den verachteten Naseweis, an den er sich wandte, ganz vergessen; dann kamen jedoch die versteckten Anspielungen wieder, mit denen er das Außergesetzliche in der Stellung der *Sicherheitskaufleute* als geradezu zwangsläufig hinstellte und die Verwegenheit, mit der allein darin zu existieren wäre, auf seine seltsame Weise lobte. Hau-qua jedenfalls glaubte ein ganz richtiges Gefühl für das zu haben, was mit dem dunklen Gerede umschrieben werden sollte, und diese Entdeckung befriedigte ihn sehr. Seine Vermutung vom zwielichtigen Feld der unbegrenzten Möglichkeiten, das die Jang hong schang darstelle, erhärtete sich, trotz der Todesstrafenproklamation und all dem schwadronierenden Getue des Provinzialschatzmeisters auf der Tagung. Freilich, als er in sichtlicher Entflammtheit zu verstehn geben wollte, wie aufgeschlossen er den Erklärungen folge, wehrte Herr Cha Gar Tai wieder mit einer wegwerfenden Gebärde ab.

Das werde sich erst erweisen müssen, ob einer, der bisher nichts weiteres vollbracht habe, als gestohlenes Geld zu verwetten, auch die Widerstandskraft besitze, im Dienst des Vaterlandes Opfer zu bringen, und zugleich die Geschicklichkeit, dabei ein guter Kaufmann zu bleiben. Denn um die Vereinigung dieses Schwer-zu-Vereinigenden ginge es. Doch würde Hau-qua am folgenden Morgen seinen Praktikantenposten antreten und seine Tauglichkeit dann immerfort unter Beweis stellen können.

Hierzu bemerkte Herr Cha Gar Tai auch, worin Hauquas erste Dienstleistung bestehn sollte.

Mein Sohn O-hua, erklärte er, muß nach Macao, um mit den Barbaren dort zu verhandeln, und Sie sollen ihn begleiten, weil Sie auf diese Weise einen ersten Blick in die Verhältnisse tun können. Bei dieser Gelegenheit will ich Ihnen gleich raten, das Pidgin zu erlernen, damit Sie sich sobald wie möglich mit den Fremden auch selbst verständigen können. Es ist immer begrüßenswert, ohne die von der Regierung bestellten Dolmetscher auszukommen. Die Dschunke liegt vor meinem Kai-Lagerhaus und sie geht am Beginn der Doppelstunde des Hasen ab, mithin ein wenig früh für Langschläfer. Für Proviant wird natürlich gesorgt sein. So, und nun grüßen Sie herzlichst meinen verehrungswürdigen Verwandten, Herrn Jaumün.

Damit war Hau-qua entlassen, doch mußte er sich den Weg auf die Straße allein zurückfinden.

Er betrat sie in äußerst angeregter Verfassung. Diese Fahrt nach Macao, diese Segelpartie, die hin und zurück eine Woche dauern mochte, versprach anderes, als im muffigen Tai-tong zu hocken, und dann war es spannend, sogleich in das Räderwerk dieses berüchtigten auswärtigen Handels Einblick zu gewinnen. Schade nur, im Hinblick auf das Pidgin, daß man jetzt nicht das Köpfchen des durchgegangenen Brüderchens besaß. Das um so mehr, als die Bemerkung von den besser nicht zugezogenen Dolmetschern eine bezeichnende Vermutung nahelegte. Doch urteilten die Leute allgemein, dieses Chinesenenglisch sei von einer tierisch lächerlichen Einfachheit, und für das, was man vorhatte, stand es auch dafür, Pidgin zu erlernen.

Hau-qua streunte abenteuerlich beschwingt durch die sonnigen Straßen. Was er vorhatte, war, über diesen froschmäuligen Taipan und seine Gesellschaft zur Unabhängigkeit zu gelangen, zu Macht, Geld und Selbstherrlichkeit. Und Hau-qua stellte sich das Unternehmen gar nicht schwierig vor, denn er baute auf seine Unerschrockenheit. Lediglich dieser Punkt der proklamierten Todesstrafe umschwirrte wie eine irritierende Hornisse seinen Kopf. Aber dieser Punkt machte, wenn er recht vermutete, auch den anderen Hongs kein unaufhörliches Kopfzerbrechen. Schließlich war noch keiner gehängt worden, wenngleich die Verbote nun schon bald hundert Jahre bestanden. Augenscheinlich mußte auch über diese letzte Proklamation nur etwas Gras wachsen...

Und Hau-qua kam sich in diesen Erwägungen gewachsen und großartiger geworden vor. Er ging mit federndem Schritt, und sein Kopf mit den blanken Augen stand voll Unternehmungsgeist. Der Welt mit ihrem Treiben schien doch etwas Einfältiges zu eignen, und er fühlte sich zu einer Herrenrolle in dem Treiben bestimmt. So kam er aufgeräumt zu Hause an, wo er für A-tung, dem die Arbeit eines Magazineurs in Aussicht gestellt war, nur ein mitleidiges Lächeln hatte. Aber er besuchte noch am gleichen Tag den Dolmetsch Tseng Fu, mit dessen Unterstützung er ein Wörterbuch des Pidgin erstand, und der folgende Morgen sah ihn, so früh die Doppelstunde des Hasen auch einsetzte, in Begleitung eines Sklaven rechtzeitig am Kai.

Die Dschunke des Herrn Cha Gar Tai, deren großes Segel aus Reisstroh geflochten war, machte einen bemerkenswerten Eindruck. Ihr schnittiger, überraschend langer Bau erinnerte an die Regattaboote, die Hau-qua in den Tagen der Drachenfeste auf dem Perlstrom gesehen hatte. Sie erschien in ihrer Schlankheit durchaus nicht geeignet, besondere Berge von Warenballen aufzunehmen, dafür mußte sie um so schneller durchs Wasser gleiten. Eben eine Art Ordonnanzboot, dachte Hau-qua, während er auf der Darsena stand, aber er machte sich auch andere Gedanken darüber. Das um so mehr, als das Boot mit den fünf Leuten, deren er beim Einsteigen ansichtig wurde, auch übermäßig bemannt war. Vier davon stellten sich als Kulis heraus, während er in dem fünften, der ihn freundlich empfing, O-hua, den Sohn des Teehändlers, kennenlernte.

Die Leute hatten bereits zu einer Puppe Kuan-yins gebetet, die auch die Göttin der südlichen Meere und eine Schutzpatronin der Seeleute ist; nun machten sie das Boot zum Auslaufen fertig. Doch wurde Hau-qua sogleich von O-hua ins Gespräch gezogen, so daß er weder an den Hantierungen noch dem Ufergetümmel rundum Anteil nehmen konnte. Dabei zeigte sich der Sohn des Taipan besonders erwärmt und aufmerksam, als rechnete er es sich zur Ehre an, Hau-qua zum Mitarbeiter zu haben. Allerdings hatte auch Hau-qua für ein wirkungsvolles Auftreten gesorgt.

Er war in vornehmer, dunkelblauer Reisekleidung gekommen, mit wattierter Seidenjacke, pelzverbrämter Pelerine und einer Tigerdecke, und er war vor allem nicht mit leeren Händen angetreten. Der große Korb, den der Sklave hatte herschleppen müssen, enthielt eine Wasserpfeife für O-hua, einen prachtvollen Fächer, ein Morraspiel und eine Batterie Kognakflaschen. Dieses Getränk, aus gegorenem, mit Anis und Kubebenpfeffer durchsetztem Reis destilliert, stellte eine Erlesenheit dar, die auch darin ihren Ausdruck fand, daß der Korb für die Kulis gesondert einige Flaschen ordinären Bieres, Samshu genannt, enthielt.

Auf diese Weise und mit solchen Stärkungen im Leib wurde die Ausfahrt allgemein als Festlichkeit empfunden, so wie auch Hau-quas Eintritt sogleich eine verbrüdernde Note gehabt hatte. Doch verschlug das nichts dem Kavaliersansehen, das er auch in O-huas Augen genoß. Bei diesem untersetzten, boxerischen und hartgesichtigen Zwanzigjährigen kam allerdings noch eine persönliche Spielart der Achtung für Hau-qua hinzu. Er respektierte in ihm, bei aller Gesammeltheit des eigenen Wesens und allem Selbstbewußtsein, den Vornehmeren, den bekannten Spieler, den Abenteurer und Helden der Blumenboote und vor allem den, der sich nicht gescheut hatte, in die Kassa des Taitongs zu greifen. Im Augenblick freilich, während sie sich aus dem Ufergewirr der Kähne lösten und aufs offenere Wasser hinausgelangten, war ihre Unterhaltung noch voll anfänglicher Scheu.

Bei Hau-qua kam auch die Ablenkung durch die neuen Eindrücke hinzu. Er war, von seltenen Ausflügen zur Kinderzeit abgesehen, nie so auf dem Strom gefahren; sein Alltag hatte nie diese Schwingungsweite gehabt. Deshalb genoß er den blitzenden Morgenhimmel, das ferne Ziel und all die abenteuerlichen Aussichten und Umstände dieser Reise mit wahrhaft freibeuterischer Lust. Und dies, obgleich die Fahrt erst anfing; sie sollte, ehe sie in die großen Landschaften hinausführte, noch durch

Stunden, durch zehn Seemeilen hin, bis über den Hafenort Whampoa hinaus, zwischen dem unübersehbaren Gewirre der Kähne- und Pfahlbautenstadt verlaufen, mit der Kanton erst allmählich in das Ästuar überging.

Tatsächlich war kilometerweit nicht festzustellen, wo eigentlich die Ufer des Perlstroms lagen, so dicht bedeckten ihn die Haus- und Logierdschunken, die Tee- und Blumenboote, die Händlerkähne. Nur wo die Pfahlrostbauten dahinter sich erhoben, hoch auf dünnen Bambusgerüsten schwebend, konnte man das Gestade ahnen. Dieses Geschiebe und Geschachtel von Fahrzeugen drang auch so weit in den Strom heraus, daß streckenweise nur eine eingeengte Fahrrinne blieb, und dieses Schaluppenmeer, dieses schier endlose Gewirre von Gestängen, Gerüsten und Bretterverschlägen, von Masten und Dächern, Planken und Segeln und Stricken, Hüttenwerk und Verdecken, war durchwimmelt von hunderttausenden Menschen. Die Weiber auf den Sampans und Schatengs trugen die Säuglinge auf den Rücken gebunden, und größere Kinder umschwammen mit ausgeblasenen Kürbissen an den Schultern die Schiffsrümpfe. Jedes Verdeck trug einen Ahnenaltar und ein Götterbild des Hung Sing Wong, der die südliche See schützt, und von jedem der gewölbten Bootsdächer hing ein Sagopalmzweig, damit er den bösen Geistern wehre. Darüber hinaus schwebten träumerisch und groß die vielen aufgespannten Netze vor dem flammenden Himmel.

Mittags erst kam die Dschunke über die Insel Ho-nan und den Hafen Whampoa hinaus. Hier zeigte O-hua seinem vornehmen Begleiter Hau-qua das Gebäude der britischen Faktorei, die Niederlassung der *East India Company*, die unweit des Flußufers lag und alle die

Lehmbauten drumherum überragte. Aber der Fahnenmast auf dem schrägen Flachdach war leer und alle Fensterläden geschlossen. Die Barbaren, erfuhr Hau-qua bei dieser Gelegenheit, hatten nur das Recht, sich vom Herbst bis zum Frühjahr hier aufzuhalten, und nun waren sie schon nach Macao zurückgegangen. Aber nicht nur deshalb, fügte O-hua mit einem nachdenklich eingekniffenen Auge hinzu, müßten nun auch sie die achtzig Seemeilen bis dorthin fahren.

Die siebenstöckige Pagode Whampoas sank zurück, und die Fahrt auf dem braunen, fast reißenden Perlstrom wurde zwischen den nun weiteren Ufern freier.

Die beiden Herrensöhne saßen im Vorderschiff, auf der Tigerdecke und im Segelschatten, und sie waren bereits ein wenig angeheitert. Plötzlich lachte O-hua, so unterhaltsam war eine Gedankenreihe in seinem Gehirn zu Ende gegangen. Er sah den fragend aufblickenden Hau-qua noch einmal prüfend an, dann raunte er:

Hör mal, wir fahren in Wahrheit nach Macao, um Tschandu zu holen.

Hau-qua hob die Brauen: Also doch Opium. Dann gab er sich überlegen, indem er mit spöttischer Eindringlichkeit sagte: Ich habe nie einer anderen Vorstellung gehuldigt.

O-hua indessen erschrak noch einmal. Wieso? fragte er verdutzt.

Na, tat Hau-qua unterrichtet, weil es doch wohl ein zu fettes Geschäft ist, als daß man es so mir nichts, dir nichts fahren lassen sollte.

Fettes Geschäft schon, verblieb O-hua noch in seinem Rückzug, aber wieso: mir nichts, dir nichts? Er überlegte noch, ob er seine Bemerkung als einen Scherz hinstellen sollte. Wenn auf etwas, brachte er in Erinnerung, der Tod steht, dann kann man doch kaum *mir nichts, dir nichts* sagen.

Hau-qua hob gewiegt die Achseln: Wie du glaubst. Ich rede niemand zu, seinen Hals zu riskieren. Mir will nur scheinen, daß diese aufgebrachten Proklamationen gegen den Opiumhandel eine alte Geschichte sind; zumindest stellte es auch dieser stelzende Storch Yüanming auf der Tagung so dar. Zudem hängen die Mandarine keinen, den sie nicht – auf das Delikt festgenagelt – zuvor haben. Aber noch einmal: Ihr mögt das halten, wie immer der Appetit euch danach steht. Ich muß nur, fügte er mit einem drohenden Unterton an, zu bedenken geben, daß es ein ausgeschwitzt nettes Stückchen wäre, mich in eine Sache hineinzuziehen, auf die Todesstrafe steht, ohne mir etwas davon zu sagen. Oder meinst du nicht?

Nun war O-hua in Nöten. Ihm wurde klar, daß sein auftraggebender Vater entweder zuwenig oder zu brutal und zu kurzerhand überlegt hatte. Allerdings fielen ihm nun auch die Weisungen wieder ein, die ihm mitgegeben worden waren. Nur muteten ihn die Dinge bereits zu vorgeschritten an, als daß er sich noch daran halten sollte. Auch erblickte er in der Offenheit eine neue Möglichkeit, mit Hau-qua vertrauter zu werden. Also setzte er mit einem Sprung über alles hinweg.

Wir sind, sagte er sich herneigend, Freunde, Hau-qua, nicht wahr?

Der Jau-mün-Sohn nickte abwartend.

Und wir sind, setzte O-hua heftiger fort, die junge Generation.

Das gefiel Hau-qua nun schon besser. Ich will es meinen, bekräftigte er vieldeutig.

Nun, O-hua rückte ihm noch näher auf der Tigerdecke, ich will dir reinen Wein einschenken.

Wein, nahm Hau-qua das Wort auf, und er schenkte ihnen wieder die kleinen Becher voll. Wie sie sich zutranken, auf dem schaukelnden Verdeck hinfahrend, unter dem unermeßlichen Himmel und in der weiten Wasserlandschaft, empfanden sie Weihe dabei und etwas wie aussichtsvolle Zukunftsbeschwörung.

O-hua blickte schwärmerisch in die Augen des anderen. Also hör, begann er nun darzulegen. Mein alter Herr meinte, ich sollte dir unsere Fracht, die wir holen wollen, vorerst verschweigen und erst, wenn ich den Eindruck gewinnen sollte, daß du nicht ängstlich seiest, sagen, es wäre Tschandu, allein nur ein Restbestand, den wir schon bezahlt hätten und nicht gut den Barbaren schenken könnten. Wie wir uns nun aber verstehn, wäre das dumme Spiegelfechterei. Denn, im Vertrauen und nur dir gesagt, Freund Hau-qua, selbst wenn mein alter Herr es doch noch mit der Angst kriegen sollte, bin ich entschlossen, das lukrative Geschäft nicht aufzugeben, und wenn ich es allein und heimlich betreiben müßte.

Nun, sagte Hau-qua, es ist anzunehmen, daß auch andere so denken werden. Vor allem, du verstehst, die Barbaren selbst. Die machen doch nicht den Eindruck, vor einer Proklamation ins Knie zu gehn, zumal da es nicht die erste ist. Mich würde nicht wundern, sollten sie zu Gegenmaßnahmen greifen, und halten sie an der Sache fest, dann wird das auch den Hongs den Gaumen wieder wässern machen.

Ja, O-hua seufzte und drehte die Augen aufs Wasser. Das mit den Gegenmaßnahmen wäre sehr wünschenswert. Denn bisher holten wir das Tschandu aus der Faktorei in

Whampoa, und mußten wir auch im Sommer, wenn keine Handelszeit war, nach Macao, so konnten wir immerhin mit großen Dschunken fahren, und es gab bei der Rückkehr in Whampoa keine massierten Zoll- und Wachtschiffe, die sich um uns gekümmert hätten. Das hat sich nun, wie wir erfahren mußten, gründlich geändert, und der Handel kann auch nicht anderswohin verlegt werden, weil der Küstenbevölkerung mit allem Nachdruck eingebläut worden ist, daß auch die verhehlte Mitwisserschaft schon zur Hinrichtung führe.

Die Briten, bemerkte Hau-qua, den keineswegs die Unbekümmertheit verließ, werden einen Ausweg finden. Aber nun sag mir, was kostet das Pfund Tschandu, um wieviel wird es weiterverkauft und an wen, auf welche Weise, meine ich.

In der letzten Zeit, erklärte O-hua, während die Dschunke längs der Tschu-kiang-Insel hinglitt, war der Preis eines Pfundes zwei Taels.

So viel? entfuhr es Hau-qua.

Na ja, klärte ihn O-hua auf, ein Pfund ist doch nicht wenig. Du mußt wissen, daß für eine Pfeife ein Tropfen davon genügt und daß, je nach der Gewöhnung, ein halbes oder ein Dutzend Pfeifen einen Rausch machen.

Hast du schon geraucht? forschte Hau-qua.

Ja, entgegnete O-hua verlegen, aber mir wurde übel. Seither habe ich es nicht mehr probiert.

Aber du weißt, wie es, bei besserer Gewöhnung, wirkt? drang Hau-qua neugierig in ihn.

O-hua redete herum. Man wird angenehm müd, alle Empfindungen verschönern sich, und schließlich träumt man von Weibern. So ungefähr.

Hm, Hau-qua blickte gedankenverloren auf die Tigerdecke. Aber wie, wachte er wieder auf, wird es weiterverkauft?

Ach vielfältig. O-hua tat eine umfassende Geste. Zum Beispiel im Kartenlokal bei uns.

Und was kostet das Pfund Tschandu dann? schloß Hau-qua seine Fragen.

Natürlich vier Taels, stellte O-hua fest.

Hau-qua versank in Sinnen. Zweifellos, dies war ein Geschäft. Und man konnte ja den Preis noch mehr hinauftreiben. Wer einmal nach der Droge süchtig war, zahlte, ließ man ihn zappeln, gewißlich jeden Betrag. Zumal da, wie O-hua weiterberichtete, die Abnehmer zumeist auch Zwischenverkäufer oder doch wohlhabende Leute waren. Man brauchte also, um sich zu etablieren, nichts als eine Tarnung – wofür der Teehandel herhalten konnte –, Mut und Betriebskapital. Aber hiezu wußte O-hua, daß man von den Briten auch Geld borgen konnte. Allerdings nur kurzfristig und für achtzehn vom Hundert monatlich, und das bedeutete das Sechsfache dessen, was Herr Jau-mün im Taitong für die Darlehen verlangen durfte; aber immerhin. Das Tschandu und demnach die geborgten Summen waren sofort und unendlich oft umzusetzen, so mußte es auch mit diesem mörderischen Zinsfuß gehn. Hau-qua fand sich im Bild; er war jetzt nur noch auf die Briten neugierig.

Auf die mußte er freilich noch zwei Tage warten. Vorläufig fuhren sie noch immer auf die Bocca Tigris zu, den Austritt des Perlstroms in das große Ästuar. Kein fremdes Fahrzeug begegnete ihnen, nur die einheimischen, durch Menschenkraft betriebenen Räderschiffe und die großen Flöße aus weißem Zedernholz. Waren die vielen Konifereninseln, an denen sie vorbeitrieben, nicht abgeholzt, dann wimmelten sie manchmal von Pelikanen. Und erst am nächsten Tag, als sich die Ufer in hohen, schwarzen, nur spärlich bemoosten Felsen türmten, fuhren sie zwischen Tai-kok-tau und Anunghoi durch. Sie sahen die Forts auf den Höhen, dann wurde, hinter der Tigerpforte und der Tschuen-pi-Insel, der Strom weit wie ein Meer.

Nach einer abermaligen Nächtigung, diesmal unter den zikadenumschwärmten Kakibäumen und im hohen Nußgras der Insel Ki-au, erreichten sie am dritten Tag der Segelei Macao.

Eine liebliche Bucht nahm sie auf, und malerisch stieg die kleine Stadt den Berg hinan, von dem die Insel nicht zu Unrecht den Namen *Wohlriechender Hügel* hatte. Auf den Wiesen blühten die Glockenblume und chinesische Lilien, und wo ein Wasser die himmlische Bläue spiegelte, standen dabei zierliches Farnkraut, Sommerwurz und japanische Flachsseide. Von den Eichen und Kastanien hing die rote Riemenblume, und in den Vorgärten wucherten Geißblatt, Waldrebe und Kletterrose. Groß da und dort die Eschen und Guavabäume, hinter denen die hellblauen, gelben und rosafarbenen Häuser mit ihren weiß umrandeten, grünen Fensterläden voll bunter Anmut berührten. Über die südeuropäischen schrägen Flachdächer hinaus aber ragten die finsteren Bauten der Klöster und fünf Jesuitenkirchen, und über allem wuchtete die Freitreppe und barocke Fassade der im Bau steckengebliebenen Kathedrale.

Diese Bauruine war für Macao bezeichnend. Bischofssitz und Ausgangsort für die Christianisierung ganz Asiens, beherbergte die Stadt nun fast nur mehr Schmuggelstapelplätze, Spielhöllen, Tingeltangels und Bordelle, und das hitzige Gemisch von Kolonialabenteurern, portugiesisch-chinesischen Mestizen, Malayen und Negern, das sie bevölkerte, gab ihr das entsprechende Gepräge und die Geschäftigkeit. Und um dieser Seite der Stadt willen waren die Kantoner Jünglinge hergesegelt.

O-hua begab sich in Begleitung Hau-quas und zweier Kulis in die Niederlassung der *Ostindiengesellschaft*, wo er, in einem weitläufigen Magazin stehend, das Opium in einer Kiste von indischem Mangoholz übernahm. Dabei erfuhr er, daß der Preis für das Pfund nun schon zweieinhalb Taels betrug. Das überraschte ihn nicht wenig, denn seiner Meinung nach hätte das Tschandu, dessen Absatz nun so ungemein erschwert war, billiger sein müssen. Der Clerk erklärte ihm jedoch Sinn und Ursache der Verteuerung.

Die Händler, setzte er auseinander, seien entschlossen, sich durch keine chinesische Willkür ihren Handel verderben zu lassen. Sie würden daher den Opiumvertrieb von Whampoa, wo er unmöglich gemacht sei, nach einem anderen Ort verlegen. Und zwar wäre die Wahl auf die Insel Lin-tin, den *Einsamen Nagel*, gefallen. Diese Insel im Ästuar des Perlstroms läge der Tigermündung direkt gegenüber, und die chinesischen Kaufleute hätten, wenn sie das Opium von dort holten, sozusagen nur den halben Weg, gemessen an der Fahrt nach Macao. Um diese Organisation aber durchzuführen, müßte man bei Lin-tin Schiffe einrichten, die dauernd dort vor Anker lägen, gewissermaßen Lagerschiffe, store-ships, und die Händler müßten das Opium nicht nur selbst bis dorthin bringen, sondern sie müßten auch sowohl die store-ships wie die Zubringfahrzeuge schwer bewaffnen, um sich gegen chinesische Eingriffe zu schützen. Das alles bereite Umständlichkeiten und koste Geld. Andererseits könne der Handel nun erst im großen Maßstab anheben.

Großartig, höhnte O-hua, an alles ist gedacht. Nur daran nicht, wie wir die Zoll- und Wachtschiffe bei Whampoa passieren.

Der Clerk hob die Achseln: Wir bringen die Ware über dreitausend Seemeilen her; wie ihr sie den Katzensprung nach Kanton befördert, ist eure Sache.

Wieder auf der Straße, spuckte O-hua wütend in den Staub. Er übersetzte, während die Kulis die Kiste zum Strand hinabschleppten, Hau-qua das Gespräch. Dabei stöhnte er: Katzensprung, halber Weg; bis Macao sind es achtzig Meilen, bis Lintin sechzig. Und die Wachtschiffe, die bleiben unsere Sache.

Man wird eben, hob Hau-qua die Achseln, die Zollleute bestechen müssen, was natürlich einen umfangreichen Handel voraussetzt. Und die Bestechungssummen nebst jeder anderen Verteuerung muß man den Barbaren auf die Preise von Seide oder Zucker oder Cassia wieder aufschlagen ...

Sie lungerten den Rest des Tages auf der Dschunke, wo sie die Opiumziegel in Matten umpackten. Dabei berieten sie, daß sie den Rückweg nicht durch das Ästuar und über Whampoa nehmen wollten, sondern durch das Westflußdelta. Der Weg war umständlicher, wohl aber weitaus sicherer. Durch diesen Beschluß wieder hochgestimmt, standen sie dann auch nicht davon ab, sich in der funkelnden und musikdurchklapperten Stadt einen guten, tief in die Nacht hineinreichenden Abend zu spendieren.

Erst am anderen Vormittag segelten sie heim nach Kanton.

Die Herren Indiens greifen ein

Ende August dieses Jahres, an einem wolkenlos weiten, feurigen Morgen, lief ein aufsehenerregendes Schiff in die Bucht von Macao ein.

Es war der schwer armierte, riesige Dreimaster *Lord Amherst*, der einen Direktor der *East India Company*, Sir Walpole Lindsey, aus Kalkutta brachte. Das Hafengesindel staunte die Leinwandberge über dem Dreidecker an und ereiferte sich ob der vielen Kanonenrohre, die aus dem Rumpf der Eisenspanten starrten. Auch bot es ein Schauspiel, den neunzig Mann Bedienung bei den Takelmanövern zuzuschauen. Und sichtlich kam dem Linienschiff, von dessen Heck und Masten der *Union Jack* flatterte, besondere Bedeutung zu, denn der gesamte Ausschuß der Kantoner Faktorei erwartete Sir Walpole an der Reede.

Als er an Land ging, sahen die Lungerer und Herzugelaufenen einen dünnen, bartlosen Mann mit schwarzer Brille, der beim Gehen die Füße sehr nach außen setzte und dem die Nase als scharfer Haken unter dem Korkhelm vorsprang. Die Erscheinung wirkte gleicherweise ältlich und klapprig wie selbstbewußt, und man fühlte hinter ihr die *Ostindiengesellschaft*, die Macht des britischen Weltreichs. Daran gemahnten auch die Matrosen, die vor dem Haus des Faktoreivorstands, in dem Sir Walpole sein vorbereitetes Quartier bezog, mit aufgepflanztem Seitengewehr Posto faßten.

Und Sir Walpole beraumte schon für den Nachmittag eine Sitzung an.

Sie wurde nicht in der Niederlassung der *Ostindien-*

gesellschaft in Macao abgehalten – dort sollte erst eine zweite, allgemeinere Versammlung folgen –, sondern im Haus Mr. Plowdens, des Faktoreivorstands, und außer seinen beiden Beisitzern und dem Sekretär Sir Walpoles war niemand zugezogen. Man beriet in der kleinen Diele, deren Fenster mit Moskitonetzen ausgespannt waren, und die weißgekleideten Herren tranken Whisky, wobei sie ziemlich regungslos in ihren Korbstühlen saßen.

Nur Sir Walpole hatte ein Dossier vor sich auf den runden Tisch gelegt.

Der Opiumhandel, begann er kurzerhand, ist also tatsächlich gestoppt?

Ja, bemerkte der knebelbärtige, vierschrötige Plowden, denn was wir über den Sommer bei Lin-tin verkauft haben, zählt nicht.

Wie erklären Sie sich, forschte Sir Walpole, diesen Wandel gegenüber den früheren Verbotsperioden?

Mr. Plowden stopfte seine Pfeife. Man hat, und das war schon zum Sommeranfang, die gesamte Mannschaft der ersten Dschunke, die beim Schmuggel erwischt wurde, aufgeknüpft. Sieben Leute; sie sollen eine Woche vor dem Yamen des Statthalters gehangen haben. Jedenfalls hat die Kantoner Verwaltung nie eine solche Energie aufgebracht, und das fuhr den Hongs in die Glieder. Das Boot, um das es sich handelte, gehörte dem Kaufmann Sing Wuti, der eine hervorragende Rolle in der Hansa spielt. Er konnte sich, wie wir hörten, herausreden, das Boot sei ihm von jungen Burschen entwendet worden; aber er überlegte es sich, ein zweites nach Lin-tin zu schicken. Außerdem sind zwei Leute der Tschuenpi-Insel und ein Fischer von Ho-nan gehängt worden. Also ist es diesmal der Kreisregierung, die man mit dem

Davongejagtwerden bedroht haben muß, Ernst. Es führten auch, wie man uns sagte, nicht einmal bei den Zöllnern die Bestechungsversuche zu einem Erfolg. Jedermann hat Angst.

Aber wie erklären Sie, wandte sich Sir Walpole von einem zum anderen, das energische Regime? Die Eunuchen- und Weiberwirtschaft um den fetten Kia-king in Peking hat doch nicht aufgehört, ebensowenig die Korruption der Mandarine, und auch die Verschlagenheit und der Egoismus der Zopfträger nicht, von dem Bedürfnis nach Opium ganz zu schweigen.

Mr. Plowden paffte schweigend den Pfeifenrauch von sich, der wie Feigenkaffee roch. Da ergriff der erste Beisitzende im Faktoreivorstand das Wort, Mr. Woodhead, dessen Wesen keineswegs seinem Namen entsprach. Er hatte nichts Holzköpfiges an sich; mit dem leicht aufgezwirbelten, angegrauten Bärtchen sah er wie ein Reiteroffizier aus, und im Augenblick war er damit beschäftigt, ein leichtes Lächeln zu unterdrücken.

Sie haben recht, Sir Walpole, sagte er langsam, geändert hat sich nichts im *Reich der Mitte*, und das wäre hier auch der seltenste Vorgang, aber man ist in Peking eben mit allen Regierungsgeschäften, die dringlicher gewesen waren als die Bekämpfung des Opiumhandels, einmal fertig geworden. Vielleicht nur vorübergehend, und so mag die Lage sich auch wieder bessern; allerdings will mir scheinen, daß auch unser Anteil an der Herbeiführung der Umstände, wie wir sie nun zu beklagen haben, nicht ganz ohne Bedeutung sein dürfte. Bedenken Sie, daß wir das vergangene Jahr mit einer Bilanz über sechstausend Kisten abgeschlossen haben. Das macht an die 850.000 Pfund, und diese Warenmenge ist nicht mehr allein von den Provinzen Kuang-tung und Kuang-si aufgenommen worden. Das Opium drang nicht nur nach Kiang-si vor, sondern bis Ngan-hoei und Schan-tung, und damit ist man auf diesen Handel wieder aufmerksam geworden.

Wozu soll uns Ihre Ausführung, Mr. Woodhead, helfen? fragte der aus Kalkutta gekommene Direktor lässig. Er wußte darum, daß es auch Engländer gab, die den Opiumhandel verurteilten, und von diesen hörte er nicht gern; zum anderen hatte ihn die Erwähnung der Bilanz über 1815 an die indischen Verhältnisse erinnert, aus denen er herkam, und auch an den Zwang, der aus diesen Verhältnissen erwuchs. Deshalb führte er das Gespräch nun im Hinblick auf diese weiter.

Er öffnete das Dossier.

Gestatten Sie mir, meine Herren, sagte er ruhig, daß ich Sie an unsere indische Organisation erinnere. Wir betreiben längst nicht mehr die Manufakturen in Ghazipur und Patna allein, sondern ein Dutzend andere dazu. In Bengalen, Agra und Oudh, im Punjab, den Rajputanastaaten und Malwa wimmelt es vor Rührigkeit. Kommissäre und Agenten haben das Netz der Produktion nach Bihar ausgespannt, nach Rhamgur, Mangheer und Rhagalpur, aber auch in die Fürstentümer der Natives, nach Gwalior und Tonk, nach Kotah und Jaipur. Wir haben, um eine gewisse Zwangsläufigkeit in den Gang der Dinge zu bringen, tausenden Mohnbauern Vorschüsse gezahlt und sind, da sie hinter ihren Verpflichtungen zurückbleiben, dazu übergegangen, die gesamte Mohnwirtschaft unter ein militärisches Regiment zu stellen. Aber die *Company* bezieht ihr Opium auch aus Assam, aus Nepal und über Bombay aus Persien. Vergegenwärtigen Sie sich, meine Herren, diese Apparatur und daß jedes Rädchen daran dauernd weiterläuft; was soll denn da werden, wenn plötzlich der ganze Absatzmarkt weg ist? Wenn wir uns auch aus dem einzigen Hafen, den wir in diesem Staat bisher aufsprengen konnten, wieder hinauswerfen lassen? Schließlich ist es für die englische Handelsbilanz nicht gleichgültig, womit die wachsenden Ausgaben für Tee und Seide ausgeglichen werden, und dann dürfte auch diese Bilanz über die sechstausend verkauften Kisten des Vorjahrs einiger Beachtung wert sein: die *Company* zahlt dem indischen Mohnbauern für das Pfund Rohopium 9 Pence; die Verarbeitung zu Rauchopium kostet die *Company* 3 Shilling und sie verkauft das Pfund in Bengalen um 12 Shilling; in Macao aber verkauft sie das Pfund um 18 Shilling und mehr, und damit haben diese sechstausend Kisten des Vorjahrs einen Reingewinn von 400.000 Pfund Sterling abgeworfen! Das ist ein Betrag, auf den auch Ihre Vorstellungskraft, wie ich glaube, nicht wird verzichten können!

Sir Walpole schob die Papiere von sich, und in der Stille, die nach seiner Darlegung eintrat, meldete sich der zweite Beisitzende, Mr. Russell. Er sah wie ein Ire aus mit seinen Sommersprossen, seinem roten Stachelkopf und roten Schnauzbart, und seine cholerische Art schien zu seinem untersetzten Körper, nicht aber zu seiner Zarthäutigkeit zu passen. Ihn ärgerte, daß durch die gelassene Äußerung Woodheads der Eindruck entstanden war, die Faktorei könnte dazu neigen, die Dinge treiben zu lassen. Auch setzte ihn sein Geltungstrieb in Bewegung.

Natürlich, rief er, mit der flachen Hand auf den Tisch schlagend und sich mehr an Woodhead als den überlegenen Richter aus Kalkutta wendend, natürlich muß etwas geschehen! Und sind die Direktoren der *Company* seit hundert Jahren mit der Willkür dieser schlitzäugigen Fettwänste fertig geworden, dann werden auch wir nicht scheitern. Allerdings mögen nun besondere Maßnahmen notwendig sein, und deshalb war ich es auch, nicht wahr Mr. Plowden, der sofort darauf drang, daß nicht nur ein Bericht nach Kalkutta erstattet würde, sondern auch die Bitte um Sukkurs. Denn die Verhältnisse sind nun bis zu diesem Reifegrad gediehen, in dem die Frage unseres Handels und unserer Vertretung in diesem Land überhaupt aufgerollt werden muß. Es geht heute nicht mehr um das Opiumgeschäft, sondern um den britischen Welthandel und die britische Weltgeltung. Das ist doch ein Narrenspossen der traurigsten Art, daß wir noch immer allen Verkehr ausschließlich mit diesen Verbrechern und Idioten der *Seehandelsgesellschaft* abwickeln müssen, daß wir Kanton nicht betreten dürfen und daß die Regierung Seiner Majestät noch immer jeder anerkannten Vertretung in diesem Land ermangelt. Die *Company*, die Indien erobert hat, die mit dem aristokratischen und kriegerischen Volk der Hindus fertig geworden ist, soll hier ewig von dem Abschaum einer Hafenstadt genasführt werden?

Mr. Russell redete sich immer mehr in Feuer.

Da hat nun, um nur ein Beispiel herauszugreifen, ein Neuaufgenommener dieser Verbrechergilde, ein gewisser Hau-qua, vor einem Vierteljahr Geld geborgt von der Faktorei; wie sich herausstellte, mit einem gefälschten Empfehlungsschreiben des Vorsitzenden Cha Gar Tai und einer gefälschten Befürwortung des Provinzialschatzmeisters. Jedenfalls gaben wir ihm, und wir gaben ihm immer noch mehr, weil er der rührigste Abnehmer bei Lin-tin war, bis er eines Tages nicht mehr erschien. Da er auch nicht zahlte, niemand für ihn einstand und alle

Urgenzen nichts fruchteten, ließ ich nun Klage bei der Statthalterei erheben. Daraufhin kam die Antwort, daß uns verboten sei, Geldgeschäfte zu tätigen, und man wenig Neigung verspüre, auf den Fall Einfluß zu nehmen. Lediglich, weil man nun in der Jang hong schang unbedingt auf Ordnung halten wolle, hätte man sich ausnahmsweise entschlossen, ein Exempel zu statuieren und den Händler Hau-qua in die Bucharei zu verbannen. Dies der Bescheid, der kein Wort von der rückzuerstattenden Summe enthält, und dabei bin ich überzeugt, daß der Schuft Hau-qua frei und ungeschoren in Kanton umherläuft. Doch ist das nur ein Fall und eine Nuance in diesem Rattenkönig von Schädigungen und Verhöhnungen, denen wir dauernd ausgesetzt sind.

Der aufgebrachte Mr. Russell nahm schnell einen Schluck Whisky, um seine Kehle für einen neuen Wortschwall geschmeidig zu machen. Diesen Augenblick benützte der gelassene Woodhead zu dem Einwurf:

Nun ist es ja tatsächlich verboten, daß wir an die *Sicherheitskaufleute* Darlehen geben. Wenn ich –

Aber er kam nicht weiter. Verboten, verboten, schrie Mr. Russell, indem er die Hände in die Luft warf. Verboten ist auch, daß wir frei auf dem Perlstrom hin- und herfahren; verboten ist, das wir uns außerhalb der Zeit von September bis Februar in der Faktorei zu Whampoa aufhalten; verboten ist, daß wir unsere Familien dorthin mitnehmen; verboten ist, daß wir Tragstühle benützen; und verboten ist selbst, einen Zaun um den Faktoreigarten anzulegen! Was wollen Sie nur, Mr. Woodhead, mit Ihrer dulderfreudigen Objektivität!?

Sie lassen mich ja, entgegnete der Angeschriene ernst, nicht ausreden. Wenn ich die Verordnung gegen die Geldgeschäfte erwähnte, dann tat ich es, um Sie zu erinnern, daß wir in China sind und uns daher, wollen wir nicht zu Schaden kommen, nach den Gesetzen des Landes richten müssen.

Das ist falsch, mischte sich an dieser Stelle Sir Walpole aus Kalkutta wieder ein. Wir können uns nicht und werden uns nie nach den Gesetzen Chinas verhalten, sondern so, wie unsere Pflichten es bestimmen.

Mr. Woodhead blickte dem kahlen Direktor in die Augen. Was würden Sie, Sir Walpole, fragte er mit der Ruhe der Grundsätzlichkeit, dazu sagen, wenn chinesische Händler nach England kämen und bei ihrem Tun die britischen Gesetze mißachteten?

Ich würde Sie, entgegnete der Angeredete in gleicher Prinzipienfestigkeit, mit der neunschwänzigen Katze traktieren und heimschicken lassen. Aber China ist nicht Großbritannien und Großbritannien nicht China. Wir bringen die Zivilisation in dieses rückständige Land und können uns von der Weltentwicklung, der wir dienen, unter keinen Umständen abdrängen lassen.

Das Gesicht Mr. Woodheads färbte sich einen Grad dunkler. Sir Walpole, sagte er eindringlich, ich sitze seit sechs Jahren im Vorstand der Kantoner Faktorei, und der Opiumhandel hat auch in dieser Zeit dauernd zugenommen. Ich saß dabei und tat nichts dagegen, wenngleich ich immer der Ansicht war, es sei mehr als bedauerlich, daß dieses Geschäft, das mir durchaus nicht der Verbreitung der Zivilisation zu dienen scheint, bald unseren vornehmlichsten Handel mit China bilden werde. Ich war mir der Umstände bewußt, durch die dieser Handel entstanden war, und auch der zwangsvollen Entwicklung, die die Umstände weitertrieb. Aber das verweist noch nicht aus der Welt, daß dieses sehr fragwürdige Geschäft eine Menge anderer Unregelmäßigkeiten in unserem Verkehr mit den Chinesen nach sich gezogen hat und daß es weder angehn dürfte, seinetwegen den übrigen britischen Handel hier zu gefährden, noch die Regierung Seiner Majestät zu veranlassen, sich in einer Sache zu exponieren, die vor der ganzen Welt kompromittierend wäre.

Ja, zum Teufel, rief nun der vierschrötige Plowden, der damit eine hundertneunmal wiederholte Auseinandersetzung zum hundertzehntenmal aufnahm, was soll denn geschehen!?

Halten Sie es etwa für geboten, fragte Sir Walpole fast müde, mit den Mohnkulturen und Manufakturen ganz Indien unter Wasser zu setzen und auch die Transportflotten zu versenken, damit der Graus endlich sein Ende habe und jedermann die Seelenruhe?

Mr. Woodhead überblickte, wie er gegen den uralten Strom der Welt schwamm, und wie vergeblich das war.

Mit Moral, stellte Sir Walpole fest, und Mr. Russell nickte lebhaft dazu, kann man nicht im Lauf der Welt bleiben. Schließlich hätten es die Chinesen in der Hand, wenn sie nicht mehr rauchten, unseren ganzen Handel tatsächlich zu ersäufen. Aber sie sind anders gesonnen. Warum auch nicht? Hunderte Millionen kauen Betel, wieder Millionen Koka, in Afrika ist's die Kolanuß, die Orientalen essen Haschisch, im Archipel trinkt man Kawa und bei uns daheim Alkohol; offenbar ist das Leben auf dieser Erde zu nüchtern. Jedenfalls dürfte es schwerhalten, Mr. Woodhead, gerade von uns, also dem größten Rauschmittelunternehmen aller Zeiten, zu verlangen, wir sollten Büßerhemden anziehen und als Wanderprediger gegen uns selbst auftreten.

Der Zurechtgewiesene hatte an seinem Bärtchen gedreht, nun machte er eine ärgerliche Gebärde. Ich nehme an, Sir Walpole, sagte er übellaunig, daß Sie das Vermögen zu dieser Logik auch bei mir voraussetzen. Allein, es erschien mir für unsere Auseinandersetzung nicht fruchtbar, bei der Unzulänglichkeit der menschlichen Natur stehnzubleiben, die alles möglich macht, sondern ich redete von der Politik, in der es Verantwortungen und Grenzen gibt. Die Regierung Seiner Majestät kann China nicht den Krieg erklären, weil es einen Schmuggel und zudem einen von Gift nicht dulden will.

Sie überschätzen, entgegnete Sir Walpole langmütig, die Reaktionen des Weltgewissens. Aber mich dünkt, wir verlieren uns. Bis zum Krieg, der übrigens einmal kommen muß – weil wir nur durch den Besitz Südchinas zu einer abgerundeten Nutzung gelangen –, bis zu diesem Krieg dürfte es noch seine Weile haben. Schon in den nächsten Tagen aber beginnt die neue Handelszeit, und bis dahin muß klargestellt sein, wie wir uns verhalten wollen. Daß wir keine Position räumen dürfen, sondern jede rastlos und unerbittlich ausbauen müssen, das versteht sich schon aus unserer Verantwortung gegenüber der Nation. Auch ist, was Mr. Russell ausführte, zweifellos voll aktueller Gültigkeit. Es ist hoch an der Zeit, daß unser ganzer Verkehr mit den Chinesen reformiert wird; das Empire und diese Kantoner Hansa ergeben eine Gegenüberstellung, die nicht mehr erträglich ist. Wir werden also den ganzen Fragenkomplex zwischen den beiden Staaten aufrollen, und ich bin dessen gewiß, daß uns die Heimat dabei unterstützen wird. Wie die Dinge aber noch liegen, Mr. Woodhead, muß dabei auch die Weiterführung des Opiumhandels durchgesetzt werden, und zwar ehestens und in größtmöglichem Umfang. Hierbei übrigens erscheint mir die Lösung mit dieser Insel Lin-tin ausgezeichnet. Wer hat die Idee gehabt?

Mr. Russell, gab der knebelbärtige Plowden Auskunft. Er ist sozusagen hier der Mann mit den Haaren auf den Zähnen, und wir gingen auf seine Idee sofort ein, weil sie uns aus dem portugiesischen Abgabensystem löste.

Wozu, warf der sachliche Woodhead ein, immerhin zu bemerken ist, daß die Insel Lin-tin zum chinesischen Staatsgebiet gehört.

Gerade weil es so ist, werden wir bleiben, verteidigte der cholerische Russell seine Strategie.

Die Befreiung von den Abgaben an die Portugiesen, überlegte Sir Walpole, ist natürlich ein großer Vorteil; aber wir werden auch deshalb bleiben, weil diese Insel den Punkt abgeben wird, an dem wir den Chinesen unsere militärische Überlegenheit beweisen. Die *Company* wird nicht nur die Opiumlagerschiffe bewaffnen, sondern aus Singapore auch Kriegsschiffe hinbeordern, hinreichend an Zahl, um der ganzen chinesischen Kriegsmarine die Spitze zu bieten. Man muß brutal und mit überspannten Zumutungen auftreten, um den Gegner an die gerechten und billigen Forderungen zu gewöhnen. Zu diesen wird vor allem gehören, daß wir den weiteren Verkehr mit den *Sicherheitskaufleuten* ablehnen und auf dem Recht bestehn, zu handeln mit wem, wann, wo und womit wir wollen. Diese Auseinandersetzung werden wir unter Umgehung der Hongs mit der Kreisregierung abwickeln, die fortan als die allein für uns zuständige Stelle anerkannt werden soll. Und – Sir Walpole aus Kalkutta sah langsam von einem der Herren zum anderen – ich fordere Sie auch auf, diesmal Ihre Damen und das weibliche Personal nach

Whampoa mitzunehmen und sich in Sänften von der Landungsstelle nach der Faktorei hinauftragen zu lassen. Auch der Zaun um den Garten soll gezogen werden.

Damit hob Direktor Lindsey die Beratung auf, der am nächsten Tag eine große Versammlung in der Niederlassung der *Company* folgte.

An dieser Versammlung nahmen nicht nur alle Angehörigen der englischen Faktorei teil, sondern auch die Parsen, Portugiesen, Holländer und Amerikaner. Die Szene war die eines Busineß-Parlaments, aber es fiel kein Wort vom Opium. Es ginge nicht mehr an, hieß es wiederholt und aus jedermanns Mund, daß sich ein Staat auch noch im neunzehnten Jahrhundert gegen die anderen abschließe. Niemand denke daran, die chinesischen Hoheitsrechte und die Integrität des *Reiches der Mitte* zu verletzen, die Anerkennung des Welthandels aber müsse erzwungen werden. Denn im Sinn des Welthandels gehöre China nicht mehr den Chinesen allein, sondern die ganze Erde gehöre der ganzen Menschheit. Da sei, mit der glorreichen Hochentwicklung der Zivilisation und des kosmopolitischen Lebenszuschnitts, eine Wandlung des staatlichen Eigentumsbegriffs eingetreten, und auch die Chinesen könnten von der Anerkennung dieser Wandlung und Entwicklung nicht entbunden werden. Schließlich kämen die Abgesandten der westlichen Völker nicht als hunnische Invasion und nicht mit leeren Händen. Sie brächten Güter, deren die Chinesen ebenso bedürften wie die westlichen Nationen mancher chinesischer, und sie brächten vor allem den unschätzbaren Geist der Zivilisation in das unbeschreiblich rückständige Reich. Dies schlösse für die westlichen Nationen, da sie damit eine Mission erfüllten, sogar das Recht ein, das chinesische

Volk gegen die eigene, dem Wohlstand und der Entwicklung des Landes hinderliche Regierung aufzurufen.

Und die Versammlung anerkannte auch, daß der britischen Nation, die zum Nutzen der ganzen Welt allen anderen in dem schweren Unternehmen voranschritte, besonderer Dank zu wissen sei. Nur die Amerikaner schlossen sich von allen gemeinsamen Aktionen aus, weil sie voraussahen, daß sie an jedem britischen Erfolg ohnehin teilhaben würden, während sie für den Fall des Mißerfolgs Wert darauf legten, das gute Einvernehmen mit den Chinesen nicht auch verloren zu haben.

Einige Tage später, schon Anfang September, dem *Chrysanthemenmonat* bei den Chinesen, lichtete der *Lord Amherst* in einer blauen Frühstunde die Anker, um durch das Ästuar nach Whampoa hinaufzufahren.

Das Linienschiff passierte Lin-tin, den *Einsamen Nagel,* an dem nun eine stattliche Anzahl von *store-ships* lag, und fuhr dann in der meerweiten Trichtermündung nordwärts. Um diese Zeit spazierten die englischen Damen, in hellen Kleidern und abenteuerlich unterhaltend, bereits auf Deck, und Sir Walpole, der sein Frühstück eingenommen hatte, begab sich neben den Kapitän auf die Kommandobrücke. Er ließ seine Augen durch die morgensonnig durchblitzten, opalblauen Landschaften schweifen und hatte dabei nicht das Gefühl eines Eindringlings, sondern eher das eines Mannes, der ein künftiges britisches Hoheitsgebiet betrachtet. Deshalb blickte er auch mit strategischer Anteilnahme in die weiten Wassergegenden, und in dieser Hinsicht zogen besonders die Forts von Tai-kok-tau und Anunghoi seine Aufmerksamkeit an. Doch vermochten sie nur seine Geringschätzung zu erregen. Die Kanonenrohre, besser gesagt die Kartaunen, die von den schwarzen Höhen auf die Tigerpforte herabstarrten, besaßen noch die mittelalterlich ornamentalen Formen. Lafetten in Gestalt von Tigern, und die Befestigungswerke muteten mehr malerisch als uneinnehmbar an.

Einen ähnlichen Eindruck machten die bunt bemalten, mit geschnitzten Tigerköpfen geschmückten Kriegsdschunken, die, am Austritt des Perlstroms in das Ästuar, unterhalb der Felshöhen ankerten. Sie schienen auch von wenig in Zucht gehaltenen Mannschaften bevölkert zu sein, denn als man der Damen auf dem *Lord Amherst* ansichtig geworden war, drang von den Dschunken, wo man in hin und her laufende Aufregung geriet, wüstes Geschrei übers Wasser. Den Engländern allerdings entlockten die Drohungen und Schmährufe kaum ein Achselzucken, und ihre Nervenkraft wurde während des Tages, an dem sich diese Szenen von Flößen und Räderschiffen her wiederholten, nur unbeirrbarer.

Die Empörung, die ihr Auftreten verursachte, gehörte zu ihren Absichten, und sie empfanden sich auf dieser Whampoafahrt in einer besseren Verfassung, als es in den vorangegangenen Jahren der Fall gewesen war, denn sie ließen nun nichts mehr über sich ergehn, sondern handelten. Mit dieser gelassenen Entschlossenheit gingen sie auch abends, nach der vierzehnstündigen Fahrt, in dem kähneumwimmelten Whampoa an Land, Sir Walpole, der Vorstand und die anderen Herren der Faktorei mit ihren Damen, und auch Personal und Angestelltenschaft, von denen gleichfalls einige die Familien aus Macao mitgenommen hatten. Da diese Angehörigen Whampoa zum erstenmal sahen, gab es auch unter den Engländern Erhitzung, Getue und lebhaftes Hinundher; die Zehntausende von Whampoa aber, und zwar sowohl das Volk aus den Lehmhütten wie auch das auf den Sampans und Schatengs, machten ihren asiatisch trubelnden Auflauf. Die Ankunft des *Lord Amherst,* überdies des größten Schiffes, das man je gesehen hatte, wurde zum aufwühlenden Ereignis, und man kam um so weniger zur Ruhe, als auch alles Folgende nicht nur außerordentlich, sondern geradezu aufreizend wirkte.

Die Fremden ließen sich, allen voran der dünne, alte Herr mit dem Korkhelm, in Palankins nach der Niederlassung der *East India Company* hinauftragen. Da eben die Sonne unterging, lagen die Terrassen des Gartens, die sich bis zum Fluß herabsenkten, und der längliche Bungalow der Faktorei in dem stark funkelnden, heftigen letzten Licht, und der Zug der Weißgekleideten hatte für die Augen der Chinesen alle Anzeichen der Überheblichkeit. Es tuschelte auch sofort im Gedränge an der Landungsstelle, daß schon in der Zeit, da die Schiffsoffiziere noch mit den Beamten der Hafenintendantur verhandelten, von einem der Barbaren der Wunsch geäußert worden sei, es möchten sich am folgenden Morgen Handwerker einfinden, die einen Gartenzaun anzulegen hätten. All das aber und auch die Anwesenheit der barbarischen Weiber waren Harmlosigkeiten gegenüber dem Umstand, daß ein halbes Hundert Matrosen nun einen bewaffneten Kordon um den Faktoreigarten zog. Und über alles Maß und bis tief in die Nacht hinein noch anwachsend stieg die Erregung, als zwei Kanonen vom Schiff herabtransportiert und vor der Faktorei aufgestellt wurden.

Tatsächlich hatten sich die Herren der *Company* noch kaum in ihren Räumen wieder eingerichtet, als ihnen schon der Bezirksvorstand von Whampoa gemeldet wurde. Diesen Beamten, der nicht mehr in seiner Kanzlei gewesen war, hatten nicht die Stimmen von Meldegängern aus der Wohnung geholt, sondern die Massen selbst, ihr Geschwärme, ihre Aufregung und die Gerüchte, die sie sich zuschrien, vor allem dieses, daß die *fremden Teufel* Anstalten träfen, Whampoa aus Kanonen zu beschießen.

In der Faktorei hörte man das Lärmen wie Meeresrauschen, die Nacht wirkte ruhlos und absonderlich belebt, auch bedrohlich, dennoch verlor niemand die Ruhe. Der Präfekt wurde in das Direktionszimmer geführt, wo man ihm Tee auftrug, dann traten Mr. Plowden und Sir Walpole in Begleitung des Missionärs und Dolmetschers Gützlaff ein.

Der Mandarin erging sich ohne Umschweife in Protesten. Ob denn das *Reich der Mitte* mit den Fremden im Krieg begriffen sei, oder ob die Fremden den Handel, der ihnen durch die Güte des Himmelssohns freigestellt sei, nun unter der Drohung der Kanonen wollten weiterbetreiben? Alles, was sie täten, sei voll Unrecht und Anmaßung und Herausforderung, und das könne auch nicht geduldet werden. Noch in der Nacht würde die Meldung an die Kreisregierung erstattet werden, und die Fremden würden sich die Folgen selbst zuschreiben müssen...

Sir Walpole, der mitgekommen war, um sich solch einen chinesischen Beamten sogleich aus der Nähe zu besehen, ließ den Dolmetsch Gützlaff antworten, daß es ihnen, den Abgesandten Seiner Majestät des Königs von England, des größten Reiches der Welt, nur recht sei, wenn noch in der Nacht die Meldung an die Kreisregierung abginge, denn nur mehr mit dieser wollten sie verkehren.

Der Bezirksvorstand, ein kleiner, wohlgenährter Herr, bekam einen asthmatischen Anfall und verließ unter Drohungen das Haus. Niemals würden chinesische Handwerker einen Zaun um den Garten ziehen, dafür wolle er sorgen, und was die Austreibung der barbarischen Weiber und die Entfernung der Matrosen und Kanonen beträfe, so würde die Kreisregierung mit ihren Maßnahmen nicht auf sich warten lassen. Die Fremden sollten nicht vergessen, daß sie sich in einem Mietobjekt und im Lande des allmächtigen himmlischen Herrscherhauses aufhielten. Im übrigen existiere für das chinesische Volk weder ein britisches Weltreich noch eine Majestät darüber, deren Äußerungen man irgend welche Aufmerksamkeit zu widmen geneigt sei.

Als der Herr von Whampoa draußen war, gingen die Engländer zum Abendessen. Die Drohungen machten keinen Eindruck auf sie; vielmehr ließ sich Sir Walpole die Struktur der chinesischen Verwaltung erklären, weil schon am nächsten Vormittag die Eingabe an die Kreisregierung abgehn sollte. Mr. Plowden gab Auskunft.

China, legte er dar, ist in achtzehn Provinzen gegliedert, die insgesamt von acht Vizekönigen oder Generalgouverneuren regiert werden; diesen zur Seite stehn fünfzehn Gouverneure, neunzehn Provinzialschatzmeister, achtzehn Großkriminalrichter, etwa ebenso viele Direktoren des Salzmonopols, der Getreidekammern und des Zollwesens, an die siebzig Großpräfekten und zweitausend nur mit örtlicher Macht ausgestattete, niedere Mandarine. Diese Beamtenschaft – in die eingegliedert zu werden, alle drei Jahre etwa fünfzehn Millionen Chinesen zu den Prüfungen gehn – ist in neun Ränge untergeteilt, wobei dem ersten nur die Mitglieder des Kabinettsrates und die sechs Ressortminister angehören, dem zweiten die Generalgouverneure und Gouverneure, dem dritten die Großkriminalrichter, dem vierten die Provinzialschatzmeister und dem fünften und sechsten die Direktoren des Salzmonopols, des Zoll- und Getreidewesens. In die restlichen Ränge teilen sich die übrigen Beamten von den Großpräfekten bis zu den Bezirksstatthaltern. Die Provinz Kuang-tung nun, deren Hauptstadt Kanton ist, gliedert sich in zweiundsiebzig Bezirke; etwa je sieben davon sind zu einer Präfektur zusammengefaßt, und die zehn Präfekturen wieder in sechs Großpräfekturen. Über den Großpräfekten stehn im Rang der Großkriminalrichter, der Generalkommissär, der Provinzialschatzmeister, der Literaturkanzler und der Tatarengeneral der Provinz, und über diesen wieder steht der Gouverneur. Da die Provinz Kuang-tung und die Stadt Kanton sehr wichtig sind, hat in ihr auch der Generalgouverneur seinen Sitz, der neben der Provinz Kuang-tung auch die Nachbarprovinz Kuang-si verwaltet.

Demnach werden wir uns, stellte Walpole noch während des Abendessens fest, an den Generalgouverneur halten.

Am nächsten Morgen aber waren doch keine chinesischen Handwerker da und man mußte die Matrosen kommandieren, einen Zaun aufzurichten. Die englischen Damen mit ihren Sonnenschirmen promenierten nur im inneren Teil des Gartens, weil ihnen das abermals zusammenlaufende Volk einen weiteren Rundgang zu unbehaglich gemacht hätte. Im Direktionszimmer der Faktorei jedoch wurde bereits die Eingabe an den Generalgouverneur aufgesetzt, die der Missionär Gützlaff ins Chinesische übertrug. Sie verlangte für die Engländer jede Art Bewegungsfreiheit auf dem Perlstrom und in Whampoa, aber auch das Recht, Kanton zu betreten, die Auflösung der Hansa und die Freiheit, zu handeln, wann, wo, mit wem und womit immer man wolle. Schließlich wurde gefordert, die Kreisregierung möge in Peking wegen der Zulassung und Anerkennung eines Vertreters der britischen Krone, eines Gesandten, ihren Einfluß geltend machen. Und die Eingabe regte zur näheren Besprechung dieses Punktes den Besuch eines Mitgliedes der Kreisregierung in der Faktorei an. Der hohe Beamte, hieß es, würde dort in Sir Walpole Lindsey aus Kalkutta einen im Rang ebenbürtigen Verhandlungspartner antreffen.

Und eben, als man das Papier aus der Hand legen konnte, erschien Herr Cha Gar Tai in der Faktorei, der Taipan der Kantoner Jang hong schang, um für diesen Herbst die Handelsbeziehungen aufzunehmen. Aber man ließ sich mit ihm nicht mehr ein, sondern verwendete ihn nur als Briefträger. Das war ein sehr undankbares Geschäft, denn Herr Cha Gar Tai konnte voraussehen, mit welcher Empörung ihn die hohen Taschin und Exzellenzen empfangen würden.

Tatsächlich war weder der Generalgouverneur noch der Gouverneur für ihn zu sprechen, erst der Statthalter von Kanton, der zugleich Generalkommissär der Provinz Kuang-tung war, ließ ihn vor. Diesen Beamten beschäftigten auch bereits die Vorfälle in Whampoa, und als er nun das *unbeschreiblich herausfordernde* Dokument in Händen hielt, befielen ihn selbst Zweifel in seine Kompetenz. Er bat daher, ehe er antwortete, den Großkriminalrichter und den Provinzialschatzmeister zu einer Unterredung.

Aber beide Herren waren sich mit ihm darüber einig, daß man die Barbaren in der schärfsten Art zurechtweisen müsse. Seine Exzellenz, der Provinzialschatzmeister, überraschte die anderen lediglich mit der Erklärung, er wolle es auf sich nehmen, diesen Besuch in der Faktorei abzustatten. Er sei als oberster Vorgesetzter auch des Mautamtes, und zumal seit die Regierung ihre Aufmerksamkeit auf die Hansa gerichtet habe, der dazu Berufene, und dieser Besuch solle ja keinem anderen Zweck dienen, als dem Verweis, den man den Barbaren schicken wolle, größten Nachdruck zu verleihen. Die Zurechtweisung freilich, meinte Herr Lue Yüanming, müsse sofort abgesandt werden, damit die Barbaren über die Entschlossenheit der Kreisregierung nicht im Zweifel blieben. Zu seinem Besuch aber, der auch den Charakter der Herablassung haben werde, wolle er sich einigermaßen Zeit lassen. Bekanntlich sei er im Begriff, in den kommenden Tagen seine Tochter Tschun-tao zu verheiraten.

Während der nun folgenden Abfassung der Antwortnote war es wieder der Provinzialschatzmeister, der auf die möglichste Verschärfung des Tones drang. Er schlug die Befürchtung der anderen Beamten, man könne es zwischen den Kriegsdschunken und den großen Barbarenschiffen zu keinem Kampf kommen lassen, in den Wind und verlangte derart rücksichtslose Formulierungen, daß der Statthalter sich nachher veranlaßt fühlte, mildernde Floskeln einzufügen. Auf diese Weise kam ein seltsam gemischtes Elaborat zustande, das noch weniger als irgend ein einheitliches geeignet war, auf die Opiumhändler Eindruck zu machen. Es lautete:

Kanton, am 5. Tag des 9. Monats im 21. Jahr Kia-king.

An den Vorstand der *East India Company:*

Ihr Fremden seid darauf aus, alle herkömmliche Ordnung umzustoßen. Da muß ich fragen, was fällt Euch bei, daß Ihr das gegenüber dem unermeßlichen *Reich der Mitte* unternehmt, dessen Ordnung nicht nur schon eine Vielzahl von Jahrtausenden besteht, sondern überdies vom Himmel ist? Haltet Ihr Euch für stärker als alle Gewalten der bisherigen Weltgeschichte und für weiser als die überaus reinen Dynastien, die all diesen Gewalten ihre Überlegenheit bewiesen haben? Ich sehe mich veranlaßt, Euch daran gemahnen zu müssen, daß Euer Benehmen einfältig ist. Auch seid Ihr eben dabei, einen Zaun um Euren Garten zu ziehen. Aber dieser Garten ist nicht Euer Eigen, er wurde Euch nur geliehen, wie alles, was Ihr auf unserer Erde benützt; und, muß ich fragen, ist jemals der Fuß eines unserer Landeskinder in Eure Beete getreten? Wenn Ihr den Zaun also nicht wieder abbrecht, dann wird das durch uns geschehen. Des weiteren habt Ihr Euch auf Tragsesseln in die Niederlassung Eurer Gesellschaft befördern lassen. Das ist eine Überheblichkeit und Anmaßung von bodenständigen Herrenrechten, die schon einem Verbrechen gleichkommen, weil sie den Drachenthron beleidigen. Werdet Ihr Euch nächstens auch in die verbotenen kaiserlichen gelben Seidenjacken kleiden? Sollte jedoch ein Fremder schon so krank ankommen, daß er seine Wohnung nicht zu Fuß erreichen kann, dann möge er sich auf die Schultern seiner Landsleute stützen. Allein, Ihr wart ja hier wie in allem nur darauf aus, uns zu provozieren. Wozu, frage ich Euch, die bewaffneten Matrosen vor Eurem Haus und die Kanonen? Ihr seid niemals angegriffen worden, und wir wenden uns auch jetzt noch einmal mit einer Schrift an Euch, obgleich das unter unserer Würde und außerhalb unserer Geschäfte liegt. Es widersteht uns auch, die Frage der barbarischen Weiber zu erörtern, die Ihr mitgebracht habt. Seht doch unsere Kaufleute an; sie gehen nach Japan, Siam und Cochinchina, nach der Mongolei, nach Singapore, Java und die anderen Inseln des östlichen Archipels, aber sie denken nicht daran, ihre tugendhaften Frauen mitzuführen und den neugierigen Blicken des Pöbels auszusetzen. Warum wollt Ihr Hergereiste es bequemer haben als unsereins? Wer in fremde Länder geht, muß sich den Gesetzen dieser Länder fügen, und deshalb kann auch keine Rede davon sein, daß Ihr Euch hier frei bewegen sollt, daß wir die Hansa auflösen und mit Euch verkehren. Weder als Regierung noch als Volk wollen wir mit Euch etwas zu tun haben, Ihr existiert da gar nicht für uns, ganz zu schweigen davon, daß es keinen Beamten geben kann, der das irrwitzige Unterfangen auf sich nähme, dem Herrn auf dem Drachenthron Euren unscheinbaren Gesandten zu empfehlen. Hat denn China jemals das Verlangen geäußert, in Euer Land, von dem wir kaum recht wissen, wo es liegt, einen Botschafter zu schicken? Wenn Ihr all das überlegt, müßt Ihr Euch da nicht selbst vorkommen wie das Ungeziefer, das sich in einen Pelz einnistet? Und dieses Bild ist besonders dann aufrechtzuhalten, wenn Ihr an die Schiffe denkt, die Ihr bei Lin-tin verankert habt. Ist es schon schauerlich, daß

Ihr – immerfort profitgierig, unverträglich, herrschsüchtig und nichts außerdem – von dort Gift ins Land schickt, so begeht Ihr auch das Verbrechen des Landraubes und der Souveränitätsverletzung des chinesischen Meeres. Und als diese Seeräuber, die Ihr seid, erwartet Ihr unser Entgegenkommen und die Beachtung des Himmelssohn? Das ist, wenn nicht frech und vermessen, so im äußersten Maß unklug, und in dieser Weise kommt Ihr schon über hundert Jahre an unsere Küste, ohne begriffen zu haben, wie, im Hinblick auf unsere hohe Zivilisation, die einzig mögliche Form Eures Betragens zu sein hat. Aber ich will noch einmal das Grundsätzliche zusammenfassen: durch die Gnade des Kaisers ist es Euch vergönnt, die Erzeugnisse des *Reiches der Mitte*, ohne die Ihr nicht leben könnt, einzutauschen. Überdies weist diese Gnade Euch in väterlicher Fürsorge ehrenwerte Männer an, mit denen Ihr handeln sollt. Und die Bedingungen dieses Handels sind seit langem festgelegt. Ihr habt nicht nur sie einzuhalten, sondern Ihr habt Euch noch mehr zu eilen, die Übergriffe, zu denen Ihr es kommen ließet, wieder abzustellen. Weg mit den Schiffen von Lin-tin, weg mit dem Zaun der Faktorei, weg mit den Matrosen und Kanonen, aber auch weg mit den Weibern, falls Ihr es vermeiden wollt, daß sie ausgetrieben werden. Seine Entschlossenheit dazu hat der Tatarengeneral von Kanton bereits bekundet. Unterlasset auch jede weitere Eingabe an die Kreisregierung und nehmt Euren Verkehr mit den *Sicherheitskaufleuten* auf, die uns für Euer gesetzliches Betragen bürgen. Seid, Ihr Fremden, mithin nicht halsstarrig! Denkt einmal richtig an China, an seinen vollen Herbst, an seine Berge des Reichtums, an seinen überströmenden Nationalschatz, aber auch an seine Macht! Was kann solch einem Reich an Eurem geringfügigen Handel liegen? Wie aber auch sollten Eure Drohungen es schrecken? Haltet daher um Eures eigenen Nutzens willen Einkehr. Wir werden unsere Langmut noch dadurch erweisen, daß ein Mitglied der Kreisregierung den von Euch angeregten Besuch abstatten wird.

Wu Yenwu

Generalkommissär der Provinz Kuang-tung und Statthalter von Kanton.

Diese Antwort wurde den Engländern nicht in Form eines Briefes ausgehändigt, sondern sie fanden sie am Morgen an die Tür der Faktorei geschlagen. Die wachthabenden Matrosen hatten in der Nacht voll Geringschätzigkeit der Affichierung zugeschaut. Als durch den Missionär Gützlaff das rote Plakat übersetzt war, standen sich Sir Walpole und die Herren des Ausschusses mit gemischten Gefühlen gegenüber. Die Epistel strotzte von Beleidigungen, andererseits war sie zweifelsohne ein Dokument der Schwäche. Man beschloß demnach, den eingeschlagenen Weg beizubehalten, aber vor dem angekündigten Besuch nichts Ausschlaggebendes zu unternehmen. Im Hinblick auf diesen Besuch freilich dachte man sehr die Lage und alle Möglichkeiten durch, man bereitete sich gründlich vor. Und man hatte auch Muße dazu, denn das Mitglied der Kreisregierung ließ auf sich warten.

Es ließ jene vier Tage auf sich warten, die den Hochzeitsfeierlichkeiten für Tschun-tao, dem *Frühlingspfirsich*, gewidmet waren, und noch einige dazu.

In der Nacht, da die Botengänger der Statthalterschaft das Plakat an die Faktoreitür klebten, scholl das Haus des Provinzialschatzmeisters in einer Weise von Heulen und Wehklagen, daß die dem Yamen benachbart Wohnenden am Schlaf verhindert waren. Seit vierzehn Tagen schon beklagte, der Sitte gemäß, die Braut Tschun-tao im Verein mit ihren Schwestern, Freundinnen und Dienerinnen ihr bevorstehendes Scheiden aus dem Elternhaus, aber in dieser letzten Nacht wuchs das Hoi-tan-tsing, das *Dem-Kummer-Luft-Machen* in ein wahres Höllengezeter.

Aber auch in der *Straße des neunfachen Glanzes*, im Hause Herrn Jau-müns, stand alles früh auf, um die Vorbereitungen noch einmal zu überprüfen und zu ergänzen.

Die vom Brautvater geschickten Möbel mußten geschmackvoll und anheimelnd aufgestellt sein. An einem Vorhangkarnies waren fünfundzwanzig Säckchen mit gekochtem Reis aufzuhängen. Ein viereckiges, mit rotem Papier bedecktes Gefäß, das rohen Reis enthielt, mußte auf das Bett des Brautpaars gestellt werden. Hier waren auch Scheren und Spiegel niederzulegen, Blumen und Orangen, und auf dem gemauerten Rand hatten eine Öllampe und eine Kerze zu stehn. Unter das Bettzeug mußten fünf unter fünf verschiedenen Kaisern geprägte Münzen gelegt werden, und vom Kopfende mußten drei rote Papierstreifen herabhängen, mit den Aufschriften: *Möge dieses Bett Euch Glück und Segen bringen;* zweitens: *In hundert Dingen unangenehmer Natur möge kein Grund zu Befürchtungen sein;* und drittens: *Hundert Söhne und tausend Enkel mögen Euch zuteil werden.* Die Becher mit dem Vereinigungswein waren auf die Tische zu stellen, der Ahnensaal mußte geputzt und die Küche gerüstet werden. Und da man eben im *Chrysanthemenmonat* hielt, waren in den Ecken vor allem der Empfangsräume Blumentürme zu errichten.

Dieser Tag bedeutete ein großes Ereignis für alle Weiblichkeit im Haus, aber er bedeutete es auch für Hau-qua, den man also, wie es Mr. Russells Vermutung gewesen war, keineswegs in die Bucharei verbannt hatte. Auch in dieser Sache war der Provinzialschatzmeister, Herr Lue Yüanming, besänftigend und beschirmend auf den Plan getreten. Er hatte seinen Schwiegersohn, mit dem er wohl auch noch andere Absichten verfolgte, nicht verlieren wollen, und es war ihm nicht schwergefallen, den Statthalter Wu Yenwu, seinen Rangeskollegen, zu einem Verhalten zu bewegen, das sich überdies gegen die

Engländer richtete. Damit war freilich noch nicht alles geregelt gewesen, und Hau-qua hatte deswegen auch weiterhin der Hochzeit mit Ungeduld entgegengewartet.

Aber nun war es so weit, und der Tag hatte auch an sich seine löblichen Seiten. Vor allem die, daß Hau-qua, dessen Großvater als Direktor des Salzmonopols den fünften Rang innegehabt hatte, an diesem Tag berechtigt war, die Kleidung eines Mannes vom siebenten Rang zu tragen. Er konnte sich daher, e i n m a l in seinem Leben, in ein blauseidenes, reich mit Gold besticktes Gewand kleiden, das bis zu den Knöcheln hinabfiel und um die Hüften von einem breiten, prunkvollen Gürtel zusammengehalten war. Darüber durfte er eine veilchenblaue, bis zum Knie reichende Tunika anlegen, mit sehr weiten Ärmeln, deren Manschetten über die Fingerspitzen vorstanden. Und auf dem Rücken und der Brust der Tunika durfte das reichgestickte Mandarinenschild des siebenten Ranges prangen, auf dem eine Mandarinenente zu sehen war. Nur den Goldknopf durfe er nicht auf der Mütze tragen, doch verschlug das Hau-qua nichts. Seiner unangefochtenen Eitelkeit bereitete dieses nur aus Förmlichkeit getragene Ehrengewand ein größeres Genügen, als es Tschun-lin – was war mit ihm, von dem nie eine Nachricht kam? – die späteren Ministerroben vermitteln konnten.

Und dieses Mandarinenkleids wegen bestand Hau-qua auch darauf, daß bei seiner Hochzeit auf eine schon ein wenig veraltete Sitte zurückgegriffen wurde. Nämlich auf diese, daß nicht, wie es in der neueren Zeit allgemein geschah, ein Freund des Bräutigams, sondern dieser selbst die Braut abholte. Einmal so weit, kam die Sitte Hau-qua allerdings auch wieder entgegen, denn sie schrieb vor, daß der Zug des Bräutigams, der die Brautsänfte vor das Haus der Schwiegereltern brachte, auf Umwegen und durch viele Straßen sich hinbewegen mußte, damit die Leute Gelegenheit haben sollten, seinen Reichtum zu bewundern.

Und der war im Zug des Jau-mün-Sohns wohl gegeben.

An seiner Spitze und noch vor den Trommlern, die das Herannahen verkündeten, schritt ein rotgekleideter Diener, der eine Ziege führte, deren Hörner vergoldet waren und deren Kopf eine rote Papiergirlande schmückte. Ihm folgte der grüne Palankin Hau-quas, neben dem der den Weg weisende Zeremonienmeister einherschritt, und an den Palankin schloß sich wieder ein Schwarm Rotgekleideter, die unter geschnitzten und vergoldeten Baldachinen Backwerk und Zierate trugen. Unter diesen, den Vermählungswahrzeichen, war eine bronzene Darstellung des Fabelwesens Kilün, in dessen Gegenwart die Weisen zur Welt kommen; ein mit Früchten überladener kleiner Orangenbaum, von dessen Zweigen jene Schnüre von Geldstücken hingen, die eine zahlreiche Nachkommenschaft bedeuten; das Paar silberner Wildgänse wieder, die die eheliche Treue versinnbildlichen, aber auch ein vergoldeter Delphin, der Rang und Reichtum vorstellt. Weitere Rotgekleidete trugen zinnoberfarbige Bretter, auf die in goldenen Lettern die Titel und Ränge der Vorfahren des Brautpaares geschrieben waren; sodann folgten solche mit großen, reich geschnitzten, vergoldeten Laternen, in deren jeder eine große rote Kerze brannte, und hinter diesen kamen Fahnen-, Schirm- und Fächerträger. Zu Pferde folgte ein Stallmeister, ihm schlossen sich die Musikanten an, und erst am Ende wurde die geschlossene Brautsänfte getragen. Sie war geräumig, an den Kanten mit vergoldetem Schnitzwerk und mit Seidenfransen verziert, und ihre Flächen überzog der Schmelz der Königsfischerfedern.

Um die Zeit, da der Zug vor dem Yamen des Provinzialschatzmeisters ankam, trat die Braut Tschun-tao, ein Mädchen mit hochmütig schönem, leerem Gesicht, in das Empfangszimmer des Hauses. Sie kniete, schon in helles Rosa und nach dem Rang ihres Bräutigams gekleidet, vor ihren Eltern nieder, wobei sie mit der Stirn den Boden berührte. Während eine Dienerin ihr einen Becher Wein reichte, hielt Herr Lue Yüanming eine Ansprache an sie, in der er ihr noch einmal die ehelichen Pflichten einschärfte. Eine gleiche Mahnrede hielt auch die Mutter, worauf Tschun-tao sich noch einmal in ihre Kammer begab, um ihr Scheiden zu beklagen.

Nun wurde Hau-qua von dem Provinzialschatzmeister selbst die Tür in den Empfangssalon geöffnet. Er reichte einem Diener die überbrachten silbernen Wildgänse weiter und trat in die Mitte des noblen Raumes. Kaum, daß er dort stand, warf er sich nieder, das Gesicht gegen Norden und zweimal mit der Stirne den Boden berührend. Hau-qua sah die mächtige Exzellenz in der Zeremonie, und es befriedigte ihn sehr, an die Möglichkeiten zu denken, die sich aus solch vertraulicher Bindung für die Zukunft ergeben mußten. Aber in diesem Augenblick trat Tschun-tao wieder ein. Da ihr die Dienerinnen einen großen, dichten, rotseidenen Schleier über den Kopf geworfen hatten, war von ihrem Gesicht nichts zu erkennen; nur ihre Figur konnte Hau-qua mit einem Blick wahrnehmen und die *goldenen Lilien*, die künstlich verkleinerten Füße, auf denen sie, über hohen Stöckeln schwebend, mühsam einhertrippelte.

Sie verneigten sich voreinander und gegen Herrn Lue

Yüanming, dann wurde Tschun-tao von zwei Dienerinnen zu ihrer Sänfte hinausgeleitet. Sie stieg ein, und der Zug trat unter Musik und Gongschlägen den Rückweg an.

Vorm Hause Jau-mün angelangt, bildeten die Musikanten und Insignienträger Spalier, wonach man die Sänfte mit Tschun-tao im Vestibül absetzte. Hau-qua trat herzu und klopfte mit seinem Fächer an die Tür, die dann von seinen Schwestern, den Brautmädchen, geöffnet wurde. Während Tschun-tao aber herausstieg, erklomm er einen Stuhl, um, dergestalt erhöht und seine Überlegenheit andeutend, die Huldigung ihrer Verneigungen entgegenzunehmen. Erst nachher hob er den Schleier von ihrem Antlitz. Aber er sah es auch jetzt noch nicht richtig, weil es noch immer durch die Perlenschnüre, die vom Brautkranz herabhingen, halb verdeckt war.

Nun geleitete Hau-qua die Halbentschleierte in den Ahnensaal, wo sie, im Angesicht seiner Angehörigen, zu den Göttern des Himmels und der Erde, aber auch zu jenen der Haustore und zu den Vorfahren der beiden Familien betete. Mit einem Trankopfer war die Vermählung dann abgeschlossen, und der heitere Teil der Bräuche konnte beginnen. Dieser Anfang bestand im Besuch des Schlafzimmers, in das mittlerweile auch die Prunklaternen und der mit Goldschnüren behängte Orangenbaum gebracht worden waren.

Hau-qua nahm mit der Schatzmeisterstochter Tee, währenddessen vollendeten seine Schwestern, die Brautmädchen, die Entschleierung. Sie hoben Tschun-tao den Kranz mit den Perlenschnüren von der Stirn, damit er endlich und voll ihr Gesicht erblicken könne. Dabei entsprach es der Sitte, daß sie voll rücksichtslosem Freimut ihre Meinung über die neue Verwandte äußerten. Und dies war für lange Zeit die letzte Gelegenheit, bei der noch einmal im Hause Jau-mün viel und voll frischer Erinnerung von Tschun-lin geredet wurde.

Denn während Hau-qua mit seiner kalten Schönheit ganz zufrieden war, nahmen die Schwestern die Entschleierung zum Anlaß, darüber zu streiten, ob Tschun-lin mit ihr glücklich geworden wäre. Da die älteren unter ihnen nicht ohne Einfühlung waren, bestritten sie es; die jüngste unter den acht aber, ein Kind noch, genannt Ma-liu, das *Äffchen*, weinte sogar um den verlorenen Bruder.

Nicht zuletzt dieser Auftritt bewog Hau-qua, sich in die Empfangsräume zu begeben, wo nach und nach die Hochzeitsgäste eintrafen, die Verwandten und näheren Freunde. Das große Mahl, das Tschun-tao, die nun in die Küche mußte, vornehmlich ihren Schwiegereltern gab, war für sieben Uhr abends angesetzt, aber auch der Provinzialschatzmeister und seine Familie trafen schon am Nachmittag ein. Herr Jau-mün schwelgte in der neubegründeten erhabenen Verwandtschaft, und er hatte auch einige Herren der *Wohlmeinenden Gesellschaft des roten Drachen*, der er nun schon seit einem Vierteljahr angehörte, zum Bankett gebeten. Dennoch konnte es Hau-qua so einrichten, daß er noch vor der Mahlzeit mit seinem mächtigen Schwiegervater im Garten auf und ab ging.

Er sprach mit ihm von seiner Zukunft, mithin von Geschäften.

Als Ausgang diente Hau-qua eine nochmalige Dankesbeteuerung für die Niederschlagung der seinerzeitigen Verschuldungsangelegenheit. Das Opium, bei dessen unmittelbarem Umsatz man auch mit einem Kapital arbeiten konnte, das 18 vom Hundert im Monat kostete, verschwieg er natürlich, und er konnte es um so bedenkenloser tun, als die Befürchtung, Herr Cha Gar Tai könnte ihn verraten, in alle Ewigkeit nicht zu hegen war. Die Darstellung aber, daß er dazu verurteilt sein sollte, mit jenem teuren Kapital Langwantee umzusetzen, zeigte selbstredend eine wirtschaftliche Katastrophe auf. Selber handeln jedoch wollte er unbedingt, denn schließlich ging es besonders jetzt nicht mehr an, daß er, der Schwiegersohn Seiner Exzellenz, des Provinzialschatzmeisters, eines Mannes, der den Saphirknopf auf der Mütze trug, weiterhin Handlanger bei Herrn Cha Gar Tai bleiben sollte. Er war demnach selbständig zu machen, und dazu brauchte er Kapital. Allein, er benötigte dann noch einmal Kapital, um den Engländern, vor denen er wieder auftreten wollte, die Schuld nun doch zurückzuzahlen. Das Kapital war auch vorhanden, jedoch in den Händen Herrn Jau-müns, und den ehrwürdigen Vater zur Herausgabe zu bestimmen, bedurfte es eines besonderen Einflusses...

Den ich geltend machen will, mein lieber Sohn, erklärte Herr Lue Yüanming mit überraschender Bereitschaft. Er blieb in seiner Staatsrobe vor Ho-shis einstmaligem Narzissenbeet stehn. Und mein lieber Verwandter, setzte er in verhaltener Verschmitztheit hinzu, wird sich gern bewegen lassen; hat er doch über diesen Sommer die große und schöne Erleichterung erfahren, keinen seiner Söhne an den Umtrieben beteiligt zu sehen, zu denen die Verlockung groß war und die so schrecklich geahndet worden sind.

Der Provinzialschatzmeister spielte auf die phantastischen Preise an, die seit der Verfolgung des Schmuggels für Opium gezahlt wurden, und darauf, daß A-tung, und sei es auch nur durch seinen Magazineurposten gewesen, nicht unter die sieben Gehängten des Herrn Sing Wuti geraten war. Aber er wußte auch als Finanzmann, Menschenkenner und abenteuerlicher Fädenspinner, für welchen Zweck Hau-qua die geborgten Summen eingesetzt hatte. Er wünschte nur nicht, daß seine fernhin zielenden Pläne durch den tüchtigen Schwiegersohn vorzeitig und an einem nebensächlichen Punkt gestört würden; deshalb sagte er nun, für den anderen scheinbar sprunghaft:

Aber ich will nicht, mein lieber Sohn, daß du dich noch einmal gegenüber den Barbaren exponierst. Das will sagen, ich halte nur eine abermalige Aufnahme des persönlichen Verkehrs zwischen dir und ihnen für unter deiner Würde. Es wäre vielleicht auch nicht ganz ungefährlich, da sich der Leumund der Jang hong schang, wie wir leider erkennen müssen, nicht bessert und überdies die Briten immer unverträglicher werden. Du wirst ja Angestellte haben, durch die du den Kontakt aufrechterhalten kannst. Vor allem aber gehn meine Wünsche und Absichten weit über deine Einrichtung als selbständigen Hansakaufmann hinaus.

Der Provinzialschatzmeister sah Hau-qua in die Augen, dabei legte er ihm beide Hände auf die Schultern.

Ich will, daß du das Haupt der Jang hong schang, ihr Taipan, werden sollst, nur bist du im Augenblick noch zu jung, und Herr Cha Gar Tai ist trotz seiner Gallensteine noch am Leben.

Bei dieser Erklärung überkam Hau-qua jene Art von Glücksgefühl, die ihm ureigen entsprach. Triumph und Jubel und der Genuß der Befriedigung erzeugten eine

Erhitzung in seinem Körper, in der er bis über den kahlgeschorenen Kopf in wollüstiger Wärme dastand. Er verfiel in das Gestammel begeisterter Dankesbeteuerungen, unbeschadet deren er seinen Schwiegervater gleichwohl für einen gutmütigen Idioten ansah.

Dieser wieder begegnete dem Gestammel, das er als albern bewertete, mit der weitläufigen Heuchelei des Hinweises, daß er erst in einem Taipan Hau-qua die Gewähr für eine endlich in die Hansa eingezogene Ordnung erblicken würde. Während dieser sozusagen leeren Gesprächsstelle kamen die beiden blauseidenen Figuren auch wieder ins Aufundabgehn. Aber der Provinzialschatzmeister verlangte noch nach einer genaueren Einsicht in Hau-quas Pläne, und deshalb setzte er sich mit ihm in das Bambushäuschen, das seither wieder aufgerichtet worden war.

Hier legte ihm der Schwiegersohn dar, daß er, da er bei seines Vaters Lebzeiten dessen Haus nicht verlassen könne, das benachbarte Grundstück kaufen wolle, das abgebrannte des alten Blumenliebhabers, der über den Sommer gestorben war. Auf diesem Grundstück könnte er, ohne sich aus dem Anwesen seines Vaters, mit dem das seine dann zusammenwüchse, zu entfernen, doch ein eigenes Haus mit einem Laden bauen, mit den dazugehörigen Schuppen und Magazinen, und er gedächte nicht bloß mit Langwantee zu handeln, sondern eine allgemeine Exportfirma aufzumachen, für Seide, Stickereien, Porzellan, Zucker, Matten, Cassia und anderes. Das ließe sich um so leichter durchführen, als er ja die im Tai-tong seines Vaters verfallenen Pfänder hiefür erwerben könne. Vielleicht auch würde er, gleich seinem Chef Cha Gar Tai, ein Spiellokal eröffnen. Solch ein Etablissement brächte, wie er gesehen habe, eine Menge Gewinn, und schließlich sei noch seine Kennerschaft in Kampfgrillen da, die er gleichfalls nützen wolle. Kurz, er wäre begeistert, könnte er sich auf breiter Grundlage etablieren, und das müßte ihm doch auch vor der *Seehandelsgesellschaft* und im Hinblick auf die von seinem ehrwürdigen Schwiegervater geäußerten Erwartungen ein vortreffliches Gesicht geben.

In der Tat. Herr Lue Yüanming nickte befriedigt, er vermochte sich für dieses Gesamtprogramm durchaus zu erwärmen. Und, sagte er abschließend, wenn es wohl auch noch Jahre dauert, bis du an die Stelle des Taipans in der Jang hong schang aufrückst, so will ich dir doch schon heute, da wir alles so geruhsam besprechen, die Ratschläge für das Verhalten geben, mit dem du auch selbst zu deinem Aufstieg beitragen kannst. Eine glanzvolle und mächtige Erscheinung wirst du bald abgeben, dessen bin ich gewiß; es tut dann nur noch not, daß du mit neuen Ideen auftrittst, die der Hansa dienlich sind. Und da halte ich für die fälligste, einleuchtendste und fruchtbarste, daß ihr eine chinesische Preispolitik organisiert. Es muß eine Verständigung darüber erzwungen werden, daß kein Mitglied ein anderes bei den Verkaufspreisen unter- und den Einkaufspreisen überbietet; ihr müßt für die Ein- und Ausfuhrgüter Einheitspreise festsetzen, an denen unbedingt festzuhalten ist. Und seid ihr einmal so weit, dann habt ihr es auch in der Hand, die Engländer nicht nur zu drücken, sondern ihr könnt ihnen auch die Preise eurer Ausfuhrgüter beliebig hinaufschrauben. Auf diese Weise könnt ihr alle Abgaben, unter denen ihr stöhnt, durch die Barbaren zahlen lassen, die auf unseren Tee, unseren Zimt, unsere Seide und alles andere angewiesen sind. Die Vorteile eines solchen Ringes wären so ausstrahlend, daß sich auf die Dauer niemand seiner Organisierung widersetzen wird, und der schließlich als der Initiator dasteht, wird auch des Dankes der Nutznießer sicher sein können.

Nur den Engländern, grinste Hau-qua, wird Schaum vor den Mund treten.

Die, sagte darauf der Provinzialschatzmeister rätselhaft, sollen bis aufs Blut gereizt werden.

Damit erhob er sich, zumal da nun auch andere Gäste in den Garten und zu dem Bambushäuschen gekommen waren. Hau-qua, der seine letzte Bemerkung nicht verstanden hatte oder sie mit dem allgemeinen Haß auf die Barbaren glaubte erklären zu müssen, folgte ihm. Dachte er nun an Tschun-tao, seinen *Frühlingspfirsich*, dann erblickte er in ihr noch mehr als früher ein holdes Unterpfand, und sein Vater, Herr Jau-mün, erschien ihm jetzt schon fast als ein gutmütig zu behandelnder *kleiner Mann*. Tatsächlich hatte Hau-qua, als die Gongs die Gäste aus dem abendlichen Garten zum Essen riefen, eine Vision, in der er sein künftiges Anwesen dasjenige seines Vaters gewissermaßen überwachsen und in sich aufsaugen sah.

Bei dem Bankett, das nun folgte und das stundenlang dauerte, waren die Frauen, die Schwiegermütter, die Schwägerinnen und die Brautmädchen nur eine gewisse Zeit anwesend, so lange nämlich, als das Essen auch noch zeremoniell mit der Hochzeit zusammenhing; später trennten sich die Geschlechter, und die Herren spazierten zwischen den vielen Gängen in ihrem Eßsaal immer wieder rauchend auf und ab.

Als Vorspeisen gab es gezuckerte kleine Meerkrebse, Schnecken, Gurken, Backobst, geröstete Aprikosenkerne und Melonensamen, Rosinen, Ingwer, Krabben, eingemachte saure Bohnen und rot und weiß überzuckerte Kuchen. Sodann folgten kaltes Huhn, konservierte, das heißt vergraben gewesene Eier, deren Eiweiß grün, deren Dotter schwarz erschien und die wie Senf schmeckten, Schinken, Entenzungensalat, gekochtes Schaffleisch, eingemachte Fischgehirne in Zuckersoße, Spanferkel, gekochte Haifischflossen mit Markknödeln und Meeralgen, Suppe von jungen Bambusspargeln, gerolltes Salzfleisch, Salanganennester, Lotoswurzeln, Hahnenkämme und junge Fichtenzapfen, gebratene Forellen, Hühnerrisotto, Pilze mit Taubeneiern, fetten Entenbraten mit Schan-tung-Kohl, Curry und schließlich, doch folgte auch dann noch eine Schale gedämpften Reises, Trepangsuppe mit Trüffeln und Bohnenkäse. Dies also die Mahlzeit, während welcher man Lochiehtee und den gelben Shao-Hsing-Wein trank, der wie Xeres schmeckte. Natürlich gab es auch Obst, Orangen, Bibasfrüchte, Dattelpflaumen, Bananen, Mangos, Feigen und Litschifrüchte, und sogar ein Eiswasser, das von Magnoliarinde, Kardamomen und Hibiskus einen besonderen Wohlgeschmack hatte.

Doch war damit noch immer nicht das eigentliche große Festmahl abgehalten. Drei Tage nach der Hochzeit machten Hau-qua und Tschun-tao den traditionellen Besuch bei den Brauteltern, und erst am vierten wurde im Haus von Hau-quas Vater das ganz große Essen gegeben. Zu diesem lud man auch die Freunde im weitesten Kreise und die entferntesten Verwandten, und man aß, genau besehen, den ganzen Tag und bis tief in die Nacht hinein. Der Garten schwebte in dieser Nacht an unzähligen Papierlaternen, ein kleines Feuerwerk knatterte, und die Musikanten, die vom Morgen an aufspielten, kamen nicht zur Ruhe.

Um diese Zeit rutschte Herr Jau-mün überhaupt in jene Reihe von guten Tagen, von denen die Erfahrung meint, daß nichts schwerer zu ertragen sei als sie. Da der *Chrysanthemenmonat* noch dauerte, zog auch die *Wohlmeinende Gesellschaft des roten Drachen* Herrn Jau-mün in viele Festlichkeiten. Er mußte den verschiedenen Chrysanthemengesellschaften beiwohnen, Zusammenkünften, bei denen man sich das Leben zwischen Wänden und Bergen von Blumen behaglich sein ließ; dann gab es die Feierlichkeiten um die Cheng Huangs, die Stadtgötter, die *Wächter von Dämmen und Zinnen*, die dem *Himmlischen Ministerium der Justiz* angehören; die Huldigungen auch für die Tu Tis, die kleinsten lokalen Schutzgötter, und schließlich das große Fest des *Zu-den-Höhen-Steigens*.

Dieses Fest war nicht nur wieder mit ausgedehnten Diners verbunden, sondern zu ihm gehörte auch das alljährliche Drachensteigenlassen. Hiezu fuhren die gewaltigen Luxusdschunken, das schwimmende Restaurant, in dem die *Wohlmeinende Gesellschaft des roten Drachen* ihre Abende abhielt, bei Einbruch der Dämmerung den Perlstrom ein Stück hinab. An einer Stelle der Insel Honan, wo die trockenen Wiesen über kleine Hügel sich hinwellten, legten die Dschunken an und die Logenmitglieder beförderten voll geselliger Gutlaunigkeit ihre Drachen die Hügel hinauf.

Diese Papierdrachen waren zwar schwanzlos, aber so groß, daß manche, wollte man sie steigen lassen, von fünf Männern bedient werden mußten. Sie stellten Schiffe und Blumenkörbe dar, Goldfische und Pelikane, Frösche und Moskitos, Skorpione und Fledermäuse, Schlangen und Tausendfüßler, Tiger, Schmetterlinge und Feuerräder. Feuerräder im buchstäblichen Sinn, denn in alle diese

Drachen waren Lampions eingebaut, und damit konnten sie, da einzelnen ihrer Teile auch eine Eigenbeweglichkeit gegeben war, tatsächlich mit leuchtend rollenden Augen, mit feurig sich regenden Schwingen und glühend umhertapsenden Pfoten in der Luft stehn. Aber es waren durch ihren Mittelpunkt auch vier bis fünf Metallsaiten gespannt, nach dem Grundsatz der Äolsharfe, die während des Umherfliegens und Aufsteigens leise Töne von sich gaben.

Die Loge hatte Preise für die schönsten Drachen ausgesetzt und auch für die, die am höchsten steigen würden. Aber nicht nur das machte die reifen Männer eifrig, sondern auch die Schönheit der Sitte, die aus der Tiefe der Jahrhunderte auf sie gekommen war und hinter jedem schwebenden Drachen eine alte Legende wiederum verlebendigte. Diese Legende erzählte von dem General Hon, daß er eines Tages mit all seinen Truppen umzingelt und der Verzweiflung nahe gewesen sei. Da war er auf die Idee gekommen, in der dunklen Nacht über dem Lager des Gegners Drachen steigen zu lassen, Drachen, in die Metallsaiten eingespannt waren. Der Versuch gelang, und als die Feinde aus der Luft Töne hörten, die wie *Fu-hon* klangen, meinten sie, ihre Schutzgötter riefen ihnen zu: *Hütet Euch vor Hon!*, worauf sie flohen und von dem erfinderischen General noch vernichtend verfolgt werden konnten.

Allein, auch die Bilder, die sich nun in der sommerlichen Nacht über den Hügeln von Ho-nan entfalteten, versetzten die Männer in Freude. Ihre Drachen schwebten zwischen den heraufglimmenden Sternen wie heraldische Tiere oder neue, sinnfälligere Planeten, aber sie machten auch ein possierliches Theater unter dem weiten Himmel, und da waren es besonders die Raupen und Schlangen, die mit ihren vielen leuchtenden Gliedern, ihren rollenden Augen und der unglaublichen Länge zur Erheiterung beitrugen. Und endlich mußten auch die Gewinner der Preise noch ermittelt werden...

Die Preisverteilung selbst fand freilich erst auf den Dschunken statt, als sie wieder nach Kanton zurückkehrten. Diese girlandengeschmückten Luxusboote, Wanglau genannt, bedeuteten mit ihren teppichbelegten Planken, ihren gläsernen Pavillons, Topfpalmen und riesigen kristallenen Kandelabern einen wahrhaftig wohligen Aufenthalt. Zudem gab es auf ihnen Singgirls, hochrot geschminkt, mit Mandelaugen und Purpurlippen, mit Frisuren, in die bunte Perlenschnüre, Blumen und künstliche Schmetterlinge eingezogen waren, und die Lilienfüßigen sangen nicht nur zum Juch-kin, sondern sie bedienten auch, und das mit besonderer Freundlichkeit. Am anheimelndsten freilich, zumindest für Herrn Jau-mün, war die Kameraderie der ehrenwerten Männer, und sie tröstete ihn heute auch darüber, daß er bei den Drachen keinen Preis gemacht hatte.

Allerdings zog ihn nun Herr A-cheong, der bedeutendste Porzellanhändler Kantons, über den fingerhutkleinen Kognakbechern in ein Gespräch, das sein ganzes Lebensgefühl verändern sollte.

Begonnen hatte die Unterhaltung mit einer sachkundigen Würdigung der Drachen und verteilten Preise; hernach aber war der Mund Herrn Jau-müns, und wie denn auch anders, von der Hochzeit und seiner Verwandtschaft mit der Exzellenz, dem Provinzialschatzmeister, voll geworden. Und da er damit, nach seinem Empfinden, gleichsam auch selber Bedeutung gewann, wurde er nun nicht müde, die Schwere der Regierungsgeschäfte zu schildern, die den hohen Mandarinen, und unter ihnen im besonderen Seiner Exzellenz, auf die Schultern gebürdet sei. Was für Zeitläufte! Kanonen in Whampoa und Eingaben der Barbaren an die Kreisregierung, in denen die Auflösung der *Seehandelsgesellschaft* verlangt wurde. Sollte man es für möglich halten?

Für möglich halten – nicht, entgegnete Herr A-cheong, der in seiner glänzend fetten, gutlaunigen Bartlosigkeit wie der ruhende Buddha-Maitreya aussah, aber begrüßen muß man es.

Begrüßen? Herr Jau-mün verstand den anderen ganz und gar nicht. Er blickte in das kristallene Geglitzer der riesigen Kandelaber, mit dem die Luxusdschunke durch die Nacht hinglitt, und meinte, vom Kognak erhitzt und leicht umnebelt, er sei nicht mehr gesammelt genug für das Gespräch.

Wieso begrüßen? fragte er noch einmal, und er fügte hinzu, sofern ich Sie recht verstanden habe, mein verehrungswürdiger Verwandter.

Herr A-cheong bäumte den Oberkörper zurück. Na, lächelte er in ermunternder Geduld. Und als müßte er dem anderen nur einen Fingerzeig geben, um alle Zusammenhänge aufzudecken, sagte er verschmitzt: Denken Sie doch nur an unsere *„überaus reine Dynastie“*.

Die Worte *überaus reine Dynastie* betonte und dehnte er in jeder Silbe, so daß sie unmißverständlich voll Hohn klangen.

Herr Jau-mün griff sich an den rasierten Schädel. Er blickte in die bunte Gesellschaft auf Deck, auf die Singgirls, die sich in Rosa, Scharlach und Lila hinbewegten, in den Dunst über den Leuchtern und wieder auf Herrn

A-cheong. Dabei hatte er ein Gefühl der Verständnislosigkeit, als narre ihn ein Traum.

Das müssen Sie mir, mein lieber Logenbruder, genauer erklären, bat er, und er setzte sich in sichtlicher Konzentration zurecht.

Herr A-cheong schüttelte seinen Kopf, wie über ein unverständiges Kind, dann leerte er seinen Becher.

Sie wollen doch, lieber Bruder, begann er gründlich, aber auch ebenso abstrakt wie geradlinig zustoßend, nicht sagen, daß Sie dächten, Porzellan zu verkaufen oder ein Tai-tong zu führen, erschöpfe den Sinn des Lebens?

Und ob ich das immer gedacht habe, mußte Herr Jau-mün sich verdutzt eingestehn. Wo ging das nur hinaus?

In bezug auf die bürgerliche Existenz, erklärte sein Gegenüber, ja schon, aber man hat doch nicht nur ein persönliches Bewußtsein, sondern auch ein gesellschaftliches.

Herr Jau-mün versank in verständnisloses Grübeln.

Ich meine, erläuterte der Porzellanhändler, zu dem der Eifer gar nicht paßte, man ist nicht nur man selbst und nicht nur Haupt einer Familie, sondern man ist auch ein Glied der Nation.

Ja – blieb Herrn Jau-mün das Denken stehn, wie sollte man es nicht sein?

Aber der Logenbruder setzte energisch fort: Und das, mein lieber Verwandter, werden Sie doch nicht bestreiten, daß es dem Manne wohl ansteht, seines Volkes zu gedenken und bestrebt zu sein, nicht nur für sich persönlich und nicht nur für die eigene Familie, sondern auch für die ganze Nation zu wirken. Schließlich sagen wir selbst von unserem Volk: die *Hundert Familien*.

Herr Jau-mün nickte zustimmend, aber das bezog sich

nur auf die *Hundert Familien*, und solcherart war es ein langsames und angestrengtes Nicken. Er ahnte nicht, was ihm da auseinandergesetzt werden sollte; jedenfalls führte es in Neuland, und ihm bangte vor dem Ziel, das schließlich herauftauchen mochte. Wir sagen auch, dachte er, daß man schlafende Hunde nicht anrühren muß. Aber Herr A-cheong kam erst in Zug.

Nun also denn, tat er den entscheidenden Schritt, und denken Sie an unser Volk, dann können Sie doch nicht alles in Ordnung finden.

An dieser Stelle des Gesprächs wurde Herr Jau-mün geistesabwesend. Was meint der Logenbruder nur? fragte er sich. Daß die armen Leute sehr oft nur einen Brei aus schwarzem Sorghummehl und Hirsenkaff zu essen haben? Aber an die armen Leute dachte Herr Jau-mün nicht gern, daher begann er, mit Rücksicht auf die Unordnung, von der jener redete, an das eigene Leben zu denken.

Der Porzellanhändler indessen gab, die Luxusdschunke und die geschminkten Girls vergessend, eine gegliederte Darstellung der schlechten Zustände. Er begann bei der Verwaltung, den Mandarinen, die er aber in zwei Gruppen teilte. In volksfreundliche und in korrumpierte, wobei er die letzteren allerdings als die weitaus überwiegenden bezeichnen mußte. Und er klagte darüber, wie sie an Stelle der hunderttausend Taels, die sie für das Jahr und die Provinz an Peking abführen mußten, dreihunderttausend und vierhunderttausend an Abgaben erpreßten. Wie sie das Einkommen des ersten Jahres, das ihnen auf diese Weise zuflösse, für die Spesen des leider sehr verbreiteten Amtskaufes abschreiben müßten und die des zweiten Jahres für die Spenden nach *oben*, für einen neuen Palast der Kaiserin-Mutter oder die Restauration der Jeholer Lustgärten. Wie ihnen aber vom dritten Jahr an zweihunderttausend und dreihunderttausend Taels in der Tasche blieben und sie dennoch nicht aufhörten, den guten Reis in den Staatsmagazinen gegen verdorbenen auszutauschen, die Regierung bei der Salzablieferung zu betrügen und immer neue Steuern dem Volk aufzuerlegen, Steuern auf Schweinetröge, Särge und Hochzeitssessel. Wie sie alle bestochen seien und man vor keinem Richter sein Recht finden könne, und wie sie mit den Zensoren, den kontrollierenden Organen aus der Kaiserstadt, unter einer Decke steckten.

Und der Porzellanhändler A-cheong klagte weiter über das Elend des Volkes, das bei der Weite und dem Naturreichtum des Landes keineswegs unvermeidlich wäre; über die Volksverdummung, die von obenher gefördert würde, und über den Mangel an wahrer Freiheit. Oder sei es etwa nicht wahr, daß in jeder Stadt eine Tatarengarnison läge, eine Besatzung also aus landfremden Truppen, und trügen sie, die Chinesen, nicht, seit die Mandschu herrschten, seit zweihundert Jahren, den Zopf, während ihn jene nicht trügen? Das Volk im allgemeinen, das indolente und geistesarme, fühle die Unterjochung nicht mehr, zumindest in der Seele nicht, aber sei es darum weniger wahr, daß seit dem Zusammenbruch der Mingdynastie tungusische Barbaren im Lande herrschten?

Nun war Herr A-cheong, der Buddha-Maitreya-Mensch, seinem Ziel schon sehr nahe, aber sein Gegenüber, der Tai-tong-Besitzer, hatte bisher nicht zugehört. Herr Jau-mün war, ohne daß er sich beobachtete, dabei selbstvergessen in die Anschauung seines eigenen Lebens versunken.

Nach dem Sorghumbrei der Armen hatte er an einen

gefüllten Entenmagen, an Fischcroquettes und gesalzene Karotten denken müssen. Davon war er, über einen Gedankensprung, auf Gespenstergeschichten gekommen, die er gern las, aber auch auf die Lektüre buddhistischer Klassiker, die er wegen ihres Vegetarianismus nicht mochte, dann auf ein Holzkohlenfeuerchen winters unterm Arbeitstisch, auf sein Hausbad und den geliebten Schlaf nach Mittag. Nun waren ihm seine Lackmöbel in den Sinn gekommen, die schönen Bucheinbände und Rollbilder, seine Orchideen, seine Papageien und Singvögel, und daß er es liebte, Trommeln, Gong und Flöte zu hören und wie Arien gesungen wurden. Von den Arien war seine Erinnerung auf das vornehme rote Briefpapier übergegangen, dessen er sich gern bediente, auf seine Versuche, schön zu schreiben, Siegel auszuschneiden und liebliche Schachteln zu kleben, aber auch auf seine Lust am Morra und Mahjong, am Grashalmeziehen und Schach, an Rechenspielen mit den Fingern und der Handlesekunst. Dann wieder hatte er, über eine ärgerliche Assoziation, an einen Zank mit seinem Schneider denken müssen, darauf folgend, sonderbarerweise, an Federballspiele, seine Frauen und das Tai-tong und schließlich, ganz sich verlierend, an Tempelbesuche, Wallfahrten und Atemgymnastik, an Aphrodisiaka, an Hahnenkämpfe und Bootsrennen, an das Drachensteigenlassen und vergangene Laternenfeste...

Nun aber schreckte ihn der rügende Ton seines Tisch- und Trinkgenossen aus der Träumerei.

Gegenüber all dem, erklärte Herr A-cheong mit gehärtetem Stimmuskel, kann man nicht in alle Ewigkeit an seine Haustür schreiben: *Geduld ist das beste Erbteil.* Denn es geht hier nicht darum, daß man, wie es heißt, *den Himmel und das Schicksal gewähren lassen muß*, sondern hier handelt es sich um eine menschliche, irdische Unordnung, die zu beheben ist. Und macht es schon den Jammer unserer Millionen und aber Millionen Landsleute aus, daß sie immerfort schwerfällig und gleichgültig sind, schicksalsgläubig, bescheiden und friedfertig, duldsam und vertrauenslos, daß sie immer nur in den Stuben hocken und Tee trinken und sich ja keiner Anstrengung unterziehen wollen, weder in ihrem Alltag, noch im Gehirn, dann muß es um so mehr die Aufgabe der Berufenen sein, einmal wahrhaft störend und unerbittlich in diese *Liebe zum Leben, wie es ist*, einzubrechen und Wandel zu schaffen. Wir müssen, mein Bruder Jau-mün, an die Stelle dieser ewig duckmäuserischen Vernünftigkeit unserer Landsleute die Vernunft setzen, an die Stelle ihres Strebens nach dem kleinen Genuß ein Leben von Wert, vor allem also die Freiheit, und zwar auch dann, wenn sie – Kampf kostet!

Beschämt und bestürzt, aber noch immer nicht im Bild, fragte Herr Jau-mün: Richtig, aber was sollen wir tun? Was soll geschehen? Allerdings erschien ihm sein Gegenüber nun schon in einer neuen Monumentalität.

Und der Porzellanhändler gab messerscharf und abschließend zurück: Die Mandschu müssen weg. Die nationale Mingdynastie muß wieder auf den Drachenthron. Dann wird auch alles andere besser werden.

Die Luxusdschunke war an ihrem sonstigen Standort angelangt und lag nun wieder still, aber um sie herum lebte es von hunderten überlichterten Kähnen. Erst in die Wölbung der Nacht hinauf wurde die Welt ruhig. Herr Jau-mün blickte übers Wasser und das lichtüberfleckte Treiben hin, aber er nahm es nicht auf.

So fernab er dem Sinn des Gesprächs bisher gewesen

war, so entzündend hatte ihn die letzte Erklärung des Logenbruders getroffen. Und zwar gerade wegen ihrer Kühnheit und weil sie erst viele Schichten durchstoßen mußte, um in sein Herz zu dringen. Das war es: hätte ihm jemand, wie es nie anders geschehen war, voll Ehrerbietung vom Kaiser gesprochen, dann würde auch er, wie sein Leben lang, voll untertänigem Schauder der *überaus reinen Dynastie* gedacht haben. Nun aber mußte er an die Ahnen denken, die nach dem Einbruch der Mandschu aus Schan-tung ausgewandert waren, und wie er sich, was ihm früher nie beigefallen war, in Kanton plötzlich als ein Wurzelloser und Vertriebener vorkam, fühlte er sich auch unfrei und unter fremdem Joch. Mit einem Wort, Herr Jau-mün erlebte jenes Fieber, das den einfachen Mann immer erfaßt, wenn er sich mit seiner Art Metaphysik, mit dem Überindividuellen, berührt, das sonst in seine Welt nicht herabreicht, und Herrn Jau-mün selbst kam der Vorgang als das Aufflammen seines Patriotismus zum Bewußtsein.

Sein Freund, der Porzellanhändler, hatte nun in seinen Augen etwas von einem Propheten. Und wie es Herrn Jau-mün zugleich beschämte, daß er bisher selber nie des Geschicks der Ahnen und der eigenen Demütigung gedacht hatte, fühlte er sich auch genötigt, nun durch doppelten Eifer und bedenkenlosen Einsatz die Schuld der Vergangenheit gleichsam wettzumachen.

Bei den Göttern, raunte er ergriffen, Sie haben recht, mein Bruder A-cheong; jedoch wie soll es geschehen? Und – erinnerte er sich des Gesprächsanfangs – was haben die Engländer damit zu schaffen?

Wie es geschehen soll? Der Befragte bäumte sich wieder zurück, und er schien die Antwort selbst nicht gleich bereit zu haben. Wie es geschehen soll, das ist natürlich nicht mit einem Wort zu sagen. Aber wenn es dem armen Mönch Tschu, der die Mingdynastie einsetzte, gelang, die Jüang zu zertrümmern und die Nachkommen des Tschinggis Chakan in die Steppen Asiens zurückzujagen, dann muß es auch uns gelingen, mit den Mandschu fertig zu werden, die nun seit zweihundert Jahren das Volk aussaugen und knechten. Die Verschwörung, kann ich Ihnen sagen, breitet sich langsam über das ganze Reich aus. Wir stehn mit dem Geheimbund der *Weißen Wasserlilie* in Verbindung, und bereiten wir den Aufstand in den Südprovinzen vor, dann besorgen es die Pe-lian-kiao-Leute in Kiang-su und Tsche-kiang, in Ho-nan und Schan-tung. Und die Engländer, nach denen Sie fragen, Bruder Jaumün, die wollen wir als Rammsporn verwenden. Deshalb ist es zu wünschen, daß es zu einem Krieg mit ihnen kommt. Denn dieser Krieg wird das Signal und die gewünschte Lage für die allgemeine Empörung sein, und er wird die Mandschu hinwegfegen. Demgegenüber ist es eine Bagatelle, ob unsere Landsleute, die nun seit hundertfünfzig Jahren Opium geraucht haben, noch eine Weile weiterrauchen. Im Augenblick handelt es sich um die möglichste Verschärfung der Zustände zwischen den Barbaren und dem Pekinger Hof ...

Der Porzellanhändler redete noch weiter, aber Herr Jau-mün, dem alles eingeleuchtet hatte und der sich allem verpflichtet fühlte, war nun damit beschäftigt, sein Leben in allen Beziehungen dem neuen Weltbild einzuordnen. Und das fiel äußerst schwer, zumindest, wenn es sofort geschehen sollte. Mußte er seinen erhabenen Verwandten, den Provinzialschatzmeister, nun zu den korrumpierten Blutsaugern und Volksfeinden, zu den Verrätern oder den

Patrioten zählen? Und waren, in dem neuen Überblick, die Opiumschmuggler nun Verbrecher oder Helden? Und Tschun-lin – in der Tat, Herrn Jau-mün brachte die Seelennot auch wieder dazu, einmal an seinen fernen Sohn zu denken, von dem nie eine Nachricht kam, der aber ausgezogen war, Minister zu werden –, und Tschun-lin? Würde er sich in Peking zum Volksunterdrücker heranbilden oder zu einem Heros, wie es jener Mönch Tschu gewesen war?

Alle diese Fragen konnten jedoch mit eins nicht beantwortet werden, und Herr Jau-mün ahnte nur, wie sehr er in seinem künftigen Leben beschäftigter sein würde als bisher, gefährdeter auch und von ganz neuen Gefühlen getragen. Denn seine innerste Regung sagte ihm, daß bei der *Wohlmeinenden Gesellschaft des roten Drachen* die Wahrheit sei, die wirkliche Volksliebe und große Mission, und daß er wohl nie mehr von ihrem Weg werde abweichen. Nun verstand er es auch in einem neuen Sinn, wenn ihm die Logenbrüder damals, als ihn die Exzellenz auf sie gewiesen hatte, als erleuchtete und überragende Geister erschienen waren, die mit der Herrlichkeit und Dämonie der Weltgewalten in Beziehung standen.

Nach dieser Nacht mit dem aufwühlenden Gespräch, über das ihm Stillschweigen aufgetragen worden war, bildete es allerdings die ungeduldigste Sorge Herrn Jaumüns, seinen erhabenen Verwandten, den Provinzialschatzmeister, zu sprechen. Der Umstand, daß er durch ihn selbst auf die Loge gewiesen und bei ihr eingeführt worden war, legte wohl die beglückende Vermutung nahe, in ihm keinen Feind, sondern einen Patrioten zu finden; die Bestätigung aber mußte jedenfalls eine große Erleichterung sein. Allein, gerade am folgenden Tag machte Herr Lue Yüanming seine Reise zu den Barbaren, und damit war auch die Möglichkeit, bei ihm, in aller Vorsicht, versteht sich, wegen des Patriotismus vorzufühlen, hinausgeschoben.

Der Provinzialschatzmeister kam in einer Amtsdschunke und mit zwei Sekretären und zwei Dienern nach Whampoa.

Er trug die veilchenblaue Seidenrobe, die Staatsmütze mit dem Saphirknopf, von der ihm eine Pfauenfeder auf den Rücken herabfiel, und vom Hals bis zu den Knien hing ihm das Tschutschu, die Kette der 108 Steine. Er betrat jedoch allein die Faktorei, und als er sich im Direktionszimmer setzte, richtete er es so ein, daß er dem Bild Georgs des Dritten, das dort an der Wand hing, den Rücken kehrte.

Sir Walpole, Mr. Plowden und der Missionär und Dolmetsch Gützlaff, die ihm gegenübersaßen, blieben über sein Benehmen nicht im unklaren, doch übersahen sie es. Sie ließen durch einen malayischen Groom Tee bringen, und Sir Walpole begann mit Hilfe des Dolmetschers die Unterhaltung.

Er dankte für den Besuch, versäumte nicht, sich als etwas wie einen Untervizekönig von Indien vorzustellen, und kam dann auf das rote Plakat zu reden, das er auf dem Boden hatte ausbreiten lassen. Was darauf zu lesen wäre, erklärte er, sei keine Antwort auf die Eingabe der *East India Company*, denn es sei in keinem Punkt auf ihre Forderungen eingegangen worden, ganz zu schweigen davon, daß das Papier mit Beleidigungen gespickt sei. Die Kreisregierung, erklärte er, scheine nicht zu ermessen, daß von ihnen, den Briten, Forderungen erst dann erhoben würden, wenn die Umstände sie erzwängen. Das schlösse aber auch in sich, daß solche Forderungen nicht ohne die Heraufbeschwörung all der schweren Konsequenzen abgelehnt werden könnten, die dann gleichfalls von den Umständen erzwungen würden.

Diese Drohung machte, wie die Herren erkennen mußten, auf das prachtvoll angetane Mitglied der Kreisregierung keinen Eindruck. Herr Lue Yüanming, mit seinem fast braunen Gesicht, dem schwarzen Hängebart und der Fliege am Kinn, saß in vollkommener Undurchdringlichkeit da. Dann sagte er, indem er auf das am Boden liegende Plakat deutete, wie von ungefähr: Was haben Sie an Stelle dieser Antwort erwartet?

Die Engländer wußten nicht, ob sie verhöhnt wurden oder ob ihnen der Mandarin ein entgegenkommendes Wesen zeigen wollte. Sir Walpole starrte ihn einen Augenblick an, hernach faßte er noch einmal zusammen: Wir erwarten die Erklärung unserer Bewegungsfreiheit, die Auflösung der *Seehandelsgesellschaft* und die Anerkennung eines königlichen Botschafters oder die Aufnahme von Verhandlungen über die Einsetzung eines solchen.

Nun denn, entgegnete der Provinzialschatzmeister eisig, und die Antwort der Kreisregierung erklärt, daß das alles nicht in Frage kommt.

Sir Walpole schnappte, als ihm die Äußerung übersetzt wurde, nach Luft.

Aber wir haben doch, Exzellenz, rief er, soeben darauf aufmerksam gemacht, daß ein Festhalten an dieser Ablehnung die schwersten Folgen nach sich ziehen muß.

Herr Lue Yüanming saß da, als ginge ihn die Auseinandersetzung nichts an. Was wollen Sie demnach tun? fragte er nach einer Weile in einer Art, als ob er gelangweilt sei.

Sir Walpole bekam einen roten Kopf, dann schüttelte er geradezu mitleidig das Haupt. Sie scheinen zu übersehen, Exzellenz, belehrte er, daß wir dem ganzen Kontinent Indien, der nicht viel weniger Menschen zählt als Ihr Reich, unseren Willen aufgezwungen haben.

Der Provinzialschatzmeister sah dem Sprecher in die Augen, dann erst kehrte er sich gegen den dolmetschenden Missionär. Der indische Untervizekönig, bedeutete er ihm in bezug auf Sir Walpole, möge also beginnen, mit dem *Lord Amherst* gegen China Krieg zu führen.

Daraufhin wurde Direktor Lindsey aus Kalkutta sehr ungeduldig. Er suchte dem Mandarin zu veranschaulichen, welch eine gewaltige Flotte in Singapore läge und wie groß die Macht des britischen Weltreiches sei. Aber er redete an dem Gemüt des Chinesen offenbar vorbei, denn die Ausführungen des Missionärs riefen auf dem Gesicht des Zuhörenden nicht die geringste Veränderung hervor.

Damit schienen die Verhandlungen rasch auf den toten Punkt gekommen zu sein, doch nun half das Mitglied der Kreisregierung selber weiter. Auf eine Art, als wollte es den Engländern um ihrer selbst willen gütlich zureden, sagte es nicht ohne Hoheit:

Jedenfalls mögen Sie vor Augen haben, meine Herren, daß Sie sich einem furchtlosen China gegenüberfinden werden, das über viertausend befestigte Städte besitzt. Aber Sie tun noch besser daran, sich anderes vor Augen zu halten. Etwa, daß es keine Kanonenkugel gibt, die einen Sandhaufen durchdränge, und China wäre, um im Bild zu bleiben, ein unermeßlicher Sandhaufen. Damit will ich dartun, daß China in Kriegen schon erobert, aber nie von seiner Art abgebracht worden ist. Allerdings handelte es sich dabei um mächtigere Nationen, als es die Briten sind, und eines steht jedenfalls fest: wenn Sie Krieg gegen uns führen, ist es mit Ihrem Handel ganz sicher aus.

Nach dieser Erklärung fühlte Sir Walpole, daß er, auch von englischer Seite betrachtet, über seine Zuständigkeit hinausgegangen war. Denn er besaß keineswegs Vollmachten, einen Krieg vom Zaun zu brechen, wenngleich er damit glaubte rechnen zu können, bei einer derartigen Zuspitzung der Lage die Unterstützung der Heimat für sich zu haben. Die allgemeine Entwicklung führte gewiß in diese Richtung, es fragte sich nur, wie weit man bereits gekommen war. Andererseits aber konnte er sich vor der Karnevalsfigur mit der Pfauenfeder auch nicht geschlagen geben. Der bisher gewonnene Boden mußte behauptet und, nach welcher Seite immer, erweitert werden. Daher entgegnete Sir Walpole, nicht ohne in eine gewisse Bedrängnis geraten zu sein:

Exzellenz, wir treiben nun seit hundertfünfzig Jahren Handel mit Ihrem Land, und es ging an, zu den Bedingungen, wie sie eben gegeben waren. Jedoch nichts auf Erden bleibt unverändert, und so haben sich auch zwischen uns die Verhältnisse in einer Weise entwickelt, die neu berücksichtigt werden muß. Deshalb führen wir auch Verhandlungen. Aber Verhandlungen gehn in aller Welt nie anders vor sich, und darin besteht ihr Begriff, als daß die Standpunkte sich nähern. Man muß Abstriche an seiner überholten Auffassung machen und einander entgegenkommen.

Davon kann, entgegnete der Provinzialschatzmeister ebenso lässig wie bestimmt, keine Rede sein. Wir, die Chinesen, stehn auch in keinen Verhandlungen. Denn das einfachste Entgegenkommen, das wir von Ihnen erwarten würden, nämlich, daß Sie unsere Gesetze achten, ist nicht zu erreichen. Also gilt noch um so mehr, was auch sonst gälte, nämlich, daß die Bedingungen, unter denen China etwas tut oder unterläßt, unabänderlich sind, und zwar, wie ich Sie erinnern will, unabänderlich seit Jahrtausenden.

Damit trat eine peinliche Stille ein.

Aber es war wieder Herr Lue Yüanming, der darüber hinweghalf. Wir sind, erklärte er, zu nichts außer dem einen bereit: mit Ihnen Handel zu treiben. Aber über die Jang hong schang und einzig und allein über sie. Wir sind eben auch im Begriff, die *Seehandelsgesellschaft* straff durchzuorganisieren und zur peinlichsten Ordnung zu verhalten. Die Regierung hat nun ihr Auge auf sie gerichtet. Genügt Ihnen das nicht, dann muß ich mich jetzt verabschieden.

Sir Walpole stand auf. Handel, Hansa, Ordnung. Regierung – im Brennpunkt von all dem und von allem überhaupt stand das Opium. Sir Walpole brachte also, vor dem Mandarin sich aufpflanzend, die Sprache auf den Kernpunkt.

Und das Verbot des Opiumhandels? fragte er ohne Scheu.

Dieses Verbot, erinnerte ihn der prunkvolle Vertreter Kantons, besteht seit hundert Jahren.

Ja, es besteht! Sir Walpole wand seinen Körper wie ein Tauzieher. Aber Verbote bestehn über mancherlei, und sie und die Gewöhnung, daß sie nicht eingehalten werden müssen, bestehn reibungslos nebeneinander. Oder gestaltete sich das beim Opiumhandel etwa anders? Und sprechen die hundert Jahre, Exzellenz, in denen dieses Verbot immer wieder vergeblich erneuert werden mußte, nicht eine beredte Sprache!? Den europäischen Nationen war das eine Mal verboten, Tabak zu rauchen, und das andere Mal, Kaffee zu trinken; dennoch raucht jedermann Tabak und trinkt jedermann Kaffee. Wir sitzen doch nicht beisammen, um zwischen Vorurteilen Spiegelfechterei zu treiben! Oder wollen Sie behaupten, Exzellenz, daß das chinesische Volk durch den Genuß des Opiums tatsächlich nennenswerten Schaden gelitten hat?

Und jetzt geschah das Überraschende.

Der Provinzialschatzmeister, der Opium nie gesehen hatte, antwortete auf die problematische Frage: Nein. Ich habe es bisweilen selbst geraucht.

Begreiflich, daß nun durch die Engländer ein gewisses Zucken ging. Sir Walpole, der auf und ab marschiert war, blieb im Schritt und der Missionär Gützlaff in seiner Kopfwendung stecken. Sodann sahen sich die Herren kurz an, wobei Mr. Plowden die Augen schloß. Sie erkannten, daß nun das Stichwort, auf das sie nicht mehr gehofft hatten, gefallen war. Jedenfalls benahm die Wirkung des Ereignisses Sir Walpole für den Augenblick des Vermögens, die Auseinandersetzung gewiegt weiterzuführen.

Ja, wie denken Sie, Exzellenz, fragte er verwirrt, dann selbst über die Proklamation Ihrer Regierung?

Ich bin, entgegnete Herr Lue Yüanming undurchdringlich, nicht der Kaiser.

Aber von nun ab war die Luft verändert, in der Rede und Widerrede sich vollzog, und bald zeigte sich auch die *mittlere Linie*, auf der die Verhandlungspartner sich finden konnten. Sir Walpole setzte dem zugänglich gewordenen Mandarin die Größe der indischen Mohnwirtschaft auseinander und wie es unmöglich sei, von heute auf morgen für sie ein neues Absatzgebiet zu finden, und das Mitglied der Kreisregierung gab, mit allen Vorbehalten, zu verstehn, daß es nicht ohne Einsicht wäre für einen Vergleich. Der Vergleich konnte darin bestehn, daß China seinen Opiumimport nicht plötzlich einstellte, sondern nur stufenweise abbaute und die Engländer damit die Möglichkeit gewannen, sich in dem gleichen Nachundnach neue Märkte zu erschließen.

Allerdings könnte ein solches Arrangement, ließ der Provinzialschatzmeister durchblicken, nur mit viel Glück und auf dem Weg direkter Verhandlungen mit dem Kaiser und den Ministern erreicht werden, und es läge auf der Hand, daß diese Verhandlungen nicht von heute auf morgen zu einem Abschluß zu bringen sein würden. Keine Frage wäre, durch wen das Kompromiß herbeigeführt werden sollte, denn das konnte nur ein hervorragender chinesischer Beamter sein.

Aber die Engländer waren keine einfältigen Menschen. Sie wußten jetzt um den Stand der Dinge, der, wie Mr. Plowden später bemerkte, eigentlich nichts Neues bedeutete. Man hatte diesen oder einen ähnlichen Kurs ja auch angestrebt und war nun lediglich auf besonders gewundenen Wegen dazugelangt. Einmal so weit aber, sollte es sich erweisen, daß die Herren der *East India Company* nicht an Phantasiearmut litten.

Die Engländer lobten also ihr Glück, sich gerade mit dem Beamten zusammengeführt zu sehen, in dessen Ressort solche Verhandlungen lägen, und sie erklärten es auch für ihre Pflicht, die offenbar notwendige Reise nach Peking, die in ihrem Interesse unternommen würde, zu finanzieren. Doch sollte darin bei weitem noch keine Gegenleistung erblickt werden. Für den Fall, daß die Verhandlungen mit dem Kaiser zu einem Erfolg gediehen, sicherten sie zu – in der Tat, so überschwenglich wurden die Barbaren –, den verdienstvollen Mandarin, der der *Company* so große Hilfe geleistet haben würde, am Umsatz zu beteiligen.

Schließlich schied Herr Lue Yüanming mit der gleichen undurchdringlichen Miene, mit der er gekommen war, jedoch mit der Aussicht auf neue beachtliche Einkünfte. Seine Vertrauensleute konnten, wann immer sie würden kommen wollen, die Silbertaels in Köfferchen aus Whampoa abholen. Dafür freilich erwarteten die Engländer wieder, daß die Exzellenz in der Zeit, die bis zum Abschluß der Verhandlungen in Peking verstreichen mußte, auch nichts unversucht ließe, auf ihre Kollegen in der Kreisregierung sänftigend einzuwirken. Und die Herren der *Company* stellten auch dafür jegliche Unterstützung in Aussicht.

Tatsächlich ging es in den folgenden Wochen mit dem Opiumschmuggel wieder besser. Ob auf Grund der Einwirkungen des Herrn Provinzialschatzmeisters, der sich keineswegs eilte, seine Reise nach Peking anzutreten, oder aber dank eines natürlichen Erlahmens der Zoll- und Wachtorgane, das blieb unentschieden. Jedenfalls wurde niemand gehängt, und der Verkehr gestaltete sich, trotz der neuerdings hinaufgesetzten Preise, reger. Der Ausschuß der Faktorei und Sir Walpole witterten auch bereits Morgenluft, als sie von einem neuen Schlag getroffen wurden, einem gewaltigen Schlag, nachgerade von einer Kriegserklärung.

Bei der Übernahme einer Schiffsladung Gewürznelken offenbarte es sich, daß die Hansaleute, um eine starke Preispolitik treiben zu können, eine Art Trust gebildet hatten, und der Preis der Gewürznelken war danach.

Gleichzeitig erklärten die *Sicherheitskaufleute* allsamt, daß die Engländer ihrerseits die Preise von Zinn, Eisen und Baumwolle herabsetzen müßten, da man andernfalls nicht mehr gesonnen sein könnte, diese Artikel abzunehmen.

Den Herren der *Company* traten die Augen aus den Höhlen. Was für eine Unbill brach da herein, und welche Kräfte waren auf der Gegenseite aufgestanden? Der Faktoreiausschuß zwar erhielt einen optimistischen Brief des Provinzialschatzmeisters Lue Yüanming, aber der Brief ging über die neue Erfindung der Hanseaten hinweg, und die straffere Ordnung, von der der Mandarin bei seinem Besuch gesprochen hatte, war den Engländern keinesfalls als ein doppeltes Dumping aufgegangen, unter das sie gesetzt werden sollten. Diese Folgewidrigkeiten legten auch – und zumal da der Beamte seine Reise nach Peking noch immer nicht angetreten hatte – die Vermutung nahe, daß man abermals betrogen worden sei.

In Wahrheit überschätzten die Briten bei diesen aufgeregten Überlegungen die Lage. Hau-qua war keineswegs dahingekommen, die Jang hong schang in der Weise zusammenzuschmieden, wie es seinem erhabenen Schwiegervater im neuen Bambushäuschen vorgeschwebt hatte; die Hongs, die Hansamitglieder, zitterten insgeheim vor den Praktiken der Engländer und um ihren Profit; sie trauten einander nicht über den Weg und waren auch ganz ohne Geist für kühne Neuerungen. Auf diese Art bedeuteten der neue Preis der Gewürznelken und die Forderung nach niedrigeren britischen Exportsätzen bloß einen Probegalopp, der nur mit unerhörtem Gezeter hatte durchgesetzt werden können und die Tendenz zum Rückschlag bereits in sich trug. Aber die Engländer mußten darauf übertrieben reagieren, weil das ihrer Lage entsprach.

Von dem Alb der vollständigen Unterbindung des Opiumhandels wieder befreit, erinnerten sie sich auch ihrer übrigen Ansprüche, ohne deren Erfüllung sie nicht hoffnungsvoll glaubten, weiterarbeiten zu können, und diese, ihre wiedergewonnene Objektivität in der Beurteilung der Situation legte ihnen auch nahe, einen neuerlichen Schritt zur Klärung der Umstände zu versuchen. Es verlockte sie dazu auch die Erwägung, daß sie damit über das vermeintliche Wirken des Provinzialschatzmeisters eine Probe aufs Exempel anstellen könnten, und sie wurden in ihrem Entschluß noch durch die Tatsache bestärkt, daß weder gegen die Schiffe bei Lin-tin noch gegen ihre Frauen in Whampoa irgend welche Maßnahmen getroffen worden waren.

Direktor Lindsey beorderte also zwei schwer befrachtete Schiffe aus Macao an die Tigermündung und ließ den Bewohnern des Bezirkes Tung-kun bekanntmachen, sie könnten hier billige Waren kaufen, zollfreie und wohlfeilere als in Whampoa. Diese Handlungsweise bedeutete den Bruch jeder Abmachung überhaupt, und der Widerhall bei der Kreisregierung ließ nicht auf sich warten. Eine Botschaft kam, in der der Ausdruck *gesetzlose Rotte* für die Engländer der lindeste war. Aber die Herren der Faktorei antworteten, sie seien durch das verbrecherische Verhalten der *Seehandelsgesellschaft* zu dieser Selbsthilfe gezwungen; nur dadurch, daß sie allgemein verkaufen könnten – nur durch die gewaltsame Einschaltung der Konkurrenz, kaufmännisch geredet –, bestünde für sie eine Aussicht, die Privilegierten der Hansa zu einer Herabsetzung ihrer Forderungen auf die übliche Marktpreishöhe zu zwingen. Und Sir Walpole zog, besonders da keine Kriegsdschunken anfuhren und nicht geschossen wurde, seine Frachter nicht zurück. Allerdings zeigte die Rechnung nun ein anderes Loch. Obwohl Direktor Lindseys Kundmachung den Einwohnern des Bezirkes Tungkun erklärt hatte, sie müßten schon in ihrem eigenen Interesse der *Company* wider die Rückständigkeit der chinesischen Regierung beistehn, blieben die wohlhabenden Kaufleute, verschreckt oder aus Abneigung gegen die Fremden, den Warenschiffen fern. Es konnten durch Wochen nur einige Stücke Baumwollzeug an kleine Leute losgeschlagen werden.

Daraufhin entfaltete Sir Walpole eine hemmungslose Energie. Er schenkte den Agenten der *Company* vollen Glauben, die erklärten, nur die Leute Kuang-tungs seien so starrköpfig, man müßte es mit Fu-kien versuchen, und er kehrte, um für die Fahrt dorthin zu rüsten, nach Whampoa zurück. Acht Tage später segelte der *Lord Amherst*, der nur wenige seiner Matrosen in der Faktorei zurückließ, aus dem Ästuar und die Küste nordwärts nach Scha-tou. Als Fracht führte das Linienschiff unter anderem Opium und Bibeln. Der Küstenstrich zeigte sich als dürr und felsig, nur in den kleinen Tälern, die die herauskommenden Flüsse ausgeschnitten hatten, standen hinter den Reisfeldern Föhren und Bambus. Die Handelsvorgänge jedoch, bei denen der Missionär Gützlaff als Dolmetsch fungierte, offenbarten selbst ihre Fragwürdigkeit.

Auch Sir Walpole mußte einsehen, daß es nur so weit zu Verkäufen kam, als man arglose Leute durch falsche Vorspiegelungen zu ungesetzlichen Handlungen verleiten konnte. Nun wäre das nicht das Belastendste gewesen, und man stand auch nicht davon ab, selber den Schmuggel in die Wege zu leiten, aber auch die Beamten dieser Küste neigten dazu, ihr Verantwortungsbewußtsein hervorzukehren, und sie taten es unerwarteterweise noch mehr als die in Kuang-tung. So kam es zu Auftritten, bei denen einige Dorfälteste verprügelt wurden, und in Scha-tou demolierten die Matrosen des *Lord Amherst* sogar die Kanzleien in einem Yamen. Daraufhin wieder schickte der Großpräfekt eine Abteilung Militär aus, die nur mit Schüssen zurückgescheucht werden konnten, und damit drohte ein allgemeiner Aufruhr gegen die Barbaren. Bei diesem Stand der Dinge brach jedoch Sir Walpole die Expedition, die mit einem Fiasko geendet hatte, ab.

Man fuhr übelgelaunt nach Whampoa zurück, nichtsahnend, was einen dort erwarten würde. Aber man kam gar nicht bis hin, denn schon in Macao, das man passierte, deckten sich die Umstände auf, die in der Zwischenzeit herangereift waren.

In den Tagen, da der *Lord Amherst* vor Scha-tou gelegen hatte, waren die Tatarenregimenter von Kanton, und zwar wohl samt und sonders, in Whampoa aufmarschiert. Auch viele Kriegsdschunken hatten sich im Hafen gesammelt, und dergestalt bestand kein Zweifel über den Ernst der Absichten, die die Kreisregierung mit dieser Truppenansammlung verfolgte. Sie forderte, in heiligem Zorn über die Handlungsweise der Barbaren, nun nicht nur die Abbrechung des Zauns und die Abreise der Frauen, sondern sie bestand auch auf der Evakuierung der Faktorei, das will sagen der ganzen englischen Kolonie. Und die Kolonie hatte sich, ungeachtet der beiden Kanonen im Faktoreigarten, fügen müssen. Auf diese Weise saß man jetzt – lange vor dem Ende der Handelszeit in Whampoa – wieder in Macao.

Sir Walpole raste, aber mit dem Rasen war es jetzt nicht mehr getan. Denn der energische Direktor aus Kalkutta hatte nun auch den Ausschuß der Faktorei gegen sich, dem ein derartiger Hinauswurf und eine solche Störung der Geschäfte nie widerfahren war.

Der Ausschuß und die zur englischen Kolonie gehörigen Parsen verlangten von Sir Walpole die Wiederherstellung der Zustände, wie sie vor seinem Eintreffen zum Genuß gestanden waren, oder gleich das ganz große Aufräumen – den Krieg. Dafür erachtete auch Sir Walpole die Dinge reif. Er reiste nach Kalkutta, um von dort aus die Heimat zu alarmieren.

Aber Sir Walpole stieß auch in Kalkutta auf Widerstand. Das dortige Direktorium rückte ab von seiner Art der Exploitierung, die nur Verluste bringen mußte, und es verhielt sich nicht zuletzt deshalb so, weil es um die Empörung Londons wußte.

Die *Times* schrieben:

Was würden wir in Großbritannien sagen, wenn eine Rotte französischer Matrosen die Türen unseres Kanzleihofs einschlüge und den Lordkanzler mißhandelte? Und dies alles, weil die Küstenbewohner ihre Pflicht taten und den Schmuggel zu hindern suchten. Das ist wahrlich nicht die richtige Art, das Volk von China zur europäischen Zivilisation und zum Christentum zu bekehren.

Das Präsidium der *East India Company* und die Staatsmänner der Leadenhallstreet drückten sich diskreter und instruktiver aus. Sie schrieben:

Der Handel mit China ist zu wichtig, als daß er ohne Not der geringsten Gefahr ausgesetzt werden dürfte. Von gewaltsamen Schritten ist daher, wenn Gerechtigkeit und Humanität uns auch erlauben könnten, einen Augenblick ernstlich daran zu denken, schon aus finanziellen Gründen abzusehen.

Schließlich hatte die Nation zur Zeit auch dringendere Sorgen.

Der zwanzigjährige Krieg gegen Napoleon war eben erst zu Ende gegangen, und der seit langem fällige Umbau der Staats- und Wirtschaftsordnung mußte durchgeführt werden. Nicht ohne das Land, das an der Nachkriegskrise litt, in schwere Kämpfe zu stürzen. Die Getreidepreise sanken, und die Fabrikanten waren, da es mit den Kriegsaufträgen sein Ende gefunden hatte und der zerrüttete Kontinent keine Maschinen aufnehmen konnte, ohne Absatz. Dabei suchten 250.000 verabschiedete Soldaten Arbeit, und auch viele, die bisher in Arbeit gestanden hatten, verloren sie, weil eine Erfindung die andere jagte. Die Handweber zertrümmerten die mechanischen Webstühle und legten Feuer an die Fabriken, es gab Maschinenstürme, politische Klubs und Wanderprediger, die das allgemeine Wahlrecht verlangten. Man henkte Bauern und Arbeiter, und da und dort in den Städten floß Blut.

Im Parlament hatten eben diese Städte, wie in der Zeit der Tudors, keine Vertretung. Das Kabinett bestand aus reformfeindlichen Tories, die am liebsten Gott gebeten hätten, das Chaos zu erhalten, und die Opposition der Whigs war gespalten. Über all dem stand in Georg dem Dritten ein geistig umnachteter König, der seinen Sohn herrschen ließ, und dieser war ein Dandy. Er schwärmte für Byron und Scott, hielt Sheridan Freundschaft, saß Lawrence Modell, schickte Beethoven ein Geschenk und legte Regent Street an, er besserte am Windsor Castle herum und baute Buckingham Palace neu auf, im übrigen lebte er ausschweifend und in Bigamie.

In diesem Wirrwarr bestand für Chinapläne kein Operationsraum, weshalb die *East India Company* zusehen mußte, allein weiterzukommen. Ihr bangte nicht darum, ausgenommen Sir Walpole Lindsey, den sie jedoch durch Sir Francis Davis ersetzte.

Vor dem Beginn der Handelszeit im Herbst 1817 erschien ein Kriegsschiff in Whampoa, das aus Singapore kam und nichts weiter als einen Brief überbrachte. Der Brief stammte von Lord Bentinck, dem Generalgouverneur von Bengalen, er war niedergeschrieben worden in Simlah und richtete an den Generalgouverneur von Kuang-tung und Kuang-si folgende Mahnung:

Eure Exzellenz wissen, daß die Sitten der Völker verschieden sind. Wenn die Untertanen Ihres Fürsten in fremde Länder ziehen, erfreuen sie sich nicht mehr der Fürsorge des mächtigen Gebieters im *Reich der Mitte*. Dies ist nicht der Fall mit den Schiffen und Kaufleuten aus den Gemarken meines Herrn. Wo immer sie hinziehen mögen, bleiben sie der Gegenstand seiner Liebe; er überwacht mit ängstlicher Sorgfalt ihr Betragen und die Behandlung, die sie erfahren. Mein Fürst hat mich zum Statthalter eines mächtigen Reiches eingesetzt. Die Ausdehnung der Länder, die Anzahl der Provinzen und Inseln, die unter meiner Herrschaft stehn, ihre Hilfsmittel, die Menge und der Reichtum ihrer Bewohner, die zahlreichen, trefflich eingeübten Heere, die vielen Kriegs- und Handelsschiffe müssen Eurer Exzellenz wohl bekannt sein. Meine Pflicht ist es, die Angelegenheiten des Britischen Reiches in diesen Weltgegenden zu überwachen; daher stehe ich auch bereit, die Kaufleute der englischen Nation gegen jede Ungerechtigkeit und jeden Druck zu schützen, und zwar mit allem Ansehen und aller Macht, die mir gegeben sind und die ich nur immer aufbieten könnte. Aber Eure Exzellenz werden in Ihrer Weisheit und Gerechtigkeit die Mittel wohl finden, mich der Unannehmlichkeit zu überheben, daß ich erst mit ernsteren Maßregeln meinen hart bedrängten Landsleuten jene Hilfe sollte gewähren können, die sie mit Recht von mir in Anspruch nehmen dürfen.

Ausschlaggebend an diesem Schreiben war, daß es nichts forderte und nichts ankündigte. Und auch die Herren der Faktorei, die nun Sir Francis führte, forderten nichts. Sie kamen, wie wenn nichts geschehen wäre, wieder nach Whampoa, und sie brachten weder ihre Frauen mit noch legten sie Wert auf einen Zaun um den Faktoreigarten. Sie trieben wieder Handel.

Da die Trustorganisation der Jang hong schang wieder auseinandergefallen war, konnte man auch wohlfeil kaufen und mit entsprechendem Gewinn sein Zinn und Eisen, seine Baumwolle und seine Tücher abstoßen, und auch der Opiumschmuggel gedieh von neuem. Möglicherweise war dafür ein Wechsel in der Kantoner Statthalterschaft von Gewicht, den, über Anraten des Provinzialschatzmeisters Lue Yüanming, ein aus Peking gekommener Zensor veranlaßt hatte. Der bisherige Generalkommissär von Kuangtung, Exzellenz Wu Yenwu, war im Zusammenhang mit den Ereignissen in Tung-kun und Scha-tou in Ungnade gefallen.

Jedenfalls setzte die *East India Company* in der Handelszeit vom Herbst 1817 bis zum Frühling 1818 wieder 6000 Kisten Opium ab, die Kiste zu 140 Pfund, und das bedeutete abermals einen Reingewinn von 400.000 Pfund Sterling. Unter diesen Umständen dachte Sir Francis, der auch von gemäßigterem Temperament war, nicht mehr daran, die Verhandlungen, die Sir Walpole mit dem Kantoner Provinzialschatzmeister aufgenommen hatte, dahin weiterzuführen, daß er ihn zu der Reise nach Peking gepreßt hätte. Die Dienste, die der hohe Mandarin fühlbarerweise in Kanton selbst leistete und bei denen er durch die Sabotagegesinnung der *Wohlmeinenden Gesellschaft des roten Drachen* offenbar unterstützt wurde, reichten aus, den Fortgang des Handels zu gewährleisten: mehr wünschte man nicht. Oder waren es gar nicht der Provinzialschatzmeister und die Gesellschaft des *Roten Drachen*, denen man Dank wissen mußte? Vielleicht – und je mehr Zeit ohne Zwischenfälle verging, um so mehr mußte man zu dieser Annahme neigen –, vielleicht setzten sich einfach die chinesischen Verhältnisse wieder ins Recht.

Tatsächlich kam 1821 der neue Kaiser Tao-kuang auf den Drachenthron, der gleichfalls einigen Wechsel in der Beamtenschaft durchführte, und er wiederholte das Verbot des Opiumschmuggels vorderhand nicht. Er erneuerte es nicht, obgleich die *East India Company* in diesem Jahr schon 8000 Kisten ins Land brachte.

Die Zeit der mißlungenen Vorstöße von beiden Seiten war vorüber und das Leben ging weiter, das unübersehbar vielfältige, aber gleichwohl in einigen einfachen Grundzügen sich abwickelnde Leben. Auch das Leben in den kleinen Zusammenhängen. Tschun-tao, Hau-quas *Frühlingspfirsich*, gebar in diesem Jahr schon das dritte Kind, und zwar endlich einen Knaben, dem der *Sicherheitskaufmann* und Spielhöllenbesitzer Hau-qua den Namen Yün Yüan – Glücksanfang – gab; die Amtsperiode des Provinzialschatzmeisters wurde abermals verlängert, und nur Herr Jau-mün wußte trotz mancher Gespräche noch immer nicht, ob Seine Exzellenz einen Patrioten vorstellte oder nicht. Tschun-lin aber, der gleichsam Verschollene, der von seinem Vater keine Unterstützung nahm und nie eine Nachricht sandte, Tschun-lin, der Einsame mit dem nicht vorherzusehenden Schicksal, machte in diesem Jahr das Zweite Examen, das Examen Fu-ko.

Den Satzungen nach hätte er diese Prüfung längst ablegen können, auch auf Grund seiner Fähigkeiten, doch war er durch sein Leben daran gehindert worden. Seine Sorge, nur ein Denkender und nicht auch ein Lebendiger zu sein, dieser Kummer, der ihn unter den Augen des großen Unsterblichen Lü Tung-pin befallen hatte, und sein abenteuerliches Verlangen nach Selbstzucht waren dafür bestimmend gewesen, daß er zwei Jahre auf Schiffen fuhr, eines auf Handelsdschunken und das andere bei der Kriegsmarine. Er war dabei aus dem Golf von Pe-tschi-li bis Kanton gekommen, das er mit einer tiefen Schwermut wieder erblickte, aber sein junger Körper hatte sich gestählt, sein Herz sich beruhigt, und sein Geist war wirklich weit geworden, denn er war es nun voller Anschauung. Tschun-lin kannte nun die niederen Bergwälder der Eichen, Kastanien und Fichten im Norden und die Melonenbäume, die Schaubenpalmen und violetten Glockenblumenbäume des Südens; er wußte um die Behausungen an hundert Flüssen, wie sie hinter Goldruten und Weiden, hinter Pappeln, Tamarisken und blaugrünem Schilfgras standen; er hatte das Land am Kaiserkanal geschaut und die vier Ströme, den Yang-tse, den Hwang-ho, den Huai in Ho-nan und den Ch'i in Schan-tung; die Schiffe, auf denen er gefahren war, hatten Silber aus Yün-nan und Zinnober aus Schen-si gebracht, und er war wiederholt mit den Anthrazitbooten nach Tien-tsin gekommen; aber er hatte auch auf Pu-to-schan gestanden, über dem heiligen Archipel der Göttin Kuan-yin, in hundert Pagoden und den Hallen der Fünfhundert Lohans, und er war mit ehrfürchtigem Schauder durch Chü Fu gewandert, der Grabstadt des Kong-fu-tse; er kannte Ting-hai und Ning-po, Hang-tschou und Tsching Kiang, Nanking, Schang-hai und Peking, und er hatte die feuchten Südostwinde des Gelben Meeres erlebt und die kalten Staubstürme aus Innerasien; vor allem aber wußte er nun auch um sein Volk aus eigener Anschauung, um die Boxer und Räuber, die Dickköpfe und vierschrötigen Nudelesser der Nordprovinzen und die verweichlichten Schmächtigen südlich des Yang-tse, um die Menschen aus Schen-si, dem Landstrich des ewigen Hungers, deren Lieder gleichwohl wie Sturmgeheul klangen, und die Leute von Su-chow, die nur ein Seufzen und Zirpen vollbrachten, um die quecksilbrigen Unternehmernaturen seiner Heimat, um die Hotelboy-Menschen Kiang-sus und die Hupeh-Leute, die *neunköpfigen Vögel im Himmel,* die immerfort fluchten und intrigierten und denen der Pfeffer erst scharf genug war, wenn er in Öl geröstet worden; und Tschun-lin kannte das Leben und Treiben all dieser Menschen, er hatte in Häfen und Karawansereien, in Forts und an den Kaisergräbern daran teilgenommen, und solcherart erfüllte sich nun erst sein Wissen, das allem vorausgeeilt war, mit dem vollen Gehalt; Kamelienhage und gefangene Hammerfische, Meersonnenuntergänge und Volksaufläufe, Pagoden und Kaiserpaläste und der viel abgründiger jetzt erlebte Sternhimmel, alles trat in seine Seele ein, um sie noch einmal zu vertiefen, und so war er auch mit einer neuen, ebenso schwerblütigen wie weiträumigen Reife zu den Büchern wieder eingekehrt, in eine kleine Klause, die er, nach diesen zwei Jahren, in einem Pekinger Taoistenkloster bewohnte.

Das Examen Fu-ko, in der Halle von Peking durchgeführt, die eine Stadt für sich war, dauerte neun Tage und sieben Nächte. Während dieser Zeit durften die Kandidaten, an die zehntausend, ihre Zellen nur in der dritten und sechsten Nacht verlassen. Und als, nach Beendigung der großen Anstrengung, die Türen entsiegelt wurden, zeigte es sich, daß einer der Teilnehmer, der über die Anwendung der klassischen Texte in Verzweiflung geraten war, sich erhängt hatte, ein anderer, schon vorgeschritten in den Jahren, war gestorben, und viele taumelten krank in den glühenden Tag heraus. Tschunlins Name aber stand als erster auf der roten Papierbahn, die, die Graduierten bekanntgebend, mit viel Pomp und Musik am Wachtturm in der Hallenmitte aufgezogen wurde. Er durfte nun den Titel Tschu Yen führen, *Erhabener Mann*, und es stand ihm unter anderem das Recht zu, sich ein Haus mit einem Turm zu bauen.

Tschun-lin freilich baute sich kein Haus mit einem Turm, dazu hätte er auch der Mittel ermangelt. Er nahm ergriffen an dem Diner teil, das der Statthalter den Ausgezeichneten des Examens veranstaltete und bei dem der Erfolgreichste ein Anerkennungsschreiben aus der kaiserlichen Kanzlei erhielt. Hernach wechselte Tschun-lin die Wohnung, denn er trat nun, in den siebenten Rang erhoben, in die Dienste des Ministeriums Hsing-pu, des Ministeriums für Justiz. Als der Beamte, der er nun war, trug Tschun-lin einen Knopf aus massivem Gold auf der Mütze und auf seiner Robe das Schild der Mandarinenente. Aber er schrieb auch jetzt nicht nach Hause, und auch nicht nach vier Jahren, als er, in den sechsten Rang erhoben, mit dem weißen Halbedelsteinknopf und dem Schild des Silberreihers, in das Ministerium Kung-pu übertrat, die oberste Behörde für öffentliche Arbeiten.

Um diese Zeit, 1825, führte die *East India Company* jährlich bereits 10.000 Kisten Opium über Kanton ein, das war eine Giftmenge im Gewicht von 1,400.000 Pfund.

An Herrn Jau-mün aber, seinen Vater, schrieb Tschun-lin erst, nachdem er, drei Jahre später, auch die dritten und letzten Prüfungen abgelegt hatte, das Examen Juen-ko.

Jeder, der zu dieser Prüfung antrat, und mit Tschunlin taten es fünfzehntausend, darunter vierzig Prinzen, war Gast des Kaisers. Die von weit her kamen, aus der Mongolei und anderen Randprovinzen, erhielten einen Reisezuschuß von zwanzig Taels. Acht Großmandarine und zwei Präsidenten leiteten die Prüfungen, die über zwei Wochen dauerten. Laut Vorschrift hatten die Kandidaten in Seide zu erscheinen, doch stand in jeder Zelle nur ein Schemel, und sie mußten auf der Erde schlafen.

Die Themen, deren jedes an einem Tag und mit nicht weniger als tausend Charakteren zu bearbeiten war, umfaßten das Gesamtwissen, aber sie gingen zumeist vom Menschlichen aus und überließen es der Verantwortlichkeit und Geisteshaltung des Prüflings, auch die Auswirkung des Menschlichen in Staat und Gesellschaft der Betrachtung einzubeziehen. So hießen die Aufgaben etwa: *Wachen über die Empfindungen des Herzens, Hochschätzung der Sparsamkeit, Einhalten der Mitte*, aber auch: *Studium der Alten, Beförderung der Weisen zu Ehrenämtern* und: *die Militärkunst.* Und am Kopf der Papierfahnen, die die Themen verkündeten, stand zu lesen: *Ihr Gelehrten! Jetzt habt Ihr Euch an mich, den Kaiser, zu wenden. Bringet demnach Eure erhabensten Ideen zum Ausdruck, nicht weitschweifig, nicht dunkel, nicht in Phrasen oder schwülstig. Ich, der Kaiser selbst, werde Eure Arbeiten lesen.*

Die Bewertung der gelieferten Abhandlungen fand in der Weise statt, daß die Examinatoren die bedeutsamen Stellen rot einkreisten. Wessen Arbeit die meisten Kreise aufwies, der hatte die beste Leistung vollbracht. Bei dem Juen-ko, dem Tschun-lin sich unterzog, promovierten von den fünfzehntausend nur dreihundert, von den vierzig kaiserlichen Prinzen drei, und die Arbeiten mit den meisten roten Kreisen waren die seinen. Er erfuhr dieses Ergebnis im kaiserlichen Palast Te-huo-tien und aus dem Mund des Kaisers selbst. Die Szene in dem Sonnentag mit den gelb strahlenden Palästen, mit dem weiten Innenhof, in dem das gelbe Zelt des Kaisers stand, mit den Galaansammlungen, den Herolden, die seinen Namen riefen, und dem Kotau vor dem Kaiser, prägte sich Tschun-lin ein, als hätte er im Westlichen Paradies gestanden. Und während jeder der Promovierten ein Stück Seide und dreißig Taels erhielt, damit er sich in seiner Heimat eine Ehrenpforte errichten lassen könne, empfing Tschun-lin achtzig Taels und ein Staatskleid. Er konnte nun den diamantenen, mit den *drei Ästen und neun Blättern* verzierten Doktorknopf tragen, und Tao-kuang erhob ihn überdies, indem er ihn zum Mitglied der kaiserlichen Akademie ernannte, in den fünften Rang, der in der Regel erst Fünfzigjährigen zugänglich war. Bei dem folgenden Diner freilich, dem vorübergehend auch der Herr des Drachenthrons beiwohnte, erbat sich Tschun-lin die Gunst, praktisch wirken zu dürfen, und auch dies wurde ihm gewährt. Er wußte, wie nicht bald jemand neben ihm, um das Rechtswissen, aber auch um die Verwaltung und die öffentlichen Arbeiten in Bauten, Bergwerken, Straßen, Brücken und Kanälen, und so ging er nach der Wartezeit eines halben Jahres, kaum neunundzwanzigjährig, als Statthalter in die Hauptstadt der Provinz Schan-tung, in das blühende Tsinanfu.

In der Wartezeit nun war es, daß er an seinen Vater schrieb. Das endlich erreichte hohe Ziel entließ ihn aus der düsteren Kräfteanspannung in die Rührung des Herzens. Auch bewegte ihn die Aussicht tief, nach Schantung, in die Heimat der Ahnen, zu kommen, und auch von der vielfältigen kaiserlichen Huld, deren er teilhaftig geworden war, sollte Herr Jau-mün erfahren. Damit es ihn ganz aussöhne und seine Tage, er mußte ja nun bald sechzig sein, mit Freude erfülle. Tschun-lin, der jetzt mehr als die ganze Zeit über fürchtete, sein Vater könnte gestorben sein, litt auch große Sehnsucht, den Ehrwürdigen und die Schwestern zu besuchen. Aber er konnte sich diesen Besuch nur dann vorstellen, wenn er erfahren sollte, daß Hau-qua – auf Grund welcher Umstände, hätte er selbst nicht zu sagen vermocht – nicht mehr im Haus sein sollte. Dementgegen freilich besagte der Brief, der von Herrn Jau-mün kam, Hau-qua sei wohlhabend geworden, bisher Vater von sechs Kindern, und es ziere ihn, in so jungen Jahren schon, die Würde eines Taipans der Kantoner Jang hong schang.

Diese letzte Bemerkung machte bei Tschun-lin die Betrübnis voll, denn er hätte nicht erst Beamter des Justizministeriums gewesen sein müssen, um über den Charakter jener Jang hong schang Bescheid zu wissen. Auch legte die Fügung, Hau-qua sei wohlhabend geworden, mancherlei Vermutungen nahe. Jedenfalls mußte Tschun-lin erkennen, daß ihn nun außer der vor dreizehn Jahren so elend dahingegangenen Ho-shi auch sein Rang und seine Pflichten von seiner Familie entfernten. Das tat ihm um des Vaters willen leid, um den ihm bangte, doch sollte er durch diesen Vater selbst noch weiter in seine Einsamkeit verdrängt werden.

Denn es ließ Herrn Jau-mün keine Ruhe, seinen Sohn, als er Statthalter von Tsinanfu geworden war, zu besuchen. Auf dieser Reise begleitete ihn nur die jüngste und noch unverheiratete Tochter Ma-liu, das *Äffchen*, die nun freilich schon eine junge Dame war, und Herr Jaumün fühlte sich, während ihn die Schiffe nach Norden und den Hwang-ho aufwärts trugen, wie der Herr des östlichen Meeres.

Die Tage dann im Yamen des jungen Statthalters waren voll Rührung und kindlicher Begeisterung. Der Tai-tong-Besitzer aus Kanton kam sich wie ein kleiner Kaufmann vor, und er erstarb vor Stolz über den großartigen Sohn. Dabei richtete sich sein Wohlgefallen nicht nur auf den

Diamantenknopf und das Tschutschu der 108 Kugeln, sondern ebenso auf den Mann, der nun all diese Pracht an sich trug. Denn Tschun-lin, der noch gewachsen war, erinnerte jetzt an die aristokratische Erscheinung seines Großvaters, und daß sein Gesicht in der Amtstracht so phantastisch jung und voll herrlichem Ernst anmutete, gab ihm überdies etwas Prinzliches.

Zudem sah Herr Jau-mün voll Beglückung, daß die hohen Würden das Herz seines Sohnes nicht verhärtet hatten. Er bekam vor Freude über Ma-liu Tränen in die Augen, und wenngleich sich Herr Jau-mün mit einiger Bedrückung sagen mußte, daß da die persönliche Einsamkeit des jungen Mandarins mitwirken mochte, so waren diese Tränen doch ein Beweis seiner warmen Menschlichkeit. Auf die Unbeweibtheit Tschun-lins, die Vergangenheit und Hau-qua kam Herr Jau-mün lieber nicht zu sprechen, wohl aber, und das geriet sehr enttäuschend, auf den Patriotismus der *Wohlmeinenden Gesellschaft des roten Drachen.*

Tschun-lin zeigte sich entsetzt. Er begriff seinen Vater nicht und versuchte ihm zu erklären, wie sehr in den zweihundert Jahren, die die Mandschu herrschten, die Dynastie zu einer chinesischen geworden sei. Herr Jau-mün hatte sich indessen in seinem Patriotismus, in seine Art Übersinnlichkeit, ebenso eingelebt wie der Sohn in den Dienst des Herrscherhauses, und der Hinweis auf die Haltung des Provinzialschatzmeisters Lue Yüanming, den Herr Jau-mün glaubte wagen zu dürfen, machte das Gespräch ganz übel. Sie mußten es abbrechen, besonders da dem Logenmitglied auch die Ahnung dämmerte, daß nun eine Bemerkung über Hau-quas Opiumgeschäfte, um die er wußte, in der Luft läge und Tschun-lin auch sie verurteilen würde. So blieb, als der Tai-tong-Besitzer wieder abreiste, etwas Unerlöstes zwischen Vater und Sohn, und sie sahen sich lange wieder nicht mehr.

In diesen Tagen, im Jahr 1830, trat der Provinzialschatzmeister Lue Yüanming, angeblich wegen einer Leberverhärtung, in Wahrheit, weil seine Wohlhabenheit einen Grad erreicht hatte, der ohne Gefahr nicht mehr zu steigern war, in den Ruhestand. Ein Gespräch, das er nun als Privatmann mit seinem verehrungswürdigen Verwandten, Herrn Jau-mün, führte, zeichnete sich durch patriotische Rückhaltslosigkeit aus und brachte jedenfalls etwaige Zweifel, die in dem Vater des fernen Statthalters aufgestiegen sein mochten, wieder zum Schweigen. Im übrigen taten – *der Himmel ist hoch, der Kaiser fern* – auch die Kantoner Umgebung und die Logenfreunde ihre Wirkung. Die *East India Company* aber, die nun Sir Francis durch Sir G. B. Robinson ersetzte, führte in diesem Jahr 25.000 Kisten Opium ein, dreieinhalb Millionen Pfund oder mehr als das Vierfache von vor fünfzehn Jahren.

Diese Giftüberschwemmung bewirkte, daß nun auch Kaiser Tao-kuang ein Gesetz gegen den Opiumschmuggel erließ und daß sich auch Tschun-lin in seiner Eigenschaft als Statthalter mit der Bekämpfung des Giftwesens befassen mußte. Er ging dabei mit einer Energie vor, die Tsinanfu rein erhielt. Dennoch brachten ihm, und zwar um seiner Gerechtigkeit und Fürsorglichkeit willen, die zweihunderttausend Städter, über die er gesetzt war, eine an Vergötterung grenzende Verehrung entgegen. Als der Kaiser ihn nach dreijähriger Amtszeit abberief, damit er als Sekretär in die Hofkanzlei eintrete, gab das Volk Tschun-lin geradezu nicht frei.

Die gleichen Menschen, die sich an mißliebigen Mandarinen dadurch zu rächen pflegten, daß sie ihren Auszug mit Begräbniszeremonien begleiteten, gerieten in einen Taumel aus Abschiedsschmerz und Dankesbegeisterung. Sie errichteten in den Straßen, durch die Tschun-lins Sänfte zum Hafen getragen wurde, Triumphbogen, von denen Banner mit lobpreisenden Inschriften hingen, wie: *Der junge Vater des Volkes*, *Der leuchtende Stern der Provinz*, *Der Wohltäter des Zeitalters*. Auch wurde Tschun-lin das Geschenk Yen-min-saen überreicht, ein roter Seidenschirm, auf den in Goldpapier die Namen aller Würdenträger der Stadt geklebt waren. An allen Läden, an denen der Zug vorüberkam, war ein Reisimbiß für Tschun-lin gedeckt, und auf hunderten roten Tafeln, die man neben dem Zug hertrug, standen in überschwenglichen Sentenzen die Tugenden des scheidenden Statthalters zu lesen. Aus allen Tempeln kamen Priesterdeputationen an die Staatssänfte; das Volk, das in allen Gassen Musik machte und Knallfrösche abschoß, rief unentwegt im Chorgesang: Wann wird die junge Exzellenz zu uns zurückkehren?, und die Kundgebungen wuchsen zur freudigen Raserei, als man dem geliebten Mandarin in der umdrängten und umstürmten Sänfte die Schuhe auszog, *weil er ja nicht in den Strümpfen weggehn könnte*.

Mit dem Ruf von der Exzellenz aber hatten die Städter von Tsinanfu nur wenig vorgegriffen, denn Tao-kuang, der Herr auf dem Drachensitz, verlieh Tschun-lin noch vor seinem Eintritt in das hohe Sekretariat den sehr seltenen Titel Went-shen, *Richtige Grundsätze der Literatur*, gleichzeitig erhob er ihn in den dritten Rang. Mit diesem war Tschun-lin nicht nur der dunkle Saphirknopf und das Pfauenschild gegeben, sondern auch die Würde, als Exzellenz angesprochen zu werden.

Indessen sollte dieser Eintritt in die kaiserliche Kanzlei für seinen ferneren Weg überhaupt bestimmend werden. Die unmittelbare Nähe des schwächlichen, wenngleich gutwilligen Herrschers gab ihm Gelegenheit, seine Charakterstärke, sein umfassendes Wissen und seine Staatsklugheit vor dem Himmelssohn selbst zu erweisen, und damit rückte er immer mehr zu einer Art Privatsekretär des Kaisers auf. Das sammelte auch schon Neider, Rivalen und Mißgünstige um ihn, und zumal unter den kaiserlichen Prinzen erwuchsen Tschun-lin viele Gegner, aber Tao-kuang wollte und konnte ihn nicht mehr entbehren; alles, was rechtschaffen fühlte, stand zu dem genialen, jungen Großwürdenträger; und Tschun-lin selbst sammelte sich aus der Herbheit seines Schicksals und dem Bewußtsein, alles für das Land und sein Volk zu tun, zu einer ebenso unerschrockenen wie unerschütterlichen Festigkeit des Wesens.

So wurde er mit vierunddreißig Jahren, ohne seine Stelle als kaiserlicher Sekretär aufgeben zu dürfen, auch Gouverneur der hauptstädtischen Provinz Tschi-li mit dem Sitz in Peking, gleichzeitig verlieh ihm Tao-kuang den hellroten Korallenknopf nebst dem Goldfasanenschild des zweiten Ranges und den Ehrennamen Tsesiu. Der pleonastische, nicht übersetzbare Ausdruck bedeutete, wörtlich übertragen: *Des Musters Würde*. Diesen Ehrennamen mußte Tschun-lin dem seinen nun immer hinzufügen, so daß er von jetzt ab Tschun-lin Tsesiu hieß.

In diesen Tagen bangte ihm auch zum erstenmal vor seinem Aufstieg. Allerdings wurde er gleichzeitig genötigt, mit wachsender Besorgnis an seine Heimat und seine Familie zu denken. In Kanton stieg ein Gewitter auf, das das ganze Reich verfinstern sollte.

Die *East India Company*, die in diesem Jahr 1834 30.000 Kisten oder 4,200.000 Pfund Opium eingeführt hatte, verschwand vom Schauplatz.

Ihr Privileg, kraft dessen sie als einzige Gesellschaft in China hatte Handel treiben dürfen, war erloschen, und niemand unter den Chinesen ahnte, was für ein Schicksal damit über ihr Reich heraufbeschworen war. Die es mit ihrem Volk gut meinten und der Regierung die Treue hielten, atmeten sogar auf, denn sie meinten, es würden ihnen in den Nachfolgern der *East India Company* gesittetere Kaufleute gegenübertreten. Die gutgläubigen Himmelssöhne! Sie hatten keine Vorstellung, was es bedeutete, daß mit dem Erlöschen des Monopols alles, was bisher für die *Ostindiengesellschaft* gegolten hatte, nun für jeden britischen Untertanen galt. Daß nun jeder den Versuch anstellen konnte, an allen Küsten und Häfen Chinas zu landen, in allen Provinzen und Bezirken zu handeln, China zu – erschließen. Und sie machten sich auch keinen Begriff von den aufgespeicherten Energien, die diesem Augenblick entgegengeharrt hatten.

Tatsächlich ging großer Jubel durch die englische Handelswelt, die nun, unter dem vierten Wilhelm und dem Whigkabinett des Lord Grey, auch im allgemeinen hoffnungsvollere Zeiten erlebte als vor fünfzehn Jahren. Die europäischen Revolutionen von 1830 hatten in den Bauernaufständen der südlichen Grafschaften nur einen schwachen Nachklang gehabt, und die Verhältnisse, innerhalb deren der Einfluß langsam von den Ländern auf die Städte und von den Feudalen auf die Mittelklassen überging, konsolidierten sich. Ja, sie hatten auf der technischen Seite, über den neuen Dampfschiffen und Eisenbahnen, einen geradezu märchenhaften Aspekt. Und da der Staat aus den Wirren des letzten halben Jahrhunderts in noch strahlendere Macht herausgetreten war, fühlte man sich nun auch befugt, an eine Sendung Englands auf Erden zu glauben. Jedenfalls konnte sich der Außenminister, Lord Palmerston, mit einigem Recht als *Kanzler des Erdballs* fühlen, und dieser Entfaltung in den weltpolitischen Zusammenhängen entsprach es nur billigerweise, wenn auch im Inneren, und da besonders, soweit es die die Entwicklung tragenden Mittelklassen betraf, eine verheißungsvollere Ordnung Platz griff. Auf diese Weise feierte die englische Handelswelt mit dem Erlöschen des Monopols der *East India Company* bewußt die Überwindung zweier Jahrhunderte, den Sieg der neuen Grundsätze, den Triumph der Handelsfreiheit, und sie feierte all das nun mit dem Blick auf China. Tatsächlich richtete sich der Fabrikanten und Spekulanten Aufmerksamkeit wie gebannt auf das Vierhundertmillionenreich: was für Abzugskanäle für die Erzeugnisse aller Manufakturen, und welch eine Rückfracht für die Schiffe: Tee, Porzellan, rohe Seide, goldhaltiges Silber und Gold, weitaus billiger als in Europa. In London und Liverpool, in Manchester und Glasgow wurden Bankette abgehalten, und man toastete auf das winkende chinesische Geschäft.

Von dieser Stimmung wurde auch die Regierung mitgerissen. Es regnete Druckschriften in Indien und England, die der wilden Ungeduld der Handelsherren, man müsse den Kaiser in Peking mit Gewalt zur Landeserschließung zwingen, wie im Rausch und mit welthandelspolitischer Überzeugung Ausdruck gaben. So setzte sich an die Stelle des Freibeutertums einer *Company* der erobernde Zugriff des universalistischen Zeitgeists, und wie die Schiffe schon zu einer Zeit die indischen und englischen Häfen verließen, da das Monopol der *Ostindiengesellschaft* noch dauerte, der Auslauf aber so berechnet war, daß man am Tag des Monopolerlöschens in Kanton eintreffen mußte, so wurde in der gleichen Ungeduld und Entschlossenheit auch die Bestallung des ersten *Oberaufsehers des britischen Handels in China* betrieben, der die Entwicklung nun rascher vorwärtstreiben sollte.

Dem *Oberaufseher*, Lord Napier – die Chinesen schrieben seinen Namen bald mit jenen zwei Zeichen, die bei ihnen *schlechter Kerl* bedeuten –, ward aufgetragen: die Handelsbeziehungen auch auf die anderen Häfen Chinas auszudehnen, die Hansaleute nicht mehr anzuerkennen und auf dem unmittelbaren Verkehr mit dem kaiserlichen Hof zu bestehn; auch sollte er nicht versäumen, die östlichen Küsten und Meere des Reiches der Mandschu kartographisch aufzunehmen, damit man bei Feindseligkeiten die Landungsplätze kenne. Eine Beglaubigung für die chinesische Regierung wurde ihm, da die Voraussetzungen dafür fehlten, nicht mitgegeben. In bezug auf den Opiumhandel aber ergriff Seine Gnaden der Feldmarschall, Duke of Wellington, im Parlament das Wort. Er erklärte, daß die chinesischen Beamten regelmäßige Abgaben vom Opiumhandel bezögen und daß die Regierung zu Peking keinen Schritt unternommen habe, diesen Handel zu unterdrücken. *No step had ever been taken to put it down.*

Lord Napier, Frau und Kinder mitführend, landete mit einem Kriegsschiff, das 190 Mann Besatzung hatte, im Sommer 1834 in Macao und begab sich, ohne die *Sicherheitskaufleute* zu verständigen und ohne den Beginn der Handelszeit abzuwarten, einige Tage nachher nach Whampoa. Er war entschlossen, hier außerhalb der

Faktorei seinen Aufenthalt zu nehmen, und zwar auch zwischen den Handelszeiten. Sodann schrieb er, den Hongs den Zutritt verwehrend, an die Kreisregierung:

Der Oberaufseher der Untertanen Seiner Majestät des Königs von Großbritannien ist kein Kaufmann, sondern ein hoher Staatsbeamter. Er kann daher nicht, wie ehemals die Vorsteher der Faktorei der *East India Company*, mit den Kaufleuten der Kantoner Hansa verkehren, die im Rang tief unter ihm stehn. Der Generalgouverneur der Provinzen Kuang-tung und Kuang-si möge daher genehmigen, daß der Abgeordnete des Königreichs Groß-England mit ihm in unmittelbare Verbindung trete.

Der Generalgouverneur schickte das Schreiben uneröffnet zurück und erklärte in einem Brief:

Die Satzungen unseres Landes sind unabänderlich. Wir kennen sie wohl, die Weise der Barbaren, bald dies, bald jenes zu wünschen, bald dies, bald jenes umzugestalten. Solch leichtfertiger Wandelbarkeit ist aber die unerschütterliche Weisheit des *Reiches der Mitte* immer abhold gewesen. Die Faktorei ist jetzt, so hören wir, aufgehoben und die Männer der *Company* sind durch einen Mann des Königs ersetzt. Dies kümmert das Land innerhalb der Vier Meere durchaus nichts, und jeder Staat hat das Recht, in seinem Land nach Gutdünken zu schalten und zu walten. Wir werden demgemäß in dem zivilisierten *Reich der Mitte* die bisherigen Anordnungen über den Verkehr aufrechterhalten.

Und nach dem vierten Befehl an die Jang hong schang, also vornehmlich an Hau-qua, er möge den britischen *Oberaufseher* zur Vernunft bringen, riß dem Generalgouverneur die Geduld. Er verbot – *Wer sich widersetzt, wird als Verräter an Kaiser und Vaterland betrachtet und rücksichtslos bestraft* – allen Handel und jeden Verkehr mit den Engländern. Tatsächlich legten nun die Hauswarte auch in Macao die Schlüssel hin, jeder Koch verließ die Küche, jeder Diener seinen Herrn. Die hochmögenden Kaufleute mußten sich selbst und mit Hilfe ihres mitgebrachten Personals und der Matrosen versorgen, zum Großteil mit Kräften, die die portugiesische Munizipalität zu ihrem Dienst beorderte.

Lord Napier seinerseits erließ eine Bekanntmachung, in der er erklärte, tausende rührige Chinesen würden durch die Verkehrtheit ihrer Regierung, *the perversity of their government*, zugrunde gerichtet. Im Gegensatz zu diesem *irrsinnigen* Verhalten sei es der Wunsch der britischen Kaufleute, mit China nach den Grundsätzen eines wohlverstandenen gegenseitigen Vorteils zu verkehren, und diese Kaufleute, darauf könne man fußen, würden in ihrem menschenfreundlichen Bemühen nicht erlahmen, bis diese für beide Länder so wichtige Angelegenheit geordnet sei. Sowenig der Generalgouverneur den Perlstrom in seinem Lauf aufzuhalten vermöchte, sowenig, das würde sich erweisen, werde er imstande sein, seine *tolle* Politik fortzusetzen. Und an die chinesischen Kaufleute war in dieser Bekanntmachung die Aufforderung gerichtet, sich nicht an die Verfügungen ihrer Regierung zu halten.

Gleichzeitig ließ Lord Napier ein zweites Kriegsschiff mit abermals 190 Mann Besatzung nach Whampoa kommen. Die chinesischen Forts beschossen dieses Schiff, und es erwiderte das Feuer. Doch blieb dies ein Intermezzo, das lediglich den Stand der Dinge anzeigte. Auch als auf Anordnung der Kreisregierung die Kriegsdschunken in Scharen die Tigermündung besetzten, erfolgte nichts weiter. Lord Napier hatte weder die Befugnis, noch, im Augenblick, die Macht, den Krieg zu beginnen, und die Chinesen hatten keinen Grund dazu. Man lag sich bloß mit gebleckten Zähnen gegenüber. Nur: die chinesischen Kaufleute hielten sich tatsächlich an die Verfügung des Generalgouverneurs, und das war eine böse Sache.

Die Handelszeit brach an, ohne daß China aufs Haupt geschlagen gewesen wäre, und die Geschäftsaussichten waren gleich Null. Das genügte, wie einstmals zu Zeiten Sir Walpoles, die kriegslüsterne, aber noch mehr auf das Geschäft bedachte britische Gemeinde in Macao in einer Weise uneins zu machen, daß sie und die ihr angeschlossenen Parsen Indiens eine Bittschrift an das Kantoner Obermautamt richteten, der Handel möge wieder erlaubt werden, sie unterwürfen sich. An Lord Napier, der damit in die größte Verlegenheit gebracht war, schrieben sie: Wo wir immer hinblicken, sehen wir, sofern die Verhältnisse, unter denen wir jetzt leiden, weiterdauern, Elend und Verderben.

Das mußten besonders die Opiumhändler klagen.

Sie hatten sich vermehrt wie das Ungeziefer. Um Lintin, dem *Einsamen Nagel*, massierten sich die Geschwader. *Die barbarischen Schiffe*, berichtete der Generalgouverneur an die Regierung in Peking, *die in den Gewässern südlich der Tigerpforte Opium verkaufen, vermehren sich jetzt täglich*. Allein, von Verkauf konnte, solange es von Kriegsdschunken wimmelte, auf jedem Stein landeinwärts ein Posten saß und jeder Verkehr unterbunden war, doch nicht recht die Rede sein. Daher setzten nicht zuletzt die Opiumhändler dem Lord Napier hart zu.

Und da der bedauernswerte Mann überdies schwer erkrankte, gab er nach. Er schickte die Kriegsschiffe fort und erbat einen Paß für die Rückreise nach Macao. Allerdings unterließen es nun auch die Chinesen nicht, ihr Mütchen an dem Geschlagenen zu kühlen. Sein Schiff brauchte für die Reise, die gewöhnlich in einem Tag verlief, fast eine Woche, dermaßen wurde es an allen denkbaren Stationen aufgehalten, und an allen Orten sammelten sich die Zopfträger und verursachten mit Gongs und Tamtams einen trostlosen Höllenlärm.

Vierzehn Tage später war der Lord ein toter Mann, und die britische Kolonie tobte. Sie wurde von der Erbitterung um so nachhaltiger geschüttelt, als sie um des Geschäfts willen die Demütigung selbst erst ganz vollziehen mußte. Während sie flammende Bittschriften und Proteste an das Londoner Parlament schickte, das Mutterland dürfe es nimmer und nimmer dulden, daß seine Söhne von dem barbarischen China mit Schmach und Verachtung überhäuft würden, – während sie den Krieg forderte, mußte sie zugleich den Chinesen beteuern, es sei alles wieder in Ordnung, und es möge alles beim alten bleiben. Diese Wiederherstellung der Verhälnisse besorgte Sir G. B. Robinson, der ehemalige Direktor, den die *East India Company* als dritten aus Kalkutta gesandt hatte, und er ging in der Hervorkehrung seiner rein kaufmännischen Mission so weit, daß er sich nach Lin-tin begab, mitten unter die Opiumflotte, und von hier aus die Geschäfte besorgte.

Dieses Hofhalten auf einem königlichen Schiff im Kreis der Opiumfrachter, das die Schmuggler sichtbarlich unter den Schutz der englischen Krone stellte, mißfiel aber der Regierung in London. Sie enthob 1836 Sir G. B. Robinson seines Amtes und berief an seine Stelle den Kapitän Elliot, der mit Lord Napier als Hafenmeister nach Macao gekommen war. Auch er verkehrte, um des Geschäfts willen, nur auf bittschriftlichem Weg und durch die Vermittlung der *Seehandelsgesellschaft* mit den Kreisbehörden, so daß der Generalgouverneur nach Peking berichten konnte:

Man halte den Barbaren nur immer die Strenge der himmlischen Gesetze als einen festen Schild entgegen, dann werden sie, wie die Vorgänge erweisen, sich endlich, von Furcht und Schrecken ergriffen, erneuern und der überaus reinen Dynastie und einzigen Zivilisation auf Erden den schuldigen Gehorsam leisten.

Das galt nun allerdings ganz und gar nicht für den Opiumschmuggel, der nicht mehr als Schmuggel, der als offener Großhandel betrieben wurde. Denn 1838 betrug die jährliche Einfuhr 34.000 Kisten oder 4,760.000 Pfund.

Die Opiumschiffe erschienen nicht mehr bloß in den Häfen von Kuang-tung, Fu-kien und Tsche-kiang; sie befuhren schon zweieinhalbtausend Kilometer Küstenlänge und drangen in die Provinzen Kiang-nan und Schan-tung vor. Ja, einzelne stahlen sich bis in den Hafen von Tientsin, an die Pforte Pekings. Millionen Chinesen waren dem Gift bereits verfallen, und die Ausgabe dafür zeigte sich durch die Eingänge für Tee und Seide nicht mehr gedeckt. Das war eine moralische und staatswirtschaftliche Katastrophe, und natürlich beschäftigte das Problem auch schon sehr den kaiserlichen Berater Tschun-lin Tsesiu.

Das um so mehr, als er seit 1837 den dunklen Rubinknopf und das Bergkranichschild des ersten Ranges trug und in den *Rat der Zensoren* aufgenommen worden war. Diese oberste Reichsbehörde, das Tu-cha-yüan, überwachte noch die sechs Zentralministerien, und sie durfte selbst dem Kaiser Vorhaltungen machen. Überdies bekleidete Tschun-lin die Stelle eines Direktors am Kriegsministerium im außerordentlichen Dienst, und Tao-kuang hatte ihn mit dem Titel Tai-fu ausgezeichnet, *Vizelehrer des Kaisers*, der in tausend Jahren nur siebenmal verliehen worden war. Natürlich gehörte Tschun-lin auch dem Kabinettsrat an, als weitaus jüngstes Mitglied, und Tao-kuang hatte ihm die gelbe Seidenjacke geschenkt. Er durfte sich ähnlich den kaiserlichen Prinzen tragen.

Dritter Teil

IN KAISERLICHER SENDUNG

Der Herr der Gelben Erde

Zum Ende dieses Jahres 1838, bei den Chinesen im elften oder *weißen* Monat, brachte Kaiser Tao-kuang, wie jedesmal zur Wintersonnenwende, das Große Himmelsopfer dar.

Dieses höchste, umfassendste und älteste Ritual im *Reich der Mitte* fiel auf den kürzesten Tag, weil an diesem alljährlich das männliche Prinzip Yang wiedergeboren wird, das im Himmel Shang Ti verkörpert, der zum obersten Gott erhobene *Ursprüngliche Mensch*, und auf Erden der Kaiser.

Shang Ti, der erste Stern nach dem Chaos P'an Ku und Urahne aller Dynastien, der Jade-Kaiser auf dem Perlenthron, steht über allen Machthabern des Alls; über der Mutter des Westlichen Paradieses und den zehn Höllenfürsten, über den fünf Herrschern der Weltgegenden und des Weltmittelpunktes, über den fünf Regenten der Jahreszeiten und ihres Wandels, über den achtundzwanzig Heroen der Mondtierkreis-Sternbilder, über dem Geist des Nördlichen Maßes, in dem der Tod, und über dem Geist des Südlichen Maßes, in dem das Leben beschlossen ist, über dem Strahlenkönig des Polarsterns, der die Große Grenze, das Absolute und die Einheit darstellt, über dem Großen Marschall, der im Jupiter thront und dem *Himmlischen Ministerium der Zeit* vorsteht, über den zwölf Präsidenten, denen die Doppelstunden des irdischen Tages unterstellt sind, und über all den anderen Göttern, den unzähligen, die gleichwohl die *hundert* genannt werden und die von den Sternen herabblicken und auf geheiligten Berggipfeln sitzen, die in den Wolken nisten und das

Meer in den Gezeiten hin- und herziehen, die in den Gewittern grollen und in den Wäldern und im Regen rauschen, die als *Ministerium der Gewässer* in Seen, Flüssen und Sümpfen wohnen, die Überschwemmungen hochheben und in den Seuchen geistern, die als Dürre im Boden glühen und als lebendiges Wachstum die Feldfrucht entfalten, die auf den Straßen wandeln und die Zinnen, die Tore, die Brunnen, die Mittelhallen, die Küchen und die Schlafstuben schützen, die das Feuer unterhalten und die Medikamente wirksam machen, die mit den Schwertern aufspringen, die die Seidenraupen hegen und das literarische Denken erleuchten.

Über all diesen Gewalthabern und Gnadegeistern, im Zenit des unermeßlichen Kräftegewölbes, thront Shang Ti, und der Kaiser hatte sich an ihn zu wenden als sein Erbe, als der irdische Vertreter des Himmels und Vollzieher von dessen Geboten, als Bindeglied zwischen den Göttern und Untertanen, als der *Herr der Zehntausend Jahre* und *Echte Drache*. Also umschloß das Gebet bei dem Großen Himmelsopfer die ganze Erde und die kaiserlichen Ahnen, die Götter des Landes und den Geist des Kong-fu-tse, und es erbat von dem Höchsten Herrn um der Dynastie und des Reiches willen für ein ganzes Jahr wieder die *Wohltaten der sechs günstigen Einflüsse*.

Dementsprechend umsichtig und sorgfältig führte das Ministerium Lo-pu, die oberste Opferbehörde, die Vorbereitungen durch. Bei diesen war besonders darauf zu achten, daß keine Abweichung vom alten Brauch die Wirkung der heiligen Handlung beeinträchtige. Ein schriftliches Programm, schon einige Tage vorher dem Kaiser überreicht, legte alle Vorgänge genau fest, und das hohe Zeremonienamt selbst überwachte die Zusammenstellung der Opfergaben, in riesigen blauen Porzellanschüsseln Salz, Getreide und Reis, das Fleisch von Stierkälbern, Schweinen und Hammeln, Wildbret und Fisch; in Bastkörben Kastanien, rote Rüben, Sellerie, Bambussprossen und große Kuchen, und hierzu kamen noch Seidenballen und große Stücke von Jade. Die Gebete, die während der Opferung zu verlesen waren, wurden dem Kaiser auf hölzernen, mit Papier beklebten Tafeln zur Unterschrift vorgelegt, wobei auch die Farbe der Tafeln auf die Sphäre Bezug nahm, an die die Gebete sich wandten; Blau galt für den Himmel, Rot für die Sonne, Weiß für den Mond und Gelb für die Erde. Und die drei Tage vor dem Morgen der Opferung mußten alle Beteiligten fasten, der Himmelssohn, die Prinzen und alle zugezogenen hohen Beamten.

Der Auszug zum *Tempel des Himmels* jedoch, der mit großem Pomp, unter Posaunenstößen und im Schein von aberhundert Fackeln vor sich ging, geschah schon am Vorabend der heiligen Handlung.

Er führte, zwischen den im Kotau daliegenden Spalieren hoher Würdenträger, aus der Purpurstadt durch das glockenhallende *Meridiantor* auf die *Straße der Götter*, die Tschien-mönn, und auf dieser durch die Chinesenstadt, an deren südlicher Grenze der Tempel lag. Den ganzen Weg hin war die Straße von Schnee freigeschaufelt und dicht mit gelbem Sand bestreut. Niemand durfte sie betreten, die Fenster und Türen an allen Häusern mußten geschlossen sein, und die einmündenden Seitengassen waren mit blauen Matten verhängt. Denn keines Profanen Blick sollte auf den Kaiser fallen.

Seinem gelbseidenen Palankin, den sechzehn mandschurische Kämmerer trugen, ritten fünfzig Bannerherren und Kommandeure der Palastgarden voran, und ebenso viele hohe Offiziere folgten ihm zu Pferde. An diese erst schlossen sich der Hofstaat und die Sänften der Mitglieder des Kronrats, des Kollegiums der Zensoren, der sechs Ministerien und anderen Spitzenbehörden. Vor, neben und hinter dem Zug aber wimmelte es von Fackelträgern, deren hinrückende Flammenscheine die breite Tschien-mönn zu einem festlichen Gewölbe aus der Nacht erlösten, und der Donner der Trommeln und Gongs verlieh dem Zug eine noch ereignishaftere Erhabenheit. Die Mandarine, in einer der vordersten Sänften unter ihnen Tschun-lin Tsesiu, trugen die schweren Pelzroben des Winters, Zobelfelle vom Amur und Fischottern aus Kamtschatka, blauen Fuchs aus Sibirien, Biber, Hermelin und graues Eichhorn, und der Kaiser hielt sein Zepter in Händen, den allmächtigen Stab aus Pfirsichholz und Nephrit mit dem goldenen Drachenkopf und den acht roten Seidenquasten.

Als sich der Zug den weiten Anlagen am Ende der Tschien-mönn näherte, tauchte zur Linken der Tempel wie ein Rauhreifgebilde aus der Nacht.

Die drei Terrassen, die mit je neun Stufen zu ihm hinaufführten, waren von weißen Marmorbalustraden eingefaßt und durch ebensolche radial gegliedert. Der runde, dreistöckige Tempel erstrahlte gleichfalls in hellem Marmor, und seine drei geschwungenen Dächer, von denen das obere auf vier geschnitzten Goldsäulen ruhte, das mittlere und untere auf je zwölf, schimmerten im Mondglanz ihrer blauglasierten Ziegel.

In den Terrassen wie im Aufbau des Tempels drückte sich die himmlische Zahl *Dreimal Drei* aus, und auch das Große Opfer umfaßte neun Akte. Doch sollte die neunfache Handlung erst am kommenden Morgen vollzogen werden, im Augenblick machte Tao-kuang den Göttern und erhabenen Geistern nur eine kurze Aufwartung. Nach der Antrittsandacht vor der Tafel Shang Tis, vor jener des ganzen *Himmelsministeriums* und der seines Vaters Kia-king geleiteten ihn die Zeremonienmeister in die *Halle der Enthaltsamkeit*, wo er die Nacht mit Fasten und Wachen zubringen mußte. In einer Nische legte hier die *Statue des Schweigens* den linken Zeigefinger an den Mund, und außer der Ambraglut in den Räucherbecken, dem glühenden *Drachenspeichel*, weilte neben dem Kaiser nichts im Raum.

In dieser Nacht nun und dem umlagerten Tempel wurde Tao-kuang die Seele schwer.

Er wachte hier, um sich darauf vorzubereiten, daß er die Gebetsinbrunst eines ganzen Weltreichs an die Sterne hebe, aber er saß auch da als der Mittler zwischen den Sphären und den Menschen, durch dessen Person hindurch der Segen zu allen herabkommen sollte, und damit war es schlecht bestellt. Welche Schuld hatte er auf sich geladen, daß gerade während seiner Regierung die *Blume der Mitte* von Unheil überzogen wurde? Und das Verderben kam überdies in unfaßlicher Gestalt, nicht als Invasion oder Volksaufruhr, nicht als Mißwachs oder Seeräuberunwesen, nicht von austretenden Strömen und nicht von Geheimbünden, nicht als Krieg und nicht als Seuche ... oder doch als Seuche. Denn wie anders wäre dieser gespenstische Vorgang zu bezeichnen gewesen, daß die rothaarigen Barbaren seinen Landeskindern Gift verkauften und daß diese dem Gift verfielen? Eine Krankheit war über China gekommen, aber nun schon bald über das ganze Reich, und das schwarzhaarige Volk der Tang siechte daran hin in vielen seinen Teilen. Dennoch war es nicht mehr nur eine Krankheit, so erschreckend sie auftrat, sondern es erwuchs aus ihr auch bereits eine Machtfrage. Hunderte, vielleicht tausende Schiffe schon, ganze Flotten, ein unübersehbares Gewimmel von Masten belagerte alle Küsten, und man konnte ihnen nicht wehren...

Man konnte nicht? Der Kaiser, der, unterhalb der *Statue des Schweigens* und zwischen den qualmenden Räucherbecken dasitzend, immer mehr in sich zusammengesunken war, richtete sich auf. Das unerschütterliche, nicht zu beredende, selbstverständliche Bewußtsein, daß die Schiffe keine kriegerische Bedrohung darzustellen vermöchten, belebte ihn wieder. Tschin-tan, Tschina, das *Land gegen Osten*, war das gewaltigste Reich der Erde, zudem das älteste auch, und ohne Zweifel bedeuteten die Barbarenschiffe an seinem mächtigen Leib nur Ungeziefer. Indessen, wenn dem so war, warum erwehrte man sich des Ungeziefers dann nicht, das auch so, da es dem Volk ohne Ende sein Gift einspritzte, zu Drangsal und Drohung und Unheil wurde? Weil jede Form des Sicherwehrens gegenüber dem Gespenstischen der Not versagte...

Es beugte den Kaiser wieder. Er gedachte seiner drei Vorfahren auf dem Drachensitz, Kia-kings, Khien-longs und Yong-tschis, die gleichfalls mit der Seuche schon zu kämpfen gehabt hatten und die ihrer, wie er meinte, Herr geworden waren. Woher denn nun die Verschlechterung in seiner Zeit? Woher kam es, daß sein Volk nun etwas mit sich geschehen ließ, vor dem es früher hatte bewahrt werden können? Und Tao-kuang, der Himmelssohn mit dem Namen *Glanz der Vernunft*, konnte nicht dazu neigen, eine Veränderung in der Welt dafür als bestimmend zu erachten. Die Welt existierte nicht für ihn; das *Reich der Mitte* war die Welt, und alles, was außerhalb lag, an seinen Rändern gewissermaßen, blieb ohne Bedeutung. Aber dann mußte die Wurzel des Übels in seinem Volk selber stecken, und war sie in seinem Volk zu suchen, dann kam sie aus seiner Regierung, dann kam sie aus ihm ...

Dann saß er hier als der späte, nichtswürdige Abkömmling, der den Ruhm der Dynastie nicht vermehrte, sondern herabbrachte, und als diese Unglücksperson konnte er vor den Ahnen nicht bestehn. Denn wäre es schon eine Fragwürdigkeit gewesen, hätte er das Reich, sein Erbe, bloß so erhalten, wie es auf ihn gekommen war, dann bedeutete die Verminderung der Macht und Gesundheit, die die *Gelbe Erde* unter seiner Regierung erfuhr, eine vernichtende Schuld gegenüber den Vorfahren. Auf diese Weise fiel von ihm, dem letzten Glied in der langen Ahnenkette, auf alle Vorväter ein Schatten zurück, und das verschlechterte ihr Leben im Jenseits und löschte ihn in ihren Augen aus ...

Diese Anklage war so furchtbar, daß Tao-kuang abermals darum grübelte, eine Ursache des Verhängnisses außerhalb seiner zu entdecken. Aber er fand sie nicht, und daher rang er schwer in dieser Nacht um seine Stellung unter den Vätern. Um so schwerer, als er in keinen der Entschlüsse, die er zu fassen vermochte, Vertrauen setzen konnte. Denn natürlich wollte er nicht versäumen, wieder eine Proklamation herauszugeben, das Gesetz gegen den Opiumschmuggel, der längst zum Großhandel geworden war, neuerlich zu verschärfen, mit der äußersten Strenge sowohl gegen die Beamten wie auch gegen die Bevölkerung vorzugehn, einmal unerbittlich zu sein, gegen jedermann und in jeder Weise, und nicht zu ruhen ... allein, so heftig ihn die Entschlüsse bewegten, so voll Schmerz und frommem Eifer sie in ihm aufstiegen, so lähmend fühlte er auf ihrem Grund auch die Angst, alle Anstrengungen würden abermals fruchtlos bleiben...

Denn die Bedrohung war bereits zu enorm geworden. Zu viele erschienen dem Laster schon anheimgefallen, und die Seuche griff uferlos um sich. Das machte denn auch klar, daß der Fehler oder die Schuld, durch die es so weit hatte kommen können, in der Vergangenheit lagen, und zwar so tief in der Vergangenheit, daß vielleicht nichts mehr gutzumachen war...

Die Beklommenheit des Kaisers, der sich immer guten Willens geglaubt hatte, wurde noch glühender. Seine Not bewegte ihn, das Schicksal anzuklagen, das die Irdischen erst dann weise werden ließ, wenn es zu spät war, von der Weisheit Gebrauch zu machen. Aber er mußte sich gleichzeitig erinnern, daß er kein Irdischer schlechthin war; als dem Bruder des Mondes und der Sonne lagen ihm die Erkenntnisse eingeboren in der Seele, und nur eine grundverderbliche, tief schuldvolle Blindheit hatte ihn daran vorbeiführen können...

Die Nacht wurde hallender vom Schweigen und grenzenloser, und Tao-kuang erkannte, daß die Gedanken, von welcher Seite her immer er sie aufnahm, zu seiner Verurteilung führten. Das brachte ihn, wie die Zeit stehnzubleiben und ihn in seine Not einzusperren schien, in einen Zustand verzweifelter Hilflosigkeit, der zeitweise in ein leeres, trauriges Dösen, in eine verglast vor sich hinstarrende Lethargie überging. Und er wurde um so müder daran, als ihn jedes Aufschrecken wieder in die schwankende Grübelei einspannte, in der er die Schuld bei sich zu wissen glaubte und dennoch nicht aufhören konnte, sie außerhalb seiner zu suchen. Damit aber, denn er dachte dabei nun an sein Land, an die mächtige *Gelbe Erde*, stieg schließlich auch das Reich selbst anklagend vor ihm auf. Er sah es daliegen, zwischen dem östlichen Meer und den Wüsten Innerasiens, zwischen dem Amur, dem schwarzen Drachenstrom, und dem Himalaja, und wie die Gebirge und Weiten noch immer voll der alten Jahrtausendgewalt waren, – wie die gemäßigte Sonnenneige, die es fruchtbar und köstlich machte, sich nicht verändert, und die wundervolle Mischung aus Luft und Wasser und Erdreich, die es ebenso erhaben wie zärtlich machte, sich nicht verschlechtert hatte, mußte er sich abermals als sein Verderber erkennen. Immer war das Dasein auf der *Gelben Erde* großartig und gut und gesund gewesen, von den Urtagen des P'an Ku, genannt auch Hoen Tun, *das Alte des Gefäßes*, durch all die 2,267.000 Jahre bis zum Ende des Lehensstaates Lu und auch weiterhin, von den *Vollkommenen Kaisern* der Vorzeit bis zu seinen eigenen Vätern Khien-long und Kia-king; unter ihm aber, in seinen wenigen Jahren, schien alles in Verbrechen und Irrsinn und Siechtum zu versinken, schien die *blumige Mitte* verdorren zu wollen...

Tao-kuang spürte sich nicht mehr dasitzen, sondern ihm war, als schwebte er zwischen seinem Reich, das er vom Untergang bedroht sah, und dem Ahnenhimmel, der ihn anklagte, in einer ungeheuren Leere. Er fror an seiner Einsamkeit, und als, eine Doppelstunde vor Sonnenaufgang, die Zeremonienmeister bei ihm eintraten, um ihn zur rituellen Waschung und Anlegung des Opferkleides abzuholen, kamen sie zu einem gramgebeugten Menschen. Nach Beendigung der Vorbereitungen führten sie ihn in die lichtdurchschwelte Nacht hinaus, und Tao-kuang empfand die Szene wie einen Gerichtstag.

Im Schein der Kohlenbecken und Fackeln berührten ihn die Reiterspaliere, zwischen denen er sich vom Süden her dem Tempel nähern mußte, wie eine vom Himmel gestiegene Heerschar, und die knienden Teilnehmer auf allen drei Terrassen, die nun zum Klang der Instrumente Hymnen zu singen begannen, wie Chöre von Beschuldigern. Die beiden Zeremonienmeister, hinter denen er die Treppen hinaufstieg, gewannen für seinen verzagten Sinn die Strenge anklagender Beschwörer, und das drohend und überirdisch Überblitzte der Szene durchschauerte ihn besonders tief, da ihn gleich der erste Akt der Opferhandlung, dic *Begegnung mit den Seelen der Kaiser*, ganz über seine Schuld beugte.

Zünde den Weihrauch an, rief der eine Zeremonienmeister laut in den rauschenden Gesang hinein, und begegne den Erhabenen! Tao-kuang folgte der Weisung, indem er, auf der Plattform über der mittleren Terrasse, unter das gelbe Zeltdach trat, das über dem *Ort der Verneigung* ausgespannt war. Und es erleichterte ihn, als bald der Ruf ertönte: Geh zurück an Deinen Platz! Denn ihm war unter dem Zeltdach gewesen, als stünden ihm die Vorväter leibhaftig und mit sterngroßen Augen gegenüber.

Aber das Zittern verließ seinen Körper auch während der zweiten Handlung nicht, der Darbringung von Jade und Seide. Er sah die Akoluthen die kostbaren Steine und Ballen, die in ihrer Farbe wieder auf die verschiedenen Sphären Bezug hatten, an die großen Kohlenbecken am Fuß der untersten Terrasse herantragen und mußte denken, die Götter würden das Opfer nicht annehmen. In dieser Bedrückung folgte er auch dem dritten Akt, der ersten Darbringung der Stierkälber, und als er dann selbst, wieder herabsteigend, den vierten Abschnitt einleitete, die erste Libation, das Begießen der Opfergaben mit Wein, tat er es mit einem Gefühl, als weilte er wie ein Schlafwandler in dem großen Auftritt. Er blickte in hoffnungsloser Verstörtheit auf die acht Tänzergruppen, die während der Ausgießung des Weines auf der mittleren Plattform zum *Tanz der militärischen Führerschaft* antraten. Denn noch mehr als in allem anderen schien sich in ihren Bewegungen, die sie mit Hellebarden und Schilden im Flammenschein ausführten, das Unerbittliche auszudrücken, das über allem Geschehen waltet. Erst die Weisung, die Tao-kuang auf den Mittelstein der obersten Plattform rief, diesen Stein, der den Mittelpunkt der Welt darstellt und um den die Göttertafeln nun in blauen Seidenzelten aufgestellt waren, gab ihm ein neues Vermögen zur Sammlung. Das will sagen, sein Herz war in der Fähigkeit, Bangnis zu fühlen, an jene äußerste Grenze gelangt, wo es sich, wie in einem Schwächeanfall, entlastete und ihn wieder für aufrichtende Gedanken aufschloß.

Sie erwachten im Gehirn des Kaisers, während er, auf den Knien, den Händen und der Stirn daliegend, der Verlesung der Gebete lauschte, die um die Annahme der Opfer und um Hilfe baten. Der gute Wille, von dem er immer beseelt gewesen war, verdichtete sich noch einmal in seinem Bewußtsein, und wie ihn das tröstete, glomm in seiner Seele auch die Hoffnung auf. Er tat voll Inbrunst die Kniefälle vor den Göttern und den erhabenen Geistern, dann sah er dem *Tanz der Segnungen der Zivilverwaltung*, bei dem die federngeschmückten Akteure mit Flöten auftraten, mit dem sich festigenden Glauben zu, sein ewiges Land Tschung Kwock, das *blumige Reich der Mitte*, könne auch in seinen Tagen nicht untergehn.

Nun folgte als fünfter Akt die zweite Darbringung der Stierkälber und als sechster die zweite Libation. In der siebenten Handlung genoß der Kaiser vom Fleisch und Wein der Opfergaben, von denen später auch an die hohen Beamten verteilt wurde, damit sie gleichfalls vom *Fleisch und Wein des Glücks* genießen sollten. In der achten Handlung, die die Begegnungszeremonie unter dem gelben Zeltdach wiederholte, verabschiedeten sich der Kaiser und die Götter voneinander, und der Schluß des Großen Himmelsopfers bestand in der Verbrennung der dargebrachten Gaben, die am Fuß der untersten Terrasse erfolgte.

Trotz der hoffnungsvollen Anwandlung jedoch, die Tao-kuang während der Gebetsverlesung erlebt hatte, sank er in den folgenden Tagen wieder in sich zusammen. Er ging, ungeachtet des fallenden Schnees und der Kälte, lang unter den weißrindigen Fichten und himmelhohen Zypressen der *Verbotenen Stadt* hin und wieder, starrte in die zugefrorenen Lotosteiche und grübelte, ohne auf einen erlösenden Gedanken zu stoßen. Auch während der Nächte in der *Glückseligkeitshalle*, wo er nur einen zerrütteten Schlaf fand, kam ihm keine Erleuchtung. Allerdings half ihm die Erkenntnis, daß es nun einen ganz besonderen Entschluß zu fassen gelte, über seine Dumpfheit noch hin. Auch scheute er davor, im zwölften oder *bitteren* Monat, in dem zu Ende gehenden Jahre, noch zu handeln. Darin bestärkten ihn auch die Hofastrologen, die als die günstigste Zeit für einen erweiterten Kabinettsrat jene nach Neujahr bezeichneten, wann bereits die Siegel von den Türen gelöst sein würden, die man dort zum Jahresende gegen die 72 *bösen Einflüsse* anbrachte. Die Entsiegelung bedeutete das *Öffnen der Türen für den Eintritt des Glücks*, und da dann auch die Hausgötter von ihrer

Reise in den Himmel zurück sein mußten, überzeugte das Urteil der Astrologen durchaus.

So wartete Tao-kuang dem Tag der großen Beratung entgegen, doch stellte er keineswegs seine ganze Hoffnung darauf ein. Vielmehr versprach er sich von der Versammlung, deren Möglichkeiten er aus vieler Erfahrung zu kennen glaubte, nur wenig. Er wollte sie abhalten, um nichts unversucht gelassen zu haben, oder als Vorbereitung zu anderem, noch folgendem, und er hegte für den Fall, daß er mit den Prinzen, den Zensoren und Ministern die alles überstrahlende Lösung nicht sollte finden können, insgeheim bereits die Absicht, sich an den Dalai-Lama, an den tibetanischen Papst der lamaistischen Kirche, um Rat zu wenden. Diese Geisteshaltung entsprach der Schwere der Aufgabe, der sich Tao-kuang gegenübergestellt sah und die für ihn ein religiöses Problem darstellte. Damit sollte schließlich auch, als die große Sitzung herannahte, im gefühlsmäßigen Zusammenhang stehn, wenn er es zuließ, daß sein Hauptberater, der Zensor und Tai-fu Tschun-lin Tsesiu, den eine Dienstreise in den Golf von Tschi-li führte, bei der Tagung nicht anwesend war.

Aber man zählte erst den 23. Tag des *bitteren* Monats, und die Verabschiedung des alten Jahres hob erst richtig an. An diesem Abend leitete sie das Opfer für den Küchengott Tsao Wang ein, das jedes Familienoberhaupt im Hof des Hauses darbrachte. Tsao Wang, in Papier nachgebildet, in Holz, Kupfer oder Bildstein, wurde aus seiner Herdnische geholt, wo er nicht nur über die Frauen gewacht hatte, damit sie sich an den Kochtöpfen nicht kämmten, sondern auch über das Betragen aller anderen Hausinsassen. Er mußte nun, da sich das Jahr neigte, in den Himmel reiten, um dem Jade-Kaiser über seine Schutzbefohlenen Bericht zu erstatten. So bestand das Opfer für ihn in seiner Verabschiedung, in der kerzenumlichterten und weihrauchumwölkten Verbrennung seiner Nachahmung, und man warf dabei auch Bohnen aufs Dach, um seine davongaloppierenden Hufe zu veranschaulichen. Da man aber im kommenden Jahr davon abhängig war, daß er über das vergangene nur Gutes aussagte, schmierte man ihm vorher Honig auf die Lippen, was seine Rede *süß* machen sollte, oder man goß Wein darauf, damit er in schläfriger Gutmütigkeit vor dem Perlenthron erscheine, und man blies ihm selbst Opiumrauch ins Gesicht.

Nach dem Abschied Tsao Wangs kamen die Tage des *Kleinen Neujahrs,* in denen man sich allgemein beschenkte, vornehmlich mit Sesamstempeln und Fichtenzweigen, die als Talismane gegen böse Geister galten, aber auch mit Blumen und Zwergobstbäumen, mit Seide, Putz und Juwelen, mit lebendem Geflügel und Schuhen. Schmerzlich für Schuldner, aber oft auch für die Gläubiger, gestaltete sich in dieser Zeit der *Abrechnungstag,* an dem jedermann, damit sich das scheidende Jahr auch hierin vollende, seine noch bestehenden Verpflichtungen abtragen mußte. In diesem Punkt half manchem nur, daß er die Summe, die er zurückzuzahlen hatte, anderswo stahl; oder er mußte sich, von den Gläubigern verfolgt, in den Vorhof des Stadtgottempels zu einer Theatervorstellung retten. Hier konnte kein Mahner und Forderer gewalttätig werden, ja, er durfte nicht einmal stören, und da die Theaterspiele tage- und nächtelang dauerten, war es möglich, sich durch die Beiwohnung bis in den Neujahrsmorgen durchzufretten. War der Gläubiger hartnäckig, lief er freilich auch am Neujahrsmorgen hinter einem her, wobei er dann eine brennende Laterne trug, um anzudeuten, daß es noch dunkel, daß die Frühe nicht angebrochen sei. Zu diesem Verhalten wurde der Entschluß zum Glück nur selten gefaßt, allerdings verlor der Verfolgte dann auch *sein Gesicht.*

Alle aber, die nicht in dergleichen Sorgen verstrickt waren, begannen schon am *Abrechnungstag* ihre Behausungen, ihre Gerätschaften und alles, was ihr Leben betraf, mit Glückssymbolen auszustatten. Man klebte scharlachrote Papierstreifen – scharlachrote, weil so die Farbe der Pfirsichblüte war, die wieder die Sonne versinnbildlichte – an die Hauswände und Tore, an die Schiffe, die Sättel, die Deichseln, Eimer, Schränke und Stalltüren, und die Inschriften auf den Papierstreifen beschworen immer die Herabkunft der *fünf Seligkeiten*, so da waren: Glück, Reichtum, langes Leben, männliche Nachkommenschaft und Beförderung im Amt. Niemand wünschte sich Reisen, Abenteuer oder Vergnügungen; die besonders Schlauen aber schrieben an die Hauswand ihres Gegenübers: Wohlstand denen, die mir gegenüber wohnen. Auf den Neujahrskarten, die man wechselte, stellten eine Schildkröte, eine Föhre und ein Kranich das *Lange Leben* dar, und der Kaiser vergab als hohes Geschenk ein von ihm mit roter Tusche geschriebenes *Fu*, das Glück bedeutete.

Solch ein *Fu* erhielt auch der *Vizelehrer des Kaisers*, der Zensor, Gouverneur und Direktor am Kriegsministerium Tschun-lin Tsesiu, und auch er ließ in diesen Tagen an seinem Yamen in der Tatarenstadt die Schutzgeister der Tore erneuern, die Reliefs der Generale des Kaisers Tai Tsung, des Teufelsvernichters Ching Kuei und die Tigerköpfe, die alle den bösen Einflüssen wehrten. Bei den armen Leuten freilich erschöpfte sich diese Handlung im Überkleben beschriebener Papierstreifen, und ein ähnlicher Unterschied bestand auch bei dem großen Vorkochen für den *Versöhnungsschmaus*, dem Abschiedsessen für das alte Jahr. Gab es da bei den Armen nur Strohbrot aus Hirsekaff und gedämpften Reis, dann zogen durch die begüterten Wohnstätten die Düfte der Goldmünzenhühner, Nierenblüten und Lotoswurzelklöße.

In allen Häusern jedoch, und zwar in den übersternten Höfen, die man für diese Nacht vom Schnee freischaufelte und mit Sesam und Fichtenzweigen bestreute, wurde in den letzten Jahresstunden dem Himmel und der Erde geopfert, den Hausgöttern und den Ahnen. Auf dem Gabentisch brannten viele rote Kerzen, und in Holzschalen standen dabei Reis und Hirse; daneben gab es Blumen und Zedernzweige, Eßstäbchen und kleine Pyramiden von Obst und Kuchen. Zu seiten des Opferbeckens stieg aus drachengeschmückten Bronzegefäßen der Weihrauch, und im Kreis drumherum zitterten große Seidenlampions, die in Bambusdreifüßen hingen. Ein besonders großer Lampion, die *Himmlische Laterne*, schwebte über dem spitzen Dachgiebel, und die heilige Handlung führte mit ihren Gebeten und Kotaus, ihren Verbrennungen und dem Abschießen von Knallfröschen bis in das neue Jahr hinüber, in seinen ersten Morgen und ersten Monat, der nicht zu Unrecht der *Feiertagsmonat* hieß ...

Für Tao-kuang freilich, den Herrn auf dem Drachensitz, hob auch der *Feiertagsmonat* noch mit Sorgen an, und er berief schließlich den erweiterten Kabinettsrat für den Tag nach dem Opfer Li Chun ein, der Verehrung des *Frühlingsochsen.*

Die Versammlung tagte in einem der Beratungssäle der *Verbotenen Stadt*, in der *Halle der geistigen Entfaltung*, und ihr wohnten alle Tao-hio-sse bei, alle *Kundigen der Großen Wissenschaft*, so da waren die Mitglieder des Zensorenhofs, des Sendgrafenamts und Kriegsrats, die Präsidenten der sechs Zentralministerien und des ersten Nebenministeriums, bestimmte Generalgouverneure und Regierungsdirektoren und die kaiserlichen Prinzen, soweit sie bereits geistige Würden erklommen hatten.

Der Beratungssaal ruhte mit seiner Decke auf dicken Lacksäulen, seine Wände, in die auch Majoliken eingelassen waren, schimmerten unter dem hoch einfallenden Licht im Purpur und Gold der Holzschnitzereien, und an dem prunkvoll kassettierten Plafond schwebten ein riesiger und vier kleinere fünfklauige Drachen in Gold, Blau und Rot. Da die vielen Räte, mit ganzer Amtspracht und allen Zeichen, die ihrer Stellung entsprachen, angetan, in je zwei Reihen, die Gesichter der Saalmitte zugekehrt, auf Ebenholzhockern entlang der Längsseiten saßen, büßte die Halle an Geräumigkeit nichts ein, und der weite Parkettboden zwischen den Sitzreihen beherrschte mit seinem schwarzen Glanz den Raum. An der Stirnseite des Saales führten kurze Treppen mit zierlichen Geländern zu einem Podium hinauf, auf dem, vor Rotlackparavents und einem goldenen Schirm, der Stuhl und das Tischchen des Kaisers standen.

Als Tao-kuang, im großen mandschurischen Ornat und von einem Leibkämmerer und einem Sekretär begleitet, dort eintrat, fielen die hohen Würdenträger zum neunmaligen Kotau auf den Boden. Hernach, als der Erbe Shang Tis Platz genommen hatte, saßen sie wieder in vier stummen Reihen, zwei zur Rechten des Kaisers und zwei zur Linken, und indem sie auch darauf achteten, daß die Manschetten an ihren Ärmeln die Fingerspitzen bedeckten, spannten sie alle Sinne an.

Mit einer Darlegung der Verhältnisse, die durch die zuständigen Minister erfolgte, nahm die Sitzung ihren Anfang.

Der jeweils Sprechende erhob sich vom Sitz, das Gesicht gegen den Himmelssohn gewandt, und solcherart löste ein Graubart den anderen ab. Daß sie dabei mit ihren Klagen, deren Heftigkeit dem Stand der Dinge wohl entsprach, sich selbst anklagten, schien ihnen nicht zum Bewußtsein zu kommen. Das galt ebenso für den Chef der Zivilverwaltung wie für die des Finanz-, Justiz- und Handelswesens, aber es mußte, auf Grund der Provinzialberichte, sogar der Minister für die Untertänigen Landschaften – Mongolei, Dsungarei, Turkestan und Tibet – über die Opiumseuche Klage führen. Ja, die Unbedenklichkeit der Beamten, sich in der hitzigen Weise über die ihnen untergeordneten Organe zu beschweren, rief selbst, aus dem Verband der Behörde Ping-pu, dem Kriegsministerium, den Mann der Marineoberleitung auf den Plan, der sich in der gleichen Weise über die Hafenintendanturen und niederen Kriegsdschunken-Kommandos ausließ. So entstand bald eine Atmosphäre, in der sich das Problem in der Unzuverlässigkeit der Subalternen zu erschöpfen schien, und die Sprecher alle gebärdeten sich in einer Art, als hätten sie schon lange auf diese Gelegenheit, sich einmal gründlich Luft zu machen, gewartet, so auch, als wäre nun – nämlich damit, daß die Verantwortung auf den Kaiser gewälzt wurde – auch schon alles getan.

Tao-kuang, der sein Tischchen hatte beiseiterücken lassen, saß in starrer, symmetrischer Haltung da, die Unterarme auf die Lehnen gelegt und die Füße grätschbeinig auseinandergestellt. Sein vergrämtes Gesicht mit dem Hängebart, das er unverwandt auf die Versammlung gerichtet hielt, zeigte keine Bewegung. Was er da zu hören bekam, erhärtete abermals, daß das Volk schuld sei, die unübersehbar verästelte Masse, der ungreifbare, ferne einzelne, China also selbst, und das hieß: seine Regierung, er, das hieß, daß es sich um ein Geheimnis handelte, innerhalb dessen seine Schuld eine religiöse sein mußte. Dennoch, und obzwar sich Tao-kuang nicht fragte, wozu er seine Minister, seine Beamtenarmeen und Flotten dann hätte, machte ihn der Gang dieser Beratung nicht schwermütiger, als er schon war. Er hatte diesen Verlauf vorausgeahnt und folgte den weiteren Auseinandersetzungen mit einer gewissermaßen akademischen Teilnahme.

Tatsächlich zeigte die Beratung auch weiterhin keine überraschende Wendung. Auf die kaiserliche Frage, was die Räte glaubten, daß somit zu unternehmen wäre, bildeten sich zwei Parteien. Die eine vertrat einen Standpunkt der Fatalität und Duldung, der Legalisierung des Opiumhandels, aus dem dann große Einnahmen für die Staatskasse zu beziehen wären, und die andere redete seiner endgültig tatkräftigen Ausrottung das Wort.

Hauptsprecher der ersten Sinnesrichtung war der vornehme Mao Pianchiao, seines Zeichens Chef des Ministeriums Hu-pu, das unter anderem auch den Staatsschatz verwaltete, und er legte dar:

Als Eurer Majestät niedriger Sklave maße ich mir nicht an, einen beachtenswerten Gedanken fassen zu können. Mir ist auch bewußt, daß ich, aller Fähigkeiten bar, gleich einem Unkraut den kaiserlichen Blick enttäusche, und ich habe oft daran verzweifelt, meine Dankbarkeit für die große Huld, die mir zeitlebens zuteil geworden ist, auch nur durch jene geringfügigen Dienste bezeigen zu können, mit denen jeder Hund noch und jedes Pferd ihrem Gebieter entsprechen. Deshalb auch mögen Eure Majestät in meiner Äußerung mehr die Sehnsucht nach einer Beitragsleistung als diese selbst erblicken, so wie ich, wenn ich nun eine Meinung dartue, auch nicht aus meinem armen Gehirn schöpfe, sondern zum einen aus der Welt selbst, der Wirklichkeit, der Erfahrung, und zum anderen aus dem höchsten Geistesschatz, den unser Volk sein eigen nennt, aus der Weisheit Kong-fu-tses. Das tatsächliche Geschehen nun, soweit es mit dem Opiumwesen im Zusammenhang ist, lehrt, und zwar seit mehr als hundert Jahren schon, daß jedes Verbot und Gesetz und alle Einschreitungen nur eine Zunahme der Einfuhr zur Folge hatten. Offenbar äußert sich in dieser Beharrung der Dinge das Leben selbst, dem mit keiner Maßregel, und wäre sie noch so weise, beizukommen ist. Aber es dürfte daraus auch hervorgehn, daß unser Volk – ganz zu schweigen von seiner Größe, Herrlichkeit und Gesundheit, die es ohne Zweifel darüber hinausheben – durch das Laster auch keinen wesentlichen Schaden erleiden kann. Sind die Verhältnisse aber einmal so, dann scheinen sie selbst dem Handelnden den *Weg der Mitte* zu weisen, der nicht nur in der Opiumfrage, sondern der in allen Fragen überhaupt den besten bedeutet. Denn so ist es tausendmal gesagt, so bildet es die Kerndoktrin in den Betrachtungen Kong-fu-tses, und nennen wir nicht auch unser Land in dem Bewußtsein *Reich der Mitte*, daß es als solches vor allen anderen Ländern der Erde der Ort der weisen Lebensregeln ist? Wäre es mithin das eine Extrem, das Opiumwesen ausrotten zu wollen, und das andere, es hingehn zu lassen, wie es sich eben entfaltet oder, besser gesagt, um sich greift, dann dürfte der goldene Mittelweg darin gegeben sein, daß wir den Opiumhandel in den Händen der privilegierten Jang hong schang zu einem rechtlichen gestalten und schwer besteuern.

Der Finanzminister erging sich noch in hoffnungsvollen Darlegungen, wie jene Maßnahmen allein schon geeignet sein würden, den Opiumhandel auf ein gesundes Maß herabzudrücken, und wie jedenfalls dem Staat bei einer solchen Behandlung der Frage nicht nur verminderte Unannehmlichkeiten daraus erwachsen würden, sondern auch Vorteile.

Jedoch nach ihm äußerten andere Redner eine Gegenmeinung, und dieser schloß sich auch Herr Tschu Tsun an, ein hoher Justizbeamter, der außerdem wie Tschunlin Direktor am Kriegsministerium im außerordentlichen Dienst war. Herr Tschu Tsun nun offenbarte bei seiner Ausführung ein gewaltiges Temperament, er wandte immer wieder, gleich einem geärgert aufbrüllenden Löwen, den Kopf nach der Seite, wo der sinnige Pianchiao saß, und er gewann schließlich die große Mehrheit der Versammlung für seinen Vorschlag, der den des Finanzchefs geradezu als erbärmlich und lächerlich bloßstellte.

Majestät, rief Herr Tschu Tsun, und wie er dabei die Augen rollte, den schwarzen Schnauzbart sträubte und den mächtigen Körper unbeholfen hin und her bewegte, mutete er in allem und jedem als ein überfülltes Gefäß an, – Majestät sehen mich zitternd und hilflos werden in der Gnade, daß ich, in Gegenwart der leibhaftigen himmlischen Vernunft, meinem Denken sollte nachhängen dürfen. Denn es ist taub wie Spreu und wird gleich dieser auch dauernd in alle Winde vertragen. Aber mein Wunsch, der überaus reinen Dynastie und dem Lande der *Hundert Familien* das Meine zu leisten, ist so unausgesetzt und so heftig in mir lebendig, daß mir jede Aufgabe, und gar, wenn es sich um diese der Ausrottung des Giftwesens handelt, als durchaus zu bewältigen erscheint. Auch ist meine Ungeduld, mich ganz und mit allem dem Wohl des Himmlischen Herrscherhauses zu opfern, ins Ungeheure gewachsen, und zwar seit langem schon. Ich bin im Dunkel vieler Nächte aufgesprungen und habe wilde Blicke um mich geworfen, während Tränen meine Wangen niederliefen, aus Verzweiflung darüber, daß ich mich, im Verhältnis zu meinem Willen, noch immer gleichsam lahm und ohne Wirksamkeit fühle. In dieser ungeduldigen und grenzenlosen Entschlossenheit muß mich die bequeme Nachgiebigkeit des Ministers Pianchiao ganz und gar unverständlich berühren. Man sollte die rotborstigen Teufel, deren täglich mehr an unsere Küsten kommen, gewähren lassen? Man sollte einer Jang hong schang vertrauen, die seit mehr als hundert Jahren noch jedes Vertrauen verhöhnt hat? Und man sollte sich schließlich mit der Vergiftung des Reiches und dem Siechtum des Volkes um fragwürdiger Steuererträgnisse willen abfinden? Solch verderblicher Anschauung gegenüber glaube ich mit allem Nachdruck feststellen zu müssen: wo immer sich ein Übel einschleicht, hat es sofort, unverzüglich und mit aller Gewalt und Unnachsichtigkeit ausgetilgt zu werden! Denn wer vermöchte zu sagen, in welches Übermaß das Übel noch ausarten könnte?! Und wer auch, muß ich hinzufügen, wollte so töricht sein, an einem Strom die Dämme einzureißen, weil hie und da die Fluten drüber schlügen?! Nein! Dergleichen Überlegungen sind nie und nimmer und in keiner Bedrohung am Platz; in der Frage des Opiums aber erscheinen sie als Selbstmord! Ich schlage daher vor, daß man den Barbaren neuerdings die Schranken zum Bewußtsein bringen solle, die ihnen gesetzt sind; und verhalten sie sich nicht danach, dann möge das donnernde Feuer unserer unwiderstehlichen Geschütze gegen sie eröffnet werden!

Wie klar und lichtvoll, schloß Herr Tschu Tsun, ist diese Anschauung, zu der sich nicht mein Gehirn durchgerungen hat, sondern die schon Kia-king aussprach, der erleuchtete Vater Eurer Majestät, und wie angemessen ist sie, eine Regel zu bilden für alle Geschlechter!

Die Versammlung geriet in zustimmende Bewegung, im Gesicht des Kaisers jedoch rührte sich auch jetzt keine Wimper. Er hatte nichts Neues gehört, und dem Geheimnis, das ihn bedrückte und schreckte, war die Beratung nicht auf die Spur gekommen. So entließ er die hohen Würdenträger, um in seine Einsamkeit zurückzukehren, in der er nun auf Tschun-lin Tsesiu wartete.

Tao-kuang empfing den jungen Mandarin um die Mitte des *Feiertagsmonats*, einen Tag vor dem Beginn des *Laternenfests*, in der *Kammer des seelischen Wachstums.*

Auch hier, in dem mehr hohen als breiten Gemach, waren die Wände mit roten und vergoldeten Holzschnitzereien überzogen, und an der mit gelber Seide verkleideten Decke schwebte auch hier ein Drache in Gold, Blau und Rot. Obzwar draußen noch Tageslicht herrschte, hatte Tao-kuang die schweren Gardinen zuziehen und die Bronzeampeln entzünden lassen. Sie verbreiteten einen gedämpften, rötlichen Schein, der der geistigen Sammlung zuträglich sein sollte. Allerdings verschleierte er auch die Gesichter der sich Gegenübersitzenden, die von lautlosen Eunuchen mit Tee bedient wurden.

Der Kaiser begann das Gespräch mit einer Schilderung der Ratssitzung. Als er auf ihre Ergebnislosigkeit zu sprechen kam, sank seine Stimme und er machte kein Hehl daraus, daß er sich von einem Geheimnis verfolgt und von einer Schuld beschwert fühle, die er beide nicht zu ergründen vermöge. Endlich gestand er auch seine Absicht, sich an den Dalai-Lama in Lhassa um Rat zu wenden.

Was sein junger Berater, der ihm gleichwohl immer ein großer Trost gewesen sei, davon halte, fragte er.

Tschun-lin neigte das bartlose, harte Gesicht. Er saß dem Kaiser in der gelben Seidenjacke gegenüber und war sich der Auszeichnung, die ihm mit dieser Aussprache zuteil wurde, bewußt. Die ganz menschlich sich gebende Offenheit des Herrschers belud ihn jedoch mit einer Verantwortung, die er kaum zu tragen vermochte.

Er richtete die Eisenaugen nicht ohne ein Gefühl der Beklommenheit auf seinen hohen Herrn.

Sollte es so sein, fragte der wieder, da ihm die Pause zu lang dauerte, daß auch mein Tai-fu mir nicht zu raten vermöchte? Allein, das habe ich nie erlebt, und so muß ich vermuten, Tsesiu, Sie hätten zwar ein Wissen um die Dinge, doch hielten Sie es nicht für geeignet, vor mir ausgesprochen zu werden. Meine Not indessen, hören Sie, Tsesiu, ist so groß, daß ich Sie solcher Skrupel entbinden muß.

Majestät, entgegnete Tschun-lin fast flüsternd, ich bin der jüngste und mithin unzuverlässigste Diener in den hohen Ämtern. So mag es auch zu erklären sein, wenn in meinem armen Kopf jetzt, und nicht nur jetzt, Gedanken aufgestiegen sind, die wahrhaftig zu ungeheuerlich berühren, als daß man sie aussprechen und den Augenblick, in dem es geschehen ist, überleben dürfte. Aber ich bin, so Eure Majestät mir erlauben, nachher zu sterben, dazu bereit.

Sie werden nicht sterben, Tsesiu, bedeutete ihm Tao-kuang schwermütig, dazu sind Sie für das Reich zu bedeutend, aber Sie werden dennoch reden müssen. Und da Tschun-lin noch immer schwieg, fragte er ihn geradezu: Was halten Sie von meiner Absicht, eine Abordnung in das ferne Kloster Potala zu schicken, mit der Bitte, der Gyal-varin-po-tsche möchte mich besuchen?

Tschun-lin hob den Kopf mit der Rubinmütze, er ermannte sich, schickte sich ins Unvermeidliche.

Ich glaube, Majestät, sagte er nun klar, daß auch der ungeheure Mensch in den südwestlichen Bergen, daß auch der *Priester-Ozean* nicht helfen könnte.

Tao-kuang fuhr ein wenig im Sitz zurück. Seine

Hände, die von den Armlehnen aufgezuckt waren, standen ratlos in der rot durchleuchteten Luft. Damit, keuchte er, wollen Sie doch nicht sagen, daß das Geheimnis unenträtselbar sei, daß die Schuld mich schon begraben hätte und das Reich als verloren erscheine?

Shang Ti soll mir gnädig sein, stammelte Tschun-lin, und Eure Majestät mögen mir vergeben, wenn es ein Wimpernheben lang diesen Anschein gehabt hat. Nein, dergleichen hätte mir nie über die Lippen kommen können. Wenn ich meinte, daß auch der lebende Bodhisattva Avalokiteshvara nicht raten könnte, dann gab ich damit meiner Überzeugung Ausdruck, daß in der Opiumfrage zumindest in diesem Sinn kein Geheimnis liegt, wie Eure Majestät es in unnachahmlicher Größe auf sich zu nehmen bereit sind.

Der Kaiser starrte den seltsamen jungen Mandarin groß an; der aber redete nun weiter:

Das Opiumproblem erscheint mir, zumindest soweit es die himmlische Person Eurer Majestät betrifft, nicht als ein religiöses, sondern als ein politisches Problem, und darum dürfen Eure Majestät auch nicht an eine transzendente Schuld glauben. Übersinnlich an der Not des Reiches ist, daß die Götter sie zulassen, doch setzt sich das zum Geheimnis unserer und aller Geschichte überhaupt in Beziehung, nicht aber zu dem eines Menschen.

Da Tao-kuang, der vorläufig nicht folgen konnte, schwieg, wurde die Beklommenheit Tschun-lins noch einmal groß. Er neigte das Gesicht und flüsterte:

Mir ist bewußt, Majestät, daß ich, wenn ich einen Unterschied zwischen unserer und anderer oder aller Geschichte überhaupt mache, die Bedeutung des *Reiches der Mitte* verkleinere; noch mehr aber beugt mich, daß ich mit der Unterscheidung, ein Geheimnis bezöge sich auf das Weltganze und nicht auf einen Menschen, den himmlischen Glanz der Majestät herabmindere; darum empfände ich mich auch ehrenhafter, könnte ich nun zum Sterben meinen Blick erheben und nicht zu abermaliger Rede.

Tschun-lin war zumute, wie er es aussprach. Daran änderte seine Überzeugung nichts, daß seine Gedanken richtig seien. Der Kaiser aber, so unheimlich es ihn auch anwehte, fühlte sich gerade durch die Rätselhaftigkeit des Gesprochenen angezogen.

Wenn ich Sie recht verstehe, sinnierte er, indem er die Einfühlung in das Fremdartige suchte, dann anerkennen Sie neben unserer Welt eine sozusagen ebenbürtige der Barbaren, und wenn etwas schlecht ist zwischen den beiden Welten, dann müßte die Schuld daran nicht in meiner Regierung, sondern sie könnte auch an der Barbarenwelt liegen?

Tschun-lin verneigte sich. Damit haben Eure Majestät das, was ich sagen wollte, bündiger ausgesprochen, als es mir jemals zugestanden hätte.

Aber hieße das nicht, fragte Tao-kuang verstört, daß die Macht unserer Götter in die Barbarenwelt nicht hinüberreicht?

Das, entgegnete Tschun-lin, kann wohl kein Lebendiger beantworten. Auf Erden erscheint es jedenfalls oft so, als ob auch die Götter in die Bereiche sich teilten, und was uns im Himmel an Einsicht erwartet, ahnen wir nicht.

Der Kaiser blickte seinen Mandarin lange an. Die Gedanken, die der rätselhafte junge Mensch in ihm heraufbeschwor, wälzten die Angst und den Unverstand, die Schuld und das Geheimnis von seiner Seele, aber sie erschütterten zugleich die Grundfesten der chinesischen

Welt. Auf diesem Weg wäre Tao-kuang, so tief ihn seine Sorge auch beugte, niemand gefolgt; aber der Vizelehrer Tschun-lin Tsesiu hatte sich immer als ein Begnadeter erwiesen, und daß er da mit ihm saß und redete, bewies ja, wie sehr seine Hoffnung an diesem Beamten hing.

Er nahm vom Tee, um sich gefaßter zu machen.

Von dieser Trennung und Ebenbürtigkeit der Welten, bat er dann, die bis in den Götterhimmel reicht, müssen Sie mir noch mehr sagen, Tsesiu. Denn anders vermöchte ich Ihnen bei der Besprechung unserer Sache nicht weiter zu folgen.

Tschun-lin verneigte sich wieder. Vielleicht, Majestät, darf ich mich in Beispielen an das auch mir Rätselhafte herantasten. Er blickte vorübergehend gegen die Decke, an der die Seide sternförmig zur Mitte hin gerafft war. Hernach begann er in erzählendem Ton:

Als, mit Erlaubnis des damaligen Kaisers, die ersten Jesuiten, die ersten weißen Missionäre, in das *Reich der Mitte* kamen, lasen sie, nachdem sie der chinesischen Sprache mächtig geworden waren, in den Büchern unserer Medizingelehrten, der Mensch trüge die Leber auf der linken und das Herz auf der rechten Seite. Das stimmt ja nicht, sagten sie, der Mensch trägt die Leber auf der rechten und das Herz auf der linken Seite. Daraufhin schrieben unsere Medizingelehrten in ihren Büchern: die abendländischen Menschen haben einen anderen inneren Körperbau als wir, denn sie tragen die Leber auf der rechten und das Herz auf der linken Seite. Und das *Reich der Mitte* mit seinem Ärztewesen bestand weiter, obwohl auch wir die Leber auf der rechten und das Herz auf der linken Seite tragen. Wahrscheinlich ist es für den Reichtum, den unsere Kosmogonie in unser Leben bringt, wichtig, wenn wir das Herz auf der falschen Seite sein lassen, aber es besteht kein Zweifel darüber, daß die Abendländer bessere Ärzte haben und daß sie uns, so armselig sie sonst sein mögen, in Fragen der Medizin übertreffen. Und sie gewinnen diese praktische Überlegenheit dadurch, daß sie nur einen ganz kleinen Teil ihrer Lebensfragen religiös zu erfassen suchen, während sie in allem übrigen sachlich bleiben, im Fall der inneren Organe also Anatomen. Oder, wenn ich ein anderes Beispiel wählen darf. Als im Bezirk von Swatou die Krokodilsplage einmal groß wurde, verfaßte der Präfekt und große Kong-fu-tseaner Han Yü ein schriftliches Gesuch an die Krokodile, das er, auf mehreren Exemplaren wiederholt, in den Wassern versenken ließ. Mir ist nicht bekannt, ob sich die Geister der Krokodile nach seinen Gesuchen richteten. Vielleicht ja, vielleicht nicht. Die Engländer aber würden die Krokodile einfach ausgerottet haben, durch Totschießen, durch die Vergiftung der Gewässer oder durch ihre Trockenlegung. Denn die Engländer glauben weder an eine Seelenwanderung noch an eine durchgeistigte Natur. Für sie sind Krokodile bloß Tiere, so wie die Wolken für sie nur eine Ansammlung von Wasserdunst darstellen und die Erde einen erkalteten Feuerball. Ich muß gestehn, Majestät, daß mir die Religion der Engländer nicht zugänglich ist, denn ihr Gott – sie haben nur einen – lebt gewissermaßen nur am Sonntag, nur in den Tempeln und vielleicht überhaupt nur für die Kinder. Aber das eine habe ich bei der Lektüre der vielen englischen Bücher, die ich las, wohl verstehn gelernt: daß diese religionslose Anschauung, die in der ganzen Welt nur tote Materie erblickt, diesen Menschen eine große sachliche Überlegenheit gibt. Und darum, weil der Mensch nur eine zu zerschneidende Leiche für sie ist, die Erde etwas zu Befahrendes und das Eisen etwas zu Schmiedendes, darum besitzen sie auch so schnelle Schiffe und so furchtbare Feuerwaffen. Mit all dem will ich sagen, daß sie nicht nur nicht etwas Gleichgültiges sind, das der Zufall an unsere Küsten trug, sondern daß sie vielmehr sehr bewußt und zielstrebig herkamen, voll brutaler Entschlossenheit und von teuflischer Energie besessen, und daß sie einen gewaltigen, einen grauenhaften Gegner vorstellen. Denn mit ihnen tritt uns nicht ein anderer Menschenschlag, mit ihnen tritt uns eine andere Welt entgegen, die sich von der unseren wie Wasser von Feuer scheidet.

Und das Opium? fragte der Kaiser, dem die Hände zitterten, bang.

Auch das Opium, setzte Tschun-lin fort, gehört zur britischen Welt. Es ist unseren Landeskindern nie eingefallen, die Mohnstaude zu pflanzen, obgleich sie auch in unserem Klima gedeihen würde, und auch die Inder taten es nur gelegentlich. Die Engländer aber erkannten, daß aus dem Gifthandel großer Gewinn zu ziehen sei, und da jeder ihrer Schritte nach Gewinn geht, eroberten sie, um die Menschen dort zum Anbau zwingen zu können, die ganze Erde südlich des Himalaja. Eure Majestät müssen sich, was in diesen Worten ausgesprochen ist, vergegenwärtigen. Indien zählt hunderte Millionen Menschen, und diese Menschen sind nicht weniger tapfer als die Söhne der *blumigen Mitte*, dennoch wurden sie unterworfen. Und redet man vom Opiumhandel, dann ist das nicht die Angelegenheit einiger Leute in Macao und Whampoa, sondern sie ist eine bewegte Welt von großen Flotten, von Millionen Arbeitern, von unermeßlichen Geldströmen, und hinter dieser Welt steht das waffenstarrende, eiserne

England. Nicht eine Schuld in der Seele Eurer Majestät, sondern das Wachstum dieser Macht hat die Giftnot über uns gebracht, und diese Not abzuwehren, wird der schwerste Kampf unvermeidlich sein, den das *Reich der Mitte* je zu bestehn gehabt hat.

Tschun-lin schwieg, und auch der Kaiser, der den Kopf gesenkt hatte, redete nicht. Man hörte in der rotdurchglühten, stillen Luft seinen Atem gehn. Endlich sagte er mühsam:

So haben Sie, Tsesiu, keine Hoffnung für das Reich?

Tschun-lin erschrak. Er hob abwehrend die von den Manschetten bedeckten Hände. Aber es dauerte doch eine Weile, ehe er antwortete:

Majestät, so wäre ich den Atem auf meiner Lippe nicht wert. Das *Reich der Mitte* ist um Jahrtausende älter als England, und seine Kräfte erscheinen unerschöpflich. Vielleicht auch haben wir in dieser Frage unsere eigenen Götter bisher nicht ganz verstanden. Eines aber steht jedenfalls fest: Treten wir gegen England in den Kampf, dann muß es mit der letzten Entschlossenheit geschehen.

In diesem Augenblick erhob sich Tao-kuang, und auch Tschun-lin stand auf.

Zu dieser Entschlossenheit, sagte der Kaiser, noch einmal seines guten Willens voll, wollen wir uns aufraffen. Und Sie, Tsesiu, setzte er in einem unmittelbaren Einfall hinzu, werden als der Mann des Reiches nach Kanton gehn und den Kampf aufnehmen.

Tschun-lin stürzte in den Kotau nieder und berührte mit der Stirne den Boden. Dabei empfand er sein Herz wie mit einem Trommelwirbel seine Brust erfüllen. Als hätte er das Schreckliche seit langem geahnt, fiel nun sofort eine lähmende Bangnis in sein Bewußtsein, und wie er sich nur mehr als einen Verurteilten begriff, wäre er gern, in dem Kotau noch, von einer dunklen Macht ausgelöscht worden.

Aber der Kaiser selbst hob ihn auf.

Sie erhalten morgen noch, sagte er, das in gelbe Seide gehüllte Siegel. Ich ernenne Sie, indem ich die jetzigen Beamten abberufe, zum Generalgouverneur der Provinzen Kuang-tung und Kuang-si und statte Sie mit allen Vollmachten aus. Ihre Pflicht wird es sein, in Kürze zu reisen. Erheben Sie keinen Einwand des Sinnes, daß Sie zu jung seien. Ich bedarf in dieser Stunde nicht eines würdigen Mannes, sondern eines, der eisern entschlossen und unheimlich klug ist. Auch lasse ich Ihren Hinweis nicht gelten, Tsesiu, daß Kanton Ihre Vaterstadt ist. Kehren Sie wieder, und das Reich ist bewahrt geblieben, will ich Sie zum Fürsten erheben.

Tao-kuang machte in seiner Lebhaftigkeit einen erfrischten und erleichterten Eindruck; dennoch und obgleich ihn dieser Anblick rührte, stammelte Tschun-lin:

Aber es ist wahr, Majestät, daß seit dem *Ersten Kaiser*, seit Chin Shi Huang, daß seit einundzwanzighundert Jahren niemals ein Beamter in seine Heimatprovinz entsandt worden ist . . .

Und wenn ich ihn, bat Tao-kuang überschattet, darum ersuche, es dennoch auf sich zu nehmen?

Da stürzte der neue Generalgouverneur wieder in den Kotau.

Und am Abend des folgenden Tages, dem ersten der drei Abende des *Laternenfests*, ließ sich Tschun-lin an den *Edelsteinkanal* tragen. Er war in der *Straße der Buchhändler* in der Chinesenstadt gewesen und wollte in das Viertel der Teehäuser, jenseits des *Wassertors*, in die Mandschu-Stadt zurück. Aber seine Sänfte kam nur langsam weiter, weil in den Straßen trotz der Kälte fröhlicher Trubel herrschte.

Das Volk feierte, die Neujahrsfestlichkeiten damit abschließend, den ersten Vollmond, der in seinem Bewußtsein weitaus bedeutender für das Weltganze war als die Sonne. Da es sich somit um das verehrungswürdigste Licht handelte, hatten die Menschen zahllose Laternen entzündet, solche aus Glas und solche aus Seide, aus Papier unzählige und wieder andere aus Horn, aus Lackholz welche, aus Perlmutter und Gaze, und die Laternen hatten, gleich den Drachen, die man zum Sommerende steigen ließ, alle Formen, die die Phantasie ersinnen konnte. Sie stellten Blumen dar und Schmetterlinge, Libellen, Fledermäuse und Kraniche, Feuerräder, Dschunken und Pagoden, auch trugen sie auf ihren durchflammten Scheiben die Darstellung historischer Szenen, und wie es kein unerleuchtetes Haus gab und keinen nicht erhellten Kahn, keine ungeschmückte Sänfte und keinen Hinwandelnden, der nicht eine Leuchte mit sich getragen hätte, berührte die winterliche Stadt, die sich überdies mit illuminierten Drachen, Raketen und Feuerwerken bekränzte, wie ein Märchengarten, in den der Sternhimmel selbst herabgekommen war.

Auch an Tschun-lins Sänfte leuchtete rechts und links ein Lampion, und es entlastete seine Seele seit vierundzwanzig Stunden zum erstenmal, als er in das Lichtermeer hinausblickte. Da die Lampen, die wie kleine farbige Monde oder wie glitzernde Sterne wirkten, aber wie ruhelose, glühwürmchenhaft hinschwingende, in Reihen sich sammelnde und in Girlanden sich verschlingende, – da diese Glitzerfülle nicht nur selbst die Nacht durchbrach, sondern auch den Schnee und die bemalten Hauswände aufflammen ließ, die bunten Menschen und die Straßenzüge, die Giebel, die Firste und geschwungenen Dächer, zeigte sich das Leben darin in einer Zärtlichkeitspracht und Festlichkeit, die einem starken Herzen auch den Gedanken an den Untergang erträglich machte.

Denn so absonderlich es erscheinen mag, Tschun-lins Erleichterung bestand darin, daß er nun auch den möglichen Untergang als zur Glanzfülle seines Lebens hinzugehörig empfand. Es wird, dachte er, während man ihn, schwer in Pelze gepackt, hintrug, – es wird zu meinem Dasein gehören, sich in einem Opfer für das Reich zu vollenden. Er zweifelte damit nicht an seiner Fähigkeit, doch konnte er die dumpfe Ahnung in seiner Brust nicht überwinden, daß seiner eine Tragödie warte.

Und auch dieser Weg, den man ihn hintrug, hin zum *Edelsteinkanal* und zu einem Abschied, brachte die Musik der Trauer schon zum Aufklingen.

Hinter der hoch finsternden, zinnen- und türmebewehrten Mauer, die die Mandschustadt umschloß, sänftigte sich das Bild der Nacht. Die vielen Gärten, die hier, wenn auch winterlich und schneebedeckt, die Paläste, Amtshäuser und Tempel umhegten, verhüllten auch die Illuminationen, die in diesem Bereich nur verstreuter vorkamen, und nur unterm Himmel hing da und dort eine Helligkeit. In diese mondsanfte Schneenächtlichkeit freilich lag am *Edelsteinkanal* ein diamantenhelles Gegleiß eingebettet. Denn hier war der Ort des *strahlenden Blumenfelds*, der Ort der vornehmsten Teehäuser Pekings, und da die buntbemalten Frauenheimstätten, die ihre Terrassen und Veranden bis auf das Wasser herabsenkten, mit all den Kristallkandelabern und Laternen ihrer Aufgänge die Nacht durchfunkelten, kleidete sie das in einen Glanz, als hätten sie dem Kanal den Namen gegeben.

Tschun-lins Sänfte, die das *Wassertor* schon eine Weile hinter sich hatte, wurde vor dem luxuriösesten der Häuser, das auch die kaiserlichen Prinzen besuchten, abgesetzt, und er trat in das kleine, hell erleuchtete Foyer. Nachdem er, seiner Pelze sich entledigend, seine Wünsche hatte weitermelden lassen, stieg er, die allgemein zugänglichen Säle vermeidend, in das Stockwerk hinauf, wo er hinter mehreren Räumen, die sehr anheimelnd wirkten, in einen kleinen, blütenbunten Salon gelangte.

Der Raum mit seinen Teppichen, Paravents und Tapeten, seinen polsterbelegten Hockern und Lackmöbeln, seinen Schnitzereien, Kristallampeln und Seidenvorhängen umgab ihn mit einer Luft des Behagens und der Feinsinnigkeit, und Tschun-lin hatte sich, mit dem von der plötzlichen Wärme noch glühenden Gesicht, kaum niedergelassen, als durch einen Wandbehang eine junge Frau eintrat.

Sie war, an eine Blume erinnernd oder an einen Schmetterling, in helles Rosa und Lila gekleidet, und da sie, als Tatarin, nicht die verkleinerten Füße, aber einen höheren Wuchs als die Chinesinnen hatte, wäre sie auch für abendländische Augen von damenhafter Anmut gewesen. Die junge Frau nickte, noch an der Portiere und über das Teetablett hinweg, das sie trug, Tschun-lin mit warmen Augen entgegen, dann bewegte sie sich schlank und voll Feinheit über den Teppich, und ihre Haltung gewann etwas Zärtliches durch die Art, wie sie das Service in den weitärmelig umbauschten Händen auf den niederen Tisch zutrug. Erst als sie es abgesetzt hatte, hob sie dem Besucher voll das Gesicht zu.

Aus diesem Gesicht aber, das trotz seiner Herkunft von eigentümlicher Schlankheit war, schimmerte die äußerste Beseligung, die Tschun-lin in seinem jetzigen Leben kannte. Er fand die Klugheit darin, aber auch den Adel, ohne den seine Seele nicht hätte ergriffen werden können, und er fühlte sich, blickte er in die großen dunklen Augen dieses Gesichts, für jede Bitternis entschädigt, die je sein Leben vergällt hatte.

Auch diese Augen erschienen, wie bei der fast vergessenen Ho-shi, so groß, daß das Weiße neben ihnen kaum sichtbar war. Aber da schwerer Schmuck das Gesicht umfunkelte und die Frisur darüber im Chignon der dreizehn Windungen seidig glänzte, muteten auch die Augen selbst wie Kleinodien an. Die junge Frau hatte auch ihren Namen von ihnen her, sie hieß Paot'sa, der *Smaragd*.

Tschun-lin, der aufgestanden war, verneigte sich vor ihr, und die Tatarin begrüßte ihn nun ebenso. Hernach ließ sie ihn zuerst Platz nehmen, und da er sie schweigend ansah, sagte sie: Ich bin Ihnen sehr dankbar, Tsesiu, daß Sie mich an einem so großen Festtag wie dem heutigen eines kurzen Besuches würdigen.

Sie sprach das reinste Kuan-ha und, wie es Tschun-lin berührte, mit namenlosem Wohllaut. Er sah ihr beim Teeeingießen zu, dann erst entgegnete er mit bedrängter Stimme:

Ich habe mir nicht, wie Sie sagen, die Zeit genommen, Paot'sa, und ich bin nicht für einen kurzen Besuch hier, sondern ich will bis in den Monduntergang bleiben, weil ich von Ihnen Abschied nehmen muß.

Abschied? fragte die Sanfte in ihren Rosa- und Lilakleidern erschreckt zurück. Und sie setzte mit schwermütigem Lächeln hinzu: So sind Sie wieder höher gestiegen in den Würden, und eine neue Aufgabe ruft Sie in das weite Reich...

Tschun-lin, der mit der Rubinmütze dasaß, nickte. Ich muß, Paot'sa, auf mich nehmen, was seit Jahrtausenden keinem Beamten widerfuhr: der Kaiser schickt mich als Generalgouverneur der beiden Kuang-Provinzen in die *Stadt der Widder*, in meine Vaterstadt.

Nun war das Erstaunen im Gesicht der jungen Frau ebenso groß wie ihre Teilnahme. Wieso das? fragte sie, den Mandarin groß anschauend und in der Handbewegung innehaltend, mit der sie nach ihrer Teeschale hatte greifen wollen.

Und die Nachdenklichkeit, mit der sie fürs nächste das Gespräch weiterführte, entsprach durchaus ihrem Wesen und ihrer Stellung. Die Frauen des Teehauses, dem sie angehörte, waren nicht nur die gepflegtesten, sondern auch die gebildetsten Chinas. Sie dichteten, malten, musizierten, und in der Konversation hörten die mächtigsten Würdenträger auf ihr Wort. Sie saßen oft bei Beratungen, die in ihren Salons gepflogen wurden, und manche von ihnen hatten die Politik des Reiches beeinflußt. Sie wurden mitunter auch monatelang vergebens umworben und stiegen nicht selten in die führenden Familien auf.

Was konnte den Kaiser veranlassen, hörte sich Tschun-lin noch einmal gefragt, von der uralten Regel abzuweichen?

Der Opiumschmuggel und die Engländer, erklärte er. Ich soll nach Kanton, um das Giftwesen auszurotten.

Nun ergab sich eine Stille, in der Paot'sa auf das Teegeschirr niederblickte. Tschun-lin betrachtete ihre schweren Wimpern, und sie sagte langsam und mehr zu sich selbst:

Das ist wohl eine übermenschliche Aufgabe. Die größte, die zur Zeit zu stellen war und an der alle bisher gescheitert sind. Denn die Engländer, das ahnen wir ja nun schon, sind etwas Unheimliches; aber noch schwerer wird die Leidenschaft unserer Landsleute zu bekämpfen sein.

Sie blickte Tschun-lin frei und voll Mitgefühl an.

Das alles, sagte er, würde mich nicht so sehr bedrücken, als daß ich – ich sehe es voraus – gegen meine eigene Familie werde auftreten müssen.

Es ist wahr, Ihre Familie, Tsesiu! schreckte Paot'sa wieder auf; denn sie kannte sein Leben aus vielen Zwiesprachen. Weiß der Kaiser um sie?

Ihm ist nicht bekannt, antwortete Tschun-lin mit gesenktem Blick, daß mein Vater Mitglied der *Wohlmeinenden Gesellschaft des roten Drachen* ist, und die Taipansfunktion meines Bruders Hau-qua bei der Kantoner Jang hong schang hat sich ihm wohl nie eingeprägt. Jedenfalls ist es das Fürchterlichste für mich, zu denken, die Umstände könnten es nun erzwingen, daß die Verfluchung meines Bruders, dem ich einmal wünschte, er möge bei lebendigem Leib werden wie der Kalk an der Wand, durch mich sich erfüllen sollte. Ich sehe mich zu Taten ausgeschickt, die man nicht überleben darf, und deshalb, Paot'sa, bin ich gekommen, um von Ihnen Abschied zu nehmen.

In diesem Augenblick stand die junge Tatarin auf. Sie trat um das Teetischchen herum und ließ sich auf den Teppich sinken. Indem sie so die Hände und über ihnen die Stirne auf Tschun-lins Knie legte, sagte sie bittend: Ich gehe mit Ihnen nach Kanton, Tsesiu!

Die Szene, die diesen Worten folgte, war gegenüber dem Vorangegangenen von seltsamer Heftigkeit. Tschun-lin wehrte die Kniende ab, denn er erschrak im Innersten seines Wesens und voll mystischem Grauen darüber, daß sich neuerdings das Geschick einer Frau und in dem Augenblick an seines binden sollte, da er sich einer Tragödie entgegengehn sah. Paot'sa aber klammerte sich weinend und mit ihrer ganzen Liebe an ihn.

Das will sagen: mit ihrem ganzen Leben. Und dieses Leben war nicht leicht gewesen. Denn es hatte nur licht und reich und wohlbehütet begonnen, damit alles Folgende mit noch schwärzerer Bitternis auf die Seele falle. Als die letzte Tochter eines nun verstorbenen Tatarengenerals am Kaiserkanal aufgewachsen, hatte Paot'sa ihre Jugend in der Weise beendet, daß sie, um einer verabscheuten Eheschließung zu entgehn, einen Selbstmordversuch unternahm. Räuber zogen sie aus den gelben Fluten, aber da ihr Vater das hohe Lösegeld nicht zahlte, sondern Soldaten ausschickte, war sie in die Schan-tung-Berge verschleppt worden. Die verwahrloste Rotte nahm das Mädchen mit nach Süden, und es fiel den Männern dabei zu spät ein, daß sie das vornehme Geschöpf, wäre seine Jungfräulichkeit bewahrt geblieben, um einen hohen Preis hätten verhandeln können. Dennoch kam Paot'sa schließlich auf eines der Laternenschiffe des Chinhuaiho in Nanking. Hier ging ihre Zeit in Ratlosigkeit und Trauer hin, und sie hätte, wäre man nicht wachsam gewesen, ihren Versuch der Selbsttötung wiederholt. Diese Melancholie, die sie für das Lampenboot zu einer Last machte, und ihre Geistesgaben waren dann auch dafür bestimmend, daß man sie nach Peking weiterverkaufte. So kam sie an den *Edelsteinkanal*, wo in ihrem Leben wieder eine Wende eintrat. Sie rührte das Herz eines kaiserlichen Prinzen, der sie mit Geschenken überhäufte, und da sie in der gleichen Zeit, im Wesen reifend, zu verstehn begann, daß sie nun ein bevorzugteres und menschlicheres Leben führte als die allermeisten Frauen Chinas, stellte sie sich auch innerlich darauf ein. Sie wurde eine wohlhabende und umworbene Hetäre, der beispielsweise Herr Tschu Tsun seit Monaten nun schon vergeblich für eine Nacht tausend Taels bot . . .; nur ihr Herz war dabei einsam geblieben. Zumindest bis an jenen Tag vor etwa dreiviertel Jahren, da ihr Tschun-lin zum erstenmal gegenübergetreten war. Seither hatte sie nur mehr ihm gelebt, und sie sprach es jetzt auch aus: entweder er nähme sie mit nach Kanton, oder sie würde in ein Kloster gehn, um endlich begraben zu sein.

Und als sie der Mann in der Rubinmütze an das Geburtszeichen des Pferdes erinnerte, von dem er ihr erzählt hatte, an den Tod seiner Mutter und den elenden Hingang der kleinen Sklavin Ho-shi, schluchzte sie nur, daß sie eher stürbe, als allein zurückzubleiben.

Dennoch blieb Tschun-lin fest, und er verließ die verzweifelte Frau noch am Abend, lange vor Monduntergang.

Drei Tage später, am 18. Abend des *Feiertagsmonats*, begingen alle Männer im *Reich der Mitte* das *Sternenfest*, das heißt, sie dankten *ihrem* Stern, und auch Tschun-lin weihte sich dieser einsamsten aller Opferhandlungen. Er ließ im nördlichsten Hof seines Yamen einen Altartisch aufstellen, und auf diesen legte er ein Täfelchen. Die Zeichnung darauf stellte das Sternbild des Pferdes dar, unter dem ihn seine Mutter geboren hatte; und um das Täfelchen herum entzündete Tschun-lin hundertundacht Lämpchen.

Vor den Tisch hintretend, versenkte er sich dann in sein Geschick. Er stand allein da, im frierenden Geviert der dunklen Mauern, und da am Himmel alle Sterne herausgetreten waren, konnte er denken, die Zeichnung auf seinem Täfelchen läge wie ein Spiegelbild unter dem wirklichen Gestirn. Unter der gewaltigen Feueransammlung, die auch das Leben Kong-fu-tses regiert hatte und die für die Frauen Übles bedeutete.

Und Tschun-lin zündete die Räucherstäbe an und hielt sie über die hundertundacht Lämpchen. Er sah dem rauh duftenden Qualm nach, wie er, rötlich durchglüht, in den Nachthimmel aufstieg, und da dem Opfernden dabei war, als sähe er darin das Gesicht Paot'sas wie in einer ertränkenden Flut für ewig versinken, wurde alle Trauer in seinem Herzen lebendig.

So stand er unter seinem Sternbild wie unter einem furchtbaren Vater, und er stand noch so da, als alle Lämpchen niedergebrannt waren. Dann ging er steif und durchfroren und ganz dunkel innen auf das Haus zu.

Aber da eilte, aus dem Schatten tretend, eine vermummte Gestalt auf ihn zu, und ehe er sich hatte fragen können, wer es sei, hing Paot'sa an seinem Hals, ihr tränenheißes Gesicht an das seine schmiegend.

In dieser Sekunde brach Tschun-lins Herz in selige Raserei aus. Er gedachte nicht mehr des drohenden Sternbilds, aber alle Sehnsucht, die er gelitten, und all sein Lebenshunger wurden zur Flamme, in der er hemmungslos brannte. Er küßte Paot'sa über das ganze Gesicht, langsam und in einem Traumreich versinkend, dann führte er sie hinein ins Haus.

Eine Woche später verließ er mit ihr Peking, um nach Kanton zu reisen, in die *Stadt der Widder*. Und er war dabei so voll Glück, daß er in jeder Stunde die Götter bat, sie möchten ihn die schwere Prüfung, der er entgegenfuhr, bestehn lassen und ihm Paot'sa erhalten.

Die Hinrichtung in Whampoa

In diesem Jahr war schon der dritte Monat in Kanton so heiß, daß die Behörden auch tagsüber die Stadttore schließen ließen, um den glühenden Südwinden den Zutritt zu sperren.

Aber die stöhnenden Städter wurden noch von einer anderen Beschwer betroffen. Die Wetterfahne der *Blumenpagode* fiel herab, eine senkrechte Stange, an der neun Eisenkugeln angebracht waren, und sie durchschlug mit starkem Getöse das Dach eines an die Pagode grenzenden, buddhistischen Tempels. Sie zertrümmerte dort die Buddhastatue, die, mit der Mudra-Stellung der Finger, auf ihrem Altar saß, und erschlug überdies den Priester, der knieend davor gebetet hatte.

Dieser Vorfall entsetzte die Leute von Kanton um so mehr, als es über die Wetterfahne eine Weissagung gab. Der Baumeister, durch den vor zwölfhundert Jahren die Pagode errichtet worden war, hatte prophezeit, daß jedesmal Unglück über die Stadt kommen würde, wenn die Wetterfahne herabfiele. Und die Vorhersage hatte sich bereits bestätigt. Denn die Wetterfahne war auch herabgefallen, als, um die Mitte des siebzehnten Jahrhunderts, die Mingdynastie gestürzt worden war. Damals hatten die Tataren, die die Stadt eroberten, Tausende hingeschlachtet, und der Erdhügel, unter dem man die Opfer begrub, war heute noch zu sehen.

Was steht uns bevor? fragten die Leute von Kanton, und sie stellten sich die Frage in diesen Tagen, da der neue Generalgouverneur Tschun-lin Tsesiu zu Schiff vor der Stadt eintraf.

Der alte Generalgouverneur hatte, um einen guten Abgang zu haben oder weil ihn der herannahende kaiserliche Kommissär an seine Pflichten mahnte, noch schnell alle Gefängnisse mit Opiumschmugglern gefüllt, mit kleinen Leuten, die er auf allen Straßen zusammenfangen ließ. Und an die Engländer hatte der abtretende Großmandarin noch die nachstehende Botschaft gerichtet:

Wisset nun, Ihr ehrenwerte Leute, denn auf diesen Titel seid Ihr ja stolz, wisset nun, so spricht der Generalgouverneur von Kuang-tung und Kuang-si: der Unwille des erhabenen Herrschers kennt keine Grenzen mehr. Es ist der unerschütterliche Entschluß des Himmelssohns, den schändlichen, das Mark des Landes verzehrenden Opiumhandel auszurotten. Deshalb, da es noch Zeit ist, ermahnen wir Euch, das schmachvolle Treiben zu lassen und die bei Lin-tin verankerten Schiffe heimzusenden nach Eurem Vaterland. Nehmt doch guten Rat an. Denn in wenigen Tagen trifft der hohe Abgeordnete ein, der von sich sagen kann: ich ward vom Kaiser mit dem zweischneidigen Schwert ausgestattet. Er wird unbeschränkte Vollmachten besitzen und alle Widersetzlichen mit Gewalt zum Gehorsam zwingen.

Aber diese Ankündigug machte auf die Engländer keinen anderen Eindruck als alle vorangegangenen. Ein kaiserlicher Kommissär wurde erwartet? Sei's drum! Auf Grund welcher Umstände sollte man annehmen, daß es mit ihm eine besondere, von der Regel abweichende Bewandtnis haben würde? Und der Superintendent Kapitän Elliot, der *Oberaufseher des britischen Handels in China*, der nun wieder in Whampoa residierte, ließ sich durch die Nachricht nicht abhalten, an den Außenminister Palmerston in London zu schreiben, seinem Dafürhalten nach sei die Freigebung des Opiumhandels – des bereits wichtigsten Handelszweiges hier – für die nächste Zeit vorgesehen. *I am still of opinion that the legal admission of the opium trade may be looked for.*

Jedoch Tschun-lin traf ein, und die besondere Bewandtnis, die es mit ihm hatte, sollte bald offenbar werden.

Noch ehe er vom Schiff ging, ließ er an der Landungsstelle unter Trommelwirbel verkünden, er würde für niemand zu sprechen sein, ausgenommen jene, an die sein Ruf ergehn sollte. Diese Kundmachung richtete sich vornehmlich gegen seine Familie, und es war Tschun-lin nicht leicht gefallen, sie zu verfassen. Denn er kam, soweit das auf seine Person zurückging, mit dem heitersten Herzen in seiner Vaterstadt an und hegte keinen anderen Wunsch, als die ihm auferlegte Mission zum Wohle aller zu erfüllen, zum Guten des Reiches, der Nation, seiner Familie, seiner selbst und schließlich auch der Engländer. Auf der anderen Seite aber wußte er die Aufmerksamkeit der ganzen Stadt auf die Tatsache gerichtet, daß ihn sein Auftrag auch gegen die eigene Familie stellte, und das mußte er in der peinlichsten Weise berücksichtigen.

Ach, Tschu-lins Angst, die Kantoner Wirklichkeit, in die es ihn zurückführte, könnte mit der Wucht ihrer beharrenden Dinge alle seine Hoffnungen zunichte machen, war weitaus größer, als er es sich eingestand. Aber er merkte schon beim Anlegen des Schiffes, währenddessen er es vermied, in das Gewimmel an der Landungsstelle hinabzublicken, wie aus der Luft der Stadt etwas Zwiespältigmachendes, tief Beunruhigendes auf ihn überging. Unter diesen Umständen begrüßte Tschun-lin das viele amtliche und zeremonielle Getue, mit dem die Ankunft verbunden war. Da ihn sämtliche Würdenträger erwarteten und nach der Begrüßung der große Zug sich gliedern mußte, in dem sich das aus Peking mitgebrachte Personal mit dem vereinigte, das der scheidende Generalgouverneur zurückließ, blieb er auch davor bewahrt, irgendwo in der Menge das vielleicht flehentliche Greisengesicht seines Vaters zu erblicken.

Aber es überraschte Tschun-lin, dessen Palankin demjenigen Paot'sas vorangetragen wurde, mit welchem Jubel die Menschen den Zug überschütteten. Die Vorreiter, Herolde und Insignienträger, die Bannerschwinger und die vielen Rotgekleideten mit den Fächern und Schirmen gerieten immer wieder in Unordnung, so umdrängte sie das schreiende Volk. Die ganze Stadt erbrauste, und einen solchen Trubel hatte Tschun-lin nicht einmal in Tsinanfu erlebt, als er aus der dortigen Statthalterschaft geschieden war. Er sah blinzelnd über den Staub und das bunte Gestürme in den glühenden Himmel hinauf. Wie erklärte sich das? Die Aufgabe, mit der er herkam, konnte nicht so volkstümlich sein, und er war durchaus auf einen anderen Empfang gefaßt gewesen. Denn jedem Opiumraucher, jedem Händler und jedem mitschuldigen Beamten – und es gab von allen drei Gattungen vermutlich nicht wenige – konnte sein Erscheinen doch nur Unbehagen bereiten! Oder sollte es der Haß gegen die Fremden sein, der den rasenden Zuspruch erklärlich machte?

Tschun-lin grübelte über die Erscheinung, während er durch den Lärm und das Gewimmel hingetragen wurde, und sie vertiefte abermals seine Zwiespältigkeit; aber er war entschlossen, sich durch nichts von dem Weg, den er sich vorgezeichnet hatte, abbringen zu lassen. Im Yamen hielt er eine kurze Ansprache an seine Beamten, sodann diktierte er noch vor der Besichtigung der Wohnräume und vor dem Mittagessen mit Paot'sa eine Bekanntmachung, die die Mitglieder der Jang hong schang für den folgenden Tag zu einer Vollversammlung in das

Kongso berief. Unter den Anmeldungen von Leuten, die empfangen werden wollten und die Tschun-lin alle ablehnte, fand sich auch eine des Provinzialschatzmeisters Lue Yüanming, der seit langem den Ruhestand genoß.

Tschun-lin las den Namen, den er über die dreiundzwanzig Jahre nicht vergessen hatte, und die Vergangenheit griff fühlbarer nach seinem Herzen. Er erblickte, als bald Vierzigjähriger und in diesem neuen Amtsraum stehend, die zu Bett liegende Ho-shi wieder – an deren Gesicht er sich genau, aber an deren Stimme er sich nicht mehr erinnern konnte –, und er hörte seine Worte: Vielleicht werde ich einmal mächtiger sein als der Provinzialschatzmeister. Wie war das wahr geworden, und doch, unter welchen Umständen! Während des Essens aber, bei dem ihm Paot'sa, zierlich mit den Stäbchen hantierend, gegenübersaß, sagte Tschun-lin:

Sieh, nun habe ich all die Jahre nur der Arbeit und meinem Ehrgeiz gelebt, dem Staat und dem Geist, und jetzt stehe ich auf der höchsten Stufe und vor der größten Aufgabe, von der der Kaiser, falls ich sie lösen würde, meinte, daß er mich dafür zum Fürsten erheben wolle, aber in mir ist nichts als Ungeduld, die Pflichten und Würden und alles hinter mich zu bringen, um mit dir sein zu können, Paot'sa. Ich denke an ein Haus auf dem Lande, mit Büchern und Bildern und Singvögeln und mit einem großen Garten...

Aber er erkannte selbst, an der gütigen Besinnlichkeit, mit der die Freundin ihn ansah, wie wenig diese Ungeduld dem Augenblick geziemte. Auch mußten sie es nicht voreinander aussprechen, um sich dessen bewußt zu sein, daß es jetzt nicht um die höchste Stufe und einen Fürstentitel ging, sondern um Probleme, vor denen man erblaßte.

Das wohltuende Leben wohnte ja nur in ihnen; in allem, was außerhalb lag, nistete Schrecknis, Bedrohung und Grauen. Und es war tatsächlich Tschun-lins letzter freundlicher Augenblick, als Paot'sa ihm beim Abschied sagte: Was immer geschehen mag, ich bin bei dir.

Denn er begab sich nun zu den Beratungen mit dem Tatarengeneral, mit dem Oberbefehlshaber der Kriegsdschunken von Kuang-tung und den Zivilbeamten, und das Bild, das sich ihm dabei entrollte, war noch trostloser, als er gefürchtet hatte.

Die Zahl der Schiffe bei Lin-tin mußte enorm sein.

Jedenfalls schätzten die Mandarine, daß dort jederzeit eine Fracht von 20.000 bis 25.000 Kisten lagerte, also von etwa drei bis dreieinhalb Millionen Pfund Opium. Zudem hatte sich die Feuerkraft der Forts und der Kriegsmarine wider diese Schiffe als unzureichend erwiesen, und man mußte dem Geschick danken, wenn sie in ihrer schweren Bestückung nicht selbst zum Angriff übergingen. Aber die Fremden legten sich auch zu Lande keine Zurückhaltung mehr auf. Sie verkauften das Gift, wo immer es ihnen gefiel, und der barbarische *Oberaufseher* lebte auch zwischen den Handelszeiten in Whampoa, und zwar außerhalb der Faktorei. Wie es so weit hatte kommen können? Die hohen Würdenträger, die vom Anfang an mit Leichenbittermienen dagesessen waren, senkten die Armensünderköpfe. Diese Allerweltsbeschwer mit dem Opium dauerte eben schon zu lang, aber sie war ganz unmerklich angewachsen, und wie hätte man jetzt noch dagegen einschreiten sollen, da es Millionen Landeskinder gab, die die Droge nicht mehr entbehren wollten, und ganz Kanton einen einzigen Stapelplatz dafür bildete?

Tschun-lin bekam das Gefühl, auf einem verlorenen

Posten zu stehn. Ihm blieb nicht verborgen, wie auch im Gesicht des einen und anderen Beamten die Opiumspuren zu lesen waren, und er erkannte: hier ging es nicht mehr darum, mit den Engländern zu rechten, sondern es war offenbar notwendig, die Welt zu verändern. Millionen Landsleute zur Einkehr zu zwingen und die Dinge auf eine Unverdorbenheit zurückzuführen, die ihnen vor hundertundfünfzig Jahren geeignet hatte. Aber erschien es möglich, den Gang der Welt in solcher Weise zurückzuschrauben? Drückte sich in solch unheilvoller Entwicklung nicht tatsächlich ein Geheimnis, ein Gewährenlassen der Götter aus?

Tschun-lin überblickte, wie ihn die Denkweise des Kaisers, die Denkweise seines Landes anwandelte; gerade das aber peitschte ihn aus seiner Ermattung. Da es sich um eine Sache der Barbaren handelte – und um eine solche handelte es sich noch immer, denn ohne Einfuhr hätte es in China kein Laster gegeben –, wollte er sie auch mit der Sachlichkeit der Barbaren behandeln. Ein Engländer an seiner Stelle hätte auch nicht an ein Geheimnis gedacht, sondern er würde den Import unterdrückt haben; und die Entwöhnung der Giftraucher hätte er eine Frage der Zeit sein lassen. Also ging es doch darum, mit den Engländern zu rechten, und zu diesem Zweck war er, der vom Kaiser bestellte Kommissär, schließlich hergekommen.

Diese Einstellung mochte simpel sein und den Zusammenhängen nicht ganz entsprechen, aber sie war jedenfalls die in der Politik einzig mögliche. Man verbesserte die Zustände im Staatsleben nicht durch Gedanken – das tat man auch, doch erst in ungeheuren Zeiträumen –, sondern durch folgerichtiges Handeln. Und jedes Handeln wurde durch Brutalität mitbestimmt, doch fiel die

Verantwortung dafür nicht auf den Handelnden, sondern auf die Wesensart der Menschen zurück.

Einmal so weit in seinen Überlegungen, veranlaßte Tschun-lin nun auch die Abfassung einer Proklamation an seine Landsleute. Sie wurde noch während der Beratung aufgesetzt und sogleich zur Vervielfältigung weitergegeben. Ihr Text war knapp und in seiner Unerbittlichkeit nicht mißzuverstehn; er setzte auf jeden Einkauf, jeden Transport, jede Lagerung und jeden Verkauf von Opium die sofortige Hinrichtung ohne vorangehendes Verfahren. Zugleich wurde die Ablieferung aller Vorräte des chinesischen Kleinhandels gefordert. Um aber dem Volk auch die Väterlichkeit der Staatsgewalt zu erweisen, tat die Proklamation noch kund, daß alle bisher wegen Opiumschmuggels Eingekerkerten sofort der Freiheit wiedergegeben würden.

Zum Schluß der Beratung hielt Tschun-lin eine Ansprache an seine Mitarbeiter, in der er ihnen vor Augen führte, daß sie nicht mehr gegen die Lasterhaftigkeit ihrer Mitbürger, sondern um die Existenz des Reiches zu kämpfen hätten. Und um sie auf ihre Verantwortung wie mit einem Schwur festzulegen, bestellte er alle zu einem gemeinsamen Opfergang, der am folgenden Morgen im Tempel des Kriegsgottes Kuan Ti stattfinden sollte.

Damit waren die Dinge ins Rollen gebracht. Wenn der kaiserliche Kommissär aber, durch das Gefühl des Tätigseins wieder aufgerichtet, geglaubt hatte, daß er auch den Abend in einer hoffnungsvolleren Verfassung verbringen werde, dann belehrte ihn das weitere Heranrücken der Wirklichkeit eines anderen.

Am Nachmittag nämlich, während die Sitzungen dauerten, war Herrn Jau-müns jüngste Tochter, Ma-Liu, *das Äffchen*, im Yamen gewesen. Seit Jahren nun mit einem Sohn des Porzellanhändlers A-cheong verheiratet, hatte sie sich in einer verhängten Sänfte hertragen lassen, und mit ihr waren zwei Rotgekleidete gekommen, die Blumen und Backwerk trugen. Diese Geschenke, erklärte sie den Türstehern, seien für die Dame bestimmt, die mit dem Herrn Generalgouverneur, ihrem Bruder, angekommen sei und der sie, als Schwägerin gewissermaßen, einen Besuch abstatten wolle. Und da für einen solchen Fall keine Weisung bestand, ließ man sie ein.

Paot'sa wieder, die zwischen ihren Dienerinnen Einsame, wenngleich sie das gerne auf sich nahm, erfreute sich sowohl der Geschenke wie auch der Gesellschaft. Sie wußte um Ma-Liu, die nun bald dreißig war und einige Jahre älter als sie, und da sich das *Äffchen* trotz mehrerer Mutterschaften die Kindlichkeit bewahrt hatte, fanden die Damen auch bald zueinander. Allerdings wurde es keine richtige Plauderstunde über den Teeschalen, denn Ma-Liu kam als die Abgesandte der Familie Jau-mün.

Deshalb begann sie auch nach kurzem zu weinen.

Das Tai-tong, erzählte sie, und sie war dabei ebenso voll Jammer wie voll Einfalt und Zuversicht, – das Tai-tong sei nur noch zur Hälfte als ein Leihhaus anzusprechen. Denn neben den Pfändern lägen in allen Magazinen die in Matten verpackten Opiumziegel aufgestapelt. Dies sei so gekommen, weil Hau-qua, der größten Händler einer, auf Vorrat gekauft habe, um gegen die fortwährenden Verteuerungen geschützt zu sein. Herr Jau-mün sei damit einverstanden gewesen, denn er hätte es ja mit angesehen, wie Hau-qua, durch die dauernden Vergrößerungen des Spiellokals und der Grillenarena, kein Platz für hinreichende Magazine geblieben sei. Aber es hätte auch kein

Mensch voraussehen können, daß der Opiumhandel noch einmal würde verboten werden. Wisse doch die ganze Stadt von dem und jenem Yamen, in dem die Mandarine Räume für Spiellokale überlassen hätten, und natürlich sei auch in diesen Lokalen Opium verkauft worden. Nun freilich sei das Elend unermeßlich. Sowohl Vater Jau-mün wie auch die Brüder Hau-qua und Tuan – denn Tuan sei mit den Jahren zum Taipan-Stellvertreter in der Jang hong schang aufgestiegen – hätten einen Großteil ihres Vermögens in den Vorräten angelegt, und das alles würde nun wohl verloren sein. Dennoch bedeute der Verlust der Gelder noch nicht das Ärgste. Hau-qua fürchte, daß der mächtig gewordene Bruder an ihm sich werde rächen wollen, und er wäre auch schon geflüchtet, hätte ihn Vater Jau-mün nicht in der Furcht, daß dann die ganze Familie verfolgt würde, zum Bleiben bestimmt. Aber auch Herr Jau-mün, nun bald ein Siebziger, sei verzagt und bange an jedem Tag, daß ein Herzschlag sein Leben enden werde. Denn er erinnere sich, daß sein großer Sohn um seine Mitgliedschaft bei der *Gesellschaft des roten Drachen* wisse, die den Opiumhandel immer unterstützt habe, und so wäre des Jammers kein Ende. Weil aber ihr, Ma-Liu, das Herz darüber breche und weil sie auch nicht glauben könne, daß ihr geliebter Bruder Tschun-lin die ganze Familie ins Verderben stürzen wolle, sei sie hergekommen, die schöne Dame aus Peking um eine Fürsprache bei dem Herrn Generalgouverneur zu bitten. Sollte die Fürsprache Erfolg haben und das äußerste Unglück abgewendet bleiben, dann wolle sie gern barfuß von Kanton bis in die Berge westlich von Peking, bis auf den Miao Feng Shan, wallfahrten und der *Jade-Dame* und allen Niang Niangs schöne Schuhe und rote Eier opfern.

So der Bericht Paot'sas, den Tschun-lin nach der düster getanen Bitte, sie möge ihn für diesen Abend allein lassen, in eine schlaflose Nacht hinübernahm.

Nicht, weil er durch die Vorsprache Ma-Lius gerührt oder in unvermutete Zusammenhänge eingeweiht worden wäre; er hätte zwar eine so weitgehende Beteiligung seines Vaters nicht angenommen, doch änderte sie schon nichts mehr an dem befürchteten Gesamtbild; sondern was den Wachenden peinigte, war die nun unabweisbar gewordene Gewißheit. Erst jetzt erkannte Tschun-lin die Kindlichkeit seines liebebeglückten Herzens, die Verschwärmtheit, mit der er noch immer gehofft hatte, es würde ihm in Hau-qua nur der Taipan der Jang hong schang gegenüberstehn und nicht auch der stadtbekannte Großschmuggler. Aber nun war auch Tuan in die verbrecherische Sache verwickelt ... der lange, biedere und stille Tuan, der also seine Fischerei und seinen Fischhandel aufgegeben hatte, weil bei dem Giftgeschäft größere Gewinne winkten. Vermutlich war dafür auch bestimmend gewesen, daß er den Ruf eines der besten Dschunkenführer genossen hatte und alle Schlupfwinkel des Ästuars gut kannte, während A-tung durch seine Dummheit offenbar außerhalb geblieben war ...

Tschun-lin starrte, angekleidet auf seinem gemauerten Bett sitzend, in die beiden Eschenwachskerzen, die er angezündet hatte, und die nächtliche Stille in dem fremden Raum, an den er sich erst gewöhnen mußte, wurde für ihn gegenwärtig wie für den Kaiser die in der *Enthaltsamkeitshalle*. Ich sitze in Kanton, mußte er sich sagen, denn obgleich er wochenlang hergereist war, berührte es ihn plötzlich unwahrscheinlich. Diese Empfindung kam daher, daß er sosehr wünschte, es möchte nicht sein und alles wäre nicht wahr. Gerade seine Zwiespältigkeit aber, deren er sich damit wieder bewußt wurde, machte seinen Blick nun ganz wirklichkeitsoffen.

Wie, mußte er sich fragen, würde ich entschlossen gewesen sein, wäre Kanton nicht meine Vaterstadt und ich hätte es mit fremden Menschen zu tun? Jedoch er konnte diese Überlegung nicht anstellen, ohne sofort zu wissen, daß es da für ihn keinen Unterschied geben durfte. Versetzte er sich aber in die Lage, seine Mission hätte ihn in eine fremde Stadt geführt, dann wußte er, daß er sich bei der Durchführung seiner Aufgabe nicht nur an die Engländer, sondern natürlich auch an die Leute der Jang hong schang gehalten hätte und da im besonderen an ihre Vorstände. Wie denn auch anders, da die Hongs als die einzigen das gesetzliche Recht hatten, mit den Fremden Handel zu treiben. Schließlich hießen sie doch auch *Sicherheitskaufleute.*

Und in welcher Weise würde er sich an die *Sicherheitskaufleute* gehalten haben? Indem er sie zur Verantwortung gezogen hätte. Zu welchem Zweck? Um, wie das in der Sprache der Staatsräson hieß, mit der Bestrafung, die sie verdient hatten, ein Exempel zu statuieren, ein abschreckendes Beispiel, das fürderhin alle warnen sollte.

Tschun-lin verließ seinen Sitz, er begann im Raum auf und ab zu wandern. Der innere Sturm hatte ihn hochgejagt, denn er mußte sich einbekennen, daß er doch einen Unterschied machte. Wären Hau-qua und Tuan für ihn Fremde gewesen, hätte er sie morgen noch hängen lassen. Denn ein Vorgehn ohne Strenge würde sich selbst zuwider gehandelt haben, und das Volk begriff erst im Anblick einer Katastrophe. Das Volk mußte aufgerüttelt und durch einen Schrecken, der nachwirkte und anhielt, auf den Stand der Dinge verwiesen werden. Schuf doch auch die neue Proklamation eine Lage, in der es, sollten die Leute von Kanton den Aufruf unterschätzen, zu Massenhinrichtungen kommen konnte. So und nicht anders verhielt es sich mit seiner, des kaiserlichen Bevollmächtigten, Funktion und mit den Maßnahmen, die die verrotteten Zustände erforderten. Denn es ging um China.

Wie indessen fühlte er? Tschun-lin stellte sich in einer tierisch dumpfen Anwandlung mit dem Gesicht nah gegen die Wand. Er hätte es begrüßt, würde Ma-Liu erzählt haben, Hau-qua und Tuan seien geflüchtet. Über dieses Eingeständnis erschrak er so sehr, daß er wieder durch den Raum lief. Und dennoch, versuchte er sein Verhalten zu entschuldigen, liegt ein Unrecht darin, Menschen wegen eines Vergehns hinzurichten, das unter den Augen der Obrigkeit nun jahrzehntelang geduldet worden ist. Aber er mußte selbst sofort einwenden, diese Art der Betrachtung, sosehr sie aus dem Menschlichen komme, sei unhaltbar, weil mit ihr das ganze Gebäude der Staatsvernunft zusammenbräche. War es zu einem Zustand gekommen, in dem die Gesetzesbeugung zu einer Gewöhnung hatte werden können, dann mußte dieser Zustand mit besonderer Rücksichtslosigkeit aufgehoben werden, und war die Obrigkeit daran mitschuldig geworden, dann mußte die Rücksichtslosigkeit so groß sein, daß auch die Obrigkeit durch sie zur Einkehr gezwungen wurde.

Tschun-lin sank wieder aufs Bett. Es machte das Wesen des Staates und seiner Rechtlichkeit aus, um der Allgemeinheit willen über den einzelnen hinwegzugehn. Dergestalt gab es für den Staat gar keine Frage von Recht und Unrecht, sondern nur eine solche der Zweckmäßigkeit seines Handelns. Und im Hinblick auf diese Zweckmäßigkeit, die alles staatliche Wirken bestimmte, war es für ihn, den jetzigen Träger der Gewalt, auch grundsätzlich gleichgültig, ob Hau-qua und Tuan nun neben ihrer Eigenschaft als Vorstände der Hansa noch Schmuggler gewesen waren oder nicht; an sie mußte er sich halten, nach dem ewigen Gesetz der Führerverantwortlichkeit und weil es ihre Sache gewesen wäre, den Gifthandel zu verhindern. Schließlich wäre er, der nun als Generalgouverneur dasaß, an ihrer Stelle nicht auch zum Schmuggler geworden. Eine Ausweglosigkeit bestand da nicht, und Schuld war Schuld, hier schieden sich die Wasser.

Aber ich kann doch nicht, redete Tschun-lin in die Kerzenstille hinein, meinem Vater die Söhne hinrichten, meine Brüder. Ein Schauer sank durch seinen Körper, so bang und schwer, daß er ihn nicht nur im Blut und in allen Nerven, sondern auch außen auf der Haut zu spüren meinte. Ist es denn, fragte er sich, mit der Hand übers Gesicht fahrend, je vorgekommen, daß einer im Reich zu solcher Unmenschlichkeit verurteilt war? Aber es fielen ihm sofort die Kaiser und Heerführer und Großrichter ein, die, in der Ausübung ihres hohen Amtes und als erschütternde Beispiele in die Geschichte eingehend, auch gegen die ihnen Zunächststehenden hatten wüten müssen. Offenbar gab es für jene, die im Staat zur höchsten Verantwortung aufgestiegen waren, in die Gebirgsluft und Einsamkeit, konnte man sagen, dieser Verantwortung, keine Verbundenheit mehr mit den anderen; ihr Teil war ein Wirken, das sich in der Gesetzlichkeit von Ideen, nach abstrakten Richtlinien abwickelte, und nicht – das Glück. Und damit konnte es gar nicht anders bestellt sein.

Denn, mußte Tschun-lin sich erinnern, es besteht kein

Zweifel darüber: die ganze Stadt blickt auf mich und meine Brüder. Schone ich sie, dann muß ich jedermann schonen, aber dann bin ich meiner Aufgabe abtrünnig, dann führe ich nicht mehr des Kaisers zweischneidiges Schwert, sondern ich bin eine Vogelscheuche, über die man lächelt und tuschelt und die Köpfe zusammensteckt; dann habe ich das Reich verraten und meinen höchsten Herrn, die Gerechtigkeit und mich selbst, und das Ende ist ein allgemeines Hohngelächter, nach dessen Verklungensein das alte Übel weiterwuchert. Zweifellos: so wahr ist das alles, daß das dumpfe Volk selbst die darin bestehende Unausweichlichkeit kennt. Es blickt auf mich und meine Brüder wie auf ein Schauspiel, in dem es nur zweierlei Ausgang geben kann: entweder ich versage, und dann habe ich mich selbst dem Übel der Welt zugesellt und das Übel ist unheilvoll neu gerechtfertigt, oder ich entspreche meiner Aufgabe, und alles endet in den Schrecken, mit denen die höchste Vernunft bisweilen einhergeht. Das mag dann ein reinigendes Gewitter gewesen sein, allein, es wird, für mich, nur Grauen zurückbleiben und das, wovor der Mensch verstummt.

Tschun-lin stand wieder auf. Dennoch habe ich keine Wahl. Dennoch, wiederholte er, habe ich keine Wahl. Und nachher, mußte er mit einem Vernichtungsgefühl hinzusetzen, wird es auch für mich keine helle Stunde mehr geben.

Er sah das Gesicht Paot'sas vor sich; stärker als dieses aber kamen ihm nun die Bilder der Kindheit herauf. Er erblickte, einsam und mit verlorenen Augen dastehend, Tuan, wie er als Knabe einmal krank gewesen war. Tuan hatte damals mit brennendem Gesicht, schwer fiebernd und fassungslos stammelnd auf seinem Bett gelegen. Und da sein irres Wesen erkennen ließ, daß die Hauptseele aus seinem Körper entwichen sein mußte, hatten sich der Vater und die Frauen verzweifelt angestrengt, sie zurückzurufen. Vater Jau-mün war mit den Kleidern Tuans bis in die Gartenecke hinabgegangen, in der der Knabe gern spielte, und während die Frauen von der Schwelle aus immer wieder gerufen hatten: Tuan, Tuan, hatte der Vater geantwortet: Ich komme, ich komme; bis am Abend endlich zu erkennen gewesen war, daß die Seele in Tuans Körper zurückgefunden hatte. Und Tuan war auch zu dem kleinen Tschun-lin immer fürsorglich gewesen. Obzwar nur um drei Jahre älter, hatte er ihn gern beschenkt, gern mitgenommen, ihm gern geholfen, und noch der Student Tschun-lin war mit den Büchern oft in Tuans Dschunke gelegen, den hohen Himmel und die Wasserweiten genießend, wenn der größere Bruder eine Tagfahrt zu machen hatte. Denn Tuan war ein verständiger, ein stiller und guter Kamerad gewesen.

Das konnte Tschun-lin von Hau-qua, dessen eigensüchtiges, überhebliches und mißgünstiges Wesen sich immer an dem seinen gerieben hatte, nicht sagen. Und der schlechte Charakter Hau-quas war auch schuld an Hoshis bejammernswertem Ende gewesen. Ohne seinen Diebstahl hätte Ho-shi die Sache mit dem Eimer nicht widerfahren können, in dem die Silbertaels versteckt waren, und ohne die Roheit Hau-quas würde sie nicht ihr Auge verloren haben und in den Tod gegangen sein. Ein Leben war damit zu Ende gewesen, ein junges und einmaliges Leben, und diese Marter und diese Auslöschung waren einem edlen Herzen angetan worden. Ach, Tschun-lin hatte damals auch gewünscht, Hau-qua möge bei lebendigem Leib werden wie der Kalk an der Wand; aber daß sich der Fluch jetzt und durch ihn selbst erfüllen sollte, das war gräßlich. Denn so schwermütig und schuldvoll der Gedanke an Ho-shi auch heute noch war, die Tat Hauquas hatte ihr eigentliches Gewicht verloren, so, als stünde sie nur noch in einer losen, gleichsam zufälligen Beziehung zu dem Unglück. Auch sind die Toten tot, die Lebendigen aber ungeheuer lebendig, und die viele Zeit, die darüber hingegangen war, hatte nicht nur Tschunlins Herz zur Großmut verändert, sondern auch Hau-qua selbst, ein so schlechter Mensch er noch immer sein mochte. War er nicht Vater von Kindern und gealtert, ein Wesen also, das wohl auch ab und zu von der Trauer heimgesucht wurde? Und inwieweit – auch so konnte man fragen – war es überhaupt Hau-quas Sache, daß die Götter gerade in ihn eine schlechte Seele und so wenig guten Willen gesenkt hatten? Im unerforschlichen Walten des Schicksals hätte auch er, Tschun-lin, Hau-qua sein können.

Der einsam Wachende gelangte zu keinem Entschluß und zu keiner Ruhe. Je mehr er sich in die Zusammenhänge hineindachte, je mehr des Lebens, um das es ging, seinem Sinn gegenwärtig wurde, je weniger fühlte er sich seiner Aufgabe gewachsen. Den einen Gedanken jedoch, der ihn über alles hinausgehoben hätte, faßte Tschun-lin nicht, diesen nämlich: daß er seine Aufgabe an einen anderen abtreten könnte. Auch hierin, und hier wohl im Besonderen und Wesentlichen, äußerte sich das Geburtszeichen des Pferdes. Es hatte ihn zur Geistigkeit und zum öffentlichen Wirken bestimmt, und Tschun-lin, wenn ihm das auch in dieser Nacht am wenigsten bewußt war, liebte dieses Schicksal auch in der Tragödie noch mehr als alles andere.

So kam er, als hinter den Papierfenstern schon der Morgen graute, zu dieser Lösung oder, besser gesagt Teil-, Zwischen- oder Vorläufigkeitslösung, zu diesem für das nächste geltenden Entschluß, der ihm als einziger noch offenstand, und zwar mit Rücksicht darauf, daß auch die Engländer das Problem mitbestimmten.

Indem eine irrsinnige Hoffnung in ihm aufzuckte, fragte sich Tschun-lin mit einemmal: Und wie, wenn es gelänge, das Giftwesen auszurotten, ohne auch nur über irgend einen Landsmann ein Leid zu bringen? In der Weise, daß der Schlag nur gegen die Engländer geführt würde, die wahrhaft und ursprünglich und einzig Schuldigen, und zwar mit einer Wucht, die ihnen für ewige Zeiten das Gift aus der Hand schlüge!? Gelänge das, die Verrammelung jeder neuen Zufuhr, dann müßten bloß die Rauschmittelmengen, soweit sie noch im Land wären, zum Abfließen gebracht werden, und das würde unschwer zu bewältigen sein. Eine solche Lösung – bei den Göttern, sie wäre eines großen Staatsmannes würdig, ja, sie erhöbe ihn erst dazu.

Tschun-lin wurde noch einmal ganz frisch. Ihm war, als hätten sich große Schwungräder in ihm in Bewegung gesetzt. Auf solchem Weg erst, durch die Lösung des Problems auf dieser Seite, wo es in Wahrheit lag, würde der Gerechtigkeit, die über den Völkerschicksalen schwebt, Genüge getan werden, und er könnte überdies die Bahn der Großherzigkeit zu Ende schreiten, die er mit der Freilassung der bisher eingekerkert gewesenen Schmuggler eingeschlagen hatte. Wie aber dieses Ziel erreichen?

Vielleicht vermochte es der Geist! Oder: der totale Krieg gegen die Barbaren!

Tschun-lin hatte, als er in seinen Grübeleien so weit gekommen war, keine bestimmten Vorstellungen. Aber es bewegte ihn eine Zuversicht, derart etwa, daß er fürs nächste die Dinge an sich herankommen lassen oder in sie hineinschreiten könnte. In männlich wilder Weise träumte er von einer Durchführung seiner Mission, die sich wie eine Bekehrung auswirken würde, vielleicht sogar an dem *Oberaufseher* der Briten, jedenfalls aber bei seinen Landsleuten. Sollte der Barbar nicht vom Geist her, auch nicht von s e i n e m Geist her, zu beeinflussen sein, dann würde das bei den Chinesen bestimmt die Liebe zum Vaterland vermögen. Warum sollte im Leben eines Volkes immer nur das Gewaltsame eine Wendung herbeiführen und nicht auch ein Ereignis, das sich, wie eine Erweckung, in der reineren Sphäre darüber vollzöge? Und in bezug auf die Engländer nährte Tschun-lin jetzt seine Hoffnung mit dem Wissen, das er aus den Opiumakten geschöpft hatte. Nicht nur vor etlichen zwanzig Jahren war es einem tüchtigen Beamten gelungen, den Opiumschmuggel, wenn auch nur für kurze Zeit, gänzlich zu unterbinden, sondern auch das anmaßende Auftreten des ersten *Oberaufsehers,* des Lord Napier, hatte für die Briten mit einer Niederlage geendet. Also war ihre Kraft, zumindest soweit sie ihnen in den chinesischen Gewässern zu Gebote stand, nicht über alle Maßen groß; und riefen sie die Hilfe ihrer Heimat herbei, dann konnte auch China aufstehn, die ganze *Gelbe Erde ...*

Tschun-lin merkte nicht, wie ihn sein schwärmerisches Herz wieder von der Wirklichkeit entfernte. Er sah die Papierfenster unter den ersten Sonnenstrahlen aufschimmern, und war eben im Begriff, zu Paot'sa hinüberzugehn, um ihr nach dem verdüsterten Abend einen hoffnungsvolleren Morgen zu bereiten, als ihm, zu so früher Stunde, Seine Exzellenz, der Provinzialschatzmeister Lue Yüanming, gemeldet wurde.

Der erhabene Großvater, berichtete der Diener, erkläre, er sei seit seiner Studentenzeit, seit mehr als sechzig Jahren, so früh nicht mehr aufgestanden. Wenn er es heute getan hätte, dann deshalb, weil er den hohen Generalgouverneur, und zwar um des chinesischen Volkes willen, unbedingt noch vor der Opferung im Tempel Kuan Tis sprechen müsse. Deshalb erwarte er auch, daß ihn der Abgesandte des Kaisers empfangen werde.

Tschun-lin, sofort unangenehm berührt, verhehlte sich nicht das Erpresserische, das in diesem Auftreten lag; sein Verantwortungsbewußtsein aber und eine gewisse Neugier, die aus seiner Hilfsbedürftigkeit kam, veranlaßten ihn, dem ehemaligen Provinzialschatzmeister zu willfahren. Er warf einen Blick auf seine Gewandung, die er noch vom Vortag her am Leib trug, und hängte sich das Tschutschu um, die Amtskette der 108 Kugeln.

Im Empfangssalon sah er einen Greis vor sich, in dem er trotz der veilchenblauen Robe niemals die Exzellenz von ehedem erkannt hätte. Herr Lue Yüanming hielt am Ende des achten Jahrzehnts, auf jener Altersstufe mithin, die die Chinesen *Verrostetes Gesicht* nennen, und tatsächlich waren sich an dem Mann, der auch im Wuchs geschrumpft erschien, nur die kalten, schwarzen Augen gleichgeblieben. Als er dann dasaß, umklammerten seine zitternden Hände den Knauf eines dicken Bambusstocks, und auch sein Geierkopf wackelte unablässig.

Ich bedauere, sagte Tschun-lin höflich, daß ich Sie gestern wegen des Amtsantritts nicht empfangen konnte.

Tschun-lin redete so, weil ihm der Alte leidtat, doch sollte er bald darüber belehrt sein, daß in diesem schlotternden Knochengerüst das wilde Leben keineswegs ausgeglüht war. Vielmehr offenbarte der Greis eine Heftigkeit, die durch das kindisch Unbedenkliche, das aus seinem Alter hinzukam, geradezu etwas Wahnsinniges erhielt.

Was blieb mir übrig, murmelte Herr Lue Yüanming unwirsch, da ich Sie davor bewahren mußte, mit falschen Bitten vor Kuan Ti zu treten. Denn die aktiven Kollegen erzählten mir von dem bevorstehenden Opfergang. Wollen Sie nun, keifte er Tschun-lin kurzerhand an, Krieg führen gegen die Barbaren oder nicht?

Wenn es nicht sein muß, entgegnete der Befragte verwirrt, dann nicht.

Dacht' ich's doch! Der alte Provinzialschatzmeister warf den Kopf und die eine Schulter in die Höhe, gleichzeitig stieß er seinen Stock auf den Boden. Denn Kuan Ti, höhnte er, ist auch der *beschwingte Helfer*, nicht wahr? Sie wollen demnach wieder Botschaften an die Briten schicken und ihnen gut zureden, vielleicht auch ein paar Landeskinder abschlachten lassen, und hinterher soll das Elend der *Hundert Familien* unvermindert weiterdauern?

Tschun-lin überlegte, daß dem Bejahrten kein Recht zustand, ihn zu verhören; die Rücksicht auf sein Alter aber verwehrte es, das Gespräch abzubrechen. Auch war anregend, dahinterzukommen, was den Wütenden hergeführt hatte. Ich verstehe nicht, warf Tschun-lin ein, was Ihre anklagende Art besagen soll, Exzellenz.

Daß es, rief der Besucher außer sich, gar keine Frage sein darf, ob Krieg oder nicht; und treten Sie heute vor Kuan Ti, dann müssen Sie es mit dem Bewußtsein tun, daß

Sie vor den *Markgrafen der kriegerischen Würde* treten, vor den *Fürsten des Friedens durch den Krieg*, hören Sie: des Friedens *durch den Krieg*, und das gilt auch gegenüber den Barbaren. Denn alles Verhandeln ist zwecklos, und das *Reich der Mitte* wird die Pest erst los sein, wenn die fremden Teufel zerschmettert sind. Sie beabsichtigen heute im Kongso vor der Jang hong schang zu reden? Das ist Humbug und Selbstbetrug, Pflichtvergessenheit und Kinderei. Lassen Sie unsere armen Söhne in Frieden! Wollen Sie aber Ihr Tschutschu mit Recht tragen, dann müssen Sie heute noch an die Kriegsdschunken und Tatarenregimenter den Befehl zum Stürmen und Feuern geben!

Und Sie glauben, fragte Tschun-lin kalt, daß es damit auch schon getan wäre? Ich meine, daß wir bei einer solchen Kriegshandlung auch schon des Erfolges sicher sein könnten?

Wessen denn sonst? Der Kopfwackelnde war eitel Verwunderung. Eine Niederlage ist undenkbar! Die Barbaren können mit ihren Kanonen nicht zehn Millionen Chinesen töten, aber selbst wenn sie es vermöchten, wäre das für die *blumige Mitte* noch immer keine fühlbare Wunde. Denn die Barbaren hätten bis dahin jedenfalls ihr letztes Stäubchen Pulver verschossen, und die elfte Million unserer Landessöhne, die, mit dem Dolch im Munde, an die Schiffe heranschwämme und sie erstiege, genügte noch immer weitaus, allem, was auf diesen Schiffen atmet, den Garaus zu machen.

Nun denn, sagte Tschun-lin, der alles überlegte, bedächtig, eine solche Opferbereitschaft würde wohl eine entsprechend entflammte Gesinnung voraussetzen, und auf Grund welcher Zusammenhänge sollte die sich finden?

Als langjährigem Beamten muß Ihnen bekannt sein, daß ein Krieg, der in einer chinesischen Provinz ausbricht, von der Nachbarprovinz als eine auswärtige Angelegenheit betrachtet wird, die sie nichts angeht. Wir haben nur Provinzialarmeen, nur Söldnertruppen und überhaupt keine chinesischen Soldaten. Wovon Sie aber reden, von einer Art heiligem Krieg bis zum letzten Blutstropfen, das setzt eine Volkserhebung von geradezu religiöser Inbrunst voraus, und damit kann man doch nicht rechnen.

Der stockbewehrte Alte hatte mit starr auf den Sprecher gerichtetem Blick zugehört, und das Wackeln seines Kopfes war dabei wie eine, jedes Wort begleitende Verneinung erschienen. Er brach auch nicht sogleich wieder los, sondern malmte eine Weile mit den Lippen, als müßte er vor der neuerlichen Angriffsrede die Sprechwerkzeuge erst in Ordnung bringen. Sein Blick während dieser Pause aber lag voll lauernder Drohung. Nun erhob er sich nicht ohne Mühe, und als er stand, rief er:

Woher beziehen Sie diese Weisheit? Natürlich aus Peking, und von dorther betrachtet, mag es auch so aussehen! Aber die Stadt, um die es gegenüber den Barbaren geht, heißt Kanton; sie ist die hoffnungsvollste Metropole des Reiches, und wir stehn hier nicht zwischen Eunuchen, Hofschranzen und landfremden Tungusen, sondern mitten im Volk!

Diese Ausfälligkeit hob auch Tschun-lin vom Sitz. Wenn Sie, sagte er am Ende seiner Geduld, das Herrscherhaus beleidigen, weise ich Ihnen, trotz Ihres Alters, Exzellenz, die Tür.

Aber das brachte den Provinzialschatzmeister erst außer Rand und Band. Die Tür weisen, höhnte er, das wäre so die richtige Entgegnung, diejenige, die zu allen

Entgegnungen paßt, die Peking auf die Forderungen des chinesischen Volkes zu finden weiß. Aber ich werde weder diese Stube verlassen, ehe ich fertig bin, noch wird es Ihnen gelingen, mich zu beirren. Ich sagte, es mag von Peking aus den Eindruck erwecken, als ob es dem chinesischen Volk an Opferbereitschaft gebräche, und das ist auch nicht unbegründet: für Peking mag es an der Opferbereitschaft gewißlich mangeln. Allein, richten Sie ein Ziel vor dem Volk auf, für das es sich entflammen kann, und Sie werden voll Rührung erkennen, daß die schwarzhaarigen Tang sich singend in den Tod werfen!

Das war nun Phantasterei, und Tschun-lin wollte sich nicht daran kehren. Es bewegte ihn nur noch, nach den Zielen zu fragen, auf die hier angespielt wurde. Aber der Alte ließ sich nicht unterbrechen.

Oder ist Ihnen, trumpfte er auf, vielleicht verborgen geblieben, mit welch frenetischem Jubel Sie das Volk empfangen hat? Doch nicht deshalb etwa, weil Sie ein Sohn der Stadt sind, sondern weil die Menschen darauf brennen, wider die Barbaren zu stürmen. Und horchen Sie in die Straßen hinaus, dann werden Sie es rufen hören: Ta tschang, pu pa, ta tschang, pu pa!

Wir wollen kämpfen und fürchten uns nicht, wiederholte Tschun-lin mitleidig-geringschätzig. Hier deckte sich ihm ja ein Teil der Zusammenhänge auf.

Er überblickte nun, wie hinter seinem Empfang eine bestimmte Regie gewaltet hatte. Die Drahtzieher dabei konnten nur in der *Wohlmeinenden Gesellschaft des roten Drachen* zu suchen sein, die mit allen Mitteln auf die Herbeiführung einer revolutionären Situation gegen die Mandschu hinarbeitete. Und daß Herr Lue Yüanming diese Gesinnung teilte, wußte er nicht nur aus dem Munde seines Vaters. Es war auch für den Zensorenhof in Peking durchsichtig geworden, was für ein Diener der Dynastie da in Kuang-tung saß. Ein Zweifel konnte lediglich darüber bestehn, ob sich der Provinzialschatzmeister die Gesinnung zugelegt hatte, um auf Grund ihrer die eigene Regierung unangefochtener zu betrügen, oder ob sie bei ihm echt war. Jetzt jedenfalls schien sie, offenbar aus dem Altersschwachsinn heraus, zu einer echten geworden zu sein.

Damit aber erübrigte sich jede weitere Auseinandersetzung. Tschun-lin trat vor den aufgebrachten Greis hin und beschloß das Gespräch.

Das Volk, bedeutete er dem giftig Dreinblickenden, will nach Ihrer Ansicht nur dann für die *blumige Mitte* singend in den Tod gehn, wenn wieder ein Ming über ihr thronen sollte. Aber nach dieser Richtung wird, solange ich in Kanton Herr bin, dessen kann ich Sie versichern, nichts sich ereignen. Und damit bitte ich Sie, unsere Unterhaltung für beendet zu betrachten. Wenn Sie jünger wären, ließe ich Sie jetzt verhaften; da Sie bereits auf der Stufe *Verrostetes Gesicht* stehn, wünsche ich Ihnen einen beschwerdelosen Heimweg.

Herr Lue Yüanming hob drohend den Stock, er setzte zu einem weit ausholenden, pathetischen Redeschwall an, aber Tschun-lin schlug gegen ein Gong und verließ das Zimmer.

Beim Frühstück dann mit Paot'sa war er sehr nachdenklich, und während der Opferhandlung im Tempel Kuan Tis noch mehr.

Das Gespräch, so grotesk es verlaufen war, hatte ihm die zuversichtliche Stimmung wieder genommen. Er sah Kräfte am Werk, die nicht unter seinem Einfluß standen und die seine Maßnahmen empfindlich stören konnten, entweder durch Sabotage oder durch Übertreibung. Diese Erschwernis dünkte Tschun-lin so gewichtig, daß er vorübergehend den Gedanken faßte, im gegebenen Augenblick über die Stadt das Standrecht zu verhängen. Doch kam er sogleich wieder davon ab. Er konnte die Fundamente des chinesischen Verteidigungswillens nicht auch noch selbst unterhöhlen. Das um so weniger, als er nun die Vorstellung vom totalen Krieg in ihrer ganzen Verschwärmtheit erkannte.

Und das war die wesentlichste Folge der Auseinandersetzung mit dem vergreisten Provinzialschatzmeister. Obzwar die Überlegungen, auf die der kriegshetzerische Alte hinzuweisen gewesen war, bei Tschun-lin natürlich auch sonst bestanden, so hatte doch erst die dialektische Position des Widersprechenden jene Kälte in ihm erzeugt, in der er neben dem Begriff auch das wahre Gefühl für den Stand der Dinge gewann. Der Krieg gegen die Barbaren mutete jetzt als die fragwürdigste und düsterste Wendung an. Sie würden nicht imstande sein, China zu erobern, doch waren sie zweifellos in der Lage, Kanton und ein Dutzend andere Küstenstädte in Trümmer zu schießen, und trat ihr Land selbst in den Kampf, dann konnte es für das ganze Reich zur Katastrophe werden. Jedenfalls erblickte Tschun-lin die Notwendigkeit, er müsse, ehe Endgültiges geschähe, noch einmal nach Peking, um dem Kaiser wenn schon nicht die Aufrufung der ganzen Nation, so doch die unumgängliche Tatarenmobilisierung in allen Provinzen klarzumachen. Daran war auch in den Vorbesprechungen seiner Mission gedacht worden, doch nicht, wie Tschun-lin es jetzt erkannte, mit dem entsprechend durchschauerten Bewußtsein.

War der Krieg aber, die Lösung des Problems auf der Seite der Barbaren, das am schwersten zu Bestehende, dann blieb als anderer Ausweg nur, das, was aus der Welt zu schaffen war, auf der Seite der Landsleute aus der Welt zu schaffen. Das bedeutete dann nicht die Durchführung der Aufgabe, ohne daß irgend einem Landsmann Leid zugefügt wurde, sondern sie trat dann als eisernes Regiment auf den Plan, als unnachsichtlich brutale Zurechthämmerung der Dinge, als ein verbissenes Wüten im eigenen Fleisch, und das überzog dann wohl viele mit großem Jammer, und es brachte auch, zuvörderst, Hau-qua und Tuan an den Galgen...

Tschun-lin lag vor der Statue Kuan Tis, und sein Hirn war bis zu jener Wundheit müd, in der es keinen Gedanken mehr zu fassen vermochte.

Hinter ihm kauerten alle Großwürdenträger der Stadt im Kotau, und aus den ehernen Opferbecken stieg der Weihrauch an den Altar hinauf. Dort ritt Kuan Ti, der *Fürst des Friedens durch den Krieg*, auf einem roten Riesenhasen, sein Schwert, das ihm aus der Faust züngelte, war ein blauer Drache, und an seinem Leib trug er über den Tigerfellen einen Panzer. Vor der Anbetung hatten die Mandarine Börsen mit Geld an seine Zügel gehängt, und jetzt erflehten sie von dem *Markgrafen der kriegerischen Würde*, er möge, sobald es zu den Schlachten käme, als vernichtendes Gewitter mit den Kriegsdschunken und Tatarenregimentern wider die Feinde brausen.

Nur Tschun-lin lag wie im Fieber auf seinen Händen und Knien. Während seine Stirne den Boden berührte und seine Augen in der Versunkenheit verschlossen waren, zog durch seinen Geist eine Flut von Vorstellungen, die er nicht mehr meistern konnte. Er erblickte, unbestimmt wie im Traum, das Menschengewimmel der Kantoner Straßen, das Schaluppenmeer im Perlstrom, Whampoa mit der britischen Fahne auf der Faktorei, das Sonnengeblitz auf den Wellen, die Koniferenínseln im Ästuar, die hilflosen Forts Taikok-tau und Anunghoi, das Meer, das unermeßlich sich hinauswölbende Meer selbst, irgendwo im weißen Nebel, wie auf einem anderen Stern und konturlos England, und dann zwischen allem wieder den Kaiser und Hau-qau und Herrn Jau-mün, wieder den Staub, die Sonne, das Meergeblitz, den uferlosen Himmel... und von allem blieb ihm das Gefühl, daß es ihm nicht gegeben sein könne, darüber Herr zu werden. Die Welt war zu ungeheuer, zu vielfältig, zu voll von Eigenkräften, und damit vollzog sich wohl auch die Politik nicht nach ihren eigenen Entwürfen, sondern mehr nach den Einflüssen, die aus der Welt in sie kamen. Dergestalt lag alles beim Schicksal, bei den Göttern.

Tschun-lin stand auf, und die Beamten, die die Opferhandlung für beendet hielten, folgten seinem Beispiel. Da hob er jedoch die Amtskette von seinen Schultern, das Tschutschu der 108 Kugeln, und nachdem er sie auf dem Altar niedergelegt hatte, warf er sich noch einmal nieder. 72 der 108 Kettenkugeln vertraten ebenso viele in China vorkommende Steinarten und Metalle, und die 36 übrigen erinnerten an die wichtigsten Sternbilder und Planeten, die auf das *Reich der Mitte* ihr Licht herabstrahlten. Zwei kurze Kettchen, der gewissermaßen linken Hälfte des Tschutschu angefügt, gemahnten an die Ehrfurcht, die der Träger den Vorfahren, und an die Liebe, die er den Eltern schuldete, und ein ähnliches Kettchen an der gewissermaßen rechten Hälfte verwies ihn dauernd auf die Treue, die er der Dynastie zu erweisen hatte.

Die hohen Mandarine, Tschun-lins Verhalten schließlich ungefähr verstehend, bequemten sich wieder in den Kniefall, aber lediglich er erbat mit wirklicher Inbrunst den Segen Kuan Tis für sein Amt und die ganze *Gelbe Erde*, der er in diesem Amt diente.

Aus dem Tempel ließ Tschun-lin sich geradewegs in das Kongso tragen, in die Börse der Hongs, doch hatte er befohlen, daß eine Abteilung berittener Tataren mit ihm komme.

Als sie vor der Halle aufzogen, genügte ihr Anblick, daß den *Sicherheitskaufleuten*, die ohnehin vor Aufregung Herzzustände bekamen, die Zähne aufeinanderschlugen. Die wohlbeleibten Herren fielen, wie sie vor dem Tor und im Vorhof in Gruppen beisammen standen, in den Staub, und keiner wagte, während Tschun-lin in das Innere schritt, auch nur nach oben zu schielen.

Der Saal hing wieder voller Drachenfahnen, die Empore war, wie zu allen bedeutenden Anlässen, rot umkleidet, und in der Nische des göttlichen Knaben Liu Hsi, der einen Frosch in der Hand trägt und den günstigen Handelsbeziehungen vorsteht, stieg blauer Weihrauch in die Höhe. Sehr alt schon und ein wenig grünspanig mutete die große Bronzeglocke an, die in der anderen Nische hing und in schöner Gravierung die Namen aller Mitglieder der Jang hong schang trug.

Tschun-lin erstieg, eine Papierrolle in der Hand, die Empore, wobei er das Geräusch der hereinschlurfenden Menge hinter sich hörte. Als er sich aber umwandte, fiel sein Blick wieder auf die Herde gekrümmter Rücken. Der Empore zunächst kauerten zwei Rotgekleidete, aber da Tschun-lin nur ihre Mützen und die Rücken sah, über die die Zöpfe schwarz und dünn nach hinten krochen, konnte er bloß vermuten, in diesen zunächst Knienden die Brüder vor sich zu haben.

Erheben Sie sich, rief er in den Saal hinein, da keiner der Kotaumachenden Anstalten traf, aufzustehn. Die Versammlung rackerte sich hoch, und der eine der beiden nun Zunächststehenden trat näher an das Podium heran, vermutlich um eine Begrüßung auszusprechen.

Tschun-lin machte eine Handbewegung gegen ihn. Zu einem feierlichen Empfang, sagte er, sich an die Menge wendend, ist kein Anlaß. Gleichzeitig erkannte er in dem Vorgetretenen Hau-qua und in dem anderen, größer gewachsenen, Tuan. Da ihr Vater noch lebte, trugen sie beide, obgleich schon über vierzig, keinen Bart, und insoweit zeigten sich ihre Gesichter, seit Tschun-lin sie vor dreiundzwanzig Jahren zum letztenmal gesehen hatte, im Grund unverändert. Ihr Aussehen war nur fetter geworden, schwerfälliger, dumpfer und verbrauchter, und Hau-qua sah überraschend bösartig aus. Überdies lag in seinen Zügen das Abgezehrte und Fahle, das Erblindete der Opiumraucher.

Um die Wahrheit zu sagen: es ging wie ein Schlag durch Tschun-lin bei dieser Gegenüberstellung. Dennoch war etwas Enttäuschendes dabei, etwas, das die aufregenden Impulse wieder durchkreuzte und abschwächte. Die Brüder berührten ihn fremder, als er erwartet hatte, gleichsam gewöhnlicher, unmaßgeblicher und mehr als früher zu einem Teil der großen Masse geworden, und keinesfalls entsprach ihr Bild, wie sie dastanden, dem glühend wesenhaften, mit dem er sich in der schlaflosen Nacht auseinanderzusetzen gehabt hatte.

Das schien seine Lage zu erleichtern, doch machte es ihn nur unwilliger. Denn das Zerwürfnis blieb für ihn das gleiche, ja, es wurde in einem bestimmten Sinn noch trostloser, wenn das neue Bild der Brüder nicht in sein Herz einging. Deshalb begrüßte es Tschun-lin jetzt, daß er mit dem Vorsatz hergekommen war, diesen Auftritt in der *Seehandelsgesellschaft* möglichst kurz zu gestalten, ohne viel Aufhebens, voll Verachtung und unmißverständlich eindeutig.

Denn, knüpfte er an seine Eingangsbemerkung an, wir stehn uns unter keinen behaglichen Umständen gegenüber. Deshalb will ich auch ohne Umschweife zur Sache kommen. Sie wissen, warum ich da bin. Obgleich zu *Sicherheitskaufleuten* ernannt und mit unleugbaren Privilegien ausgestattet, haben Sie das Vertrauen, das man in Sie gesetzt hat, geschändet. Aber Sie haben damit nicht nur das Herrscherhaus betrogen, sondern sie leisteten auch, um verfluchter Gewinne willen, Ihren Beistand dazu, das chinesische Volk an den Abgrund zu bringen. Statt eine Wehr abzugeben wider die schlechten Einflüsse, die uns aus der Welt der Fremden bedrängen, haben Sie sich als die Busenfreunde der Barbaren erwiesen, die ohne Skrupel dabei mithalfen, die Macht und Gesundheit des Reiches zu untergraben. Dergestalt sind Sie, wie Sie da vor mir stehn, nicht eine Schar von ehrenwerten Männern, sondern eine Versammlung von Verbrechern, von so abgefeimten, verstockten und herzlosen Verbrechern, daß ich es für eine Verschwendung meines Atems hielte, wollte ich Ihnen das Liebwerte, Edle und Erhabene des Vaterlandes vor Augen führen, das Sie ärger geschädigt haben, als es Pest und Kriegsnot, Überschwemmungen, Mißwachs und Hungerseuchen je vermochten. Allein, mit dem heutigen Tag, das brenne sich unauslöschlich in ihre Gehirne ein, in ihre Existenz, ihr ganzes Lebensbewußtsein, ist ihr Treiben zu Ende. Der Kaiser hat mich mit allen Vollmachten ausgestattet, und ich lasse Ihnen keinen Zweifel darüber, ich werde sie gebrauchen. Eher rotte ich Kanton aus, als daß das Giftwesen noch einen Tag weiterdauern sollte.

Tschun-lin entrollte das Papier in seiner Hand.

Für den Fall, daß Sie die Proklamation, die heute an allen Straßenecken hängt, noch nicht oder nicht genau genug gelesen haben sollten, bringe ich Ihnen ihre Hauptpunkte auch hier zur Kenntnis. Auf jeden Einkauf, jeden Transport, jede Lagerung und jeden Verkauf von Opium ist die Hinrichtung ohne vorangehendes Verfahren gesetzt. Wer um verhehlter Tatbestände oder Vorgänge, die das Opiumunwesen betreffen, weiß, hat sie zu melden, denn auch die verhehlte Mitwisserschaft wird schwer bestraft werden. Von dem Augenblick an, da diese Kundmachung veröffentlicht ist, sind alle Opiumvorräte abzuliefern. Die Stadtverwaltung ihrerseits wird Vorkehrungen treffen, das Gift unschädlich zu machen und aus der Welt zu schaffen. Tschun-lin rollte das Papier zusammen.

Ich glaube nicht, daß eine Unklarheit geblieben ist. Aber es sei auch festgestellt, daß ich jeden von Ihnen, der zu flüchten versuchen sollte, an den Stadttoren in Stücke werde reißen lassen. Zur Flucht hat auch niemand Grund, der gesonnen ist, fürderhin als redlicher Kaufmann zu leben und als nichts sonst. Sie sollen auch nicht glauben, daß mir die Mitschuld der Beamtenschaft verborgen geblieben ist. Auch unter ihr wird der Wille des Kaisers die Rechtschaffenen von den Pflichtvergessenen sondern, und auch dort wird die Ordnung einziehen, wie auch bei den Barbaren. Die Fremden werden sich nun bequemen müssen, unsere Gesetze zu achten, oder sie werden aus unseren

Meeren vertrieben werden. Denn das Maß ist voll, und der Wille Tao-kuangs, des erhabenen Herrschers, leert es jetzt.

Tschun-lin stieg von der Empore herab und verließ, weder links noch rechts schauend, den Saal. Die *Sicherheitskaufleute* fielen in den Kotau und lagen wieder als die Herde gekrümmter Rücken neben seinem Weg. Während er jedoch draußen in die Sänfte stieg, trat der Tatarenoffizier auf Hau-qua und Tuan zu und verhaftete sie.

Sie mußten, von den Berittenen eskortiert und hinter der Sänfte her, durch die heißen Straßen zum Yamen des Generalgouverneurs wandern. Dieser selbst, in dem verhängten Kasten hingetragen, fühlte ihre erbarmungswürdige Anwesenheit wie ein zehrendes Feuer im Rücken, aber er konnte ihnen die Demütigung nicht ersparen. Und er litt im Augenblick auch nicht allzusehr unter dem Vorgang. Wirkte in den Hongs der rasch vorbeigegangene Auftritt mit dem kaiserlichen Bevollmächtigten wie ein durchgefahrener, schrecklicher Blitz nach, dann war auch in Tschun-lin etwas von der Szene zurückgeblieben. Das Element nämlich der unbedingten Rechtlichkeit, die seiner Aufgabe und seinem Handeln innewohnte, und darum empfand er sich zur Stunde auch den Brüdern gegenüber mehr als Mandarin denn als Blutsverwandten. Das hatte auch noch mehr als die Überlegung, die Stadt solle seine Unparteilichkeit erkennen, dabei mitgespielt, wenn er es nicht vermied, den Brüdern diesen peinvollen Gang aufzuerlegen.

Im Yamen des Generalgouverneurs führte man sie in einen der Höfe und ließ sie dort warten. Da die Tataren auch hier in ihrer Nähe blieben, glaubten sie sich vor der Hinrichtung. Sie wagten nicht zu flüstern miteinander, aber nach etwa einer Stunde erlitt Hau-qua einen Nervenzusammenbruch. Er fiel auf die Knie nieder und begann schreiend zu weinen, alle Götter anrufend und seinen Willen zur Besserung beteuernd. Tuan, der nur düster dastand, schloß die Augen.

Indessen trat ein Sekretär aus dem Kanzleihaus, der den Tatarenoffizier beauftragte, die Brüder vor Tschun-lin zu führen. Sie kamen in einen prunkvollen Raum mit goldenen Inschriften an den roten Wänden, mit schweren Teppichen und schwarzhölzernen Möbeln. Über dem Schreibtisch prangte auf Seide das Bild des fünfklauigen, kaiserlichen Drachen und darüber eine Darstellung des Siegels Tao-kuangs, das in seiner strengen und quadratischen Ornamentalität an ein Eisengitter erinnerte. Da die großen, fächerförmigen Papierfenster zugezogen waren, fiel nur ein schummeriges Licht in das weite Gemach, und die Stille, die in ihm herrschte, berührte voll hoher Bedeutsamkeit.

Tschun-lin war vor den Schreibtisch getreten, er stand bereits wartend da, ein Papier in Händen.

Auf die Brüder, die lange im Kotau liegen blieben, wirkte seine Erscheinung wie die einer Statue. Sowohl an der hellblauen Seidenrobe, die ihm bis zu den Knöcheln reichte, wie auch an der knielangen, veilchenblauen Tunika regte sich keine Falte, und auch der weite Fall der reich mit Gold verzierten Ärmel war starr, gleich dem Bild des Bergkranichs auf dem gestickten Brustschild. Der Vogel in der Stickerei stand, mit ausgebreiteten Schwingen und nach der Sonne blickend, auf einem meerumschäumten Felsen. Aber so unverändert dieses wilde Bild blieb, so wie aus Bronze gegossen wirkte auch Tschun-lins Gesicht darüber, und selbst der Glanzpunkt auf dem Rubinknopf seiner Mütze blieb immer an der gleichen Stelle.

Nun hoben sich aber die Eisenaugen von dem Papier, und der Mund der Statue begann zu reden.

Hau-qau und Tuan, erklang es langsam, ihr seid meine Brüder, doch stehn wir uns jetzt nicht als Blutsverwandte, sondern als Staatsbürger gegenüber, und ihr verkörpert die Vorstände der Kantoner Jang hong schang, während ich, den Göttern hat es so gefallen, den Kaiser vertrete. Meine Aufgabe ist, das Giftwesen auszurotten, und Shang Ti im Himmel weiß es, ich habe mich dieser Aufgabe nicht willentlich und nicht leichten Herzens unterzogen. Über meinen Gefühlen aber steht die Pflicht, die jeden bisherigen meiner Schritte bestimmt hat und die auch jeden weiteren bestimmen wird. Es ist daher auch nicht möglich, daß wir uns als die Söhne eines Vaters auseinandersetzen, sondern wir haben, jeder in seiner Weise, den Willen des Himmelssohns zu erleiden. Auch er selbst in seiner strahlenden Majestät ist dabei nicht von Willkür geleitet, sondern nur vom Dienst an seinem ewigen Volk. So stehn wir alle, der hohe Herr auf dem Drachensitz und ich und ihr, unterm Schicksal. Hiezu allerdings muß ich bemerken, daß die Nachsicht, die ich gegenüber den Mitgliedern der Jang hong schang für den Fall aussprach, daß sie redliche Kaufleute werden würden, nicht auch für euch gelten kann. Denn ihr seid die führenden Verantwortlichen in der *Seehandelsgesellschaft* gewesen. Ungeachtet dessen wird, was mit euch geschieht, vom weiteren Gang der Dinge abhängen. Hier habe ich die Botschaft an die Engländer aufgeschrieben, die ihr ihnen überbringen werdet. Doch seid ihr dabei nicht bloß Botengänger, sondern ihr geht hin als die Bürgen dafür, daß die Botschaft auch erfüllt werde. Damit waltet ihr, unter furchtbaren Bedingungen jetzt, des Amtes, dessen ihr schon immer hättet walten sollen.

Tschun-lin legte das Papier, das seinen Namen und ein schweres Siegel trug, in eine hölzerne Schatulle, überreichte diese Hau-qua und verließ, ehe die Brüder vor ihm kniefällig werden konnten, den Raum.

Der Tatarenoffizier geleitete die Häftlinge wieder hinaus, aber sie wurden nun geradewegs auf die Polizeidschunke geführt, die sie nach Whampoa brachte.

Diese Fahrt, auf die die Tatarenbedeckung gleichfalls mitkam, verlief für Hau-qua mit anderen Gefühlen als jene erste in der Gesellschaft O-huas vor 23 Jahren, die sie zur nämlichen Jahreszeit unternommen hatten. Das unübersehbare Kähnegewirr, der Perlstrom und die Himmelsbläue waren sich gleichgeblieben, für Hau-qua aber lag sein Leben zwischen den beiden Fahrten, und in seiner Brust war jetzt nichts als Angst.

Die Dschunke traf ein, eben als die Engländer ihr zweites Frühstück hinter sich hatten. Da die Kunde von dem kaiserlichen Kommissär und auch von dem besonderen Charakter, der ihm anhaften sollte, bereits in die britische Kolonie gedrungen war, erwartete man die Sendlinge schon. Zwar gab es an der Landungsstelle einen Wortwechsel, weil die Mitkunft der Tataren, wie man es darstellte, eine Beleidigung bedeutete, aber man einigte sich schließlich, den Offizier als Geleitperson anzuerkennen. Er trat mit Hau-qua, der die Schatulle trug, und Tuan in den Bungalow, den der englische *Oberaufseher* unweit der ehemaligen Faktorei bewohnte.

Charles Elliot, Superintendent, Hafenmeister und Marineoffizier, war nun ein Mann Mitte der Fünfzig. Sein mageres, aber breitknochiges Gesicht wurde durch die buschigen schwarzen Brauen und den vollen Schnurrbart gekennzeichnet, der an den Mundwinkeln abwärts hing und in den Spitzen sich wieder nach oben bog. Mit der Bestellung zum *Oberaufseher* war Elliot auf ein ihm fremdes Gebiet verpflanzt worden, und es hatte ihm selbst nicht verborgen bleiben können, daß er auf diesem Gebiet gewissermaßen den Mann der hilflosen Energie vorstellte. Doch war er bisher durch die Fügsamkeit der chinesischen Verhältnisse weitergekommen, und er baute darauf, daß die Verhältnisse sich nicht ändern würden.

Die Sendlinge Kantons empfing er in Gesellschaft einiger Herren, einiger Opiumgroßhändler, denn einen anderen Charakter konnten hervorragende Mitglieder der Kolonie nicht mehr haben. Die Herren und Ch. Elliot hatten sich auch in eingehender Auseinandersetzung wider alles, was da kommen mochte, gewappnet. Aber nun bedeutete schon der Tatarenoffizier, der die Botschafter als Gefangene brachte, eine Überraschung, und die Note Tschun-lins bedeutete erst recht eine.

Sie war in chinesischer und englischer Sprache abgefaßt, wich von der Redeweise der Mandarine, wie man sie bisher kennengelernt hatte, vollends ab und hatte, die Lage sofort rücksichtslos zuspitzend, folgenden Wortlaut:

Kanton, am 14. Tag des 3. Monats im 19. Jahr Tao-kuang. An den Oberaufseher des britischen Handels in China, den Herrn Hafenmeister Kapitän Charles Elliot.

Diese Botschaft ergeht an Sie in der Frage des Opiumschmuggels. Da darüber schon viele Dutzend Noten zwischen der Kantoner Provinzialregierung und Ihnen, beziehungsweise Ihren Vorgängern gewechselt worden sind, will ich mich über die durch den Schmuggel herbeigeführten Zustände nicht weiter verbreiten. Zusammenfassend aber sei festgestellt:

Seit zweihundert Jahren besteht im chinesischen Reich ein Gesetz, das die Einfuhr von Opium untersagt. Dieses Gesetz wurde durch alle Kaiser seit Yong-tschi, der es erließ, erneuert, durch

Khien-long, Kia-king und Tao-kuang. Und das Gesetz ist auch Ihnen jederzeit bekannt gewesen. Dennoch haben Sie und Ihre Landsleute sich niemals daran gehalten. Ja, Sie gingen so weit, in der Insel Lin-tin, im Bereich der heutigen britischen Kolonie in Whampoa und an vielen Stellen des Perlstrom-Ästuars chinesischen Staatsboden gewaltsam zu besetzen, um leichter und in immer größerem Umfang das Gesetz zu brechen. Das hat zu der nachstehend gekennzeichneten Entwicklung geführt.

Wenn, nach unseren Untersuchungen, vor einem halben Menschenalter noch einige tausend Kisten Opium jährlich eingeschmuggelt wurden, dann ist diese Zufuhr nun bereits auf das Zehnfache gestiegen. Die Überlegung ist durchaus nicht fragwürdig, daß Sie nun schon im Begriff sind, im Jahr an die vierzigtausend Kisten ins Land zu bringen. Das bedeutet eine Giftmenge von etwa fünf Millionen Pfund, und in der Tat sind Millionen Chinesen dem verderblichen Genuß der Droge bereits verfallen. Wir wissen auch um das ganze Reich Indien und die entfernteren Exportländer, die Sie in den Dienst dieser Großvergiftung des chinesischen Volkes gestellt haben, auch geben Sie selbst zu, daß die Opiumausfuhr Ihren wichtigsten Handelszweig mit China ausmacht. Vergegenwärtigen wir uns nun unsere Erfahrungen, die keinen Raum zu der Hoffnung geben, Sie würden Ihr – in der Weltgeschichte einzig dastehendes – verbrecherisches Vorgehn eines Tages selbst beenden, denn es geht ja um Gewinn, um immer größeren Gewinn, dann kommen wir zu der entsetzlichen Vision, daß in abermals einem halben Menschenalter die jährliche Einfuhr nicht mehr 40.000 Kisten betragen wird, sondern 400.000 oder vielleicht 800.000, daß Sie dann statt fünf Millionen schon fünfzig oder hundert Millionen Pfund Gift in unser Volk hineinpumpen werden, und dies wäre das Ende Chinas, ganz zu schweigen davon, daß einem solchen Ende schon eine allgemeine Verderbnis vorangegangen sein würde, die den Verfall des tausendjährigen Reiches auch auf anderen Wegen als dem des Giftgenusses bereits herbeigeführt haben müßte.

Ich frage Sie nun: Wie würde die Klage sein, die Ihr Land Großbritannien über eine solche Bedrohung erhöbe, und wie erbittert der Kampf, mit dem es versuchen würde, sich vor einer solchen Heimsuchung zu bewahren? Nun denn: Das Reich China ist von nicht weniger erbarmungswürdigen Menschen bevölkert als das Ihre, und es hat das gleiche Recht wie alle anderen Länder, unter der Sonne zu gedeihen, seine Kultur zu pflegen und in seine fernere Geschichte hinaufzuwachsen. Ich gebe Ihnen zu, daß chinesische Menschen mitschuldig geworden sind an dem Verbrechen, das Sie an uns begehn, aber auch Ihre Menschen in England würden mitschuldig geworden sein, hätten etwa wir sie der gleichen Verführung ausgesetzt. Denn hier handelt es sich um die menschliche Unzulänglichkeit, an der wir alle, gelbe Menschen wie weiße, in dem gleichen Grad leiden.

Allein, der Staat China hat keine Wahl mehr!

Hören Sie, ich rufe Sie bei Ihrem Gott, Ihrer eigenen Staatsvernunft und Ihrem eigenen Menschentum an, sich dem nicht mehr zu verschließen:

Der Staat China hat keine Wahl mehr!

Von meinem kaiserlichen Herrn und der Regierung beauftragt, das Opiumunwesen aus der Welt zu schaffen, stehe ich hier, und ich schwöre Ihnen: Ich werde meine Aufgabe vom Anfang bis zum Ende durchführen und nicht eine Minute auf halbem Weg stehn bleiben. Gelange ich so zu dem Ziel, das mein Land mir gesetzt hat, dann mögen die rechtmäßigen und natürlichen Handelsbeziehungen zwischen unseren Staaten weiterbestehn; gelange ich nicht dazu, dann werden wir alle, das versichere ich Ihnen, untergehn, Sie und ich.

Die Bedingungen, die ich Ihnen zu stellen habe, sind folgende:

1. Sie liefern alles Opium, das auf den Schiffen bei Lin-tin und in Whampoa lagert, an die Provinzialregierung in Kanton ab, ausnahmslos alles, bis auf die letzte Kiste und ohne ein Stäubchen zu unterschlagen. Gleichzeitig ziehen Sie die Schiffe von der Insel Lin-tin ab, um sie nie wieder dort hinzusenden.

2. Sie geben in chinesischer und Ihrer eigenen Sprache die Erklärung ab, daß die Schiffe Ihrer Nation in Hinkunft kein Opium mehr führen werden. Sollte es in betrügerischer Weise dennoch geschehen, dann soll, und Sie erklären sich auch damit schriftlich einverstanden, die ganze Ladung der Beschlagnahmung und die verantwortliche Befehlshaberschaft den chinesischen Gesetzen verfallen sein.

Sie haben drei Tage Zeit, sich zur Erfüllung dieser Bedingungen zu bekennen. Erfolgt innerhalb dieser Frist nichts, dann werden die Hongs, die jetzt schon als Bürgen eingezogen sind, hingerichtet werden, und unsere Auseinandersetzung wird mit anderen Mitteln ihren Fortgang nehmen.

Tschun-lin Tsesiu
der Kaiserliche Bevollmächtigte und
Generalgouverneur der Provinzen
Kuang-tung und Kuang-si

Kapitän Elliot hatte das Schriftstück, da es auch in seiner Sprache abgefaßt war, vorgelesen. Hau-qua und Tuan war damit ein absonderliches, gespenstisches Unbehagen bereitet worden, denn Sie wußten ihr Geschick mit dem Schriftstück verknüpft und ahnten nun wieder nicht, was darin stand. Aber auch den Engländern, so erwachsen, seelisch verwittert und geschäftstüchtig dickhäutig sie sein mochten, war eine Zeitlang betreten zumute gewesen. Da dieser Bevollmächtigte Tschun-lin Tsesiu nicht nur ihre Sprache redete, sondern auch in ihrer Art, zu denken, sich äußerte, hatte seine Botschaft ihr Herz nicht ganz unberührt gelassen. Freilich, als aus Elliots an dieser Stelle immer mehr sich erhebender Stimme die Bedingungen bekanntgeworden waren, hatten die Herren in Rufen wie: Komplett irrsinnig! ihrer Betretenheit Luft gemacht.

Und dabei blieben sie auch.

An eine Auslieferung des Opiums war nicht zu denken; man konnte nicht einige Millionen Pfund Sterling verschenken, gleichgültig, was die Chinesen mit der Ware, die diesen Wert hatte, anzustellen gedachten. Und man hatte die Ware ja auch nicht allein in Händen. Die ganze britische Kolonie in Macao, in Whampoa und auf den Lin-tin-Schiffen war am Besitz beteiligt, und daß sie mit der Versenkung ihrer Kapitalien im Meerwasser nicht einverstanden sein würde, darin lag keine Frage. Warum auch, da die Note kein Wort über die Portugiesen und Amerikaner verlor, die gleichfalls mit der Droge handelten. Darüber hinaus aber: wie hätte sich auch nur irgend ein Engländer damit einverstanden erklären können, daß britische Staatsbürger der chinesischen Gerichtsbarkeit unterstellt werden sollten? Nein, von all dem konnte keine Rede sein, und es handelte sich lediglich darum, diesem tobsüchtig gewordenen Bevollmächtigten aus Peking den Kopf wieder zurechtzusetzen.

Nur Kapitän Elliot sah die Lage nicht so einfach.

Die Drohung, daß nach drei Tagen die Überbringer der Botschaft hingerichtet werden sollten, drückte auf seine Offiziersehre. Auf der anderen Seite bewies dieser Umstand, wie es um den neuen Generalgouverneur bestellt war. Dieser Mann trat mit einem für chinesische Verhältnisse ungewöhnlichen Weltblick auf und mit konsequenter Energie. Daher war auch zu vermuten, daß er nach drei Tagen und nach der Hinrichtung der Sendlinge nicht zaudern würde, seinen Weg weiter zu beschreiten. Das schloß aber das Ende nicht nur des Opiumhandels in sich, sondern jedes Handels überhaupt, das bedeutete endlich den Krieg, und auf all das war man im Augenblick nicht vorbereitet. Was hatte mithin zu geschehen?

Wir müssen Zeit gewinnen, erklärten die Herren, und das war auch für Elliot die weiterhelfende Auskunft. Er entließ Hau-qua und Tuan ohne jedes Bedeuten. Damit aber begann für Tschun-lin die Marter dieser drei Tage, die er als Frist gesetzt hatte.

Die Brüder wurden nach ihrer Rückkehr sofort in das Gefängnis gebracht, das sich an den hintersten Hof von

Tschun-lins Yamen schloß. Bei der Meldung ihrer ergebnislosen Rückkehr war sein Gesicht grau geworden. Doch hatte seine Pein damit erst begonnen, denn nun, da die Sachlage offenbar war, konnte er sich auch gegen seine Familie nicht weiter absperren. Es lag auch etwas wie Selbstverurteilung darin, wenn er jetzt Herrn Jau-mün empfing, die Frauen von Hau-qua und Tuan, den zum Bittgang bemüßigten A-tung und diese und jene der Schwestern, schließlich auch die noch lebenden Oheime und die Kinder der Eingekerkerten.

Immer wieder hallte das Yamen vom Geschrei der Verzweifelten, denn sie kamen nicht auf einmal, sondern nach und nach, wie die Angst und die Sehnsucht, ihr Flehen noch einmal zu unterstützen, sie eben herpeitschte. Und Tschun-lin mußte diesen endlosen Jammer in dem Bewußtsein über sich ergehn lassen, daß er ihn durch die Unabänderlichkeit seiner Entschlüsse noch würde vergrößern müssen. Dabei sah er diese Angehörigen alle, nach der Zeit eines halben Lebens, zum erstenmal wieder. Jeder, ob es nun der grau gewordene Vater war, der hilflose A-tung, die gealterten Schwestern oder die völlig aufgelösten Frauen der Gefangenen, stürzte ihn in eine Flut der Erinnerungen, die das Leben, in das er eingriff, erst glühend vor ihm aufweckten. Geradezu unheimlich berührten ihn die Kinder Hau-quas und Tuans, die ihm neu waren und die, teils halbwüchsig, teils fast schon erwachsen, mit zitternden Lippen vor ihm standen oder gleich den Alten auf die Knie fielen. Ihm waren Kinder bisher versagt geblieben, und er erkannte an diesen neuen Menschen, daß er mit der Verurteilung der Brüder das Beil nicht allein an sie, sondern an eine ganze Welt legte.

Tschun-lin stand bisweilen wie mit Schwindelanfällen

in dem Toben, und wenn ihm etwas durch diese zerschrienen Tage hinhalf, dann war es nicht die mitfühlende Paot'sa, von der es sein Herz nun bitter beklagte, daß sie mit nach Kanton gekommen war, sondern die wilde Tätigkeit, in die er sich zwischen den Qualauftritten stürzte. Im Verfolg peinlichster Verhöre, zu denen er nach und nach alle *Sicherheitskaufleute* in das Yamen holen ließ, aber auch durch Überprüfungsgänge in alle Amtshäuser verschaffte er sich einen Überblick über die Verkaufsorganisation, die das Opium ins Volk gebracht hatte, und die Folgen waren für die Beamtenschaft verheerend. Nicht nur Angestellte und Leute niederer Grade wurden von ihren Posten verjagt, sondern auch Polizeihauptleute, Präfekten und Großpräfekten, Monopoldirektoren und Kriminalrichter. Tschun-lin riß Dutzende prachtvolle Knöpfe in diesen Tagen von den Amtsmützen und stellte Männer, die bis in den sechsten und fünften Rang aufgestiegen waren, dem Kaiser als *Leute von ganz gewöhnlicher Begabung und verbrecherischer Unzuverlässigkeit* zur Disposition. Alle Spiellokale in den Yamen wurden geschlossen, es regnete Dekrete über den ganzen Verwaltungsapparat, und täglich ging ein Eilkurier mit einem ausführlichen Memorandum nach Peking.

Das war, als stöbe ein Wirbelsturm durch alle Kanzleien, ja durch ganz Kanton.

Da der Wust von Arbeit, aber auch die seelischen Bewegungen Tschun-lin es unerträglich gemacht hätten, in der Sänfte von einem Ort zum anderen gebracht zu werden, hatte er sich ein Pferd bereitstellen lassen. Auf diese Weise sah ihn das Volk, mit ehernem Gesicht und von Tataren begleitet, immer wieder durch die Straßen reiten, und da auf seinen Spuren und allerorten nur Verwirrung und

Entsetzen zurückblieben, nannten ihn die Leute bald einen Dämon und rasenden Tiger. Hiezu kam, daß seine Wirksamkeit sehr schnell weitere Ringe zog, als er selbst hatte voraussehen können. Fallit gewordene Kaufleute, aber auch zwei Mandarine erhängten sich, und zur Überraschung der ganzen Stadt beging auch der Generalkommissär der beiden Kuang-Provinzen, den niemand für mitschuldig gehalten hätte, Selbstmord, indem er sich durch das Einatmen dünner Goldplättchen erstickte. Nicht nur in der *Straße des neunfachen Glanzes* somit, im Hause Jau-mün, herrschte Heulen und Wehklagen, sondern an vielen Ecken und Enden der Stadt. Das Geschäftsleben, auch auf der chinesischen Seite schon weitgehend vom Opium bestimmt, erfuhr eine gräßliche Zerrüttung, und da sich das in Zusammenhänge fortpflanzte, die mit dem Rauschgift selbst nichts mehr oder nur entfernt und sehr mittelbar zu tun hatten, gab es Verwirrungen, ausbrechende Feindschaften und Familientragödien, die den neuen Generalgouverneur weit ins Gesellschaftliche hinein zu einem Fluch machten.

Tatsächlich speicherte sich ein grenzenloser Haß gegen den *Mann aus Peking* auf. Da es nur Betroffene gab und wenige, die gleich den provisorisch aufrückenden Beamten Vorteil aus der neuen Ära zogen, hallten die meisten Häuser Kantons von den Verwünschungen wider den kaiserlichen Bevollmächtigten. Die Luft der ganzen Stadt lud sich gleichsam auf mit Bitterkeit und Wut, Rachsucht und Verzweiflung, und diese Reaktion war um so heftiger, als man gehofft hatte, den Mann aus Kanton bestechen zu können, und als Tschun-lin durch seine Jugend – was stellte ein Grünschnabel von vierzig Jahren schon vor – auch keine wahre Autorität genoß. Dieser Umstand brachte für die Betroffenen etwas Ungerechtfertigtes in die Vorgänge; er ließ den neuen Mann wie einen Tollgewordenen erscheinen, der das, was ihm am Gewicht und der Weisheit der Jahre fehlte, durch blindwütigen Übereifer zu ersetzen suchte. Und die allgemeine Schmähsucht wurde überdies von zwei Seiten her noch besonders genährt. Die unzähligen, mit einem Schlag ihres Opiats beraubten Raucher begehrten mit der ganzen Hysterie ihrer gequälten Nerven auf, was die Unruhe auch im niederen Volk verbreitete, und die Geheimgesellschaft des *Roten Drachen* nützte die Lage insofern, als sie zum Krieg hetzte und gleichzeitig die himmelschreiendsten Verdächtigungen ausstreute. Sie machte die Leute denken, der neue Generalgouverneur, ein Volksfeind wie jeder, der aus Peking käme, wüte bloß unter den Landsleuten so, weil er sich beim Hof damit Liebkind mache, während er sich von den Barbaren, wer zweifle noch daran, gewißlich schon hätte bestechen lassen. Wie denn auch sollte sein Charakter dergleichen ausschließen, da er schon mit vierzig Jahren einen Aufstieg hinter sich habe, der nur durch ein Übermaß von Speichelleckerei, Korruption und Volksverrätertum zu erklären sei. Und die Brunnenvergifter brachten es auch zuwege, die Leute im Hinblick auf die eingekerkerten Brüder glauben zu machen, daß die grausame Ehrsucht des Bevollmächtigten eben von jener Hemmungslosigkeit sei, die auch vorm Familienmord nicht zurückschrecke. Dies wieder mengte einen sentimentalen Ton in die maßlose Verbitterung, und der war vielleicht das Gefährlichste, denn er gab den Brüdern das Ansehen von Opfern und erbarmenswerten Kreaturen, Tschun-lin aber erst recht das eines Unmenschen.

Welch eine Aufpeitschung der Gemüter, was für ein

Wirrsal aus Mißgunst, Verleumdung, Rankünе und Ingrimm, aus Verdummung, Verbrechen und Krankheit, aus Schuld und Verrat und Verderbnis, und Tschun-lin blieb der drohende Unterton in all dem nicht verborgen. Zumal da sich die Unrast und Erregung, die in den vielen Gehäusen und Schlupfwinkeln der Stadt brodelten, auch ihrem äußeren Bild mitteilten. Wer schrie, schien lauter zu schreien in diesen Tagen; wer Gesten machte, tat sie heftiger; das Gewimmel in den Straßen war dichter, und die Ansammlungen bildeten sich gehetzter, aber sie liefen auch eilender auseinander als sonst. Zu dem kam, daß die Ablieferung der Opiumvorräte nun tatsächlich dem Stadtleben das Gepräge gab. In allen Gassen keuchten die Lastträger und schoben sich die Karren hin, die die braunen Giftziegel, in Matten oder Kisten verpackt, in die Statthalterei brachten, und wie dies auf der einen Seite einen Vorgang bedeutete, als wäre man gezwungen worden, bares Geld in die Gosse zu werfen, auf der anderen aber einen der Schande, war es auch hiebei kein Ende des Höhnens und Fluchens und Jammerns. Diese Transporte wieder, aber auch die Berge der Säcke und Kisten, die sich in den Höfen der Statthalterei auftürmten, mußten vor jedem Zugriff geschützt werden. So gab es täglich Tamtam in den Straßen und die oftmals wiederholte Verkündigung, daß jeder Diebstahl, jeder Raub und jede Unterschlagung mit dem sofortigen Tod bestraft würden. Und da die Polizei nicht hinreichte, die aufgescheuchte Stadt im Zaum zu halten, denn es rieselte in ihr durcheinander wie der Sand in einer sich drehenden Trommel, wurden immer wieder die Tataren aufgeboten, die fremden Eindringlinge und Unterdrücker, und das verursachte jedermann ein Gefühl, als wäre man schon im Kriegszustand.

Als am Mittag des dritten Tages keine Nachricht von den Engländern eingelangt war, gab Tschun-lin die Erlaubnis, seine Brüder nach Whampoa zu führen, damit sie die Barbaren durch ihren Anblick noch einmal mahnten.

Sie wurden, wie sie in ihrem Kerkerloch gelegen, hatten, auf eine Polizeidschunke gebracht, bekleidet mit einer groben roten Hose und ebensolchen Jacke, die den Namen des Gefängnisses auf dem Rücken trug, und die Hände und Füße in Ketten. Das schwärzliche Grau ihrer unrasierten Schädel steigerte noch die Fahlheit ihrer Gesichter, und in ihren Augen saß die Todesangst.

Die Engländer aber rührte ihr Anblick nicht. Die Brüder kamen am Abend mit der Botschaft zurück, die Bedingungen des kaiserlichen Bevollmächtigten gingen so weit, daß sich der *Oberaufseher*, ehe er dazu Stellung nehmen könnte, mit London in Verbindung setzen müsse.

Nun brach die Nacht herein, über den roten Dächern Kantons und in Tschun-lins Seele. Er ordnete die Vorbereitung für die Doppelhinrichtung an, die am nächsten Morgen vor dem Haus des britischen Superintendenten vollzogen werden sollte. Da er gleichzeitig den ersten Schlag gegen die Barbaren zu führen gedachte, beriet er sich auch lange mit dem Oberbefehlshaber der Kriegsdschunken und dem Tatarengeneral. Sie erhielten die Weisung, noch vor Anbruch der Frühe die britische Kolonie in Whampoa vom Lande und vom Perlstrom her einzuschließen.

Als dies durchbesprochen war, wanderte Tschun-lin allein und mit einer Laterne durch die Höfe, um die Brüder in ihrem Kerker aufzusuchen.

Er trat durch einen niederen Eingang, über dem ein granitener Tiger in der Mauer stand, und gelangte auf einen kleinen Platz, in dessen Mitte ein Altar des Hong-kung-tschu-schau aufgebaut war, des Gottes, der die Macht besitzt, die Herzen der Sünder zu erweichen und zur Reue zu stimmen. In der dem Eintritt gegenüberliegenden Mauer gähnte ein Loch, durch das die Leichen der verhungerten oder auf andere Art umgekommenen Sträflinge auf die Straße gestoßen wurden, denn man konnte ihnen nicht die Ehre erweisen, sie durch das Tor des Yamens zu tragen. Zu beiden Seiten begrenzte das Pfahlwerk den kleinen Hof, hinter dem die Zellen lagen.

Man schloß Tschun-lin eine Tür darin auf, und er trat mit seiner Laterne bei den Brüdern ein. Sie hockten, die Rücken gegen die kahle Mauer gestemmt, auf dem festgetretenen Lehmboden, der von Unrat starrte, und brüteten vor sich hin. Als sie ihn erkannt hatten, warfen sie sich sofort in den Kotau, aus dem sie dann winselnd an seine Knie heranrutschten.

Er stand da, halb betäubt vom Gestank der Zelle, und das Gewicht, mit dem diese Szene seine Seele belud, ging fast über seine Kräfte. Im Augenblick erkannte er auch, daß es nicht anginge, die Brüder mit Namen anzureden und ihnen zu sagen, am liebsten stürbe er mit ihnen. Ein weinender Henker – das hätte, wie er es empfand, ihre Todesangst nur noch verhöhnt. Warum er dann hergekommen war? Aus dem gleichen Grund, der ihn veranlaßt hatte, die Klagen und flehentlichen Bitten aller Angehörigen über sich ergehn zu lassen. Er wollte das, wozu seine Pflicht ihn verurteilte, im höchsten Grad miterleiden.

So machte er, schwer um jedes Wort ringend, den Brüdern die Mitteilung, ihr Geschick sei vom Verhalten der Engländer abhängig gewesen und die Barbaren, über die nun gleichfalls das Verderben kommen werde, hätten sich als unwillfährig erwiesen. Dennoch sei ihm, Tschun-lin, bewußt, daß nicht auf die Fremden, sondern auf ihn das Ende der Brüder, auf das sie sich bis zum Morgen vorbereiten müßten, zurückfallen werde.

Nach diesen Worten begann Tuan, wie ein Hund bellend, zu weinen, Hau-qua aber brach in wildes Geschrei aus; die Hoffnungslosigkeit löste seinen Haß und seine Wut aus der letzten Hemmung.

Alles sei Lüge, begehrte er auf, und das Opium nur ein Vorwand! Liefen doch alle anderen Hongs frei umher! Aber er hätte es vom ersten Augenblick an gewußt, daß er zum Opfer von Tschun-lins Rachegelüst würde! Wäre die verfluchte Sklavin Ho-shi vor zwanzig Jahren nicht in den Brunnen gegangen, dann läge er jetzt auch nicht hier. Welch ein unmenschlicher Haß aber, der so lange anhielte! Tschun-lin neide ihm eben auch heute noch sein Weib Tschun-tao und seine gesunden Kinder, und so kenne die Wut des Hochemporgekommenen, der trotz allem ohne Söhne geblieben sei, keine Grenzen! So sehr keine Grenzen, daß er sich nicht scheue, das schauerlichste Unrecht und schwerste Verbrechen auf sich zu nehmen, den Brudermord! Oder leugne er noch, daß die Sache mit dem Opium nur vorgeschützt sei? Wenn nicht, dann müßte er sich doch an die Exzellenz Yüanming halten, die ihn, Hau-qua, zum Taipan der Hansa gepreßt habe, und zwar deshalb, damit ihr von allen Eingängen eine Abgabe geleistet würde! Nicht so benannt natürlich und nicht offen, aber immerhin und die ganze Zeit hindurch, und der Provinzialschatzmeister wäre ja nicht der einzige Mandarin gewesen, der das Opiumgeschäft gegen Bezahlung geschützt und auch selber betrieben hätte! Warum also über ihn den Tod verhängen, über den armseligen, dummen Hau-qua, und nicht über die großen Herren, die von jedem Hong, aber auch von den Barbaren dauernd Bestechungsgeld genommen hätten! Und habe das nicht mehr als zwanzig Jahre gedauert, die es doch auch einen Kaiser in Peking gegeben hätte! Warum also mit einemmal die wilde Raserei, als fiele die Sonne vom Himmel? Und sei es nicht wahr, was immer geredet worden, nämlich daß der Opiumhandel nur zu begrüßen sei, weil er den Mandschu schade, dann sei er, der kleine Kaufmann Hau-qua, erst recht ein Opfer der Politik, von der er nichts verstünde und die ihn nichts angehe! Aber um all das handle es sich eben nicht: in Wahrheit läge er da, weil Tschun-lin seinen Rachedurst an ihm stillen wolle –

Und der Tobende begann seine Litanei von vorne.

Tschun-lin hielt stumm und leise schwankend in dem niederprasselnden Schreien, dabei mußte er, auf halbe Weise geistig abwesend, denken, es vollende eine seltsame Schicksalsverkettung, daß er durch Hau-qua nach Peking gekommen sei, um von dort zu seinem Unheil auch wiederzukehren.

Das Geschrei indessen hatte die Wächter in die Zelle gerufen, die sich nun zwischen Tschun-lin und den Brüdern aufpflanzten. Er begrüßte diese Trennung, obgleich es ihn danach verlangt hätte, Tuan zu berühren. Seine Laterne, die er noch in der Hand hielt, höher hebend, trat er wieder in die Nacht der Höfe hinaus.

Er ging eine Weile wie im Traum hin, dann drang, im letzten Hof, entfernter Lärm an sein Ohr, der von der Straße kam. Der Tatarenposten an der großen Pforte gab Auskunft, es sei das gleiche Geschwärme wie an den Vorabenden, nur zöge es sich heute tiefer in die Nacht hinein.

Das war ungewöhnlich, allein, Kanton war jetzt eine ungewöhnliche Stadt. Und da Tschun-lin wußte, daß nichts in den Yamen beraten oder beredet werden konnte, ohne daß es sich herumsprach, mußte er annehmen, das Volk hätte auch vom Ablauf der dreitägigen Frist für die Barbaren und der bevorstehenden Hinrichtung erfahren. Vielleicht auch rüsteten die Tatarenregimenter schon zum Auszug.

Er trat ins Haus, wo er mit Paot'sa den Rest der Nacht abermals schlaflos und in langen Gesprächen zubrachte.

In der Frühe, als er sich auf das Regierungsboot tragen ließ, das dem Generalgouverneur zur Verfügung stand, war die ganze Stadt auf den Beinen.

Die Hongs und ihre Leute, berichtete man ihm, seien mit Picken und Schwertern und Speeren ausgezogen, und sie hätten die Losung ausgegeben, alle Barbaren totzuschlagen. Tatsächlich wimmle der Perlstrom von Fahrzeugen, und auch die Hunderttausende aus der Kähnestadt seien alle nach der britischen Kolonie aufgebrochen.

Hierin, darüber mußte Tschun-lin nicht lange nachdenken, äußerte sich wieder das geheime Treiben des *Roten Drachen.* Aber da er vermuten konnte, die Tatarenregimenter seien vor den Volksmassen eingetroffen, konnte er auch erwarten, daß die Ereignisse den von ihm vorgezeichneten Gang nehmen würden. Und so fuhr er denn auch selbst in diesen Tag hinein, dessen Himmel schon in der Frühe vor Hitze bleiern flimmerte.

Tschun-lin war nicht mehr in der Lage, einen Gedanken zu fassen. Wie er da saß auf dem Vorderschiff und bald auf das Gewimmel der Boote hinabblickte, die mit ihm nach Whampoa strebten, bald in die Bläue hinauf, ließ er sich nur mehr von den früher gesetzten Entschlüssen treiben. Der Eindruck suchte ihn wieder heim, der ihn im Tempel Kuan Tis überkommen hatte, der Eindruck von der nicht zu meisternden Welt. Dennoch waren ihm die Brüder, die eine Schergendschunke an die Richtstätte vorausgeführt hatte, darin nun allgegenwärtig, und ihre Aufopferung erschien ihm jetzt sinnlos.

Erst im Anblick Whampoas, das auf der Wasser- und der Landseite einem Heerlager glich, raffte Tschun-lin sich auf. Seine Befürchtung, daß Gegenmaßnahmen der Engländer zu Verwicklungen geführt haben könnten, die er noch nicht wünschte, bestätigte sich jedoch nicht. Zwar lag unterhalb des Faktoreigartens neben den britischen Kauffahrteischiffen ein schwer armiertes Fahrzeug, das eilig aus Macao herbeordert worden war, doch regte sich auf ihm wie auf den anderen kein Leben. Die Kriegsdschunken, die sich aus Kanton und von der Tigerpforte her gesammelt hatten, umlagerten es in dichten Kreisen. Auf der Landseite standen die Häuser der britischen Kolonie wie Inseln in einem Menschenmeer.

Die uniformierten Tataren hielten die bunten Massen noch wie in einem Pferch, doch war da und dort die Unordnung zwischen Militär und Volk bereits groß, und schon die Ankunft der Staatsdschunke genügte, daß die Mengen in tosendes Lärmen ausbrachen. Tschun-lin erfuhr auch sogleich, daß die Soldaten selbst die chinesische Dienerschaft aus den Häusern geholt und alle Türen von außen verrammelt hatten. Jedes Haus war so bereits ein Gefängnis, von jeder Wasserzufuhr, jeder Nahrungsversorgung und der Welt abgeschlossen, und da es sich mit den Schiffen ähnlich verhielt, war anzunehmen, daß die Barbaren die Übermacht, die über sie gekommen war, nicht durch Widerstand noch hatten reizen wollen.

Der Weg von der Landungsstelle in die Kolonie hinauf war durch Tatarenspaliere freigehalten. Tschun-lin schritt mit den Mandarinen, die der Strafvollziehung beiwohnten, hindurch und gelangte vor das Haus des Superintendenten. Der Platz davor, jetzt von einem Karree von Flintenträgern umstellt, war zur Richtstätte umgestaltet. In seiner Mitte ragte der Galgen, den man, mitsamt dem klobigen Fundament, fertiggezimmert aus Kanton mitgebracht hatte. In einiger Entfernung von ihm war der Altar der *Fünf Genien* aufgebaut, die die Diener des Gesetzes vor rachsüchtigen Geistern der Hingerichteten schützen. Auf der anderen Seite stand der rotumkleidete Tisch, an dem Tschun-lin Platz nahm.

Die Delinquenten, von deren Angehörigen niemand mitgekommen war, warteten, umringt von Speerträgern, in einer Ecke des Karrees, und in einer anderen stand ein Herold, der eine gelbe Fahne mit der Aufschrift hielt: Auf Befehl des Kaisers.

Als Tschun-lin sich gesetzt hatte, trat eine Stille ein, die bis an das Firmament hinaufzureichen schien. Er empfand sie geradezu körperlich, gleich der sengenden Hitze, die über allem lag. Aber er hatte nicht mehr die Kraft, das Urteil, wie es ihm zugekommen wäre, selbst zu verlesen. Seine Hand winkte einem der Mandarine, die im Kreis hinter ihm standen, es für ihn zu tun. Als dieser damit begann, fingen die Verurteilten zu weinen an.

Tschun-lin blickte, ehe er das Gesicht tief herabsenkte, zu den Fenstern des Bangalo hinüber. Da sah er, wie immer wieder Gesichter an die Moskitonetze herankamen und ins Dunkel zurückschwanden. Aber jetzt war der Verlesende fertig, und er mußte das Zeichen zur ersten Vollstreckung geben.

Der Verurteilte Hau-qua, würgte er heraus, indem er schwankend aufstand.

Nun steigerte sich das Weinen der Brüder zum tierischen Rören. Hau-qua, den die Büttel faßten, begann wild um sich zu schlagen. Es wurde ein verzweifelter Kampf, über dem eine riesige Staubwolke aufstieg. Während dieser Szene begannen auch die Massen hinter den Tataren zu schreien, und der Lärm setzte sich fort, bis ans Wasser hinab, in fernem Brausen. Endlich schmetterte ein furchtbarer Schlag Hau-qua an den Galgensockel hin. Sein Schädel schlug dröhnend gegen das Holz, und er schien betäubt zu sein. Diesen Augenblick benutzten die ächzenden Henker, ihn rasch hinaufzuzerren. Sie warfen ihm die Schlinge um, zogen den Schemel unter ihm weg, und dann hängten sich zwei der Büttel mit dem ganzen Gewicht an seinen Körper, bis die Wirbelsäule brach.

Tschun-lin, auf den Stuhl zurückfallend, bedeckte sein Gesicht mit der Hand. Währenddessen setzte, nach einer kurzen, plötzlichen Stille, das brausende Geschrei der Massen wieder ein. Allein, da legte ihm ein Mandarin die Hand auf die Schulter.

An dem Bangalo des Superintendenten war einer der Moskitorahmen aufgestoßen worden, und Kapitän Elliot hatte, in höchster Erregung und auf chinesisch, in den Lärm hinabgeschrien:

Ich will sofort den Generalgouverneur sprechen!

Tschun-lin verstand nicht sogleich, was der Mandarin ihm bedeutete. Dann sah er den bleichen Elliot selbst schräg oben im Fensterrahmen. Er stand auf, befahl mit einem einzigen Wort die Unterbrechung des Vollzugs und ging, den Blick nach dem Galgen vermeidend, mit bleischweren Beinen allein auf das Haus zu.

Soldaten sprangen herbei und räumten die Verbarrikadierung weg. Aber auch in der Zeit des Wartens fand Tschun-lin nicht ganz zu sich. Es war noch wie eine Lähmung in ihm, als er in den dunklen Flur trat. Hier empfingen ihn zwei Männer, die ihn eine hölzerne Stiege hinaufbaten. Er stieg ihnen voran und gelangte in einen großen Raum, in dem viele Menschen waren.

Kaum aber, daß Tschun-lin eingetreten war, stürzte der britische *Oberaufseher* auf ihn zu. Der hagere Mann mit den buschigen Brauen und dem schwarzen Bart wurde von Erregung geschüttelt, offenbar auch von Angst. Er warf seine Arme in großen Gebärden und drang schreiend auf den kaiserlichen Bevollmächtigten ein.

Was soll das!? rief er, in der Fassungslosigkeit nicht die bestgesetzten Worte findend. Was führen Sie im Schild!? Wird dieses scheußliche Theater da draußen aufgezogen, als Auftakt zur Erstürmung unserer Häuser!? Aber ich sage Ihnen: ich bin hier der Vertreter Ihrer Majestät der Königin von Großbritannien, und jeder meiner Landsleute steht so wie ich unter dem Schutz der englischen Krone! In uns steht Ihnen das britische Weltreich gegenüber, und wird einem einzigen nur ein Haar gekrümmt, werden die Folgen für Ihr Land unabsehbar sein! Ich fordere die sofortige Ausstellung von Pässen für mich und meine Landsleute zum freien Durchzug nach Macao, aber ich verhehle Ihnen nicht, daß auch diese Widerwärtigkeit da draußen, daß auch dieser Galgen eine Beleidigung meiner Regierung ist, die ihre Konsequenzen nach sich ziehen wird!

Tschun-lin stand da, am ganzen Leib zitternd. Er war in der Bedrängnis, der ihn der *Oberaufseher* aussetzte, zu sich selbst aufgewacht. Dabei hatte sich sein Wesen in einer Weise verändert, daß es allen Anwesenden sichtbar geworden war. Sein Gesicht hatte sich dunkler verfärbt, in seine Augen war ein Feuer und in seine Züge eine Sammlung gekommen, als drohte sein Kopf unterm Blutandrang zu bersten. Nun streckte er die geballten Fäuste etwas nach hinten, und so, zu einem leichten Bogen gereckt und die Brust herausgewölbt, schrie er mit aller Macht, die seine Stimme annehmen konnte:

Der an dem Galgen da draußen ist mein leiblicher Bruder! Und der noch der Hinrichtung wartet, der andere Verurteilte, ist gleichfalls mein Bruder! Dort draußen wird nicht ein Theater aufgezogen, sondern eine wahrhaft herzzerreißende Tragödie wickelt sich ab! So groß ist die Not Chinas, daß es zu solcher Unmenschlichkeit kommen mußte! Und diese Not beleidigt Ihre Regierung!? Mann, sind Sie ganz von Sinnen, solch eine idiotische Perfidie daherzureden!? Allein, mit dem Gerede ist es nun vorbei! Dort draußen hat es soeben angefangen, daß Sie China nun wirklich kennenlernen werden! Mich kümmert Ihre Regierung nichts und nichts Ihr Weltreich, denn all das tritt für mich nur in einer Gesellschaft von Verbrechern in Erscheinung, aber auch die Unterwelt selbst würde mich nicht abhalten, nun weiter zu verfahren, wie es für mein Land gut ist! Ich verweigere Ihnen nicht nur die Pässe, sondern ich verweigere Ihnen alles! Sie werden die gestellten Bedingungen entweder erfüllen, oder Sie werden hier eingeschlossen bleiben, bis Sie verdurstet und verhungert, bis Sie verreckt sind!

Nach diesen Worten bezweifelte niemand im Raum, daß es dem Chinesen Ernst war. Man hatte auch von dem Zufall reden hören, der in dem kaiserlichen Bevollmächtigten und den Hansavorständen Brüder widereinander stellen sollte, doch hatte man nicht daran geglaubt. Jetzt, im Anblick des zitternden Menschen, der seine Herzensnot herausschrie, war man der Wahrheit freilich inne. Und man war bestürzt über die unglaubliche Wendung ins Tödliche, die die Dinge genommen hatten. Denn dieser Beamte, der seine eigenen Brüder henkte, schreckte auch nicht davor zurück, das lag auf der Hand, einige hundert Menschen so lange von jeder Zufuhr abzusperren, bis sie wahnsinnig oder verendet sein würden. Diesmal hatte man Asien unterschätzt.

Kapitän Elliot bat um die Gelegenheit zu einer Beratung.

Tschun-lin, wieder ermattet, nickte bloß. Daraufhin zogen sich alle Männer hinter eine Tür zurück. Augenscheinlich flüsterten sie dahinter, denn es drang kein Laut herüber. Aber Tschun-lin hörte auch das Kinderweinen und die Frauenstimmen nicht, die von anderswoher durch die Wand tönten. Er stand abwesend da, den leeren Blick auf die Dielen geheftet. Die Tür indessen, hinter der die Engländer verschwunden waren, wurde schon nach wenigen Minuten aufgestoßen.

Der bleiche Elliot trat als erster ein, und er sagte, vor dem Mandarin stehnbleibend:

Wir werden trachten, die Bedingungen zu erfüllen. Ich sage trachten, weil wir beispielsweise das abzuliefernde Opium nicht in seiner ganzen Menge hier in Whampoa haben. Sie müssen mir eine Möglichkeit geben, mich mit meinen Landsleuten bei Lin-tin in Verbindung zu setzen.

Diese Möglichkeit, entgegnete Tschun-lin abgespannt, werden Sie haben. Jedoch, auf wie viele Kisten veranschlagen Sie die abzuliefernde Menge?

Der Superintendent zögerte.

Ich schätze sie, erklärte Tschun-lin ungeduldig, auf 20.000 bis 25.000 Kisten.

Das Quantum, pflichtete Elliot bei, wird nicht unter 20.000 liegen, wenngleich ich bezweifle, daß so viel lagernd ist.

Das genau festzustellen, sagte Tschun-lin, werden Sie noch als Gefangener den Zwang auf sich haben. Und es wird Ihnen und Ihren Landsleuten auch die Freiheit nur in dem Maß wiedergegeben werden, wie die Ablieferung sich tatsächlich vollzieht.

Kapitän Elliot neigte knapp den Kopf.

Tschun-lin aber, im Augenblick außerstande, sich weiter an die Briten und das Opium zu halten, ging zu dem offenen Fenster und rief hinab:

Der Verurteilte Tuan wird, als der älteste Sohn seines Vaters und weil die Barbaren die gestellten Bedingungen erfüllen, zur Freiheit begnadigt.

Nach der Begnadigung Tuans standen die Massen schwatzend und redekämpferisch die Lage erörternd noch einige Stunden herum, dann wurde bekannt, was weiterhin geschehen sollte, und sie verliefen sich langsam.

Die Belagerung, war in der Menge durchgedrungen, würde so lange aufrecht bleiben, bis die Barbaren die Bedingungen erfüllt hätten, und das konnte man, einfach so hergelaufen, nicht abwarten. Auch die Hongs und ihr Troß, die mit Picken, Speeren und Schwertern ausgerückt waren, um alle fremden Teufel, ihre Geschäftsfreunde von gestern, totzuschlagen, sahen keine Möglichkeit mehr für ihr Vorhaben. Der kaiserliche Bevollmächtigte, der nun auf seiner Regierungsdschunke Quartier nahm, hatte die Aktion gegen die Engländer zu einer amtlichen und rechtlichen gestaltet; demnach blieb nichts anderes übrig, als die weitere Entwicklung abzuwarten. In Whampoa jedenfalls konnten auch die Emissäre des *Roten Drachen* nichts mehr ausrichten.

Denn nun verlief alles in militärischer Ordnung. Haus um Haus der britischen Kolonie wurde von den Tataren so dicht umlagert, daß nicht eine Katze hätte entweichen können, und die Parlamentäre, die zwischen dem Superintendenten und dem Generalgouverneur hin- und widerwanderten, taten es in soldatischer Bedeckung. Die Chinesen fühlten sich als die Herren der Lage und den Briten überlegen, wie seit zweihundert Jahren nicht mehr.

Allerdings galt das nicht für Tschun-lin, der voll Sorge in die Zukunft blickte. Aber auch ihn hatte es unendlich erleichtert, wenigstens Tuan begnadigen zu können – an

Hau-qua hatte sich eben sein Schicksal erfüllt –, und er stand jedenfalls mit dem Gefühl in der Auseinandersetzung, das eine Schwere, das die Familie betroffen hatte, nun hinter sich zu haben. Wenn auch als einen gähnenden Schlund des Entsetzens, der sich bis in seine Sterbestunde nicht mehr schließen würde. Aber darüber hinaus blieb nun noch die Angst um das Reich, dem Kuan Ti und alle Götter helfen mochten!

Die erste Nachricht, die Tschun-lin aus dem Bangalo des *Oberaufsehers* erhielt, bestand in dem Überschlag, daß die auf englischer Seite lagernde Opiummenge, und zwar mitsamt den Frachten bei Lin-tin, 20.283 Kisten ausmache. Er konnte diese Zahl nicht überprüfen, doch kam es in der Sache nicht darauf an, ob die Briten einige hundert Kisten unterschlugen. Wesentlich war, daß sich die Menge der wirklich vorhandenen sehr näherte, und daß die Konfiskation zu einer wahrhaften, die Barbaren entscheidend treffenden Maßnahme wurde.

Tatsächlich ging die Menge, die Kapitän Elliot mitteilte, sogar über das hinaus, was er später zu leisten imstande war. Denn die Botschaft, die er auf etwas umständlichem Weg an alle seine Landsleute richtete, wirkte nicht bei jedem überzeugend. Diese Botschaft lautete:

Ich, Charles Elliot, Superintendent des englischen Handels in China, gegenwärtig von der Provinzialregierung Kuang-tungs und Kuang-sis mit allen Kaufleuten meines Landes, die in der Kolonie von Whampoa wohnen, gewaltsam festgehalten, ohne Lebensmittel, ohne Wasser, ohne Bedienung und ohne Gemeinschaft mit der Heimat, habe von dem kaiserlichen Bevollmächtigten Tschun-lin Tsesiu die Weisung erhalten, alles Opium, das im Besitz der Kaufleute meiner Nation ist, abzuliefern.

Durch die Gefahr, die unser aller Freiheit und Leben bedroht, und durch andere wichtige Gründe gezwungen, gebiete ich in meiner Eigenschaft als Superintendent den zu Whampoa und bei der Insel Lin-tin anwesenden Untertanen Ihrer britischen Majestät, der Königin Viktoria, mir alles Opium zu übergeben, das sie unter ihrer Kontrolle haben. Ich aber, besagter Superintendent, verbürge mich im weitesten Sinn des Wortes, ohne jeden Vorbehalt und namens der Regierung Ihrer Majestät, für das Opium, das mir ausgeliefert wird. Sein Wert soll nach einer später von der Regierung Ihrer Majestät festzusetzenden Norm bestimmt und den Eigentümern zurückerstattet werden.

Nach dem Eintreffen dieser Kundmachung bildeten sich in den Geschwadern bei Lin-tin mehrere Parteien. Die eine dachte, wenn auch kopfschüttelnd und zähneknirschend, an die Ablieferung. Die andere war für die Nichtablieferung, indem man durch langwieriges Verhandeln die Chinesen verwirren und die Landsleute, wie man meinte, auch so freibekommen sollte. Die dritte Partei wollte ausfahren und Kanton in Trümmer schießen, wozu sie nach der Armierung der Schiffe in der Lage gewesen wäre.

Schließlich aber gewann die Autorität des Superintendenten, die Angst um die Geiseln, unter denen Frauen und Kinder waren, und die Sorge um den künftigen Handel, auch den künftigen Opiumschmuggel, die Oberhand. Man entschloß sich zur Ablieferung, aber noch immer nicht einhellig. So kam es, daß Elliot zu der Opiummenge, die in den Magazinen von Whampoa lag, nicht genug hinzu erhielt, um die nach seinem Überschlag versprochenen 20.283 Kisten zur Verfügung zu haben. Da Tschun-lin hartnäckig blieb, mußte der gefangene *Oberaufseher* einen Einkäufer nach Macao schicken, um die paar hundert Kisten, die ihm noch fehlten, von den Portugiesen und Amerikanern zu erwerben.

Damit aber nicht genug der Groteske. Auch die Portugiesen und Amerikaner wollten an Elliot nicht verkaufen, denn der Opiumpreis, den die Chinesen in diesen Tagen zahlten, und solch verwegene Fälle gab es noch immer, hatte eine phantastische Höhe erklommen. Auf diese Weise erreichte Elliot nach einigem Hin und Her schließlich nur eine Menge von 20.191 Kisten, und Tschun-lin gab sich damit zufrieden.

Er ließ nahe am Wasser Gräben ziehen – das gleiche Verfahren, das er auch der Kantoner Stadtverwaltung angeordnet hatte – und das Opium darin, mit Kalk und Öl vermischt, ins Meer abführen. Da sowohl die dazu kommandierten Arbeiter wie auch die überwachenden Tataren für die geringste Veruntreuung mit dem Tod bedroht waren, versanken nun tatsächlich 2,826.740 Pfund der Droge im Uferschlamm. Nahm man an, daß ein Pfund hinreichte, um etwa ein Dutzend Raucher in tiefen Rauschzustand zu versetzen, dann versanken mit dem Opium der Engländer und jenem, das zur gleichen Zeit die Kantoner Stadtverwaltung vernichtete, ungefähr fünfunddreißig Millionen Rauschnächte im Meerwasser. Welch ein epidemisches Bild, stellte man sich fünfunddreißig Millionen Menschen, etwa die Bevölkerung Englands zur Zeit, im Giftschlaf vor. Welch ein unermeßlicher Urwald von zehrenden Träumen, Visionen und kranken Lüsten, welch ein Schwund von gesunden Kräften, aber auch was für ein Aderlaß für den britisch-indischen Geldbeutel. In Geld umgerechnet machte der englische Verlust an die vier Millionen Pfund Sterling aus.

Das hinterließ einen Stachel, der auch mit der Freigabe der Gefangenen nicht aus dem Fleisch gezogen war. Diese Freigabe erfolgte, wie Tschun-lin sie versprochen hatte. Nach der Ablieferung der ersten Hälfte der verfallenen

Warenmenge, die aus den Beständen der Magazine von Whampoa vorgenommen werden konnte, schickte er den Briten die chinesische Dienerschaft zurück; damit hatten sie die Möglichkeit, sich mit Wasser und Lebensmitteln zu versorgen. Und nach der Ablieferung der vollen Menge gab er ihnen die Freiheit wieder, indem ihre Schiffe die Erlaubnis erhielten, die Tigerpforte zu passieren.

Der Auszug der endlich Befreiten gestaltete sich eindrucksvoll. Denn er ging in der hellen Sonne, aber vollkommen schweigsam vor sich und gewissermaßen mit Sack und Pack. Die englischen Frauen und die chinesischen Diener, aber auch dic Kinder und viele der Männer kamen schwer beladen zu den Schiffen herab. Unter den Mandschu-Soldaten triumphierte man: die Barbaren zögen sichtlich für ewige Zeiten ab. Tschun-lin aber mußte sich sagen: Sie gäben Whampoa preis, weil sie als Krieger wiederkehren würden.

Er richtete eine abschließende Botschaft an den *Oberaufseher*, die eine Durchführungsverordnung fürs weitere enthielt. Sie besagte:

Dem gesetzlichen Handel wird kein Hindernis in den Weg gelegt werden. Nur muß sich die Regierung des *Reiches der Mitte* versichern, daß unter dem Schein des Rechts nicht Unrecht geschehe. Es werden daher in Hinkunft alle Schiffe, die durch die Tigermündung flußaufwärts segeln, eine in chinesischer und englischer Sprache abgefaßte Urkunde unterzeichnen müssen, in der sie geloben, kein Opium an Bord zu führen. Wer diesem Versprechen entgegenhandelt oder bei Lin-tin oder anderswo Opium an die Einheimischen verkauft, soll den chinesischen Behörden überstellt werden und Leib und Leben verwirkt haben. Auch sei noch einmal daran erinnert, daß sich der britische Oberaufseher verpflichtet hat, für die Heimkehr der Opiumschiffe von Lin-tin zu sorgen.

Die Bedingung jedoch, die britische Staatsbürger der chinesischen Gerichtsbarkeit unterstellte, war für Elliot unannehmbar. Er hatte das schon in Whampoa gewußt, zur Zeit der Gefangenschaft, und deshalb davon geredet, daß er *trachten* wolle, den Forderungen nachzukommen. Tschun-lin allerdings, wenn ihm die Vorsichtigkeit und das Bedingte dieser Redewendung nicht entgangen waren, hatte sie auf die Herbeischaffung der Opiumvorräte bezogen und im übrigen auf das Wort des Engländers vertraut. In der Tat wäre die Bedingung auch, solange die Briten entschlossen blieben, kein Opium mehr zu schmuggeln, nur theoretischer Natur gewesen. Aber diesen Entschluß hatte weder Elliot noch irgend einer seiner Landsleute gefaßt. In Wahrheit verkauften Engländer, freilich nur vereinzelt, im äußeren Ästuar und unter portugiesischer und amerikanischer Flagge, auch in diesen Tagen Opium an Leute von Kuang-tung.

Indessen war dies kein Großgeschäft mehr und die Hauptschwierigkeit lag nun darin, daß Tschun-lin, als er auch nach einem Monat noch keine klare Zusicherung erhalten hatte, mit der Einstellung jedes Handels zwischen Chinesen und Engländern drohte. Das brachte Elliot zu allen jenen unter seinen Landsleuten in Gegensatz, die nicht mit dem Opium, sondern mit Metallen und Tüchern und anderem ihr Geschäft betrieben. Aber es lag auch schon zutage, daß das Einvernehmen zwischen den Nationen überhaupt nicht mehr hergestellt werden konnte. Kein Brite durfte mehr wagen, nach Whampoa zurückzukehren, und die Portugiesen wieder, die allen in Macao Asyl geben mußten, äußerten sich besorgt darüber, bei dem Stand der Dinge auch die Schiffe aufzunehmen. Sie wollten nicht als die Bundesgenossen der Engländer erscheinen und fürchteten für ihre Kolonie. So kam es, daß Elliot die Geschwader an das gegenüberliegende Ende des Ästuars führte, in eine Bucht der Insel Hongkong.

Es ging in den Sommer hinein, und alles lag danieder, aber nun sollten auch noch einige betrunkene Matrosen das Ihre zur Weltgeschichte beitragen. Sie flanierten durch die öde Insel, erbrachen die Häuser von Eingeborenen, raubten geistige Getränke und mißhandelten, *It is a long way to Tipperary* grölend, Frauen und Greise. In einem Handgemenge verprügelten sie einen Chinesen derart, daß er seinen Verletzungen erlag. Kapitän Elliot versuchte zwar, indem er der Familie des Getöteten zweitausend spanische Taler aushändigen ließ, dem Geschehen die Unversöhnlichkeit zu nehmen, aber der Vorfall gelangte dennoch zur Kenntnis der chinesischen Behörden, und Tschun-lin forderte die Räumung Hongkongs und die Auslieferung der Schuldigen. Dem Toten, erklärte er, muß in der Unterwelt der Rachedurst gestillt werden; man darf ihm das Opfer, auf das er Anrecht hat, nicht vorenthalten. Das sei, entgegnete Elliot, eine exotische Art, zwischen Mord und Totschlag keinen Unterschied zu machen; an eine Auslieferung könne, nach dem gemessenen Befehl seiner Regierung, nicht gedacht werden; und auf Hongkong bliebe er, da er nicht die Möglichkeit hätte, dauernd auf offener See Quartier zu nehmen.

Daraufhin verbot Tschun-lin neuerlich jede Abgabe von Lebensmitteln an die Fremden, aber auch jeden Verkehr mit den Engländern. Und damit ihnen die gewaltsame Versorgung unmöglich sein sollte, befahl er des weiteren, jedem Landungsversuch der Barbaren auf dem Festland mit der Waffe zu begegnen. Die Siedler auf Hongkong, denen die Häuser erbrochen worden waren, taten ein übriges und vergifteten alle Brunnen. Um diese Zeit gingen bei Kau-lung auch schon die ersten Feuergefechte vor sich. Mandschu-Soldaten, die Briten am Landen hindernd, vergossen jenes Blut, das in der Geschichte so scharmützel-wohlfeil ist, obzwar es den Betroffenen die Welt nicht weniger auslöscht als der Tod in der Schicksalsschlacht.

Es hätte jedoch der neuen Zwischenfälle nicht mehr bedurft, Tschun-lin zur Fortführung seiner Aktion zu bestimmen. Da die Engländer sich weiterhin weigerten, das Urkundensystem anzuerkennen und Hongkong zu räumen, erteilte er dem Tsong-ping Kuan, dem Admiral des südlichen Meeres, den Befehl, mit seinen größten Feuerschiffen gegen die Untertanen der fremden Königin auszufahren. Diese Anordnung traf Tschun-lin nicht leichten Gewissens, vielmehr mit dem Bewußtsein, daß er das Schicksal herausfordere, und er hätte sich nie dazu entschlossen, würde er nicht vorausgesehen haben, bei der Auseinandersetzung mit Peking auch eine Katastrophe aufzeigen zu müssen. Seine Ahnung bestätigte sich auch. Elliot schickte den neunundzwanzig Kriegsdschunken Kuans die zwei Fregatten *Hyacinth* und *Volage* entgegen, die bei der Halbinsel Tschuen-pi, *des Stromes Nase*, sechs der Dschunken in einer Stunde in den Grund bohrten und die übrigen großmütig das Weite suchen ließen.

Nun untersagte Tschun-lin, als Staatsmann weiter verfahrend, wie es ihm die Lage vorschrieb, den Engländern auf ewige Zeiten den Zutritt ins Land. Er erklärte alle Briten für vogelfrei und setzte auf den Kopf eines jeden einen Preis. Gleichzeitig wies er die Parsen, Hindus und Moslims aus Whampoa. Und das Volk von Kanton schwärmte durch die engen Straßen und um die hundertundzwanzig Tempel mit dem Geschrei: Ta tschang, pu pa, ta tschang, pu pa!

Die *Canton Press*, eine in Macao erscheinende englische Zeitung, antwortete ihm in ihrer Nummer vom 14. Dezember 1839:

Das Papier ist geduldig. Man kann leicht anordnen, der Handel hätte auf ewige Zeiten aufzuhören. Aber wie will man, abgesehen von der Frage, ob irgend einer Nation solch ein Ausschließungsrecht zugestanden werden kann, das Gebot vollziehen? Besonders in einer Zeit, da wir Engländer noch so große Forderungen an die Chinesen haben! Wir verlangen Schadenersatz für die Schulden der Hongs, die durch die plötzliche Unterbrechung der Beziehungen entstanden sind. Wir verlangen Schadenersatz für das geraubte Opium und unsere anderen Verluste. Gering veranschlagt, schuldet uns China jetzt schon sieben bis acht Millionen Pfund Sterling. Hiezu kommen aber nun die Kosten der Rüstungen, in die wir gestürzt werden, um diese Schulden einzutreiben. Die Würfel sind gefallen. Waffengewalt, die letzte Zuflucht der Fürsten und Völker, wird entscheiden.

Vierter Teil

DER KRIEG

Tschun-lin traf zum Ende des *Feiertagsmonats* in Peking ein. Auf diese Weise kehrte er, in Begleitung Paot'sas, gerade ein Jahr nach seinem Auszug in die Hauptstadt zurück.

Noch am gleichen Abend saß er dem Kaiser in der *Kammer des seelischen Wachstums* gegenüber. Von den Bronzeampeln ging wieder der rote Schein aus, die lautlosen Eunuchen bedienten mit Tee, und er trug die gelbe Seidenjacke, wie in jener ersten Audienz, in der Tao-kuang ihn berufen hatte. Aber die Szene glich der vergangenen nur äußerlich so sehr, daß man alles Dazwischenliegende für einen Traum hätte halten können.

In ihrem Wesen, das konnte dem Heimgekehrten nicht lange verborgen bleiben, war sie nicht eine Fortsetzung der ersten Aussprache, sondern eher ihre Aufhebung. Zwar hatte die Huld des hohen Herrn nicht abgenommen und er erinnerte sich, zur Verwunderung Tschun-lins, des versprochenen Fürstentitels. Auch zeugte es von besonderer Vertraulichkeit, wenn Tao-kuang seinen Mandarin noch vor dessen Berichterstattung im Kabinettsrat empfing; aber all das ging auf die Person des jungen Bevollmächtigten zurück und nicht auf die Sache, deretwegen er, in mehr als sorgenvoller Verfassung, hergekommen war. Die Sache, und wenn Tschun-lin darüber verzweifelte, existierte für den Kaiser nicht mehr.

In der Tat, derart widerspruchsvoll konnte sich die Welt offenbaren. Es nützte dem Berichterstattenden nichts, daß er aus der Familientragödie kein Hehl machte, mit der seine Aktion verbunden gewesen war. Auch die beschönigunglose Schilderung der Niederlage, die die 29 Kriegsdschunken Kuans durch zwei Britenfregatten erlitten hatten, machte auf den Kaiser keinen umstimmenden Eindruck. Für ihn blieb die einzigartige Demütigung entscheidend, im Verlauf deren die Barbaren ihr Opium abgeliefert hatten; er stützte sich auf die – von Tschun-lin als liebedienerisch beargwöhnten – Berichte aller Provinzen, die den Schmuggel für unterbunden erklärten; und er erblickte, der Besetzung Hongkongs kein Gewicht beimessend, in der widerstandslosen Räumung Whampoas einen so ausstrahlenden Überlegenheitsbeweis der alten Kräfte Chinas, daß Tschun-lin sich nachgerade in die Lage eines versetzt sah, der in krankhafter Verstörtheit den eigenen Erfolg nicht ermißt.

Vergebens suchte er dem Kaiser das Eintagsmäßige, die Vorläufigkeit, die unendliche Bedingtheit, ja die Bedeutungslosigkeit und das Gefährliche dieses Erfolges darzulegen. Der hohe Herr achtete so wenig der Kriegsstimmung, in der ihm Macao geschildert wurde, wie der Tatsache, die Tschun-lin betonte, nämlich daß Kapitän Elliot nach Indien gereist sei. Nach Indien, meinte Tao-kuang, seien die Barbaren immer wieder zurückgekehrt, worauf sie durch andere Rädelsführer ersetzt worden wären, und von Kriegsgeschrei hätte Macao schon oft gehallt. Wie ihm überhaupt scheine, der kaiserliche Vizelehrer und Generalgouverneur lasse die Erfahrung der Jahrhunderte außer acht. Jedesmal, wenn man den Barbaren energisch begegnete, seien sie nur sehr bescheiden wiedergekommen und froh, den legalen Handel zu haben, daher sei die nächste Aufgabe jetzt nicht ein Krieg, von dessen Vorstellung der junge Großwürdenträger gequält werde, sondern lediglich die Härte, die eingesetzt werden müsse, um den errungenen Erfolg aufrechtzuhalten. Dieser Erfolg freilich, und daß man überhaupt so weit habe kommen können, das sei ein viel zu bedankendes Ereignis...

Tschun-lin, der diesen Erklärungen, je öfter und überzeugter sie vorgebracht wurden, immer weniger widersprechen durfte, saß bald in dumpfer Verlegenheit da. Er sah den Kaiser nun ganz der allgemeinen chinesischen Denkweise wieder anheimgefallen, aus der er vor einem Jahr, durch Angst und Schuldgefühl in eine besondere Verfassung gebracht, herauszuführen gewesen war. Dem Vorgang selbst eignete nichts Unbegreifliches, auch wenn man die fragwürdigen Herrschereigenschaften Tao-kuangs unberücksichtigt ließ. Gewißlich hatte er die Einsicht, die ihm in jener ersten Aussprache vermittelt werden konnte, nie wirklich angenommen. Sie hatte ihn nur heimgesucht wie eine Ahnung, wie ein Grauen, das einen beschleicht, oder wie eine Vision, deren Abgründigkeit über das Fassungsvermögen hinausgeht. Wie der vorübergehende Blick eben in eine andere Welt, an der einem alles fremd ist, das einzelne und das Gesamte; und demgegenüber hatten die Einflüsse, die dauernd vom Hof und den Ministern auf den Kaiser wirkten, kein allzu schweres Spiel gehabt. Schließlich schenkten sie ihm die Einfalt wieder, in der das alte Reich den Barbaren gegenüber verharrte, und sie brachten ihm, durch die vermeintlichen Erfolge Tschun-lins noch bekräftigt, die Erleichterung und den Frieden, dessen er bedurfte.

In Tschun-lins Augen freilich war die Verkennung der Tatsachen, die sich in dieser Haltung äußerte, von verhängnisvoller Irrsinnigkeit. Dennoch vermochte er von Tao-kuang nicht mehr zu erreichen als die Erlaubnis, seine Befürchtungen auch im Kabinettsrat bekunden zu dürfen.

Dieser Kabinettsrat, wieder ein erweiterter, wurde am folgenden Tag in der *Halle der geistigen Entfaltung* abgehalten, und Tschun-lin fand sich ohne Hoffnung zu ihm ein.

Nach der Schilderung der Kantoner Ereignisse aber, auf die er hier womöglich noch mehr einging als vor dem Kaiser, machte die Angst um das Reich seine Sehnsucht, die Versammlung zu überzeugen, so heftig, daß er mit einer Glut und Eindringlichkeit redete wie nie in seinem Leben. Er beschwor den hohen Rat, und sei es nur, um eine vorbeugende Maßnahme zu treffen oder eine, die den Charakter eines Probealarms oder einer Übung haben würde, unter allen Umständen nun die Tatarengarnisonen aller Provinzen zu mobilisieren und die gesamte Kriegsmarine an den Küsten von Kuang-tung bis Schan-tung zusammenzuziehen. Aber nicht genug damit, sei es auch nötig, das Volk über die Gefahr aufzuklären und auf die gewaltige Anstrengung vorzubereiten, die vielleicht unumgänglich werden würde, das Reich vor einer Katastrophe zu bewahren.

Nicht zuletzt an dieser Forderung nach Aufklärung und Vorbereitung erkannte Tschun-lin selbst, auf welch verzweifeltem Posten er kämpfte. Er verlangte von der hohen Staatsversammlung die Veranlassung des Niedagewesenen, und die Ratsmitglieder hielten mit ihren Einwänden auch nicht zurück. Wie sollte man, ohne Wirrungen fürchten zu müssen, die vier nördlichen, die sechs inneren und die drei westlichen Provinzen ihrer Garnisonen entblößen, und wie sollten die zwei südlichen Provinzen und die drei östlichen die Besatzungstruppen all der übrigen dreizehn Provinzen ernähren können, insonderheit da die Konzentration der Armeen, wie man verstehn mußte, auf unbestimmte Zeit erfolgen sollte? Das hätte eine Neuorganisation des ganzen Reiches, aber auch eine Umstimmung der Gesinnungen im ganzen Volk vorausgesetzt, an die nicht zu denken war. Das Gewicht der Jahrhunderte stand dagegen, in den Verhältnissen und in den Seelen, und dieses Gewicht war nicht fortzuwälzen, nicht aufzuheben.

Dennoch – Tschun-lin rang, indem er es ausrief, wie ein Ertrinkender – müssen diese Neuorganisation und diese Umstimmung mit allen Kräften und jedem Einsatz angestrebt werden, soll das Reich nicht in die größte Gefährdung seit seinem Bestehn eintreten!

Er stand allein in der Saalmitte auf dem schwarzglänzenden Parkett und redete, einmal nach der einen und dann nach der anderen Seite sich wendend, zu dem Kaiser und der ganzen Versammlung.

Denn die Welt hat sich in einem Maß verändert, dem auch wir Rechnung tragen müssen. Die Fahrzeuge, die heute an unsere Küsten kommen, sind nicht mehr von wurzellosen Abenteurern bemannt, sondern mit den vorgeschickten Stoßtrupps großgewordener Nationen. Wir haben es demnach weniger mit den Schiffsbesatzungen und Kolonisten zu tun als mit den Völkern, die hinter ihnen stehn und deren Macht Ansprüche zeitigt, die um den Erdball herumgreifen. So wird das Land Tschin-tan, ob das nun in seinem Sinn und seinen Absichten liegt oder nicht, gewaltsam aus seiner Absonderung und Verschlossenheit herausgezwungen. Ein Schicksal pocht an seine Pforten, wie es in allen Jahrtausenden nicht der Fall gewesen ist, eben weil es die Jahrtausende brauchte, dieses Schicksal heranreifen zu lassen. Nun aber erscheint der Tag nicht mehr fern, an dem die *Blume der Mitte* um ihren Bestand wird kämpfen müssen. Nicht weil ihre Ordnung und ihre Ideen schlecht wären, sondern weil diese Ordnung und diese Ideen der heutigen Welt gegenüber, die uns feindlich anfällt, nicht mehr hinreichen. Ich beschwöre die himmlische Majestät und alle *Kundigen der großen Wissenschaft*, den Staat England nicht zu unterschätzen. Er selbst ist klein, aber es wohnt ihm eine geheimnisvolle Energie inne, und er hat einen Teil der Welt bereits erobert, der größer als unser Land ist. Ungeheures kann uns bevorstehn. Ich muß es wagen, dergleichen auszusprechen, weil nicht nur die Pflicht und die Liebe zum Vaterland mich dazu verurteilen, sondern auch die Einsicht. Das Reich, ich kann es nicht verheimlichen und nicht erträglicher in Worte bringen, wird entweder in weiser Voraussicht seine Kräfte sammeln, oder es wird sie in höchster Angstpein und nach der Erleidung von Katastrophen sammeln müssen!

Das Echo dieser Ausführungen, für den Ort und den Zeitpunkt allerdings ungewöhnlicher Ausführungen, hätte schädlicher nicht gedacht werden können. Die Versammlung war entsetzt. Aber nicht über das, was der kaiserliche Bevollmächtigte zu veranschaulichen versucht hatte, sondern über sein Unterfangen, derart Ungeheuerliches überhaupt in Betracht zu ziehen. Deshalb hielten es die Ratsmitglieder auch für ihre vornehmlichste und brennendste Pflicht, dem Unbehagen, das die Darlegungen dem Kaiser bereitet haben mußten, möglichst nachhaltig zu begegnen. Jeder Sprecher kehrte sich ebenso heftig gegen die Überschätzung eines noch gar nicht auf den Plan getretenen Gegners wie gegen die unbegreifliche Unterschätzung der himmlischen Kräfte des *Reiches der Mitte*. Auf diese Weise sammelten sich die Stimmen zu einem

Konzert, das die Wahrheit fortschreitend bestechender überblendete, und damit ging dieser erweiterte Kabinettsrat für Tschun-lin noch trostloser aus als sein Gespräch mit dem Kaiser.

Auch gefährlicher, und zwar nicht nur für seine Sache, die die Sache des Landes war, sondern auch für seine Person. Denn nach der Auseinandersetzung in der Öffentlichkeit der Ratsversammlung dauerte eine geheime und heftigere weiter, die sich hinter den Türen, in den kleinen Zirkeln und unter vier Augen abwickelte. Zumal die Prinzen, und unter ihnen besonders der alt gewordene, ehrgeizige und mißvergnügte Ki-jing, der erste Stiefbruder des verstorbenen Kaisers Kia-king, zeigten sich geradezu aufgescheucht, und sie ergingen sich in endlosen Kombinationen. Diese, spitzfindiger und rücksichtsloser, menschlich-boshafter und egoistischer als die öffentliche Diskussion, forschten dem Sachverhalt auf ihre Weise nach. Sie erklärten das außerordentliche Verhalten des Tschun-lin Tsesiu mit seinem Ehrgeiz, der in dieser absonderlichen Neuorganisation des Reiches ein Mittel erblicke, zu noch höherer Macht aufzusteigen, und es dauerte nicht lange, da zischelte hinter dem jungen Würdenträger auf allen Wegen das Hohnwort vom *geheimen Kaiser* her.

Diese Feindseligkeit blieb weder ihm, noch dem Drachenherrn verborgen, und Tschun-lin erbat seine Verabschiedung. Ohnehin außerstande, dem Reich auf diese Art zu dienen, die er als die einzig richtige erkannt hatte, enttäuscht auch und ernstlich müd geworden, fiel es ihm um so leichter, den hohen Ämtern zu entsagen, als seit der Hinrichtung Hau-quas eine Verdüsterung über allem lag, die nur Paot'sa zu erhellen vermochte. Doch schwärmte er nun nicht mehr vom ländlichen Leben mit ihr und einem Haus mit Büchern und Bildern und Singvögeln, sondern er redete zu ihr von den Schranken der menschlichen Wirksamkeit. Sein Wille, dem Reich zu dienen, hatte sich nicht verändert, aber er erkannte jetzt die Grenzen, die diesem Willen gesetzt waren, und da ihn weniger der Ehrgeiz als die Liebe zum Geist und zur Volkswohlfahrt geleitet hatte, war er nun auch der Weisheit zugänglich, die sich bescheidet und den kleinen Garten bebaut, der den Irdischen vielleicht als das letzte Gute verbleibt. Der Kaiser jedoch wollte es anders haben. Zwar hatten auch ihn die Einflüsterungen verwirrt, und er verschob die Erhebung seines Günstlings zum Fürsten vorläufig einmal auf den Tag der Thronbesteigung, aber er ernannte Tschun-lin zu einem der Vorsitzenden im Hof der Zensoren und hielt ihn, besonders da mit den Engländern möglicherweise noch Überraschungen zu erleben waren, weiterhin im Dienst.

In einem sehr unfruchtbaren Dienst, denn nicht einmal die Vorerhebungen für die etwaige Durchführung von Tschun-lins Vorschlägen, die Tao-kuang anordnete, kamen vom Fleck. So vergingen die Monate, während welcher sich die Regierung Indiens mit London in Verbindung setzte und vom Themseparlament und dem Außenminister Palmerston die Zustimmung für die Eröffnung des Krieges erhielt.

Die britische Flotte sammelte sich im Hafen von Singapore, der *Löwenstadt.*

Sie bestand aus fünfzehn Kriegsfahrzeugen, unter denen drei Linienschiffe und vier Dampfer waren, und dreißig Transportschiffen. Die Transportschiffe führten insgesamt viertausend Mann Landungstruppen mit sich.

Angesichts dieses Aufgebots ist zu sagen, daß sich die indische Regierung die Haare raufte über solch eine Organisation des Krieges gegen dreihundert Millionen Chinesen. Das Geschwaderkommando jedoch – Kommodore Sir Gordon Bremer, Konteradmiral George Elliot und Kapitän Charles Elliot – war zuversichtlicher. Die Herren bauten unter anderem auf die neuen Dampfboote, die noch kein Chinese gesehen hatte und deren flacher, eiserner Bau es ermöglichte, mit ihnen auch die Flüsse hinaufzufahren.

Am 22. Juni 1840 erschien die Flotte im Ästuar des Perlstroms und setzte Kanton in Blockadezustand. Der neue Generalgouverneur der beiden Kuang-Provinzen schleuderte heftige Erlässe gegen sie, aber das änderte an der Blockade auch dann nichts, als die Engländer, unter Zurücklassung nur weniger Schiffe, mit dem Gros an der Ostküste des Reiches nordwärts fuhren. Ihr Ziel war der Tschou-san-Archipel in der Provinz Tsche-kiang, denn sie hatten die Absicht, den ersten Schlag gegen einen der Hauptstadt näheren Teil des Reiches zu führen, und zwar gegen Tinghai.

Obgleich die Rapsblüte, die im Frühling alle Hänge vergoldete, schon vorüber war, wehte balsamische Luft über allen Eilanden, und Tinghai, auf der Hauptinsel Tschou-san, lag in einem Frieden da, wie er sich den Engländern befremdlicher nicht mehr hätte bieten können. Alle Hügel um die Stadt waren von den Bataten übergrünt, dazwischen wogten der Weizen und die Gerste, lagen die Felder von Bohnen, Erbsen, Nesselgarn und Klee, und mit den Beständen des Kampferbaums wechselte das Gespiegel der Reiskulturen. Aus den bewaldeten Granitbergen blickten viele Tempel herab, und die zahlreiche Bevölkerung, die von der Feldarbeit, dem Fischfang und der Salzgewinnung lebte, bildete einen stillen und friedliebenden Menschenschlag. Als die Engländer in den Bereich des Hafens eindampften, in dem viele Kauffahrer und Kriegsdschunken lagen, sammelten sich die Menschen in einem erstaunten Gewimmel alle Uferzeilen hin.

Immerhin begannen die Briten nicht sogleich zu schießen. Sie genossen die Verwunderung, die ihre dampfenden Einheiten erregten, und legten ihre Flotte der Stadt gegenüber vor Anker. So weit gekommen, schickten sie eine Abordnung auf die Admiralsdschunke, die sich an der größeren Zahl der Wimpel und den drei gewaltigen Tigerköpfen überm Bug zu erkennen gab. Die Abordnung bestand aus dem Superintendenten Elliot, dem militärischen Sekretär des Admirals, Lord Jocelyn, und dem Kapitän Fletcher von Ihrer Majestät Schlachtschiff *Wellesley*.

Allein, der Tsong-ping, der chinesische Kommandeur, weilte mit seinem Stab in der Stadt und mußte erst geholt werden. In der Zwischenzeit stieg die Sonne hinter die Berge von Tinghai hinab, und die chinesischen Unterführer bewirteten die Engländer mit Tee. Endlich kam der Admiral, mit einem Korallenknopf an der Mütze und einem Leoparden auf dem Brustschild, und sein Gefolge trug blaue und weiße Steine.

Der Tsong-ping mit seinem bejahrten Opiumgesicht ließ sich nieder und erklärte den Briten, er sei perplex.

Sie mußten ihm die Ursache und den Zweck der Feindseligkeiten, sie mußten ihm die Lage mehrmals auseinandersetzen. Aber er verstand auch dann noch nicht. Der Krieg, sagte er, und mit ihm hätten das alle Menschen in China sagen können, sei von Großbritannien nicht erklärt worden, und auch die Regierung des *Reiches der Mitte* hätte ihr Volk in keiner Weise von bevorstehenden Kampfhandlungen verständigt. Auch begriffe er nicht, warum gegen ihn, den Admiral des Tschou-san-Archipels, und gegen die Stadt Tinghai Krieg geführt werden solle, wenn, wie die Fremden selbst zugäben, Kanton und die Provinzialregierung von Kuang-tung den Unfrieden verursacht hätten. Und er fügte mit seltenem Weitblick hinzu, daß er ebensosehr die britische Übermacht erkenne und wisse, Widerstand sei Raserei, als ihm jede Befugnis fehle, die Stadt, wie es die Engländer verlangten, zu übergeben. Eine solche Übergabe, erklärte er, könne nur auf Befehl Pekings erfolgen, und um eine derartige Weisung einzuholen, müsse er eine Ordonnanz in die Hauptstadt schicken, die schwerlich vor sechs Wochen zurück sein könne.

Demgegenüber stellten die Engländer fest, daß sie nur bis zum folgenden Mittag zu warten in der Lage seien, worauf sie sich verabschiedeten. Der Abend brach schon herein, als ihr Boot von der Admiralsdschunke abstieß, und in der gleichen Minute gab der chinesische Kommandeur den Befehl, die Küstenbefestigungen auszubauen.

Am anderen Morgen lagen die Kriegsdschunken in einer Linie vor der Stadt, und auch auf den Hügeln warteten die chinesischen Kanoniere der kommenden Dinge. Längs der Brustwehren hatten sie große Mengen ungelöschten Kalks aufgeschüttet, den sie den stürmenden Barbaren in die Augen werfen wollten. Im übrigen herrschte eine reglose Ruhe in Tinghai, die um so beklemmender wirkte, als alles in funkelnder Sonne dalag.

Aber Punkt zwei Uhr begann der *Wellesley* aus 74 Kanonen zu feuern, der *Conwey* und der *Alligator* aus je 28, der *Kreuzer* und der *Algerine* aus je 18, und gleichzeitig feuerten zehn Bombardierschaluppen. Der Vorgang auf den britischen Schiffen war ungestörter als bei den Manövern, aber wie das Bewußtsein des Ernstes hinzukam, ergab das einen gruseligen Tanz, einen ebenso fiebrigen wie exakten, einen hinreißenden Vollzug. Mit einem Schlag war die Stille des Tages zerrissen, das Meer und der Himmel brüllten auf, Gewitter fegte in Gewitter, schwarzes Gewölk überfraß die Landschaft, und durch das Gekrach und Geprassel der berstenden Dschunken und einstürzenden Häuser drang das Schreien und Wehklagen bis aufs Meer heraus. Als der Rauch sich verzogen hatte, trieb der Großteil der Chinesenfahrzeuge als Wracks auf den Fluten, und die Stadt Tinghai lag in Trümmern.

Die chinesischen Kanonen waren beim Abfeuern in Stücke gesprungen oder von den Lafetten gefallen. Bloß eine einzige überstand in heilem Zustand die blitzkurze Schlacht, eine zwölfpfündige, die die Aufschrift trug: *Gegossen von Richard Philipps im Jahre 1601.* Der höchste Mandarin Tinghais ertränkte sich in einem Weiher, die Truppenreste flohen inseleinwärts, und die überlebenden Städter schrieben an die noch stehenden Häuser: Schonet unser Leben! und warfen sich drin auf die Stirn.

Aber die britischen Soldaten, die als Besatzungstruppe zurückblieben, schonten die Städter nicht nur, sondern sie verschafften ihnen sogar eine Linderung. In Gestalt des Opiums, mit dem sie auch in dem zerstörten Tinghai handelten. Sie verkauften dabei das Katti, eindreiviertel Pfund, um einen Tael, demnach wohlfeiler als in Bengalen. Dieses Entgegenkommen ging jedoch nicht auf die Bedürftigkeit der Städter zurück, sondern auf durchsichtige propagandistische Überlegungen. Das Schlachtgeschwader fuhr indessen nordwärts zum Pei-ho, und solange die Fahrt dauerte, zeigten sich die schwermütigen Uferlandschaften von Schan-tung mit Menschen übersät. Niemand wollte das Schauspiel der qualmenden Dämonenschiffe versäumen, die wider Wind und Wetter fuhren. Im Golf von Tschi-li ging die Flotte abermals vor Anker.

Diesmal aber nicht, um etwa Tien-tsin, den Hafen Pekings, zu bombardieren, sondern um dem Würdenträger Ki-shen, dem Nachfolger Tschun-lin Tsesius im Gouvernement der hauptstädtischen Provinz, den Brief Palmerstons zu übergeben, in dem die britischen Wiedergutmachungs- und Friedensbedingungen festgelegt waren. Es gab also in seidenen Zelten eine Mahlzeit, mit Suppe von Salanganennestern, Fasanenbrustbraten und eingemachten Rebhühnern, mit Seeottern und den Flossen von Schark und Haifisch, und nach der Rückkehr der Boten aus Peking und einer abermaligen Mahlzeit kehrte die englische Flotte nach Kanton zurück. Der Kaiser hatte versprochen, dort, an Ort und Stelle, alle Bedingungen zu erfüllen.

Zwischen den beiden Mahlzeiten in den Zelten Kishens war es im Pekinger Kabinettsrat natürlich zu einer heftigen Auseinandersetzung gekommen.

Sie hatte im Zeichen des Entsetzens gestanden, das die beispiellose Zertrümmerung Tinghais hervorrief. Seltsamerweise nur klagten nun alle Mandarine den Bevollmächtigten Tschun-lin Tsesiu an, und zwar auf Grund einer sowohl von dem Prinzen Ki-jing wie auch dem Direktor Tschu Tsun sehr schlüssig entwickelten Theorie. Die beiden Redner lenkten das allgemeine Augenmerk auf die Tatsachen, daß erstens die Aktionen der Barbaren durch den *Oberaufseher* Elliot gelenkt wurden und daß zweitens dieser gleiche *Oberaufseher* mit vielen seiner Landsleute in Tschun-lin Tsesius Macht gewesen war. Hätte der junge Generalgouverneur alle Barbaren in Whampoa massakrieren lassen, dann würde England die Furchtlosigkeit Chinas erkannt und keinen Schritt mehr gewagt haben. Die Nachgiebigkeit des kaiserlichen Bevollmächtigten aber, die wohl in einer bestimmten Wechselbeziehung zu seinem Wunsch gestanden hatte, wenigstens den einen seiner Brüder begnadigen zu können, mußte auf die Barbaren als ein Beweis der Schwäche wirken, und dadurch sei es zur Gefährdung des Reiches gekommen und dazu, daß man tausende Menschenleben und eine blühende Stadt zu beklagen habe. Abschließend beantragten der Prinz Ki-jing und Herr Tschu Tsun, den Bevollmächtigten seines Amtes zu entkleiden und die Führung der Geschäfte gegenüber den Barbaren einem tatkräftigeren Beamten anzuvertrauen.

Dieser Antrag schloß unter den Umständen, wie sie gegeben waren, die Verbannung des erfolglosen Generalgouverneurs in sich, aber Tschun-lin hatte in der hohen Versammlung noch klügere Feinde als den mißvergnügten Prinzen und den tölpelhaften Justizbeamten. Diese, auf seine völlige Abwirtschaftung in den Augen des Kaisers bedacht, schlugen im Gegenteil vor, dem berühmten Tai-fu die Auseinandersetzung mit den Barbaren auch weiterhin zu überlassen. Denn er verstünde ihre Sprache und kenne ihre Welt besser als jeder andere Beamte, vor allem aber sei die Nachgiebigkeit, die er in Whampoa gezeigt habe, geeignet, den Barbaren ein Vertrauen einzuflößen, auf Grund dessen sie leichter überlistet werden könnten.

Die Mandarine, die diesen Antrag unterstützten, bekundeten damit ihren geheimen Pessimismus und die Erwartung, daß Tschun-lin an seiner wiederholten Mission scheitern müsse; aber sie maßen der Sache nicht das Gewicht bei, zu einer Belastungsprobe für das Reich zu werden. Deshalb war sich die hohe Versammlung auch darin einig, daß an eine Erfüllung der Bedingungen, die der Barbarenminister gestellt hatte, nicht zu denken sei.

Tschun-lin selbst stand voll stummer Verzweiflung zwischen all den Verblendeten. Er beteuerte seinen Gehorsam, ob die himmlische Majestät ihn nun in die Verbannung oder nach Kanton schicken wolle, aber er bat den hohen Rat, nicht zu übersehen, daß es jetzt nicht um seine Person, sondern um das Wohl des Landes ginge. Da die Bedingungen, wie er höre, nicht erfüllt werden sollten, müsse das Reich in weitere Auseinandersetzungen eintreten. Diese Auseinandersetzungen aber könnten nicht durch irgend welche Listen umgangen oder entschieden, sondern sie müßten kriegerisch ausgetragen werden. Daher beschwöre er die Regierung noch einmal, unverzüglich die von ihm angeregten Vorbereitungen zu treffen.

Die Botschaft an die Engländer, in der die Erfüllung der Bedingungen versprochen wurde, bekämpfte Tschunlin weder noch unterstützte er sie. Sie war in seinen Augen indiskutabel, aber es gab, wollte man Zeit gewinnen, und man mußte sie nun gewinnen, keinen anderen Ausweg. Niederschmetternd jedoch empfand er, daß sowohl die Ermächtigung vom 17. September 1840, mit der er neuerlich nach Kanton geschickt wurde, wie auch die Proklamation an das Volk den kaiserlichen Satz enthielt: *Wir haben den Barbaren, weil sie eine unterwürfige Bittschrift vorgelegt haben, gestattet, nach Kanton zurückzukehren.* Dieser Satz, der nicht etwa den Engländern die Handelsrechte zurückgab, sondern den die Würde geprägt hatte, die der Kaiser vor seiner Umgebung und seinem Volk glaubte bewahren zu müssen, zeigte an, wie weit Tao-kuang von jener Erschütterung entfernt war, die der Lage entsprochen hätte. Tatsächlich blieb das einzige, was Tschun-lin zu seiner Unterstützung erreichen konnte, das Versprechen, daß nun die Tatarengarnisonen der vier an Kuang-tung und Kuang-si grenzenden Provinzen mobilisiert werden sollten.

Er beugte sich den Umständen. Zu Paot'sa aber sagte er nach seiner Betrauung wieder, was er schon nach dem Kabinettsrat vor Monaten gesagt hatte: Das Reich geht großem Elend entgegen, denn es begreift seine Aufgaben nicht mehr. Der Kaiser und seine Berater schauen nur auf das, was durch die Jahrtausende gegolten hat, aber heute nicht mehr gilt, und im Angesicht des Neuen, das sich aus der Zeit erhebt, sind sie wie geistig Umnachtete.

An diesem Abend jedoch fügte er hinzu: Und das Unglück wird in Kanton anheben, deshalb sollst du nicht mehr mitkommen. Du hast es ja erlebt, wieviel Unfriede unsere Zeit in dieser Stadt erfüllte, und diesmal wird sich das Unvorhersehbare ereignen. Ich fahre in die Zukunft wie in einen schwarzen Strudel hinein.

Und da meinst du, entgegnete die Freundin, ihn wie eine Mutter anblickend, ich sollte dich allein lassen?

Sie erhob sich in ihren schönen Kleidern und ging durchs Zimmer. Tschun-lin sah auf ihre edlen Bewegungen, die gleichsam noch eine melodiöse Linie in den Prunk des Raumes fügten, und er verstand, daß sie nach einfachen, überzeugenden Worten suchte. Dann trat Paot'sa wieder an den niederen Tisch heran, und indem sie ihren großen Blick in den seinen richtete, sagte sie:

Geliebter, mir ist doch alles bewußt. Ich kenne die

Schwächlichkeit des Kaisers, die Giftluft am Hof, die Tücke der Kamarilla, die neidische Feindseligkeit der Minister und die Ohnmacht der jungen Generation; aber ich weiß auch, und nicht zuletzt durch dich, um die unheimliche Lage des Reiches. So verstehe ich sehr wohl das Geschick, unter das wir geraten sind, aber mir ist, eben auf Grund meines Verständnisses, auch bewußt, daß wir ihm nicht entgehn können. Sieh, ich habe es oft gedacht in den letzten Monaten, wenn ich durch die schönen Räume des Yamens ging: Wie lange werden wir noch hier sein? Seit deiner neuerlichen Ernennung zum Bevollmächtigten aber weiß ich: entweder es werden die Götter selbst vom Himmel herabsteigen und dir in Kanton helfen, oder es wird das geschehen, was die Menschen Ins-Unglück-Kommen nennen. In welcher Weise aber sollte es für mich gut sein, dich dabei allein zu lassen? Denk das Furchtbarste, denk, du kämest aus Kanton nicht wieder, oder du fielest der Deportation anheim; was sollte ich dann mit meinem Leben anfangen? Lieber stürbe ich doch, als daß ich ohne dich zurückbliebe; neben dir aber sind mir auch die Verbannung und der Tod ohne Schrecken, denn wenn ich bei dir bin, gibt es gar kein Unglück für mich. Ach, Tschun-lin, solange du da bist, ist ja alles voll Seligkeit ...

So kam Paot'sa auch diesmal wieder mit nach Kanton, wo Tschun-lin noch Ende Oktober eintraf und sofort an die Arbeit ging. Allerdings konnte er kaum mehr tun, als die Befestigungen verstärken zu lassen. Das eigentliche Problem, nämlich das der chinesischen Bewaffnung, war nicht zu lösen, das wußte er. Kam es zu Kriegshandlungen, dann konnten nur unerhörte Menschenopfer die Gewalt der barbarischen Kriegsmaschinen aufwiegen. Aber Tschun-lin hörte durch Monate nichts von den Armeen, die aus den Nachbarprovinzen eintreffen sollten, und wie es um seine Bemühung stand, im Volk selbst den Geist der Verteidigung zu wecken, das erkannte er an der Tatsache, daß die *Wohlmeinende Gesellschaft des roten Drachen* mit den Engländern hochverräterische Verhandlungen einging. Sie bot den Fremden für den Fall, daß sie die Mandschu verjagen und die Ming wieder auf den Thron heben sollten, die Hilfe aller Geheimbünde an.

Er selbst versuchte, gezwungenermaßen, die Briten durch endlose Verhandlungen hinzuhalten, so qualvoll und unehrenhaft er dieses Vorgehn auch empfand. Im übrigen hielten die Engländer die Blockade wieder aufrecht, wobei sie von neu aus Singapore eintreffenden Schiffen unterstützt wurden, und am 7. Januar 1841 riß dem Superintendenten Elliot die Geduld.

Die englische Flotte verließ Hongkong, voran die furchtbaren 600-Tonnen-Dampfer *Nemesis* und *Phlegeton*, *Ariadne* und *Medusa*, und sie zerschossen in einer Auffahrt die Festungen des südlichen Ästuars, Tschuen-pi, *des Stromes Nase*, Tai-kok-tau, *das große Vorgebirge*, und Anunghoi, den *Weiberschuh*. Auch die riesige eiserne Kette zerstörten sie, die, zwischen Anunghoi und Süd-Wantong auf Flößen schwebend, die Durchfahrt sperren sollte. In der Ansonsbucht dahinter fiel dann die gesamte Flotte Kuans, des Admirals vom südlichen Meer, der Vernichtung anheim. An diesem Tag zählten die Chinesen tausende Tote, die Engländer vierzig Verwundete.

Am folgenden Morgen bat Tschun-lin um Waffenstillstand, indem er ein Boot an das Flaggschiff des Kommodore Bremer sandte. Der Sitte gemäß saßen darin ein Bartscherer und ein altes Weib, die das schriftliche Gesuch überreichten. Die Engländer schlossen den Waffenstillstand auch ab, doch wurde Tschun-lin von Peking bedeutet, die versprochenen Tatarenheere seien bereits auf dem Marsch und er dürfe keine Bedingungen annehmen. Mit diesen Weisungen erging der Befehl an ihn, zu verkünden, daß die Regierung auf die Köpfe der Barbarenführer Elliot und Bremer einen Preis von je 50.000 Taels gesetzt habe.

Daraufhin gingen die Engländer am 18. März gegen Kanton selbst vor. Innerhalb weniger Stunden fielen nun auch die Festungen des inneren Ästuars, Tahu und Siaohu, der *große* und der *kleine Tiger*, und hernach raste die Metzelei durch die Straßen von Kanton. Die Tataren wurden nicht nur aus der Chinesen- und der Mandschustadt vertrieben, sondern auch aus den nördlichen Bergforts, die da hießen *Schutz des Alters*, *Turm der ewigen Ruhe*, *Turm des vollkommenen Schutzes* und *Turm der gänzlichen Sicherheit*. Die Bevölkerung drängte sich dabei, sobald sie sich selber nicht mehr gefährdet fühlte, an den Ufern und auf den Booten, auf den Hausdächern und den Anhöhen, um zuzuschauen, wie die verhaßten kaiserlichen Truppen gejagt wurden. Es setzten auch sofort die Plünderungen ein, die sich, wo es anging, vornehmlich gegen die Yamen und Mandarinenhäuser richteten.

Am Abend dieses Tages verließ auch Tschun-lin die Stadt, die von den Engländern nur in den Hafenzeilen besetzt war. Er besuchte mit Paot'sa, die in Männerkleidern neben ihm ritt, noch seine Familie, die er damit zum letztenmal sah, dann wandte er sich, vom Janhagel umheult und verhöhnt, gegen Norden, um zu den versprengten Truppen zu stoßen. Von Tsing-pu aus, wo er die überlebenden Kommandeure antraf, schickte er eine Eilbotschaft um die andere an den Kaiser, aber er erfuhr hier auch bald, daß die Entsatztruppen nun tatsächlich im Anzug waren. Sie kamen aus Hu-nan und Sze-tschuan, aus Kuei-tschou und Kiang-si und sammelten sich bis zum Mai auf eine Stärke von 45.000 Mann.

Mit dieser Armee wagte Tschun-lin den entscheidenden Schlag. Die Auseinandersetzung wäre auch nicht mehr hinauszuschieben gewesen, weil die Engländer bereits anmarschierten. Der Kampf entwickelte sich auf der meilenlangen Strecke zwischen Tsing-pu und Kanton und endete abermals mit einer grauenhaften Niederlage der Chinesen. Der Schrecken aber wurde erst dadurch voll, daß auch Kanton dabei abbrannte. Der rechte Tatarenflügel, der in der Stadt kämpfte, stieß Feuerflöße und Brander in den Perlstrom, damit sie gegen die Barbarenschiffe trieben; diese aber lenkten die Brander ab, und als die Flammen auf die zehntausende Kähne übergegriffen hatten, war die Stadt verloren.

Der Frieden von Nanking

Unseliger, welches Unheil erwächst aus Deinen Handlungen! Dir ward geboten, die Not abzuwenden, die das Opium dem Reich nach innen und außen verursacht, und wir haben Dich mit allen Vollmachten hiefür ausgestattet. Noch mehr: Wir haben Dir vor allen anderen Räten Unser Ohr geliehen, haben Dich vor allen anderen Dienern ausgezeichnet und Dich bis nahe an den Drachensitz erhoben. Deine Schultern kleidet die gelbe Seidenjacke und Deinen Namen ziert der Titel eines Vizelehrers des Kaisers, der in tausend Jahren nur siebenmal vergeben worden ist. Aber warst Du wohl imstande, das, was Deines Amtes, zu vollführen? Mitnichten! Die verächtlichen barbarischen Verbrecher, des schuldigen Gehorsams sich entschlagend, sind mehr denn je undankbar und aufrührerisch. Du hast sie nicht zu Paaren getrieben, sondern ihnen die Wege offengelassen, der *blumigen Mitte* selbst schwere Wunden zuzufügen. Dabei sind Wir so weit gegangen in der Hintansetzung Unserer Weisheit und der Unserer Berater, auch dann noch auf Dich zu hören, als Du, vom totalen Krieg redend, die Truppen aller Provinzen für Deine Zwecke verlangtest. Wo sind sie nun, die tapferen Heere aus Hu-nan und Sze-tschuan, aus Kuei-tschou und Kiang-si? Der Landstrich einer einzigen Provinz hat all ihr Blut getrunken, und Du bist nicht nur ferner denn je, den Mißständen abgeholfen zu haben, sondern vielmehr erst Deine Handlungsweise hat die Wellen der Verwirrung hoch emporgetrieben und tausend unabsehbare Unordnungen angerichtet. Ja, Wir hören, und Unsere Berater halten es nicht für unwahrscheinlich, daß Kanton von dem Geschrei hallt, Du hättest Dich von den Barbaren bestechen lassen und ihnen das Reich ans Messer geliefert; aber auch wenn Wir in Unserer Strenge nicht so weit gehn, dergleichen Schimpfliches für möglich zu erachten, so müssen Wir Uns doch als mit leeren Worten hintergangen vorkommen, und Wir können das, sowie all die beklagenswerten Begebenheiten, nur voll Ärger und Trübsinn feststellen. Über die Maßen leicht nun könnte es Uns fallen, der Garde zu befehlen, daß sie die Schreine Deiner Vorfahren zertrümmere, Deinen Geburtsort und alles Land hundert Li im Umkreis verwüste und Dich mitsamt Deiner Familie in Ketten nach

Peking, der dem Himmel gehorchenden Stadt, bringe; aber Du hast es selbst dahin gebracht, daß Deine Vaterstadt in Asche liegt, und da Wir, in der Erinnerung Deiner früheren Verdienste, mehr auf Unsere milden Eingebungen als auf jene der Gerechtigkeit hören wollen, bestimmen Wir hiermit lediglich, daß Du nach Peking gebracht werden sollst, damit Dein besserer Nachfolger, Seine Exzellenz der Direktor Tschu Tsun, Dir das Amtssiegel abnehme. Hernach, auch das sei gleich ausgesprochen, wirst Du nach Ili wandern, denn nur am äußersten Rande des Reiches kann nunmehr Dein Platz sein.

So das Verbannungsdekret, das vom Kaiser Tao-kuang mit roter Tusche gezeichnet war. Tschun-lin empfing es auf der Walstatt von Tsing-pu, wo er mit den Militärs weiterer Weisungen gewartet hatte. Die Bemerkung darin, daß die Verwüstung seines Geburtsortes sich erübrige, entsprach den Umständen. Auf einem nächtlichen Ritt nach Kanton, der nicht ohne Gefahr gewesen war, weil das Volk nach seinem Leben und die Engländer nach seiner Gefangennahme trachteten, hatte Tschun-lin nur mehr die Brandruine seines Vaterhauses vorgefunden, und über seine Angehörigen blieb er ohne Nachricht. Im übrigen offenbarte das Verbannungsdekret eine außerordentliche Milde, und auch die Gardeabordnung, die es überbracht hatte und die Tschun-lin nun mit Paot'sa nach Peking führte, behandelte ihren Gefangenen mit Achtung.

Den Kaiser sah Tschun-lin nicht mehr. Er bestand voll Haltung den Auftritt, in dem er dem triumphierenden Tschu Tsun sein Siegel überreichen mußte, und schied ohne jedes heftige Gefühl aus der Purpurstadt. Das Gefühl überkam ihn nur gegenüber Paot'sa, allein, sie erwies sich in diesen Tagen als eine wahrhafte Schwester. Der Gedanke, ihn allein in die Verbannung gehn zu lassen, wäre für sie nicht zu fassen gewesen, und sagte Tschun-lin, daß damit auch an ihr das Zeichen des Pferdes sich erfüllen würde, dann hatte sie ein Lächeln, das selbst der Unterwelt die Schrecken nahm. In der Tat half sie ihm mit einer heiteren Besinnlichkeit bei den Vorbereitungen zur Abwanderung, als gälte es bloß die Einrichtung eines neuen Hausstands.

Diese nun galt es allerdings in einem düsteren Verständnis.

Das Reich kannte drei Arten der Deportation. Die *mantau* genannte, bei der man Hasardeure, Salzschmuggler und Kuppler auf drei bis sechs Jahre in eine Nachbarprovinz verschickte; die *manlau* geheißene, die beispielsweise Hehler und Veruntreuer betraf und in Fristen von zehn bis fünfzehn Jahren in den Nordprovinzen vollzogen wurde, und die *mankwau* bezeichnete, die alle Staatsschädlinge, von den Falschmünzern bis zu den in Ungnade gefallenen Ministern, auf Lebenszeit nach Ili verbannte, in die kleine Bucharei, den westlichsten Landstrich, wo in der harten Natur die Sommer glühend trocken und die Winter voll klirrendem Frost sind. Der Weg in die Verbannung mußte im allgemeinen zu Fuß zurückgelegt werden, wobei eine Tagwanderung an die 25 Kilometer ausmachte und je zwei bis fünf Gefangene mit einer Kette, und zwar an den Hälsen, aneinandergeschlossen waren. Für Deportierte aus der hauptstädtischen Provinz Tschi-li führte diese Wanderung, die länger als ein halbes Jahr dauerte, durch das ganze Reich von Osten nach Westen, über Gebirge und Wüsten, vom 120. bis zum 80. Meridian, mehr als zweieinhalbtausend Kilometer, ein Neuntel des Erdumfanges auf dieser Höhe hin, und da nicht nur die Strapazen groß waren, sondern auch die Verpflegung und Behandlung schlecht, blieben manche am Wege.

Der ehemalige Vizelehrer des Kaisers und seine Begleiterin wurden nicht in Ketten gelegt. Sie genossen auch die Begünstigungen, für die Tschun-lin aus eigenen Mitteln aufkommen konnte. Nun war er zwar nie reich geworden, immerhin aber einigermaßen wohlhabend, und dank diesem Umstand ließ sich annehmen, daß er ein Häuschen mit einem Stück Land würde erstehn und genug erübrigen können, seinen und Paot'sas Lebensunterhalt zu bestreiten.

Aber schon auf der Wanderung trat die harte Wirklichkeit an sie heran. Tschun-lin hatte einen Fahrkarren mieten dürfen, der einer Hundchütte auf Rädern glich. In diesem Gefährt, das einmal Pferde, einmal Maultiere, einmal Esel zogen, konnte man keine hundert Li zurücklegen, ohne jeden Knochen im Leib wund zu spüren. Darüber hinaus aber ging es für Tschun-lin nicht an, in dem Wagen zu sitzen, wenn Schwindsüchtige und Frauen mit verkrüppelten Füßen im Zug zusammenbrachen. So überließ er seinen Platz immer wieder anderen, daneben herwandernd, und auch die Verbesserung in der Verpflegung, die er durch seine Mittel fallweise beschaffen konnte, kam den Leidensgenossen zugute. Die Verhöhnung von seiner und Paot'sas Person nahm deshalb rasch ab, ihr Los aber wurde dadurch nicht leichter.

Der Zug verlor sich, ein erbarmungswürdiges Gerinnsel, hinein in die Stürme Innerasiens, währenddessen ging der Krieg im *Reich der Mitte* weiter. Er begann nun erst eigentlich.

Die Regierung in London ersetzte den Superintendenten Elliot durch Sir Henry Pottinger, der zum alleinigen Bevollmächtigten Ihrer Mäjestät, der Königin Viktoria, in China ernannt wurde, und den Befehl über die Flotte erhielt der Admiral Sir William Parker. Ziele, hieß es nun, sollten verfolgt werden, die, ohne Rücksicht auf augenblickliche Handelsinteressen, das chinesische Reich in den Grundfesten zu erschüttern hätten, da nur so der Krieg dem Ansehen Großbritanniens würde angemessen sein.

Wieder verließ die englische Flotte Hongkong, um längst der Ostküste des Reiches nordwärts zu dampfen.

Und jeweils nach dem Bombardement von wenigen Stunden fielen ihr die stärkstbefestigten Plätze anheim, Amoi, die reiche Handelsstadt, wo man nur auf der Klippeninsel Kulangsu eine Besatzung zurückließ, Tschinhai, das *Bollwerk am Meer* vor Ning-po, Ning-po selbst, *Friedliche Wellen,* an der Gartenlandküste Tsche-kiangs, und die Stadt Tse-ki im Inneren. Die Mandschu-Truppen, ausgesuchte Divisionen jetzt, in erhöhtem Sold stehend und mit Opium versorgt, wehrten sich mitunter verzweifelt; aber sie ermangelten der Artillerie und waren auch sonst den Engländern und Spahis in keiner Weise gewachsen.

Die chinesische Bevölkerung, die je nach der Lage der Schlachtfelder die Kosten des Krieges zu tragen hatte, verfolgte die Ereignisse mit mehr Groll gegen die eigene Regierung als gegen die Eindringlinge. Viele Männer verließen ihre Wohnsitze und schweiften in plündernden Horden durch die Provinzen, und die verschiedenen Geheimbünde strengten sich weiterhin an, das Land gegen die Dynastie in Aufruhr zu bringen. Sie hörten auch nicht auf, mit den Engländern zu konspirieren, und die Briten gründeten nun auch zwei Zeitungen, die von Hongkong und den *Freund Chinas.* Mit dem Krieg selbst konnte es freilich erst richtig vorangehn, wenn die Streitmacht verstärkt wurde. Denn obzwar man insgesamt bisher nur

15 Tote zählte, reichten die Truppen kaum mehr zur Besetzung von Hongkong, Kulangsu, Tinghai, Tschinhai und Ning-po aus.

Aber die Verstärkungen, die den Stand der Armee auf 7000 Mann erhöhten, trafen im Frühjahr 1842 aus Indien und der Heimat ein, und die Städtezertrümmerungen nahmen ihren Fortgang. So fielen Tscha-pu, das arkadische, Su-tscheu, der *liebliche Ort*, Wu-song und Pao-schan, ja sogar Schang-hai, die gewaltige, die da heißt *vom Meer aufwärts*, und, den heftigsten Schrecken verbreitend, schließlich auch der Granitriegel am Großen Kanal, Tsching Kiang, *des Stromes Hut*, der Schirm der kaiserlichen Wasserstraße, die dem Norden die Ernährung zufrachtet, die bedeutendste Festung Kiang-nans und letzte Schutzmauer des Reiches gegen Süden.

Anfang August 1842 standen die Engländer, zehn Dampfer und siebzig Segler stark, vor Nanking.

Aber nun kehrte auch in der *dem Himmel gehorchenden Stadt* die Erkenntnis vom wahren Stand der Dinge ein. War selbst Tsching Kiang gefallen, dann fiel auch Nanking, die Südresidenz, die Eineinhalbmillionen-Metropole, genannt auch Kin-ling, *goldener Hügel*, oder Kien-kang, *sichere Freude*, und war einmal Nanking erobert, dann fiel auch Peking, die Himmelsstadt, und der Verzweiflung und Trostlosigkeit, ja des Unbegreiflichen überm *Herrscherhaus des goldenen Gioro* war kein Ende.

Tao-kuang schloß Frieden.

Am Morgen des 13. August, drei Stunden vor der angesagten Beschießung Nankings, wehten weiße Fahnen von den Mauern, und die chinesischen Bevollmächtigten bestiegen den *Cornwallis*, das Schiff Sir Henry Pottingers. Die Abordnung setzte sich zusammen aus dem Prinzen und Minister Ki-jing und dem Generaladjutanten Ili-pu, beide aus dem kaiserlichen Clan stammend, der nun auch Herrn Tschu Tsun bereits ausgestoßen hatte, und Herrn Niu-kien, dem Generalgouverneur der beiden Kiang-Provinzen.

In der schriftlichen Botschaft des Prinzen, die mit Billigung Tao-kuangs aufgesetzt war, hieß es:

Ich bin jetzt vollständig über die Wünsche und Absichten der ausgezeichneten Fremden und ihrer großen und würdigen Nation unterrichtet. Beide Völker, Chinesen und Engländer, werden sich gegenseitig kennen und achten lernen. Mir sind alle Umstände bekannt; ich weiß, daß die britischen Kaufleute in Kanton viele Jahre lang Erpressungen und Herabwürdigungen aller Art zu ertragen hatten. Aber nun werden die Vorkehrungen getroffen werden, auf Grund deren die ehrenwerte Nation in Zukunft ihren Handel ungehindert und mit wohlverstandenem Vorteil wird betreiben können; sie wird auch keinerlei Unbill mehr zu erleiden haben. Tsing-haisse, der *Tempel zum ruhigen Meere*, nahe am Chinhuaiho gelegen, eignet sich vortrefflich zur Zusammenkunft; dort können die ehrenwerten Vertreter der großen und würdigen Nation die kaiserlichen Vollmachten überprüfen.

Zur Einsicht dieser Vollmachten erschien Sir Henry in Begleitung von hundert Herren und einer Ehrenabordnung der Grenadiere des achtzehnten irischen Regiments. Für den Tag der Friedensverhandlung in Nanking ließ man aus Madras arabische Pferde kommen. In voller Gala ritten zwanzig Offiziere, gefolgt von einer Spahi-Garde, durch die wimmelnde Stadt zu dem Yamen hinauf, in dem die Konferenz stattfand. Ki-jing, der erste Stiefbruder des verstorbenen Kaisers Kia-king, Generaladjutant Ili-pu und Generalgouverneur Niu-kien erwarteten in großem Ornat am Tor die Sieger.

Man führte die Engländer in einen Raum mit rotbespannten Wänden, in dem im Halbkreis Stühle mit gestickten Seidenkissen standen. Sir Henry Pottinger nahm den vornehmsten Platz ein, Ki-jing setzte sich zu seiner Rechten, Ili-pu zur Linken, sodann folgten die anderen Offiziere und Mandarine nach ihrem Rang. Diener trugen geröstete Melonenkerne und Tee auf, danach begann die Verhandlung, die vier Stunden dauerte.

China verpflichtete sich zur Erfüllung folgender Bedingungen:

Zahlung von 14,700.000 Taels oder etwa 10 Millionen Pfund Sterling. Dabei entfielen 3 Millionen auf das vernichtete Opium, 1 Million auf die Handelsschäden und 6 Millionen auf die Kriegskosten.

Abtretung Hongkongs für ewige Zeiten an England.

Öffnung der Häfen Kanton, Amoi, Futscheu, Ning-po und Schang-hai für den Handel aller Nationen.

Abschaffung der Hongs.

Anerkennung von Konsuln in den offenen Häfen.

Vollkommene Gleichheit und Ebenbürtigkeit in allen Verhandlungen.

Die Freigabe des Opiumhandels, seine Legalisierung, konnte Sir Henry Pottinger nicht erreichen, obzwar er den Auftrag dazu hatte und nicht versäumte, mit dem Säbel zu rasseln. Lediglich die Aufnahme eines Satzes in den Vertrag erzwang er, der besagte, daß der Krieg nicht um des Opiums willen geführt worden sei. *The opium trade was not the cause which led the British Government to engage in the war, ending with the treaty of Nanking.*

Am Schluß der Verhandlungen schenkte der nun greise Missionär und Dolmetsch Gützlaff, der gleiche, der schon auf dem Opiumschiff *Lord Amherst* Bibeln mitgeführt hatte, jedem Mandarin ein Exemplar des Neuen Testaments.

Dachten die Engländer an das Opium, dann erschien als das Ergebnis des Krieges die Wiederherstellung der früheren Zustände.

Doch galt das nur für die Bedingungen, die Verhältnisse selbst hatten sich ungeheuerlich verändert. In jener erdhaften, todschweren, zeitverfallenen Ungeheuerlichkeit, die Verwittertes nie wieder glanzvoll, Gealtertes nie wieder aufrecht, Zerrissenes nie wieder heil werden läßt.

Der Wind des Todes ging im chinesischen Haus um, die *Blume der Mitte* war in ihre Dämmerung eingetreten.

Undenkbar, daß noch einmal ein Tschun-lin Tsesiu hätte entsandt werden können. Alle Voraussetzungen würden dafür gefehlt haben, nicht zuletzt das Vertrauen in die eigene Macht. Auch hätte der neue Bevollmächtigte seine Kraft nicht nur auf Kanton zu richten gehabt, er hätte den Krieg gegen die Schmuggler auch in Amoi und Futscheu aufnehmen müssen, in Ning-po und Schang-hai. Und obzwar die Engländer aus Bengalen nach wie vor den Hauptanteil einführten, hätte der Bevollmächtigte nun auch mit den anderen Nationen zu kämpfen gehabt. Denn auch die Amerikaner erzwangen jetzt den Abschluß eines Handelsvertrags, und die Franzosen sicherten sich das Recht, in ganz China den katholischen Glauben zu schützen.

Damit kamen die armierten Opiumflotten nun auch unter amerikanischer und französischer Flagge, und der staatsmännische Prinz Kong deutete einige Jahre später den innigen Zusammenhang zwischen den kulturellen und merkantilen Verträgen und dem Giftwesen mit dem

Seufzer an, daß er zu einem europäischen Unterhändler sagte: Schaffen Sie uns die Missionen und das Opium vom Hals, und China wird glücklich sein.

1838 hatte die Einfuhr 34.000 Kisten oder rund 4,800.000 Pfund betragen, 1848 betrug sie 42.000 Kisten oder rund 5,900.000 Pfund. Und keine Rede mehr von einem Urkundensystem, auf Grund dessen sich die Schiffe verpflichtet hätten, kein Opium zu führen. Selbst am Pekinger Hof dachte kein Mensch mehr an das Unterfangen, die Fremden zur Anerkennung der Landesgesetze zu zwingen, geschweige denn, sie der darüber wachenden Gerichtsbarkeit zu unterwerfen. Wie der Glanz der Kin und Ming verblichen war, so überzog das Schicksal nun auch die Herrlichkeit des *fleckenlosen Herrscherhauses*, die Strahlenkrone des Aischin Gioro, mit nächtlichen Schatten. Der Haß zwar wuchs an gegen die Fremden, er nagte in den Beamtengehirnen und erbrauste in Straßenaufläufen, aber die *leuchtende Dynastie* konnte es nicht verhindern, daß die Luft über der *Blume der Mitte*, die einst so liebliche, immer zugiger wurde, fröstelnder und immer tödlicher dunkelnd.

Als 1850 Tao-kuang starb und sein vierter Sohn Hien-fong mit der Ehren- und Glücksbezeichnung *Segensfülle* auf ihn folgte, ahnte dieser selbst die Ironie.

1854 machte die Opiumeinfuhr 78.000 Kisten aus, von denen 30.000 allein über Schang-hai ins Land kamen, und sie stieg weiter an. Aber nicht genug damit; sowenig Kaiser Hien-fong geneigt war, den Vertrag von Nanking im guten Geist zu erfüllen, sowenig sahen die Engländer eine Möglichkeit, selbst wenn er in gutem Geist erfüllt worden wäre, sich auf die Dauer mit ihm abzufinden. Ihre Kaufleute forderten neue Handelsvorteile, und der Staat

Großbritannien, der überblickte, daß er jährlich bereits 13 Millionen Pfund Sterling zuschoß – um das überstieg der Wert seiner Einfuhr aus China bereits den seiner Ausfuhr dahin –, war entschlossen, durch einen neuen Krieg den Stand der Dinge noch einmal zu verbessern. Es fehlte nur noch der Anlaß dazu.

Da beschlagnahmte im Oktober 1856 Yeh, der Statthalter von Kanton, das Schmugglerschiff *Lorcha Arrow*. Dieses Fahrzeug gehörte dem chinesischen Kaufmann Suasing, fuhr jedoch unter britischer Flagge und mit englischer Mannschaft, die Yeh verhaften ließ. Er machte sich zwar erbötig, die Mannschaft auszuliefern, lehnte es aber ab, sich zu entschuldigen. Daraufhin schoß Admiral Seymour Kanton wieder in Brand, wobei ein amerikanisches Schiff dem britischen Geschwader assistierte.

Nun war man in England entschlossen, Südchina zu erobern und neben dem angloindischen ein anglochinesisches Reich zu errichten. Für diesen Zweck trug Frankreich seine Bundesgenossenschaft mit einer geradezu hysterischen Aufdringlichkeit an. Es berief sich auf die Ermordung des Missionärs Chapdelaine, die allerdings schon im Februar, acht Monate zurückliegend, erfolgt war, und schickte ein Geschwader mit 1500 Mann Landungstruppen nach China. Vor der Welt wurden als Kriegsziele ausgerufen: Garantien für den internationalen Handel, Schutz der Missionen, Anerkennung eines ständigen Gesandten in Peking.

Allein, der Sepoy-Aufstand in Indien rief es England ins Bewußtsein, daß selbst seine Kapazität Grenzen hatte. Es dauerte ein Jahr, bis der Schlag gegen China geführt werden konnte, und auch dann nur mit minder weitgesteckten Zielen. Die Verbündeten begnügten sich, Kanton zum drittenmal in einem Flammenmeer aufgehn zu lassen, dann fuhren sie, die Forts beschießend, den Pei-ho aufwärts nach Tien-tsin, in den Hafen von Peking. Der Vertrag, der hier zustande kam, öffnete auch Tien-tsin dem internationalen Handel, und Rußland, das mit seinem Admiral Putjatin ebenso eilig herzutrat wie Amerika mit seinem Gesandten Reed, annektierte bei der Gelegenheit das Land links vom Amur.

China stand seinen Vergewaltigern in der Weißglut der Wut gegenüber. Die Verträge von Tien-tsin, mit England, Frankreich, Rußland und den USA. im Juni 1858 geschlossen, warteten noch der Ratifizierung durch den kaiserlichen Hof, als der Krieg von neuem ausbrach. Im Sommer 1859 schossen die Ta-ku-Forts, mit amerikanischen Geschützen, einige Kanonenboote der englisch-französischen Flotte in den Grund, die die Einfahrt in den kettengesperrten Pei-ho erzwingen wollten.

Nun rasten Großbritannien und Frankreich. England sammelte vor Kanton 18.000 Mann in 200 Fahrzeugen, Briten, Shiks und Ghurkas, und Frankreich vor Schanghai 9000 Mann in 39 Schiffen. Aber die Generale Hope-Grant und Cousin-Montauban waren sich einig, daß es jetzt nur gegen Peking gehn konnte. Die Ta-ku-Forts fielen mitsamt ihren amerikanischen Geschützen, die vereinigten Flotten warfen in Tien-tsin das Heer aus, und Kaiser Hien-fong floh in die Mandschurei. Sankolinsin, der Mandschu-Feldherr, erlitt zwei Niederlagen und suchte hinter den Mauern Pekings Schutz. Aber die Verbündeten marschierten am 13. Oktober 1860 auch hier ein, durch die Pforte Ngang-ting, *Tor des vollkommenen Friedens.*

In der gleichen Woche war ihnen die Sommerresidenz

der Kaiser, das märchenhafte Yuen-ming-yuen, nördlich der Himmelsstadt, in die Hände gefallen. Diese Sommerresidenz umfaßte eine ganze Landschaft mit vielen Palästen, uralten Baumbeständen und einem See, dessen Inseln und Pavillons durch schön geschwungene Brücken untereinander und mit den Ufern verbunden waren. Zur Verteidigung lagen vierzig Bogenschützen darin. Die Plünderung, unschätzbare Bibliotheks- und Kunstwerte verschleudernd, dauerte drei Tage, die Zerstörung zwei. So lange nämlich brauchten die Soldaten, um die alten Bäume in den Parks zu fällen; die Sprengung der Brücken und das Niederbrennen der Paläste ging schneller vor sich.

Am 24. Oktober 1860 schloß Prinz Kong, der Bruder des geflohenen Kaisers, mit den Verbündeten den Frieden von Peking. Der Vertrag von Tien-tsin wurde bestätigt, und ein Zusatzabkommen öffnete weitere sieben Häfen, drei auf Formosa, zwei auf Heinan und die beiden Yangtse-Häfen, somit auch Tsching Kiang, die Pforte zum Kaiserkanal, die Tschi-li, Schan-si, Kan-su, Schen-si und Ho-nan dem internationalen Handel aufsprengte.

Wie in Nanking, so wehrten sich die Chinesen auch jetzt gegen die Aufnahme des Opiums in den Zolltarif. Indes mußten sie dem vereinigten Druck Englands, Frankreichs, Rußlands und Amerikas weichen. Das Opium wurde zum freien Handelsartikel erklärt, mit der einzigen Einschränkung, daß die fremden Händler es nur in den offenen Häfen sollten verkaufen dürfen. Deren gab es allerdings bereits dreizehn, das will sagen, ganz China lag vor den Opiumhändlern mit offenen Türen da.

So betrug denn auch zehn Jahre nach diesem Friedensschluß, 1870, die Einfuhr 100.000 Kisten oder vierzehn Millionen Pfund.

Das aber hatte die letzte Wendung zur Folge.

China ging zum eigenen Mohnbau über. War das Giftverhängnis unvermeidlich, dann sollten die anderen nicht auch noch ihr Geschäft damit machen. Und China produzierte 1875 bereits zwölf Millionen Pfund. Das drückte auf die Einfuhr, aber es schaffte sie nicht aus der Welt. Indien exportierte noch um 1900 acht Millionen Pfund Opium nach China.

Die chinesische Eigenproduktion für diese Zeit wird auf sechzig Millionen Pfund geschätzt, eine angezweifelte Zahl, die, zumindest für eine bestimmte Zeitspanne, einen Annäherungswert darstellen dürfte.

Die dunkle Wolke des Tschandu hatte sich endgültig über der *Blume der Mitte* zusammengezogen.

Auch diese Besiegelung im Schicksal seines Vaterlandes machte Tschun-lin noch mit.

Nicht mehr die ganze Zeit hindurch – denn er war mit dem Jahrhundert geboren und konnte es nur bis zum siebenundachtzigsten Lebensjahr begleiten –, wohl aber im Wesen und mit dem Bewußtsein eines, der den Dingen auf den Grund gekommen ist.

Allerdings gelangten in den Jahrzehnten der Verbannung die Nachrichten nur verstümmelt und verspätet zu ihm. Das um so mehr, als er es vermied, unter Menschen zu gehn. Er hätte die Möglichkeit dazu gehabt, denn die Verwaltung in Kuldscha, der Hauptstadt des Distrikts, behalf sich gern, indem sie fähige Verbannte zu ihren Arbeiten heranzog. Die Betreffenden konnten zu keinen Würden aufsteigen, und es kürzte auch ihre schweren Jahre nicht ab, allein, sie hatten einen Lebensinhalt und waren von der Einsamkeit erlöst.

Dieser Erleichterungen freilich bedurfte Tschun-lin nicht. Er lebte mit Paot'sa in einem Haus, das aus Steinen aufgerichtet war und um das ein Garten und ein weites Stück Feld lagen. In der Landschaft um das Haus gab es keinen Baum, und nicht weit unterhalb seiner trieben die schwarzen Fluten des Ili vorbei; im Sommer aber gediehen in dem Garten doch die Gemüse, die Birnen- und Apfelbäume, und auf dem Feld wogte das Korn. Somit gab es auch keinen Mangel an Arbeit. Den gab es auch im Winter nicht, dessen Stürme das Haus manchmal zu zerbröckeln drohten oder der es unter seinen Schneebergen fast erstickte. Denn dann galt es die viele Heimarbeit derer zu verrichten, die auch ihre Tücher und Taschen und Mäntel, ihre Schuhe und Mützen und das Gerät, das sie gebrauchen, selbst anfertigen.

Zwar hätte, da in Kuldscha alle Gegenstände zu kaufen waren, keine Nötigung bestanden, sich in solch urtümlicher Weise einzurichten, aber die beiden Einsamen zogen großen Gewinn daraus. In einem Landstrich lebend, der als uferlose Steppe unter einem uferlosen Himmel lag, und an einem Ort, wo nur Dsungaren, Tunganen und Tarantschen in fremden Kamelkarawanen vorüberkamen, sahen sie sich in allem auf die Natur verwiesen, auf das kleine Werk ihrer Hände und auf ihr Herz. Und schon in den Anfangszeiten, da sie sich in jede Aufgabe erst einleben und jeden Handgriff erst lernen mußten, brachte das eine vielfältige Erfüllung in ihr Dasein. Tschun-lin, der nun als Bauer lebte, sah sich der Wirklichkeit, die er bisher aus den Büchern, den Fahrten und der menschlichen Gesellschaft gekannt hatte, abermals einen Schritt näherkommen, und Paot'sa besaß nun erst ihr Hauswesen, in dem sie wahrhaftig aufgehn konnte. Dennoch, und obgleich ihre Liebe zueinander von seltener Begnadung war, dauerte es Jahre, bis dieses Leben nicht mehr herb und wie eine bedrückende Mauer um ihre Seelen stand.

Aber dann kamen die Zeiten des Eingewöhntseins, in denen sie selbst das harte Klima zu lieben vermochten und der Gedanke, daß sie durch die Verbannung nichts verloren und nichts eingebüßt hätten, gar nicht mehr gedacht werden mußte. Die Vergangenheit, ein so reich und gewaltig durchwirktes Gewebe sie auch gewesen war, sank endgültig unter den flimmernden Steppenhorizont hinab. In diesen Jahren, Tschun-lin wurde fünfzig, und er ließ nun den dunklen Bart auf der Oberlippe stehn, dachte er an Kinder. Das Leben erfüllte ihn noch einmal mit solcher Kraft und Gegenwart, daß er sich nicht mehr als ein Ende, sondern wieder als einen Anfang begreifen konnte, und Paot'sa, erst wenig über die Mitte der Dreißig hinaus, stärker geworden und herber, aber voll Gesundheit, schien ihm von der Erde selbst angetraut zu sein.

Sie wurde schwanger, und die Erwartung, von ihr Söhne zu empfangen, trug Tschun-lins Geist in eine heiter gewordene Ewigkeit hinaus... Jedoch als hätte er sich vermessen damit, erreichte ihn nun der letzte große Schmerz seines Lebens. Paot'sa starb in ihrem Zustand während des Winters an einer Lungenentzündung.

Der Verlust traf Tschun-lin so namenlos, daß er daran zu zerbrechen drohte. Er baute im Garten ein Grab und hielt das Trauerjahr; aber auch nach dem Jahr war das Grab noch so über allem, zog sich so alle Lebendigkeit des Anwesens nach ihm hin zusammen, daß Tschun-lin in eine verstörte Ruhelosigkeit verfiel. Und jetzt erst überkam ihn die Enttäuschung über sein Dasein. Solange Paot'sa gelächelt hatte, mit der er selbst in die Verbannung wie im Traum gegangen war, hatten alle Schmerzen und Niederlagen der Vergangenheit leicht gewogen; seit mit ihr aber der letzte Sinn aus seinem Leben hinausgefallen war, wurde alles, was lang geschlummert hatte, in wütender Weise erst wach. Nun erst ermaß Tschun-lin seinen Sturz, wie er am Rande der Welt und in schauerlicher Einsamkeit sich hinzufristen gezwungen war, ohne Ahnenschreine und Tempel, ohne Heimatgeister, ohne Väter und ohne Söhne, ohne Familie und ohne Volk, ohne eine Frucht seines Lebens und ohne letzte Hoffnung, verschleudert, verurteilt und unrettbar verloren, das ausgelaufene Maß der entsetzlichen Einmaligkeit dieses Erdendaseins.

Da verschenkte er seine Haustiere, ließ sein Feld brachliegen und seinen Garten verdorren. Er riß, in einer Hütte daneben nächtigend, Stein um Stein sein Haus nieder; und aus den Steinen baute er über dem Grabmal noch ein zweites Grabmal auf. Dann schlug er sich ins Grenzenlose. In ziellosen Fahrten und Ritten durchirrte er das erbarmungslose Land. Er lebte bei Kirgisenstämmen und jagte mit ihnen Antilopen und Bären. Aber am Ebi Nor und am Ajar Nor, unter den ungeheuren Vogelgeschwadern der Salzseen, traf noch jeder Schrei aus den Lüften sein Herz gleich einem schmerzenden Anruf. So weit konnte die Erde nicht sein, daß sie ihn aus seiner Not entlassen hätte, und er erkannte, von den Graten des Irenchagebirges Shang Ti anrufend: immer wieder nur sei sein Leben durch die Gesetzlichkeit erhalten worden, die vom Geist kam. Für ihn gab es keine Flucht, für ihn gab es nur den Dienst.

Ein Mann, sagten die Weisen seines Volkes, *muß ein so großes Herz haben, daß ein Schiff darin sich wenden kann.*

Nach dieser Einkehr ging Tschun-lin nach Kuldscha, um der Distriktverwaltung seine Kräfte anzubieten. Aber es verstrichen nur wenige Jahre, bis ihn die Provinzialregierung von Hsin-kiang, die neben der kleinen Bucharei ganz Ostturkestan unter ihrer Obhut hatte, nach Tihua-Urumtschi rief. Hier lebten in einer Zivil- und einer Mandschustadt fünfzigtausend Chinesen und Tunganen, für die Tschun-lin nun ein ähnlich fürsorglicher Vater wurde, wie er es vor dreißig Jahren für die Städter von Tsinanfu gewesen war. Die Provinzialregierung wieder, die es sich gern behaglich sein ließ, wußte, welch einen Mann sie an dem ehemals berühmten Tai-fu besaß, und sie ließ ihn um so beruhigter schalten und walten, als Tschun-lin selbst neben seiner Arbeit nur mehr der Einkehr der Seele lebte.

Sein Bart, der ihm nun auch vom Kinn niederfloß, ergraute, und der Blick der Eisenaugen, die weicher und unergründlicher wurden, richtete sich immer mehr nach innen. Fern von Kanton, der Kindheit, fern von Peking, der Lebenshöhe, und jetzt auch fern von dem Grab der Gnade seines Daseins, blieb ihm nur mehr das Herz, das so groß werden mußte, daß ein Schiff darin sich wenden konnte. Allein, die Regungen dieses Herzens wurden nun zunehmend sanfter, und Tschun-lin ging ins Alter hinüber.

Noch mit zweiundsiebzig Jahren aber stand er klaren Sinnes und entschlossen in den Wirren, mit denen Rußland, das die Bucharei besetzte, einen Teil der Provinz überzog. Er nahm Anteil an der Organisation, die dem Feldherrn Tso Tsung Tang beistand, den Westen des Reiches wieder zu befreien. Und noch mit fünfundsiebzig richtete er in Turumtschi ein Schwefelheilbad und ein Steinkohlenbergwerk ein. Hernach allerdings, da auch die Kraft seiner Augen nachließ, glaubte er nur mehr an die Wanderung nach dem Westlichen Paradies denken zu müssen.

Aber da kam noch einmal eine Kunde aus der großen Welt zu ihm. Der sie schickte, war der Prinz Kong, jener Bruder des mittlerweile verstorbenen Kaisers Hien-fong, der den Pekinger Frieden geschlossen hatte. Gleichfalls zum Greis geworden und jenseits der Kämpfe stehend, bat er Tschun-lin in einer ergreifenden Botschaft an den Hof zurück. Der Prinz schrieb:

Nun selbst in den Jahren der Besinnung angelangt, habe ich mit Erschütterung Ihr Schicksal kennen und ermessen gelernt. Sie waren ein bewunderungswürdiger Staatsmann, jedoch in einer Zeit, in der es eine Philosophie der Politik nicht mehr geben konnte, weil Ihr Gegner das Schicksal selbst war. So hatten Sie das Unglück, vor die unlösbarste Aufgabe des Reiches gestellt zu werden, und ich weiß nicht, ob es Ihnen einen Trost bedeuten kann, daß Ihr Unglück auch das Unglück des Landes war. Mit der Nacht, die über Sie kam, ist die Nacht über das ganze Reich gekommen, und Menschen Ihrer Größe – ich flehe die Götter um sie an – werden kommen müssen, das Reich aus dieser Nacht wieder herauszuführen. Mich aber beseelt der innige Wunsch, dadurch, daß ich mithelfen will, Ihnen einen unbeschwerten Lebensabend zu bereiten, ein geringes von dem bitteren Unrecht, das Ihnen China angetan hat, wieder gutzumachen. Lassen Sie mich hier hinzufügen, daß die Männer, die nun für die unmündige Majestät Küang-sü die Regierung lenken, ebenso denken und daß Sie eine große Trauer in mein Leben brächten, wollten Sie nicht auf meine Bitte hören.

So kam Tschun-lin Tsesiu, feierlich abgeholt, in die Sommerresidenz von Jehol, in deren Gärten er die letzten zehn Jahre seines Lebens verbrachte. Sein Augenlicht war nicht mehr hell genug, ihn in die geliebten großen Bibliotheken zu führen, und auch an der Welt nahm er keinen größeren Anteil mehr, als es in den Gesprächen mit seinem späten Freund, dem Prinzen Kong, geschehen konnte. Das Reich trieb weiterhin dem Abgrund zu. Japan nahm ihm die Liukiu-Inseln, Frankreich in einem neuerlichen Krieg Annam und Tongking, und England Birma. Die Aufgabe, an der Tschun-lin gescheitert war, überwuchs den ganzen chinesischen Himmel, doch war sie nun die Aufgabe der kommenden Geschlechter.

Der Greis mit dem Namen *Lenzlicher Wald* sah den Schmetterlingen zu, oder er schaute die Wälle des Westlichen Paradieses.

Diese Wälle ziehen sich durch die K'un-Lun-Berge, sie sind dreitausend Meilen lang und aus reinem Gold aufgerichtet. Zwölf Türme von Jade gliedern ihre Fronten, und alle Brustwehren funkeln von Edelsteinen. In den Gärten dahinter gedeihen die Pfirsiche der Unsterblichkeit, die nur alle dreitausend Sommer reifen, denn der Weg der Irdischen zu ihnen ist der beschwerlichste.

Als Tschun-lin eines Tages, im Schatten einer riesigen Ulme sitzend, entschlafen war und der Hof mit großen Feierlichkeiten sein Begräbnis beging, nahm der Prinz Kong in seiner Trauerrede auf jenen Weg Bezug.

Der unvergeßliche Tote, sagte er, hat diesen Weg in allen drei Stadien zurückgelegt, in der Würde der Intelligenz, in der Würde des Geistes und in der himmlischen Würde, ein Unsterblicher erster Klasse ist von uns gegangen.

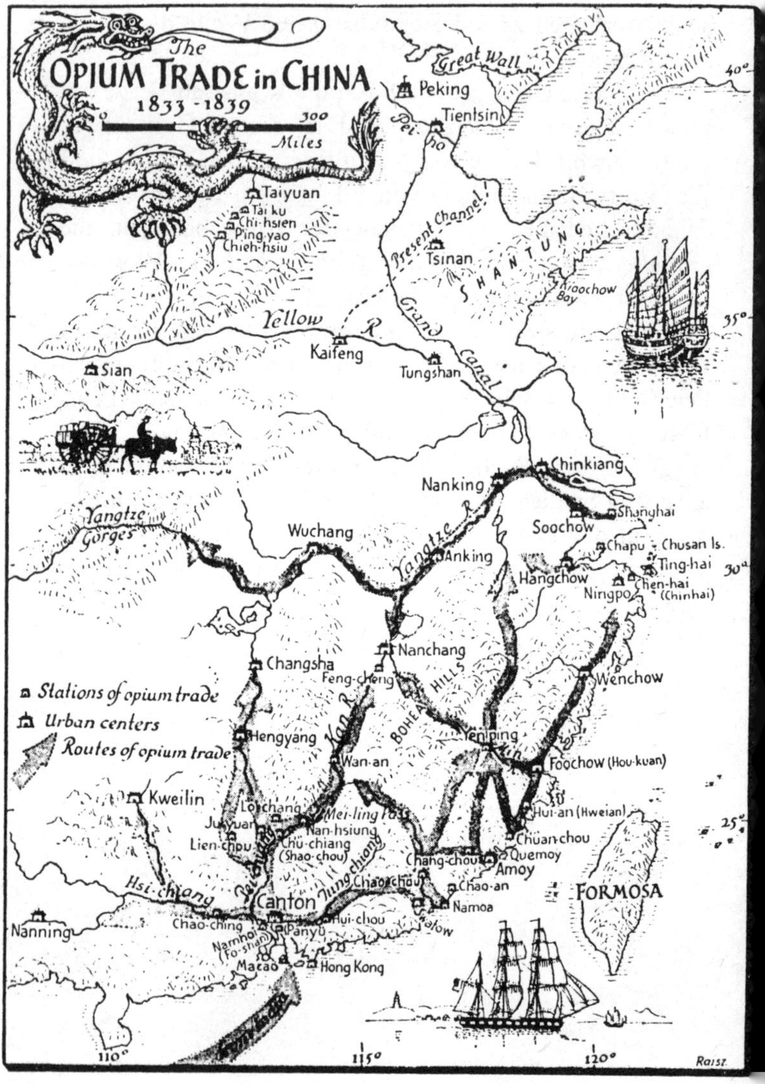
The
OPIUM TRADE in CHINA
1833 - 1839
0
300
Miles
Great Wall
Peking
Tientsin
Pei-ho
Taiyuan
Tai ku
Chi-hsien
P'ing-yao
Chieh-hsiu
Present Channel
Tsinan
SHANTUNG
Kiaochow Bay
Grand Canal
Yellow R.
Kaifeng
Tungshan
Sian
Chinkiang
Nanking
Shanghai
Soochow
Yangtze Gorges
Wuchang
Yangtze R.
Anking
Chapu
Chusan Is.
Ting-hai
Hangchow
Ningpo
Chen-hai (Chinhai)
Nanchang
Changsha
Feng-cheng
BOHEA HILLS
Wenchow
Stations of opium trade
Urban centers
Routes of opium trade
Hengyang
Kan R.
Yenping
Min
Wan-an
Foochow (Hou-kuan)
Kweilin
Lo-chang
Mei-ling Pass
Hui-an (Hweian)
Juyuan
Nan-hsiung
Ch'üan-chou
Lien-chou
Chü-chiang (Shao-chou)
Chang-chou
Quemoy
Amoy
Hsi-chiang
Chao-chou
Chao-an
FORMOSA
Canton
Tung-chiang
Namoa
Nanning
Chao-ching
Hui-chou
Panyu
Swatow
Namhoi (Fo-shan)
Macao
Hong Kong
40°
35°
30°
25°
110°
115°
120°
Raisz

Rudolf Brunngrabers „Opiumkrieg" im deutsch-chinesischen Kontext

Der Opiumkrieg (1840-42) ist das Schlüsselereignis der modernen chinesischen Geschichte. Vom Westen aus gesehen war sein Ergebnis die „Öffnung" Chinas, die im Vertrag von Nanjing 1842 festgeschrieben wurde: Abtretung von Hongkong, Entschädigung für die Kriegskosten und das vernichtete Opium, vor allem aber Zugang zum chinesischen Markt über fünf Häfen. Das moderne China, die Volksrepublik China hat diesen Vertrag (und die ihm folgenden) nie anerkannt und sie stets als „ungleich" gebrandmarkt. Im Geschichtsverständnis der Volksrepublik markiert der Opiumkrieg einen Wendepunkt mit ganz anderen Akzenten: das bisher autarke Reich über eine eigene Welt ist von nun an ein halbkoloniales und halbfeudales Land, das vom Ausland regiert wird, wobei die einheimische (eigentlich aber auch „fremde", nämlich aus der Mandschurei stammende) Qing Dynastie Handlangerdienste leistet. Zugleich aber bedeutet der Opiumkrieg den Beginn der „altdemokratischen Revolution", die nach chinesischer Zeitrechnung von dem ersten militärischen Widerstand gegen die Fremden 1840 bis zum 4. Mai 1919 dauert; danach begann die „neudemokratische Revolution", die unter Führung der kommunistischen Partei bis zur Gründung der Volksrepublik 1949 gerechnet wird. Um den Prozeß der Selbstbewußtwerdung und schließlichen Selbstbehauptung gegen das Ausland geradlinig herauszuarbeiten, neigt die chinesische Geschichtsdeutung zu Vereinfachungen, bei der der historischen Vielfältigkeit mitunter Gewalt angetan wird. Der (gewiß auch eigensüchtig-halbherzige) Widerstand der kaiserlichen Regierung und ihrer konservativen Beamten wird heruntergespielt zugunsten einiger – von der lokalen Gentry organisierter – Attacken von Bauernmilizen gegen die eindringenden Engländer. Musterbeispiel ist ein Gefecht beim Dorf Sanyüanli außerhalb Kantons. Freilich werden die Übertreibungen früherer Jahre in letzter Zeit korrigiert: hieß es in einer Broschüre von 1977 noch, „die Einwohner von Sanyüanli verprügeln die Invasoren“ und wurde von 200 getöteten britischen Soldaten berichtet, so schreibt man 1982 unbestimmter von „mehreren“ britischen Toten und kommt damit der historischen Wahrheit (ein Toter, 15 Verwundete) näher.

Schwierigkeiten bereitet der chinesischen Geschichtsschreibung auch die Figur des kaiserlichen Kommissars Lin Zexu (Brunngraber schreibt: Tschun-lin Tsesiu), der den Widerstand energisch und weitsichtig organisierte, aber eben ein kaisertreuer Beamter war, der aus der konfuzianischen Tradition handelte. In dem Museum, das an der Stelle errichtet wurde, wo Lin im Mündungsdelta des Perlflusses 25000 Kisten Opium zerstören ließ und damit das Eingreifen der Engländer provozierte, wird seiner mit Inschriften und einer (vermutlich frei stilisierten) Büste gedacht. Den Besuchern werden die mittelalterlichen chinesischen Spieße und Schwerter, ein beleuchtetes Schlachtenpanorama und sogar Holzteile jener Opiumkisten vorgeführt. An den Wänden aber dominieren die großflächigen Malereien von muskulösen Chinesen, die das verderbliche Opiumgift triumphierend zerstören, während bleichnasige Ausländer fassungslos zuschauen. Dieses Museum hat eine wichtige und typische Rolle für die politische Bildung der heranwachsenden chinesischen Jugend: regelmäßig werden Schüler und Studenten aus Kanton klassenweise den Perlfluß dorthin hinuntergefahren, um die Geschichtsepoche des heroischen, aber vergeblichen Widerstandes gegen die Ausländer kennenzulernen. Zum Besuchsprogramm gehört auch die Besichtigung der Inselfestung am „Tigertor“ (chines. Humen, engl. The Bogue; Brunngraber schreibt: Bocca tigris), wo die Gräber der gefallenen Verteidiger von 1841 und Krupp-Kanonen vom Ende des 19. Jahrhunderts bewundert werden können. Für die chinesischen Jugendgruppen schließt die Besichtigung häufig auch sportliche und festliche Veranstaltungen zusammen mit der dort stationierten Marine-

Garnison ein. Das dient der Stärkung des historischen Bewußtseins und der Verteidigungsbereitschaft in einem, vor allem aber der Herstellung einer Traditionslinie, einer Kontinuität vom mächtigen, sich für einzig haltenden Reich der Mitte zu dem Staat, der heute unbestritten der bevölkerungsreichste der Erde ist und dessen Zukunft eine der vielversprechendsten zu sein scheint.

Das imperialistische Unrecht, das China durch die europäischen Kolonialmächte (auch das Deutsche Reich gehörte dazu) im 19. Jahrhundert angetan wurde, ist nicht zu leugnen. Der Eintritt Chinas in die Geschichte unserer Welt, der mit dem Opiumkrieg und aus wahrlich nicht ehrenhaften Gründen erzwungen wurde, hat erstaunlich wenig romanhafte Bearbeitungen gefunden. Rudolf Brunngrabers Roman „Opiumkrieg“ ist dabei eine der bemerkenswertesten Leistungen. Nach dem Zeitpunkt und den Umständen seines Erscheinens schien er allerdings eher ein Produkt der nazistischen Weltkriegspropaganda zu sein. Der Roman kam im Monat der britischen Kriegserklärung an das Deutsche Reich, im September 1939 heraus. Die Darstellung, wie aus niedrigen Profitinteressen die chinesische Souveränität gebrochen wurde, damit das Rauschgift Opium Hundertausende von Chinesen in eine Suchtabhängigkeit brachte (deren massenhafte Verbreitung bis heute nicht zureichend erklärt werden konnte), – dieses Thema schien wie geschaffen für die Nazipropaganda, um den Kriegsgegner England zu diskreditieren und dessen moralische Verderbtheit historisch zu beglaubigen. Die Rezensenten, die ja wie die Buchproduktion dem ideologischen Propagandaapparat des Dritten Reiches zuarbeiteten, betonten die Wichtigkeit des Romans „für den gegenwärtigen politischen Einsatz“. Und doch ist dieser Roman – und das rechtfertigt seine zweite Nachkriegsneuausgabe – nicht als Propaganda-Machwerk abzutun (obwohl er aus diesem Grund von den Besatzungsmächten nach 1945 zunächst verboten worden war).

Sein Verfasser Rudolf Brunngraber (1901-1960) gehört zu jenen Autoren, die geistige Strömungen aufgriffen, die lange übersehene Bewußtseinskonvergenzen in- und außerhalb des Dritten Reiches erkennen lassen. Nach seinem geistigen Werdegang gehörte Brunngraber zur antinazistischen Opposition. Bis 1934 und nach 1945 arbeitete er für die Sozialdemokratische Partei Österreichs. Seine Parteinahme wird deutlich aus seinem Roman über die Februar-Massaker an der Wiener Arbeiterschaft 1934, „Der Weg durch das Labyrinth“ (verfaßt 1934/35, erschienen 1949). In den dreißiger Jahren war Brunngraber gleichwohl einer der erfolgreichsten Autoren der von ihm mitbegründeten neuen Gattung des „Tatsachenromans“: „Radium“ (1936, Auflage bis 1945 über 200000), „Opiumkrieg“ (1939, Auflage 1943: 166000), „Zucker aus Cuba“ (1941, Auflage über 50000) waren weit verbreitet und auch viel übersetzt. 1932 war als sein erstes Buch „Karl und das 20. Jahrhundert“ erschienen, einer der eindrucksvollsten Arbeitslosenromane der deutschen Literatur, der 1978 in der Reihe Q wieder erschienen ist. Mit diesem Buch hatte Brunngraber sein Thema gefunden: die Ambivalenz des Fortschritts, der – an sich weder gut noch böse – den Lebenswillen des einzelnen zugrunderichtet, sofern dieser von den technischen und ökonomischen Entwicklungen nicht „gebraucht“ wird. Brunngraber akzentuiert in dieser (autobiographisch gefärbten) Geschichte eines Wiener Proletarierjungen zwischen 1880 und 1931 nicht nur die psychologischen Reaktionen auf die Umstrukturierung der Arbeitswelt, die einzelne Lebensschicksale nach Millionen wegrationalisert, sondern er führt eine faktengesättigte Montage dieser objektiv fortschrittlichen Entwicklung in Technik und Wirtschaft plastisch vor Augen. Hoffnungsloser Ausgang, unheroische Kriegsschilderungen und Hinweise auf die Profite der Militärindustrie führten 1933 zum Verbot des Romans im Deutschen Reich. Brunngraber, befreundet mit Kasimir Edschmid und gefördert vom Verleger Ernst Rowohlt, schrieb von Wien aus weiter für den deutschen Sprachraum.

Seinen Interessen, aber auch den literarischen Tendenzen der inneren wie auch der äußeren Emigration folgend, wich er mit seinen Themen in zeitliche und räumliche Fernen aus. Das Zerbrechen des einzelnen an den „Sachen", die objektiven Linien eines ohne ergründbaren Anfang und ohne sichtbares Ziel sich bewegenden Fortschritts, der die menschliche Emotionalität teils benutzt, sich teils unterwirft, das waren die Motive, die er an der Entdeckung und wirtschaftlichen Verwertung des Radiums bis in die zwanziger Jahre verfolgte, ebenso an den Kämpfen ums Zuckermonopol auf Cuba oder eben an der Konfrontation zweier Welten im Opiumkrieg. Technik und Wissenschaft als Faszination und Bedrohung, als Lösung und als Komplizierung der sozialen Probleme: das Lesepublikum der dreißiger Jahre war für solche Gedanken aufnahmebereit. Dies wurde in der Gattung des „Sachbuchs" oder „Tatsachenromans" in Deutschland oder den USA der zwanziger und dreißiger Jahre manchmal vordergründig, plakativ und meist einseitig fortschrittsfeiernd dargestellt. Auf der philosophischen Ebene wurde es differenzierter durchdacht von Einzelgängern oder Gruppen des deutschen Exils in Frankreich (W. Benjamin) oder den USA (H. Marcuse, M. Horkheimer, E. Bloch), bis 1947 Horkheimer und Adorno den treffenden, aber lange noch unbekannten Begriff der „Dialektik der Aufklärung" dafür prägten. Bei vielen Autoren des Dritten Reiches und ihren Lesern war durchaus ein Gespür für die Widersprüche vorhanden, die mit der technischen Modernisierung und gleichzeitigen ideologischen Rückwärtsgewandtheit Nazi-Deutschlands eklatant sichtbar wurden. Man hat der Psychopathologie den Begriff des „gespaltenen Bewußtseins" (H.D. Schäfer) entlehnt, um diese Reaktionen auf die Modernisierungskrise zu beschreiben: diese Gleichzeitigkeit von Unvereinbarem, das Schwanken zwischen Naturideologie (Rasse, Familie, Bauerntum) und dem Wissenschafts- und Technikrausch, der nicht nur die desinformierten Massen, sondern auch hochspezialisierte Wissenschaftler z.B. im Glauben an die

„Wunderwaffen" bis zur letzten Stunde vereinigte. In diesem Klima fanden Brunngrabers Romane, die weitaus differenzierter als die propagandistischen Sachbuchschinken von K.A. Schenzinger oder A. Zischka waren, ein großes Publikum.

Nach dem Erfolg von „Radium" und neben der Arbeit an einem mythisch-allegorischen Roman („Die Engel in Atlantis" 1938) sammelte Brunngraber Stoff zu einem Werk über Narkotika. Schon in „Radium" spielte die Morphiumabhängigkeit des Arztes George Purvis eine zentrale Rolle. Bald hatte Brunngraber, tatsachenversessen wie er war, soviel Material zusammen, daß er einen Zyklus über die Funktion der Rauschgifte in der Geschichte ins Auge faßte. Schon das Technikthema wollte er zyklisch ausweiten, doch wie es hier neben „Radium" nur zu einem weiteren Buch kam („Der tönende Erdkreis – Roman der Funktechnik", 1951), so folgte dem „Opiumkrieg" nur das – weitaus schwächere – „Heroin" (1952).

Der Schriftsteller Brunngraber, der sich nach dem „Anschluß" Österreichs zum Bleiben entschieden bzw., wie er es selbst später sah, die Emigration „verpaßt" hatte, war mancherlei Schwierigkeiten ausgesetzt: als ehemaliges SPÖ-Mitglied, zudem verheiratet mit einer Halbjüdin und nicht gewillt, sich gesinnungslos anzupassen, wurde er von der Reichsschrifttumskammer mißtrauisch beobachtet. Als für einen „Sonderauftrag Goebbels" Schriftsteller „angeregt" wurden, Stoffe für anti-englische Romane oder Filme vorzuschlagen, fand sich Brunngraber nicht dazu bereit. Schon daß sein „Opiumkrieg", dessen Veröffentlichung aus außenpolitischen Rücksichten zunächst zurückgehalten worden war, nach der Publikation dann in die anti-englische Propaganda eingespannt wurde, hatte seinen Widerwillen geweckt. Im August 1940 wurde Brunngraber aus der Reichsschrifttumskammer ausgeschlossen, was allerdings im November 1941 mit einer Sondergenehmigung für „Zucker aus Cuba" wieder aufgehoben wurde. Einem durch Albert Speers Rüstungsministerium vermittelten Regierungsauftrag, ein Buch über den deutschen Kriegsnachschub zu schreiben, wich Brunngraber passiv aus. Ein Lavieren, das Brunngraber nach 1945 nicht zu jenem verlogenen Heroismus stilisierte, den Hermann Hesse dann bei anderen verhöhnte als die Schutzlüge, immer mit einem Fuß im KZ gewesen zu sein, während sie mit dem anderen sicher in der Partei gestanden hätten.

Das von Brunngraber ins Auge gefaßte Rauschgift-Projekt war, wie die gesamte Rauschgift-Literatur, im Dritten Reich „unerwünscht". In „Opiumkrieg" hat Brunngraber denn auch die Rauschgift-Sucht nur als Hintergrund des Rauschgift-Handels angedeutet, und der wiederum nimmt weitaus mehr Raum ein als die eigentlichen Kriegshandlungen des Opiumkrieges. Brunngraber hat das System der chinesischen Hong-(Zwischen-)-Kaufleute ebenso genau recherchiert wie das kaiserliche Prüfungs- und Regierungsritual oder die englisch-chinesischen Handelsströme, auf denen Opium gegen Silber floß. Er zitiert chinesische Regierungsmandate und englische Zeitungen und findet in den verzweifelten Anstrengungen des Mandarins Lin gegen den britischen Bevollmächtigten Elliot sein ureigenes Thema wieder: die zerstörerische Kraft des Fortschritts. Allerdings geht er nun auf neue Weise daran, indem er den Konflikt der Menschen mit der über sie unaufhaltsam voranschreitenden ökonomischen Entwicklung an zwei sehr unterschiedlichen Personengruppen darstellt: hier die aus ihrer alten Kultur aufgestörten Chinesen, dort die englischen Kaufleute und Militärs als eiserner Arm einer historischen Zwangsläufigkeit. Schon dieser Ansatz führt unvermeidlich zu einer Parteinahme, bei der das Licht allein auf die in sich geschlossene chinesische Kulturwelt fällt, die im Beamten Tschun-lin Tsesiu eine in Denken und Fühlen vollkommene Verkörperung gewinnt, während die nur materiell und verstandesmäßig motivierten englischen Profiteurs und Machtpolitiker ebenso eindeutig die Rolle von Finsterlingen zugewiesen erhalten. Während Brunngrabers Figuren in seinen anderen Romanen ihre Komplexität daraus gewinnen, daß der

Konflikt von Mensch und Sache in einer Person ausgetragen wird, geht diese Übertragung auf zwei Personengruppen im „Opiumkrieg“ auf Kosten der psychologischen Tiefe. Allerdings erhält Brunngraber dadurch die – glänzend genutzte – Chance, anschaulich den Zusammenprall der modernen, westlichen Kultur der Technik mit der vortechnischen, „unmodernen“, antiaufklärerischen Kultur Chinas darzustellen.

Mit diesem Thema ist Brunngraber nun auf dem Hintergrund des Bildes zu sehen, das man sich in Deutschland von China machte und dessen politische, ideologische und literarische Konturen noch wenig ausgeleuchtet sind. Brunngraber greift auf ein literarisches China-Bild zurück, das vor dem 1. Weltkrieg geprägt wurde und auch im nazistischen Deutschland wenig verändert weiterlebte. Eine Voraussetzung dafür war, daß China in jenen Jahren eine politisch kaum beschriebene Größe war. Denn das Dritte Reich sah die unter Wilhelm II. beschworene „gelbe Gefahr“ oder das asiatische „Untermenschentum“ eher in der Sowjetunion als in Ostasien. Nicht nur bestand seit 1936 der Antikominternpakt mit Japan, auch das Verhältnis zu China war eher sympathisierend. Auch war China in diesen Jahren des Bürgerkriegs als außenpolitische Macht nicht eigentlich präsent. Der 1937 ausgebrochene japanisch-chinesische Krieg, bei dem das deutsche Machtkalkül eher auf Japan setzte, das ja gegen die russische Interessensphäre der Mandschurei vorstieß, brachte zunächst keine Änderungen in der seit 1927 geübten Praxis der Entsendung deutscher Militärberater (darunter Generalstäbler wie den ehemaligen Chef der Reichswehr Hans von Seeckt) zu Chiang Kaishek, die dessen Truppen sowohl beim Kampf gegen die Kommunisten wie gegen die Japaner anleiteten (bis 1938).

Diese militärische Zusammenarbeit hatte eine lange Tradition. Deutsche Offiziere wirkten schon seit 1885 als militärische Ratgeber in China. Die kaiserliche Regierung in Peking hatte sie aufgrund des preußischen Kriegsruhms von 1870/71 ins Land geholt (ebenso wie sie auch Kanonen von Krupp kaufte), um die eigenen Streitkräfte zu modernisieren. (Noch heute heißt der Paradeschritt auf chinesisch „deutscher Tritt".) Im chinesisch-deutschen Verhältnis war die Kolonialperiode von Kiaochow (seit 1897; heute Provinz Shandong) und die Entsendung des Expeditionskorps im Boxeraufstand (1900/01) einschließlich der blutrünstigen „Hunnenrede" Kaiser Wilhelms II. eher eine negative Unterbrechung einer Beziehung, die im ganzen weniger belastet war als die Chinas zu den „klassischen" Kolonialmächten England, Frankreich, Rußland und dem aggressiven Neuling Japan. Als dann im Versailler Vertrag die ehemaligen deutschen Kolonien nicht zurückgegeben, sondern Japan zugesprochen wurden, hatten die Chinesen Grund, sich ebenso wie das Deutsche Reich als Verlierer des Weltkriegs zu betrachten. Da man auf deutscher Seite versuchte, die machtpolitische Isolierung zu durchbrechen, wurde 1921 das deutsch-chinesische Abkommen geschlossen, in dem das Reich (wie drei Jahre zuvor die Sowjetunion) auf alle kolonialen Interessen in China verzichtete. Diese vertragliche Anerkennung der Gleichberechtigung – übrigens die erste durch eine europäische Großmacht – verstärkte die chinesischen Sympathien für Deutschland.

Aus der Tatsache, daß die Demütigungen des deutschen Nationalstolzes im Gefolge von Versailles den gleichen europäischen Mächten zuzuschreiben waren wie die, unter denen die noch schwache chinesische Republik zu leiden hatte, entstand ein weniger politisch als gefühlsmäßig begründetes Gemeinsamkeitsbewußtsein „zwischen den Verlierern". Züge davon lassen sich übrigens auch in kommunistischen Darstellungen des antiimperialistischen „erwachenden China" (Wittfogel) finden. Dazu trat in beiden Nationen das propagandistisch geförderte Bewußtsein, eine Kultur zu haben, die grundsätzlich anders sei als die der weltbeherrschenden „westlichen" Mächte England, Frankreich und USA. Weniger in einer geschlossenen Ideologie als in ideologisierten Stimmungen einzelner Zeugnisse lassen sich mancherlei deutsch-chinesische Parallelen feststellen: wie Deutschland, das oft als „Land der Mitte“ apostrophiert wurde, so sah sich China, früher das selbstbewußte „Reich der Mitte“, nach 1919 in doppelter Hilflosigkeit. In beiden Staaten war innerhalb desselben Jahrzehnts (1911 bzw. 1918) eine jahrhundertealte monarchisch-feudale Tradition gestürzt worden, ohne daß ein allgemein akzeptiertes und stabiles System an seine Stelle trat; beide sahen sich außenpolitisch entmachtet und in ihrer nationalen Identität erschüttert; beide kompensierten dies durch eine Ideologie kultureller Überlegenheit über die machtpolitischen Sieger. War diese andere Kulturtradition im Fall Chinas fraglos, wenn auch nicht mehr ungebrochen vorhanden, so dominierten in Deutschland manchmal groteske Propagandaanstrengungen. Seit Beginn des Weltkriegs waren die „Ideen von 1914“ proklamiert worden, in denen Kultur gegen Zivilisation, deutsche Freiheit (d.h.: Pflicht) gegen westliche Demokratie, Gemeingeist gegen individuelle Sonderinteressen ausgespielt wurden, und zwar in einer geistigen Koalition, die mediokre Mitläufer mit namhaften Wissenschaftlern und Dichtern (wie F. Meinecke oder Thomas Mann) verband.

In der Akzentuierung des chinesisch-westlichen Antagonismus greift Brunngraber im „Opiumkrieg“ zudem auf eine in Deutschland sehr ausgeprägte literarische Tradition zurück. Es ist daran zu erinnern, daß das Bild, das sich Europa von China machte, verschiedene Phasen durchlief: von der Ungläubigkeit, mit der im späten Mittelalter der Reisebericht Marco Polos betrachet wurde, über die idealisierende Bewunderung Chinas im Zeitalter der Aufklärung – als eines scheinbar vollkommenen und vernünftigen Staates – bis zur spöttischen Verachtung. Die gesellschaftlichen Erschütterungen nach dem 1. Weltkrieg ließen in Deutschland ein neues Interesse an China erwachen, das sich freilich ausschließlich auf das vergangene richtete und rasch in eine neue

Idealisierung umschlug. Aus dem Englischen übersetzte „Schilderungen der Sitten und Gebräuche der Chinesen“ eröffneten den Blick in eine fremde, aber respektabel eigenständige Zivilisation, deren Selbstsicherheit auf unangezweifelten Verhaltensritualen, einer ungebrochenen Familienstruktur und tausendjährigen Überlieferungen beruhte. Noch mehr beeindruckten die zahlreichen Übersetzungen chinesischer Dichtung und Philosophie, besonders des vielfältig auslegbaren Taoteking. Fernöstliches Denken wurde als unbefragbare Weisheit geradezu süchtig aufgenommen: gelassenes Ertragen, stoisches Aushalten, was alles im taoistischen Ideal des Nicht-Handelns („wu wei“) gipfelte, das paßte zu den kulturkritischen Strömungen unter deutschen Intellektuellen, die im sich überstürzenden Geschehen ihrer Gegenwart vergeblich Ziel und Sinn suchten. Popularisiert wurde diese „östliche“ Stimmung (zu der natürlich auch noch die indische und buddhistische Tradition trat) durch Lyrik-Nachdichtungen von A. Holz, R. Dehmel und vor allem Klabund. Mystische Selbstversenkung und Meditation nach östlichem Beispiel predigte des vielgelesenen Grafen Keyserling „Reisetagebuch eines Philosophen“ (1919), das im gleichen Jahr erschien wie Oswald Spenglers „Untergang des Abendlandes“. Gegen des letzteren Pessimismus schienen die zweitausendjährigen Lehren des Fernen Ostens endlich einen unerschütterbaren Halt zu bieten. Keyserling war direkt beeinflußt von einem der wichtigsten Übersetzer chinesischer Dichtung und Philosophie, von Richard Wilhelm. Dieser versuchte über seine literarische Vermittlertätigkeit hinaus „Die Seele Chinas“ (1926) dem deutschen Publikum nahezubringen. Er sah in der „chinesische(n) Lebensweisheit Heilmittel und Rettung für das moderne Europa“. Sie lägen im Gedanken der Harmonie von Gesellschaft und Individuum, wobei die Gesellschaft wiederum in die ewige Ordnung des Kosmos eingebunden ist. Weisheit sei: geduldige Fügsamkeit, Verankerung in den „festen und ehernen Gesetzen der Wandlung des Seins“. Die Empfehlung, sich auf die Ruhe des Seins, auf eine ausgeglichene Erdbewußtheit (wie sie die Architektur des Pekinger Kaiserpalastes vermittelte) zurückzuziehen, war ein exotisch verlockendes Angebot bei der Suche nach Gewißheiten. Den Bedarf an solchen autochthonen, scheinbar noch unerschütterten Weltbildern bezeugt auch die Flut von fiktionaler und nichtfiktionaler Literatur mit Japan-, Indien-, Südsee-, Lateinamerika-, Afrika- und – stärker noch als „Heimatsuche" erkennbar – Land- und Bauernthemen, die seit der Jahrhundertwende erschien.

Die literarische Tradition, in der Brunngrabers Roman steht, kann hier nur angedeutet werden. Brunngraber verbindet die Tradition kulturhistorisch-philosophischer Romane mit denen, die sich seit den zwanziger Jahren auch der politischen und sozialen Gegenwart Chinas zuwendeten. Aus der ersten Linie sind im deutschen Sprachraum vor allem Alfred Döblins „Drei Sprünge des Wang-lun" (1915) und – mit indischem Kolorit – Hermann Hesses „Siddharta" (1922) zu nennen. Hier steht – identifikatorisch bei Hesse, gebrochen bei Döblin – der taoistische bzw. buddhistische Gedanke der Abwendung vom realen Leben, des „Nichtwiderstehens", der Seinsversenkung im Zentrum. Die deutsche China-Literatur neigte dabei insgesamt mehr zur Identifikation oder zur exotischen Liebhaberei als es etwa die gleichzeitige französische Literatur tat. Der Peking-Roman „René Leys" (1922) von Victor Segalen etwa spielte ganz unnachahmlich mit den Verwirrungen und Irritationen des Europäers, der das Geheimnis Chinas begreifen will. Er war ganz sicher seiner Zeit weit im Bewußtsein der Komplexität von Kulturkontakten voraus (eine deutsche Ausgabe liegt erst seit 1982 vor). – Leichter zugänglich – und jeweils schon ein Jahr nach Erscheinen ins Deutsche übersetzt – waren die sehr erfolgreichen Romane von André Malraux: „Die Eroberer" (1928) und „La condition humaine" (1933). Hier steht das zeitgenössische China im Vordergrund, seine Bürgerkriege, die auch Klassenkämpfe sind. Der Generalstreik und der kommunistische Aufstand in Kanton 1925 bzw. die blutige Unterdrückung der Kommunisten durch die Kuomintang in

Shanghai 1927 bilden den historischen Hintergrund, vor dem die Hauptgestalten agieren. Ob Chinesen oder abenteuernde Europäer: alle sind Entwurzelte, einzelne, die im politischen Kampf das Absurde ihrer Existenz besiegen, ihr Selbst verwirklichen, das Absolute erreichen wollen. Das ungefestigte China oder genauer: die europäisierten Hafenstädte Kanton und Shanghai bilden die Folie, manchmal sogar eher eine Art kulturelles und gesellschaftliches Vakuum, in dem die Malraux'schen Helden eine Art Freiraum für ihre Selbstverwirklichung finden.

Ins Deutsche übersetzt wurde 1932 auch „Den Schi-Chua“, die Autobiographie eines chinesischen Studenten, die der sowjetrussische Schriftsteller Sergej Tretjakov aufgrund von Interviews (während seiner Tätigkeit als Sprachlehrer in Peking) verfaßt hatte. Ob dieses realitätsgesättigte Bild der chinesischen Umwälzungs- und Bürgerkriegswirren auf das deutsche China-Bild Einfluß haben konnte, ist zu bezweifeln, da das Buch im kommunistischen Malik-Verlag erschienen und damit seit 1933 nicht mehr zugänglich war. Auch Vicky Baums Exilroman „Hotel Shanghai“ (1939), der europäische Emigranten mit Chinesen im von Japan bedrohten und bombardierten Shanghai zusammenführt, erschien außerhalb Deutschlands, im Exilverlag Querido. Bemerkenswert ist, daß der bourgeois-kritische Roman „Shanghai im Zwielicht“ des chinesischen Kommunisten Mao Dun 1938 in einer deutschen Übersetzung in Dresden erschienen war. Trotzdem muß man festhalten, daß die originäre deutsche Erzählliteratur sich kaum für das China der Gegenwart interessierte. Eine Ausnahme ist der Roman „China frißt Menschen“ (1930) des deutschen Arztes und Mitbegründers der Dada-Bewegung, Richard Huelsenbeck. In einem eher kolportagehaften Handlungsrahmen zeichnet er mit Gespür für die chinesische Mentalität die verwirrende Atmosphäre des Bürgerkriegs-Chinas mit seinen deutschen und russischen Militärberatern und machtgierigen Warlords nach. Die Europäer gehen hier als Fremdkörper unter oder geben – wie Figuren von Joseph Conrad oder Somerset

Maugham – in der fremdartigen Exotik ihr europäisches Ich realitätsverloren auf, indem sie dem Opium erliegen.

Brunngraber versucht nun, den kulturhistorischen Aspekt der chinesischen Vergangenheit und den politischen der Gegenwart zu verbinden. Die deutsche China-Idealisierung zeigt sich bei ihm allerdings darin, daß die chinesische Seite die kulturell überlegene, wenn auch politisch schwächere ist. In der Art der populären historischen Romanbiographien eines Emil Ludwig oder Stefan Zweig bindet er die Handlung wesentlich an die Lebensgeschichte seines Helden, des kaiserlichen Bevollmächtigten Tschun-lin Tsesiu (heute: Lin Zexu). Um seiner Perspektive und Wertung willen erlaubt sich Brunngraber allerdings romanhafte Freiheiten: der historische Lin lebte von 1785-1850; Brunngrabers Held von 1800-1887. Damit wird sein Leben eine Art Spiegel des zerstörerischen Einbruchs der westlichen Kaufleute in das festgefügte Reich der Mitte. Dieser Spiegel wirft das Bild der Korruption und Gewalt um so stärker zurück, als Brunngraber Lin – über das historisch Beglaubigte hinaus – zu einer idealen Verkörperung fernöstlicher Tugend und Weisheit stilisiert. Außerdem dichtet er ihm noch verwandtschaftliche Beziehungen zu den chinesischen Kaufleuten an, die mit der Abwicklung des auswärtigen Handels beauftragt waren, und fügt so zur historischen Tragik noch eine persönliche: Als Lin gegen die Engländer vorgeht, muß er, als Muster der Gerechtigkeit und gegen die konfuzianische Tradition, sogar gegen seine Familie einschreiten; um der Rettung Chinas willen läßt er seinen eigenen Bruder hinrichten.

Brunngrabers Lin ist nicht nur, wie der historische zweifelsohne auch, ein hervorragender Repräsentant der gelehrten Beamtenschaft. Brunngraber macht ihn geradezu zur Inkarnation fernöstlicher Kulturüberlegenheit, indem er ihn vor seinem Beamtendienst und nach seiner Verbannung auf eine Wanderschaft unters einfache Volk schickt und ihm damit eine Erfahrung sozialer Realität mitgibt, die der kaiserliche Beamte Lin so sicher nicht besessen hat. Brunngraber orientiert sich hier an den traditionellen literarischen Mustern des „wandernden Gelehrten" und des „bedürfnislosen alten Eremiten" und läßt Lin zu einer „Einkehr der Seele" finden, die aus Hesses „Siddharta" entsprungen scheint. Noch weiter entfernte sich Brunngraber von der historischen Realität dadurch, daß er seinen Lin bereits die wahre Natur der westlichen Überlegenheit durchschauen läßt: „Aber das eine habe ich bei der Lektüre der vielen englischen Bücher, die ich las, wohl verstehen gelernt: daß diese religionslose Anschauung, die in der ganzen Welt nur tote Materie erblickt, diesen Menschen eine große sachliche Überlegenheit gibt. Und darum, weil der Mensch nur eine zu zerschneidende Leiche für sie ist, die Erde etwas Zubefahrendes und das Eisen etwas Zuschmiedendes, darum besitzen sie auch so schnelle Schiffe und so furchtbare Feuerwaffen. ... mit ihnen tritt uns nicht ein anderer Menschenschlag, mit ihnen tritt uns eine andere Welt entgegen". Davon abgesehen, daß der historische Lin – wie alle höheren Beamten bis zum Ende des Jahrhunderts – natürlich keine „Barbarensprache" konnte, hatte er auch gerade diese Erkenntnis nicht. Weder verstand er das Prinzip sachlicher Rationalität, dem der Westen folgte, noch die ökonomische Funktion des Opiumhandels für den englischen Chinahandel insgesamt, der nämlich zum Ausgleich der Zahlungsbilanz für das an Chinas Teehändler gezahlte Silber wiederum Silberwährung gegen Opium aus China herausholte. Brunngraber läßt Lin eine Position einnehmen, die sich in China erst ganz allmählich in den sechziger Jahren anbahnte. 1861 wurde das Tsungli Yamen, das chinesische Außenministerium eingerichtet und damit eine Institution für den Verkehr mit den bis dahin ignorierten Barbaren geschaffen. Erst in der Reformbewegung der achtziger Jahre, bei Kang Yuwei und anderen, wurden ernsthafte Bestrebungen sichtbar, mehr vom Ausland zu lernen als nur Waffentechnik. Indem Brunngraber als Lins Absicht formuliert, die Chinesen „auf eine Unverdorbenheit zurückzuführen, die ihnen vor hundertundfünfzig Jahren innegewohnt hatte", folgte er der deutschen zeitgenössischen Strömung, den Fernen

Osten als die bessere Kultur anzusehen, deren innere Geschlossenheit und Reinheit ungerechtfertigt vom Westen verdorben worden war. Ein speziell Brunngraberscher Gedanke ist es auch, den Helden an der eigenmächtigen, nicht zu bemeisternden Welt scheitern zu lassen, d.h. letztlich am Schicksal unbeeinflußbarer Entwicklungen. Die Einsicht darin und die Hilflosigkeit davor hat Lin mit den anderen Romanhelden Brunngrabers gemeinsam.

Brunngrabers Roman ist eines der letzten Zeugnisse dieser naiven deutschen Chinabegeisterung. Das hat natürlich auch damit zu tun, daß der chinesische Sprung in die Modernität nach 1949 zugleich mit einem erneuten Abschließen des Landes verbunden war. Die wenigen und propagandistisch streng gefilterten Nachrichten, die nach außen drangen, führten erst im Zusammenhang mit der Studentenrevolte der späten sechziger und der frühen siebziger Jahre zu einem Wiederaufleben der deutschen China-Euphorie, die nun allerdings quasi seitenverkehrt war: nicht mehr das vergangene, sondern das gegenwärtige China galt nun als Ideal und zwar als das eines vollkommenen Kommunismus. Im Bereich des Romans dominierten die Unterhaltungsabenteuer vom Schlage James Clavells („Tai-Pan“, 1966) auch den deutschen Buchmarkt. Erwin Wickerts Roman über den Taiping-Aufstand („Der Auftrag des Himmels“, 1961) ist ein verspäteter Nachfahre Brunngrabers.

Ein Sonderfall in jedem Sinn sind innerhalb des deutschen Sprachraums die Bücher der rumäniendeutschen Jüdin und Kommunistin Klara Blum (1904-71). Ihr verwickelter Lebensweg macht Zuordnungen schwierig, außer der, daß sie ihre Bücher in deutscher Sprache schrieb und in der DDR erscheinen ließ. Im Moskauer Exil lernte die orthodoxe Kommunistin einen chinesischen Genossen kennen. Sie heiratete ihn, doch er kam vermutlich sehr bald in den stalinschen Verfolgungen um. Auf der Suche nach ihrem Mann lebte Klara Blum seit 1947 als Sprachlehrerin in China, wo sie sich nach 1949 vollkommen mit der jeweiligen politischen Linie identifizierte. Seit 1954 war sie chinesische Staatsbürgerin und publizierte nun unter ihrem chinesischen Namen Dshu Bailan. Zeugnis ihrer Auseinandersetzung mit der Konfrontation China-Westen sind der sehr persönliche Roman „Der Hirte und die Weberin“ (1952) und die Novellensammlung „Das Lied von Hongkong“ (1959). In der letzteren greift sie die wichtigsten Stadien des chinesischen Widerstands gegen den Westen auf. Sowohl der Opiumkrieg von 1840 wie der Generalstreik in Kanton und Hongkong 1922 werden thematisiert, stets parteilich für China, allerdings nicht für ein kulturhistorisch verklärtes, sondern für ein Volk, das sich in parteilicher Reinheit erhebt. So wird z.B. die Episode von Sanyüanli im Sinne einer Parteibroschüre ausgemalt, der Widerstandsgeist des Volkes idealisiert. In dem noch zu entdeckenden Roman „Der Hirte und die Weberin“ findet das Thema des Kulturgegensatzes eine weitaus differenziertere Behandlung.

Diese Andeutungen mögen zur Einordnung Brunngrabers in den literarischen Kontext genügen. Indem er ein Thema der chinesischen Geschichte aufgriff, gab er seiner schriftstellerischen Grundidee eine universale Komponente und gleichzeitig dem technisch-wissenschaftlichen Sachroman eine kulturhistorische und kulturkritische Dimension. Auf diesem Weg hat er keine Nachfolger gefunden.

BENUTZTE LITERATUR

Rudolf Brunngraber:

Karl und das 20. Jahrhundert. Roman. Frankfurt/M 1932. (Wien 1952 unter dem Titel: Die Zeitlawine; Kronberg/Ts. 1978; italienische Übersetzung: Turin 1984)
Radium. Roman eines Elements. Berlin 1936 (Hamburg 1950)
Die Engel in Atlantis. Berlin 1938 (Wien 1954)
Opiumkrieg. Berlin 1939 (Wien 1951; Hamburg 1963)
Zucker aus Cuba. Roman eines Geldrausches. Berlin 1941 (Hamburg 1954)
Wie es kam. Psychologie des Dritten Reiches. Wien 1946
Was zu kommen hat. Von Nietzsche zur Technokratie. Wien 1947
Der Tierkreis. Erzählungen. Wien 1947
Irrelohe. Erzählungen. Wien 1947
Prozeß auf Leben und Tod. Roman. Wien 1948 (Büchergilde Gutenberg unter dem Titel: Pogrom)
Der Weg durch das Labyrinth. Wien 1949
Überwindung des Nihilismus. Betrachtungen eines Aktivisten. Wien 1950
Der tönende Erdkreis. Roman der Funktechnik. Hamburg 1951
Heroin. Roman der Rauschgifte. Hamburg 1952
Fegefeuer. Roman. Hamburg 1955
Die Schlange im Paradies. Roman. München 1958
Der Mann im Mond. Roman. Wien 1972

Zu Rudolf Brunngraber:

Karl Humer: Die Vorkriegsgeneration und ihre Stellungnahme zu den Zeitfragen. Diss. Wien 1950 (Masch.)
Ernst Waldinger: Rudolf Brunngraber. Novellistic Innovator. In: Books abroad, vol. 26, 1952, S. 340-344
Kasimir Edschmid: Erinnerung an Rudolf Brunngraber. In: Frankfurter Allgemeine Zeitung vom 27.5.1960
Karl Ziak: Rudolf Brunngraber. Zu seinem zehnten Todestag. In: Die Zukunft. Sozialistische Zeitschrift für Politik, Wirtschaft und Kultur. H. 8, April 1970, S. 27-30
Thomas Lange: Vorwort zu: Rudolf Brunngraber, Karl und das 20.

Jahrhundert, Reihe Q, hrsg. von Helmut Kreuzer, Kronberg/Ts. 1978, S. VII-XVI u. 1-8
Karl Ziak: Nachwort (zur Neuausgabe von „Karl und das 20. Jahrhundert" 1978, s.o., S. 295-301)
Thomas Lange: Literatur des technokratischen Bewußtseins. Zum Sachbuch im Dritten Reich. In: LiLi, Zeitschrift für Literatur und Linguistik, hrsg. von Helmut Kreuzer, Jg. 10, 1980, H. 40, S. 52-81
Helmut Kreuzer: Biographie, Reportage, Sachbuch. Zu ihrer Geschichte seit den zwanziger Jahren. In: Probleme der Moderne. Studien zur deutschen Literatur von Nietzsche bis Brecht. Festschrift für Walter Sokel. Hrsg. von Benjamin Bennett, Anton Kaes, William J. Lillyman. Tübingen 1983, S. 431-458
Cesare Cases: Prefazione. Zu: Rudolf Brunngraber, Karl e il ventesimo secolo. Torino 1984, S. VII-XII

Zur China-Thematik:

Richard Wilhelm: Die Seele Chinas. Berlin 1926
Karl August Wittfogel: Das erwachende China. Wien 1926
Sergej Tretjakov: Den Schi-Chua. Aus dem Russischen von Alfred Kurella. Berlin 1932
Diethelm Balke: Orient und orientalische Literaturen (Einfluß auf Europa und Deutschland). In: Reallexikon der deutschen Literaturgeschichte. Hrsg. von Werner Kohlschmidt und Wolfgang Mohr. 2. Bd. Berlin 1965, S. 816-869
Wolfgang Franke: China und das Abendland. Göttingen 1962
Wolfgang Franke / Brunhild Staiger (Hrsg.): China Handbuch. Düsseldorf 1974
Georg Franz-Willing: Neueste Geschichte Chinas. 1840 bis zur Gegenwart. Paderborn 1975
Der Opiumkrieg. Verlag für fremdsprachige Literatur. Peking 1977
Ingrid Schuster: China und Japan in der deutschen Literatur. 1890-1925. Bern 1977
Hae-In Hwang: Ostasiatische Anschauungen in der deutschen Literatur des 20. Jahrhunderts unter besonderer Berücksichtigung von Alfred Döblin und Hermann Kasack. Diss. Bonn 1979
Wolfgang Bauer (Hrsg.): China und die Fremden. 3000 Jahre Auseinandersetzung in Krieg und Frieden. München 1980
Bai Shouyi (Hrsg.): An outline history of China. Beijing 1982
Immanuel C.Y. Hsü: The Rise of Modern China. Hongkong 1983[3]

Klaus Mehnert: Ein Deutscher in der Welt. Erinnerungen 1906 bis 1981. Stuttgart 1981

Ulrich von Belbert: China und Japan als Impuls und Exempel: fernöstliche Ideen und Motive bei Alfred Döblin, Bertolt Brecht und Egon Erwin Kisch. (Forschungen zur Literatur- und Kulturgeschichte, hrsg. von Helmut Kreuzer und Karl Riha, Bd. 9). Frankfurt/M / Bern / New York 1986

Chinesische Darstellung des kaiserlichen Kommissars Lin Tse-hsü.

Lin Tse-hsü überwacht die Vernichtung des Opiums im Juni 1839.

Oben: Opiumlager der britischen Kolonial-
regierung in Indien. Unten: Europäische
Zeitungskarikatur zum Opiumkrieg.

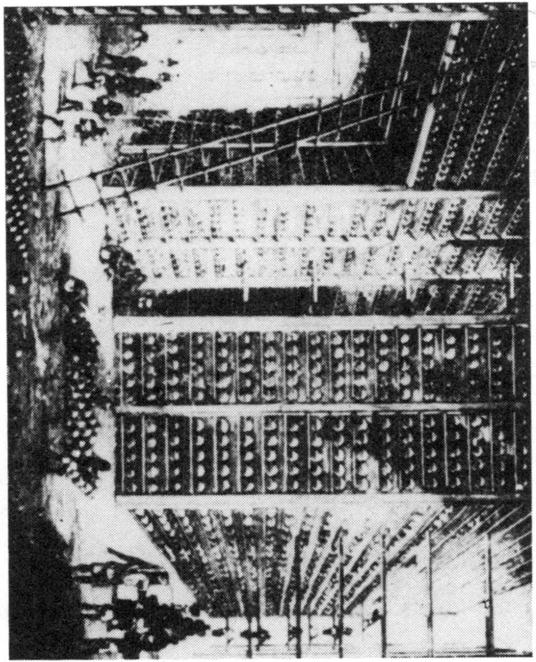

Versenkung von Kriegsdschunken durch die „Nemesis" in der Ansonsbucht 1841

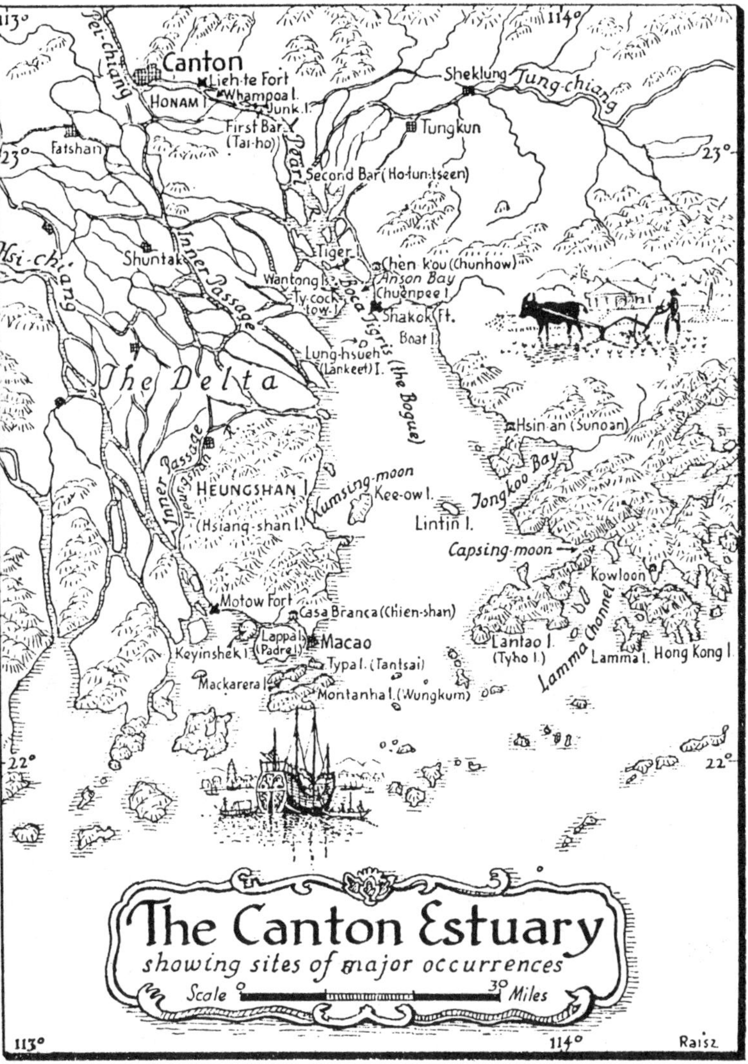
113°
114°
Pei-chiang
Canton
Lieh-te Fort
Whampoa I.
Junk I.
HONAM I.
First Bar
(Tai-ho)
Pearl
Sheklung
Tung-chiang
Tungkun
Fatshan
23°
Second Bar (Ho-fun-tseen)
Hsi-chiang
Shuntak
Inner Passage
Tiger I.
Chen k'ou (Chunhow)
Wantong Is.
Anson Bay
Chuenpee I.
Ty-cock-tow I.
Boca Tigris (the Bogue)
Shakok Ft.
Boat I.
Lung-hsueh (Lankeet) I.
The Delta
Hsin-an (Sunoan)
Heungshan
Inner Passage
HEUNGSHAN I.
(Hsiang-shan I.)
Kumsing-moon
Kee-ow I.
Jongkoo Bay
Lintin I.
Capsing-moon
Kowloon
Motow Fort
Casa Branca (Chien-shan)
Lappa I. (Padre I.)
Macao
Keyinshek I.
Typa I. (Tantsai)
Lantao I.
(Tyho I.)
Lamma Channel
Lamma I.
Hong Kong I.
Mackarera I.
Montanha I. (Wungkum)
22°
The Canton Estuary
showing sites of major occurrences
Scale 0 30 Miles
Raisz

INHALT

EDITION NAUTILUS
Reihe Q – Quellentexte zur Literatur- und Kulturgeschichte
Herausgegeben von Helmut Kreuzer

Erik Reger
DAS WACHSAME HÄHNCHEN

Ein polemischer Roman / Mit einem Nachwort von Frank Trommler

Nach seinem erfolgreichen Roman: „Union der festen Hand" veröffentlichte Reger 1932 sein zweites Werk: „Das wachsame Hähnchen". Reger, bis 1927 Pressereferent bei der Firma Krupp, schildert in diesem „polemischen Roman" die Kommunalpolitik des Ruhrgebiets der 20er Jahre, mit ihrer Korruption, ihrer Verschuldung, mit den Prestigeobjekten hochgekommener Spießer innerhalb der krisenschwangeren Situation jener Zeit. Er verknüpft die historischen Fakten episch „mit den Schicksalen von Menschen und Gruppen, die in den Zuständen leben und, wenn man so sagen darf, von den Zuständen gelebt werden."

Martin Beradt
SCHIPPER AN DER FRONT

Mit einem Nachwort von Roland H. Wiegenstein

Martin Beradt (geboren 1881 in Magdeburg, gestorben 1949 in New York) war Anwalt in Berlin, ein Autor der expressionistischen Generation, Exilierter der NS-Zeit. Mitten im Ersten Weltkrieg, 1916, schrieb er in Frankreich dieses Buch, gespeist aus eigener Erfahrung und exakter Beobachtung. Es ist ein Unikum unter den Kriegsbüchern von damals; es verzichtet wie kein anderes auf den „Kampf als inneres Erlebnis" und auf kinoträchtige Aktion im „Stahlgewitter" der mörderischen Sturmangriffe. „... diese gänzlich unpathetische, durch und durch zivilistische Schilderung von Leben und Arbeit der Schanzsoldaten hinter der Front, dieses Dasein im ewigen Regen, Schlamm und unwürdiger Abhängigkeit von geistloser Militärautorität, ist ein Dokument ersten Ranges, der Beweis einer unaufdringlichen Menschlichkeit und inneren Freiheit, die sich der Autor bewahrt hat." (Annelen Kranefuß in „Merkur").

Andere Ansichten für verändernde Absichten

FRANZ JUNG : DER WEG NACH UNTEN

Aufzeichnungen aus einer großen Zeit (Autobiografie)

Franz Jung – Protagonist derLiteraturrevolte, Bohémien, Expressionist, Dadatrommler, Revolutionär –: an der Seite von Max Hölz, für und wider Lenin, in Rußland, im Untergrund, zwischen den Fronten gegen die Nazis, oft im Gefängnis, vielfach auf der Flucht; Deserteur, Wirtschaftsanalytiker, Meuterer, Börsenkorrespondent, Agitator... Die rasante Chronik eines Menschen und seiner Zeit. Ein ehrliches, weil schonungsloses Buch.

JULES VALLES: DIE ABTRÜNNIGEN

Erzählungen aus dem Leben der Bohème

Vallès, Revolutionär und Bohemien, schildert das Paris des 19. Jahrhunderts aus der Sicht der Marginalisierten. Ohne Sentimentalität, dafür mit umso mehr Humor und Ironie, beschreibt Vallès den großen Kosmos der Gosse: Über die Verzweiflung siegt der Mut zum Leben.

ZO D'AXA : LEBEN OHNE ZU WARTEN

Von Mazas nach Jerusalem

Der Herausgeber der libertären Pariser Zeitschrift „Endehors" schildert Erlebnisse und Begebenheiten seiner Flucht durch Europa in den Orient – die Polizeien der alten Welt stets auf den Fersen. Eine abenteuerliche Reise im Jahr 1892 vor dem Hintergrund der Anarchistenverfolgungen. Das Bekenntnisbuch eines freien Geistes zur individuellen Unabhängigkeit gegenüber Staats- und Parteidogmen, eine brillant geschriebene Ermutigung zum Ungehorsam.
